Sandra Navidi

DIE DNA DER USA

Wie tickt Amerika?

FBV

Bibliografische Information der Deutschen Nationalbibliothek:
Die Deutsche Nationalbibliothek verzeichnet diese Publikation in der Deutschen Nationalbibliografie. Detaillierte bibliografische Daten sind im Internet über https://dnb.de abrufbar.

Für Fragen und Anregungen
info@m-vg.de

Wichtiger Hinweis
Ausschließlich zum Zweck der besseren Lesbarkeit wurde auf eine genderspezifische Schreibweise sowie eine Mehrfachbezeichnung verzichtet. Alle personenbezogenen Bezeichnungen sind somit geschlechtsneutral zu verstehen.

Originalausgabe
4. Auflage 2026

Türkenstraße 89
80799 München
Tel.: 089 651285-0

Redaktion: Daniel Bussenius
Korrektorat: Manuela Kahle
Umschlaggestaltung: Marc-Torben Fischer, München
Umschlagabbildung: Hintergrundbild: Shutterstock.com/JamesAHarkness;
Flagge: Shutterstock.com/STILLFX; Autorenfoto: photo credit MG RTL DSpreitzenbarth
Satz: ZeroSoft, Timisoara
Druck: CPI
Printed in the EU

ISBN Print 978-3-95972-631-3
ISBN E-Book (PDF) 978-3-98609-204-7
ISBN E-Book (EPUB, Mobi) 978-3-98609-200-9

Weitere Informationen zum Verlag finden Sie unter:

www.finanzbuchverlag.de

Beachten Sie auch unsere weiteren Verlage unter www.m-vg.de.

INHALT

VORWORT

Ich liebe Amerika. Seit insgesamt über einem Vierteljahrhundert sind die USA meine Wahlheimat, in der ich studiert, gearbeitet und geheiratet habe. Ich lebe in der Metropole Manhattan, habe beträchtliche Zeit in der Provinz verbracht und das Land kreuz und quer bereist, beruflich wie privat. Seit ich denken kann, war Amerika mein Traumland, das ich lange Zeit durch eine rosarote Brille betrachtet habe.

Auf den ersten Blick mag die amerikanische Kultur oberflächlich erscheinen, aber sie ist komplex und voller Widersprüche. Viele Aspekte des Lebens sind in Amerika besser als in anderen Teilen der Welt und Vieles ist einfach anders. Zahlreiche kulturelle Besonderheiten und Nuancen habe ich erst mit der Zeit realisiert. Auch Missstände, Schwachstellen und Nachteile des Landes sind mir nach und nach immer bewusster geworden.

Die größten Stärken Amerikas sind gleichzeitig auch seine größten Schwächen. Die Selbstwahrnehmung als außergewöhnliche Nation, der ausgeprägte Individualismus und die wettbewerbsorientierte Leistungsgesellschaft verleihen Selbstbewusstsein, setzen ungeahnte Kräfte frei und ermöglichen es dem Einzelnen, über sich hinaus zu wachsen. Aber ein übersteigertes Selbstbewusstsein kann eine kritische Auseinandersetzung mit sich selbst und der eigenen Vergangenheit verhindern. Der ungezügelte Individualismus kann zu Egoismus und Narzissmus führen und die Leistungsgesellschaft hat de facto einen Sozialdarwinismus zur Folge, bei dem viele Menschen auf der Strecke bleiben und der die Ungleichheit drastisch vergrößert.

Die amerikanische Wirtschaft und die Kultur haben viele Errungenschaften hervorgebracht, die das Land bereichert haben und zu Exportschlagern geworden sind. Aber eine Welt, in der Hollywood, die Medien, die Vergnügungsindustrie, das Silicon Valley und die sozialen Medien regieren und jeder sich selbst und seine Welt so gestalten kann wie er möchte, führt dazu, dass die Grenzen zwischen Fiktion und Realität immer mehr verschwimmen. In dieser alles-ist-möglich Kultur kann sich der einzelne immer weiter von der Realität abkoppeln und in eine imaginäre Welt begeben, in der er alles wahrnehmen, glauben und machen kann, was er möchte.

Auf der Grundlage meiner eigenen Erfahrungen sowie tiefgehender Recherche werde ich in diesem Buch das amerikanische Menschenbild, die Weltanschauung und den nationalen Charakter erläutern. Das Schreiben habe ich in Teilen als emotional herausfordernd empfunden, weil ich dieses Land und seine Menschen schätze und es mir in der Seele weh tut, mit anzusehen wie nahe es an den gesellschaftlichen und politischen Abgrund getaumelt ist.

Wie kann es sein, dass sich Amerika, scheinbar im Zeitraffer auf eine Autokratie zubewegt hat? Dass rund ein Drittel der Amerikaner einer totalitären Herrschaftsform aufgeschlossen sind? Dass 74 Millionen Wähler 2020 für Donald Trump gestimmt haben? Dass Schätzungen zufolge zehn Millionen Menschen sogar gewaltsam unter Einsatz von Waffen für ein weißes, christliches und autoritäres Regime kämpfen würden? Jahrhunderte weißer Vorherrschaft, das Trauma des 11. Septembers, die zunehmende Komplexität unserer Welt und die daraus folgende Ungewissheit, waren ideale Bedingungen für die Radikalisierung weiter Teile der Bevölkerung und den Versuch Donald Trumps und der Republikaner, die Demokratie mit faschistischen Mitteln zu kapern.

Meine Sozialisierung im Nachkriegsdeutschland und die Erfahrungen meiner iranischen Familie mit dem Wandel Irans in eine autoritäre Theokratie sowie meine transatlantische Perspektive, haben mich für die Formierung extremistischer politischer Tendenzen und den daraus resultierenden Gefahren sensibilisiert. In meiner Arbeit als Rechtsanwältin und Wirtschaftsexpertin auf beiden Seiten des Atlantiks, habe ich viel über die menschliche Natur gelernt. Und vielleicht am wichtigsten: Ich habe miterlebt, dass das Unmögliche möglich ist und wir nicht die Augen davor verschließen dürfen, auch wenn wir es nicht glauben möchten.

Die Entwicklung Amerikas ist auch für Europa und Deutschland richtungsweisend, weil Ultranationalisten zunehmend internationale Koalitionen gegen die liberale Werteordnung bilden und die Unterminierung westlicher Allianzen und Institutionen vorantreiben. Die Gegenwart ist die Geschichte von morgen und jetzt ist die Zeit für jeden einzelnen gekommen, sich zu entscheiden, auf welcher Seite der Geschichte er oder sie stehen möchte.

Auch wenn ich in diesem Buch viele Aspekte der amerikanischen Kultur kritisch beleuchtete, möchte ich diese Abfassung nicht als Generalkritik verstanden wissen. Das Land hat schon viele Krisen bewältigt und der überwiegende Teil der Amerikaner ist humanistischen Werten verpflichtet. Amerika ist ein fantastisches Land und ich glaube, hoffe und erwarte, dass die demokratische Mehrheit der Bevölkerung gegen die tyrannische Minderheit obsiegen wird.

New York, September 2022

Sandra Navidi

KAPITEL 1

AMERIKA – DIE WOHLMEINENDE FÜHRUNGSMACHT

In meiner Kindheit pflegte meine Großmutter zu sagen: »Gott sei Dank wohnen wir auf der richtigen Seite des Rheins, falls die Russen kommen.« Wir wohnten in Mönchengladbach, das in der britischen Besatzungszone lag. Kurz nach dem Krieg lebten meine Großeltern in München, das von den Amerikanern besetzt war. Dort hatten sie gute Beziehungen zu den Besatzern gepflegt und beste Erfahrungen mit ihnen gemacht.

1945 war der Zweite Weltkrieg beendet. Millionen Menschen hatten ihr Leben verloren und Deutschland lag in Schutt und Asche. Die amerikanische Siegermacht begegnete der deutschen Bevölkerung unerwartet freundlich. Vorbehalte auf beiden Seiten schlugen rasch in Sympathie um. Die *New York Times* berichtete im März 1945 über die Erfahrungen des amerikanischen Unteroffiziers Francis W. Mitchell. Er erzählte, wie erschöpfte Menschen in Köln aus ihren Kellern krochen, erleichtert, dass die Besatzungssoldaten nicht vorhatten, sie zu töten. »Wir sollen diese Menschen hassen und hart mit ihnen umgehen«, sagte er. »Aber wenn die Kämpfe vorbei sind, dann empfinden wir nur noch Mitgefühl. Es ist schwer, Menschen gegenüber reserviert zu sein, die einem so freundlich begegnen.«[1]

Primäres Ziel der Amerikaner war die Wiederherstellung von Recht und Gesetz und der Aufbau einer Demokratie. Das Brachliegen der Wirtschaft bereitete der US-Regierung besonderes Kopfzerbrechen, denn die Infrastruktur und die Lieferketten waren in weiten Teilen zerstört, und es fehlten Arbeitskräfte, vor allem in der Landwirtschaft. Und so mangelte es an allem – an Nahrungsmitteln, Unterkünften und Heizmöglichkeiten. Im

Winter 1946/47, einem der kältesten des Jahrhunderts, starben noch einmal Hunderttausende Menschen einen qualvollen Kälte- und Hungertod. Ganz Europa taumelte in eine wirtschaftliche und politische Abwärtsspirale. Derweil baute Josef Stalin seine Macht im Osten immer weiter aus. Um dem wirtschaftlichen Verfall und Stalins Machtstreben etwas entgegenzusetzen, verkündete US-Außenminister Georg C. Marshall 1947 ein Wirtschaftsförderungsprogramm für den Wiederaufbau Europas, das European Recovery Program (ERP), das nachfolgend als Marshall-Plan in die Geschichte einging. Aufgrund des im April 1948 von Präsident Truman unterzeichneten entsprechenden Gesetzes gewährten die USA europäischen Staaten in den Jahren 1948 bis 1951 Investitionskredite und lieferten Lebensmittel, Rohstoffe und Waren im Wert von fast 13 Milliarden US-Dollar. Die Bundesrepublik erhielt davon Kredite und Lieferungen im Wert von 1,4 Milliarden Dollar.

Als die Sowjetregierung im Juni 1948 die westlichen Sektoren Berlins abriegeln ließ und so zwei Millionen Menschen von der Lebensmittel- und Energieversorgung abschnitt, etablierte der amerikanische Militärgouverneur Lucius D. Clay eine Luftbrücke zur Versorgung der Bevölkerung mit allem Lebensnotwendigen. »Rosinenbomber« warfen über West-Berlin zusätzlich Tonnen von Süßigkeiten und Spielzeugen ab, um den Kindern eine Freude zu bereiten. Auch amerikanische Familien und Wohlfahrtsorganisationen halfen. Sie schlossen sich zur »Cooperative for American Remittances to Europe«, kurz CARE, zusammen, um die gebeutelten Europäer direkt mit dem Wichtigsten, wie Nahrung, Kleidung, Genussmittel, Werkzeugen, Nähutensilien und Heizmaterialien, zu versorgen.

Das Wiederaufbauprogramm der Amerikaner war ein voller Erfolg und resultierte im deutschen Wirtschaftswunder. Mithilfe von Jugend- und Kulturorganisationen, die kostenlose Veranstaltungen und Sportmöglichkeiten boten, ebneten die Besatzer den Weg für den interkulturellen Austausch und zwischenmenschliche Begegnungen.

Der psychologische Effekt der amerikanischen Initiativen war enorm, denn sie überzeugten einen großen Teil der westdeutschen Bevölkerung vom guten Willen der Amerikaner. Ihre Freundlichkeit, Hilfsbereitschaft und Unterstützung haben sich tief in das kollektive Gedächtnis der Deutschen eingeprägt und die Symbolkraft ihrer Gesten strahlt bis heute aus.

Sie sind Teil der Versöhnung und der Grundstein der transatlantischen Partnerschaft. Mit der Zeit wurden die amerikanischen Streitkräfte nicht mehr als Besatzungs-, sondern als »Befreiungs-Macht« wahrgenommen. Während des Kalten Krieges wurden die USA zur Schutzmacht gegen den Ostblock und später zu einem wirtschaftlichen und politischen Partner. Das gemeinsame Wertesystem, die wirtschaftliche Kooperation und die gemeinsame Front in der NATO gegen die Bedrohung durch die Sowjetunion vereinten die beiden Nationen.

Auch kulturell befanden sich die Amerikaner in den nachfolgenden Jahrzehnten auf Eroberungskurs. In den 1950er- und 1960er-Jahren prägte der American Way of Life den Zeitgeist und Deutschland erlebte einen Kulturwandel, transportiert vor allem durch Funk, Fernsehen und das Kino. Elvis Presley, Rock 'n' Roll und Petticoats vermittelten Lebenslust und Fröhlichkeit. Noch Jahrzehnte später beklagte meine Großmutter die in dieser Zeit durchgetanzten Teppiche im Haus. Der von der amerikanischen Militärverwaltung in West-Berlin gegründete Radiosender RIAS war so beliebt, dass die DDR-Führung versuchte, dessen Empfang mit Störsendern zu unterbinden. Auch das amerikanische Konsumfieber ergriff die Westdeutschen. Amerikanische Produkte wie Bluejeans und Coca-Cola wurden zum Symbol eines Lebensgefühls.

Mit der Zeit bekam die positive Wahrnehmung der USA durch die Deutschen allerdings Risse. Die 68er-Bewegung, die in den USA als Bürgerrechtsprotest gegen ethnische, soziale und wirtschaftliche Diskriminierung begonnen hatte, griff schnell auf andere Teile der Welt über, auch auf Deutschland. Der brutale Vietnamkrieg mit dem Einsatz von Napalmbomben sorgte für Entsetzen. In den 1980er- und 1990er-Jahren manifestierte sich ein zunehmender Antiamerikanismus, zunächst insbesondere in den Protesten gegen die Stationierung von atomaren US-Mittelstreckenraketen in Deutschland. Gleichzeitig griff der entfesselte US-Kapitalismus auf Deutschland über. Die Deregulierung und Liberalisierung des Finanzsektors gaben der amerikanischen Wirtschaft nach einer langwährenden Stagflation, zumindest vordergründig, eine Initialzündung. Profitstreben und Konsum bestimmten den Zeitgeist. Fernsehserien wie *Dallas* und *Denver Clan* sowie Hollywood-Filme wie *Wall Street* mit der Botschaft »Gier ist gut« begeisterten die Deutschen. Erst viel später sollten sich die während dieser Zeit getroffenen neoliberalen Wirtschaftsmaßnahmen als Ursprung tiefer wirtschaftlicher und gesellschaftlicher Spaltung herausstellen.

Im Rahmen der Wiedervereinigung erfuhr Deutschland noch einmal besondere Unterstützung durch die USA unter Führung von Präsident George H. W. Bush. Das Ende des Kalten Krieges veränderte das transatlantische Verhältnis allerdings nachhaltig. Die Interessenlagen der beiden Nationen verschoben sich und der Zusammenhalt wurde poröser. Während die USA ihr Augenmerk sowohl sicherheitspolitisch als auch wirtschaftlich auf andere Teile der Welt, wie Asien, richteten, fokussierte sich Deutschland auf die europäische Integration.

Die Terroranschläge vom 11. September 2001 sollten eine Zäsur in den Beziehungen der beiden Nationen darstellen. Die Bundesregierung und die deutsche Bevölkerung drückten den Amerikanern angesichts der schrecklichen Ereignisse ihre aufrichtige Solidarität aus. Diese Solidarität hatte allerdings Grenzen. Als Präsident Bush aufgrund unzutreffender Informationen der US-Nachrichtendienste in den Krieg mit dem Irak zog, verweigerte Deutschland aus Überzeugung seine Unterstützung. Diese Entscheidung verärgerte die USA und führte aufseiten der Deutschen zu einem Erstarken des Antiamerikanismus. Eine nachhaltige Entfremdung der beiden Partner war die Folge.

Unter Präsident Barak Obama, der auf Deutschland zuging und einen großen Teil des unter der Bush-Regierung verloren gegangenen Vertrauens und der Glaubwürdigkeit wieder aufbaute, lebten die Beziehungen zunächst wieder auf. Aber die Wahl Donald Trumps zu Obamas Nachfolger 2016 verpasste den wieder aufkeimenden Beziehungen einen deutlichen Dämpfer. Während Präsident Trump Autokraten wie Wladimir Putin, Kim Jong-un und Rodrigo Duterte hofierte, düpierte er seine Verbündeten, allen voran seine deutschen Partner. 2017 äußerte er bei einem Treffen mit der EU-Spitze in Brüssel: »Die Deutschen sind übel, absolut übel ... Schauen Sie sich die Millionen von Autos an, die sie in den USA verkaufen. Schrecklich. Wir werden das unterbinden.«[2] Schon Jahrzehnte zuvor hatte er gegen deutsche Produkte gewettert und geschimpft, dass er »bald keinen Mercedes-Stern mehr auf der Fifth Avenue sehen möchte«. Nunmehr Präsident, knöpfte er sich den Handel mit Deutschland und Europa vor. »Wir haben keinen freien Handel. Ich glaube an freien Handel. Aber wir haben unfairen Handel.«[3] Kanzlerin Angela Merkel war für ihn ein rotes Tuch. Michael Wolff, langjähriger Trump-Kenner und Autor des Bestsellers *Feuer und Zorn*, beschrieb Trumps Reaktion auf die Kanzlerin: »Merkel – wenn er schon ihren Namen hört, schneidet er eine Grimasse und tut so, als ob ihm schlecht wird.«

Trumps Gebaren veranlasste die Kanzlerin festzustellen, dass »die Zeiten, in denen wir uns auf andere verlassen konnten, die sind ein Stück vorbei«.[4]

Als Joe Biden 2020 die Präsidentschaftswahl gewann, stellte sich aufgrund seiner versöhnlicheren Töne und Kooperationsbereitschaft große Erleichterung ein. Allerdings wurde die anfängliche Hoffnung auf eine Rückkehr zu den Beziehungen, die vor Trump geherrscht hatten, enttäuscht. Die protektionistische Stimmung in den USA ließ Biden wenig Spielraum, von der »Amerika First«-Politik abzurücken. Und so propagiert auch er »Buy American« und praktiziert »Bidenomics«, eine wirtschaftliche Strategie, zu der die Rückholung von Lieferketten, Produktion und Innovation in die USA gehört. Auf deutscher Seite herrschte Desillusionierung. Aber auch bei den Amerikanern machte sich Ernüchterung über die Beziehungen breit. Deutschlands zögerliche Reaktion auf den im Februar 2022 von Russland begonnenen Krieg gegen die Ukraine, legten sie als mangelnde Loyalität und fehlendes Verantwortungsbewusstsein aus. Es sei scheinheilig von Deutschland, sich auf militärische Zurückhaltung und Menschenrechte zu berufen, aber nur dann, wenn es nicht die eigenen finanziellen Interessen betreffe. Beispielsweise hätten die Deutschen im Hinblick auf die Gaspipeline Nord Stream 2, den Handel mit China und bezüglich ihrer Waffenexporte augenscheinlich weit weniger Bedenken.

Festzuhalten bleibt, dass sich die einstmals eng verbundenen Nationen über die Jahrzehnte auseinandergelebt und entfremdet haben, nicht nur auf politischer, sondern auch auf menschlicher Ebene. Lange hatten viele Deutschen sehnsüchtig auf das Land der unbegrenzten Möglichkeiten geblickt. Mittlerweile hat ihre Begeisterung für Amerika deutlich nachgelassen. War die positive Wahrnehmung von Amerika eine Illusion, oder hat sich das Land tatsächlich so nachhaltig verändert?

KAPITEL 2

DIE AMERIKANISCHE IDEOLOGIE

Exzeptionalismus: Die einzigartige Ausnahmenation

Das Gefühl der transatlantischen Entfremdung deckt sich auch mit meiner eigenen Erfahrung. Vor über zwei Jahrzehnten bin ich voller Begeisterung in die USA ausgewandert. Diese Begeisterung hat sich mittlerweile allerdings etwas relativiert.

Meine Wahrnehmung des Landes ist durch die Aufenthalte in meiner Jugend nachhaltig geprägt worden. Meine erste Reise in die USA empfand ich wie eine Zeitreise in die Zukunft. Ich hatte schon Menschen aus verschiedensten Kulturen kennengelernt, aber die Amerikaner kamen mir vor wie eine völlig andere Spezies. Ich war begeistert von ihrer Offenheit, Freundlichkeit und kindlichen Begeisterungsfähigkeit. Auch ihr Patriotismus, den ich aus Deutschland so nicht kannte, beeindruckte mich. In den Vorgärten meiner Freunde wehten US-Flaggen, die Nationalhymne erklang bei jeder Gelegenheit, und bei einem Schulbesuch sprach ich den morgendlichen nationalen Treueeid »Pledge of Allegiance« mit, ohne genau zu verstehen, was er bedeutete. Die Menschen waren stolz auf ihr Land und ihre Geschichte. Das gemeinsame Zelebrieren von Traditionen vermittelten ein Gefühl des Zusammenhalts und das Bewusstsein, Teil einer ganz besonderen Gemeinschaft zu sein, einer außergewöhnlichen Nation, die allen anderen überlegen und unverzichtbar ist.

Die Ideologie des »American Exceptionalism«, des amerikanischen Exzeptionalismus, reicht zurück in die Anfänge der Besiedlung Nordamerikas durch Europäer, bevor es überhaupt eine amerikanische Nation gab. Anfangs handelte es sich lediglich um eine Idee, die noch keinen Namen trug. Später übernahmen die Amerikaner den Begriff des Exzeptionalismus ausgerechnet von Josef Stalin, nachdem der 1929 den »American Exceptionalism« kritisiert hatte. Das Konzept basiert auf der Prämisse, dass die Werte, Ideale und Institutionen des Landes einzigartig in der Welt sind. Aufgrund schicksalhafter Vorsehung komme Amerika die Rolle eines tugendhaften Vorbilds und einer moralischen Führungsmacht in einer schlechten Welt zu. Schon Alexis de Tocqueville beobachtete 1835, dass »Amerikaner ... eine sehr hohe Meinung von sich haben. Sie wähnen sich so überlegen, dass sie sich beinahe für die Krönung der Menschheit halten.«[5] In den letzten zwei Jahrhunderten haben historische Persönlichkeiten Begriffe zur Umschreibung Amerikas geprägt wie das »Imperium der Freiheit«, die »strahlende Stadt auf dem Hügel«, der »größte Hoffnungsträger dieser Erde«, die »Führungsmacht der freien Welt« und die »unverzichtbare Nation«.[6] Teilweise resultierte diese Wahrnehmung aus der puritanischen Theologie, gemäß derer Amerika auserwählt war, um eine göttliche Mission zu erfüllen. Aber auch darüber hinaus herrschte allgemein die Auffassung, dass Amerika eine bessere Version der alten Welt sei, einzigartig im Hinblick auf seine Menschen, Wirtschaft und Politik. 1893 konstatierte der Historiker Frederick Jackson Turner, dass die Menschen mit dem Überwinden der amerikanischen Grenze die Fesseln ihrer Vergangenheit, ihre Herkunft und ihre Tradition hinter sich ließen und den Status der Gleichheit erlangten, um gemeinsam in dem neuen Land zu bestehen und eine Heimat in der Demokratie zu finden.[7] Und tatsächlich sollte es den Einwanderern aus den verschiedensten Ländern, mit unterschiedlichen ethnischen Zugehörigkeiten, Sprachen, Kulturen, Religionen und politischen Überzeugungen, gelingen, die Nation letztendlich zur stärksten Wirtschafts- und Militärmacht der Welt zu machen. Darüber hinaus waren die frühen Verfechter des Exzeptionalismus der Auffassung, dass das Land gegen soziale, wirtschaftliche, politische und militärische Konflikte, die in anderen Ländern und Weltregionen herrschten, wie beispielsweise in Europa im 19. und 20. Jahrhundert, gefeit sei. Sie betrachteten Amerika als eine friedliche Macht, die mit gutem Beispiel voranging, sich aber nicht in die Angelegenheiten anderer Länder einmischte. Das war natürlich ein Mythos, denn im 17. und 18. Jahrhundert vertrieben die Pioniere bei ihrem Vordringen in den Westen gewaltsam die indigenen Amerikaner und eroberten Land gen Süden, ein Vorgehen, das durchaus mit der europäischen Kolonialisierung im 19. Jahrhundert vergleichbar ist. Die Pioniere rechtfertigten ihr Vorgehen mit der Pflicht des weißen Mannes, »rückständige und unterlegene Rassen zu zivilisieren«, und debattierten, inwieweit Nicht-Weiße überhaupt Teil Amerikas sein konnten.

Entgegen der von ihnen propagierten Zurückhaltung, griffen die Amerikaner in den Ersten Weltkrieg ein, was im Nachhinein politisch sehr kritisch betrachtet wurde. Deswegen und weil die USA in den 1930er-Jahren mit der Bewältigung der Großen Depression beschäftigt waren, war die Motivation gering, sich in die politischen Angelegenheiten Europas, geschweige denn in einen zweiten Weltkrieg, einzumischen. Dementsprechend reagierten die USA auf das Erstarken Nazideutschlands erst sehr spät. Nach dem Sieg im Zweiten Weltkrieg herrschte dann allerdings ein überparteilicher Konsens in den USA darüber, dass amerikanische Führung zur Erhaltung der Demokratie in der Welt notwendig sei. Zum Schutz ihrer nationalen Interessen und der liberalen Weltordnung schufen die USA ein System von multilateralen Institutionen und Sicherheitsbündnissen.[8] Aus amerikanischer Sicht funktionierte die Pax Americana: Der Kalte Krieg wurde gewonnen, und nach dem Nationalsozialismus war auch der Kommunismus besiegt.

Barak Obama war der erste Präsident, der die Prämisse der Exzeptionalität und Amerikas Rolle in der Welt 2009 vorsichtig zu hinterfragen wagte. Auf einer Pressekonferenz sagte er: »Ich glaube an den amerikanischen Exzeptionalismus, genauso wie ich vermute, dass die Briten an den britischen Exzeptionalismus glauben und die Griechen an den griechischen Exzeptionalismus.« Diese Relativierung interpretierten die Republikaner als Verrat an Amerika. Obamas Nationale Sicherheitsstrategie, die auf Kooperation mit Verbündeten und militärische Zurückhaltung setzte, legten sie als Verachtung für die Führungsrolle ihres Landes aus. Fortan erklärten sie, dass jemand, der nicht an die Einzigartigkeit der USA glaube, das Land nicht liebe und nicht amerikanischer Präsident sein könne.[9] Letztendlich sah Obama sich genötigt, diesen Angriffen mit einem ausdrücklichen Bekenntnis zum amerikanischen Exzeptionalismus entgegenzutreten.

Mittlerweile stellten jedoch auch zunehmend mehr Menschen in der US-Bevölkerung die Außergewöhnlichkeit Amerikas in Frage, insbesondere angesichts des gescheiterten Krieges gegen den Terror, der großen Finanzkrise von 2007/08 und der wachsenden Ungleichheit im Land. Nach ihrer Meinung sollte sich ihre Regierung erst einmal um ihre eigenen Bürger kümmern und die heimischen Missstände beheben, bevor sie sich politisch, militärisch und finanziell im Ausland engagiert.

Diesen Stimmungswandel griff Donald Trump 2015/16 instinktiv auf. Während die anderen republikanischen Präsidentschaftskandidaten unbeirrt auf der Wir-sind-die-Besten-Welle ritten, stellte Trump diese Prämisse nicht nur in Frage, sondern lehnte sie sogar ausdrücklich ab. In einem Interview äußerte Trump 2015, dass er kein Fan der Idee des amerikanischen Exzeptionalismus sei.[10,11] Kein anderer republikanischer Präsidentschaftskandidat hätte einen solchen Tabubruch gewagt. Aber Trump lehnte nicht nur die Idee der Ausnahmestellung der USA ab, sondern die gesamte liberale Weltordnung der Nachkriegszeit. Er verwandte mit »America First« einen Slogan, der einer Bewegung mit faschistischen Zügen aus den 1930er-Jahren entstammt. Diese hatte sich vehement gegen ein Eingreifen der USA in den Zweiten Weltkrieg und für wirtschaftlichen und kulturellen Protektionismus eingesetzt. »America First« beruht auf dem Gedankengut des ethnischen Nationalismus. Demnach liegt die Besonderheit des »wahren«, christlichen Amerikas in der ethnischen und kulturellen Homogenität, materiellem Wohlstand und militärischer Überlegenheit, nicht in Diversität und liberalen Werten. Indem Trump den amerikanischen Exzeptionalismus ablehnte, entzog er der US-Außenpolitik auch die Basis, sich für freiheitliche Ideale in der Welt einzusetzen. Stattdessen verfolgte Trumps Außenpolitik lediglich einseitig eng definierte nationale Interessen, wobei Ideale, Institutionen und Verbündete nur hinderlich waren, während die Kooperation mit Feinden und menschenverachtenden Regimes durchaus opportun sein konnte. Allerdings verfolgte Trump nicht den damit typischerweise einhergehenden Isolationismus, da er als Militarist mit interventionistischen Ambitionen durchaus militärischen Eingriffen zugeneigt war, wenn auch lediglich willkürlich nach Gutdünken, ohne eine kohärente Strategie.[12]

Die Vereinigten Staaten sind immer noch die wohlhabendste Nation der Welt. Sie verfügen über die größte Volkswirtschaft, halten die meisten Patente und haben die größte Anzahl an Nobelpreisträgern vorzuweisen. Der Einfluss der amerikanischen Exzeptionalismus-Idee auf die Eigenwahrnehmung der Amerikaner ist nicht zu unterschätzen. Das Selbstbild der Einzigartigkeit und Überlegenheit verleiht den Menschen von klein auf ein Selbstbewusstsein, das ungeahnte Kräfte freisetzen kann. Aber es erschwert auch ein kritisches Hinterfragen des eigenen Handelns und eine ehrliche Auseinandersetzung mit der eigenen Geschichte. Der Glaube an die eigene Unfehlbarkeit hatte zahlreiche außenpolitische Fehleinschätzungen zur Folge. Dass ihre Selbstwahrnehmung als außergewöhnliche Nation zum Teil von anderen Ländern als arrogant, selbstgerecht und heuchlerisch aufgefasst wird, erschließt sich den meisten Amerikanern nicht. Das stete Mantra der »Außergewöhnlichkeit« hat mit der Zeit einen gewissen Narzissmus und eine zumindest graduelle Abkopplung von der Realität hervorgebracht.[13] Zu diesen Phänomenen werden wir später noch kommen, weil sie zur Erhellung zahlreicher geschichtlicher Entwicklungen, der Trump-Ära und des zukünftigen Kurses der USA beitragen.

Kultur: Das amerikanische Wertefundament

Was mich anfangs am meisten an den Amerikanern beeindruckt hat, war ihr ausgeprägter Individualismus, der sich vor allem in ihrer schier grenzenlosen Kreativität manifestiert. Auf sie gingen Trends zurück, die die Welt erobert hatten. Als Kind war ich in Deutschland mit der *Sesamstraße* aufgewachsen, hatte mit Barbies gespielt, war Disco-Roller gefahren, hatte Aerobic gemacht, die amerikanischen Vorabendserien verfolgt und Hollywood-Filme gesehen. Bei meinen USA-Besuchen spürte ich auf einmal den kreativen Ursprung all dieser Trends und das damit verbundene Lebensgefühl. Auch der Ausdruck der eigenen Individualität der Menschen imponierte mir. Ich staunte, wie mutig sie sich stylten, und dass Menschen es wagten, im Pyjama zum Kiosk zu gehen oder mit Lockenwicklern im Haar zur Arbeit zu fahren. In Deutschland herrschte zu diesem Zeitpunkt eine wesentlich angepasstere Kultur. Als Tochter eines iranischen Vaters und einer deutschen Mutter hatte ich dort immer das unterschwellige Gefühl, »etwas anders« zu sein. Im Gegensatz dazu fühlte ich mich in den USA sofort zugehörig.

Um Amerika zu verstehen, ist es wichtig, die Werte zu verstehen, die die Amerikaner prägen, denn diese sind die Grundlage ihres Verhaltens, ihrer Beziehungen und der Gesellschaft.

Ganz oben im amerikanischen Wertesystem rangiert der Individualismus. Demgemäß steht die individuelle Freiheit des Einzelnen über dem Wohl der Gemeinschaft. Jeder Mensch wird als ein autarkes Individuum betrachtet, das alles denken, sagen, tun und erreichen kann, soweit es nicht die Freiheit anderer Menschen verletzt. Die Einmischung der Gesellschaft oder Regierung in das Leben des Einzelnen ist verpönt. Die Übernahme der Verantwortung für das eigene Leben, Stärke, Durchsetzungsfähigkeit und Selbstständigkeit werden als Tugenden erachtet. Demgegenüber signalisiert Abhängigkeit von anderen Schwäche. Niederlagen werden toleriert, aber nur, wenn man sich aus eigener Kraft wieder aus ihnen befreit, indem man sich »an den Schnürsenkeln wieder hochzieht«. Erstrebenswert ist es, sich von anderen abzuheben und einzigartig zu sein. Erfolg, der auf der Eigeninitiative und der harten Arbeit des Einzelnen beruht, stellt die größtmögliche persönliche Errungenschaft dar.

Demgegenüber definieren sich Menschen in kollektivistischen Kulturen wie beispielsweise im lateinamerikanischen oder südostasiatischen Raum als Teil ihrer Gemeinschaft. Deren Wohl steht über dem des Einzelnen. Sie pflegen enge Beziehungen mit anderen in ihrer Gruppe und Herausforderungen begegnen sie gemeinsam. Als Tugenden gelten in diesen Kulturen Selbstlosigkeit, Hilfsbereitschaft, Großzügigkeit.

Natürlich gibt es im Hinblick auf den amerikanischen Individualismus Schattierungen und Nuancen, insbesondere je nach kulturellem Hintergrund und Region. So zeichnen sich beispielsweise Einwanderer mit lateinamerikanischem und asiatischem Hintergrund typischerweise durch eine größere Loyalität zu ihrer sozialen und familiären Gruppe aus. Ländlichere Gebiete mit geringerer Bevölkerungsdichte sind eher individualistisch geprägt, weil die Menschen dort mehr auf sich selbst gestellt sind. In Städten wiederum sind kollektivistische Tendenzen weiter verbreitet. Auch die Politik spielt hierbei eine Rolle. Für politisch Liberale hat das

Gemeinwohl üblicherweise einen höheren Stellenwert als für politisch Konservative. So befürworten Demokraten eine allgemeine Krankenversicherung, Sozialprogramme und Gesetze zum Umweltschutz. Für politisch Konservative ist das Individuum wichtiger. Sie setzen sich für eine Verkleinerung der Regierung, eine Beschneidung gesetzlicher Vorschriften und geringere Steuern ein.

Michele J. Gelfand, Professorin für Kulturpsychologie an der Stanford University, hat im Rahmen ihrer Forschung festgestellt, dass engmaschige Kulturen, die einen größeren sozialen Zusammenhalt pflegen, über starke soziale Normen verfügen und eine geringe Toleranz für Menschen haben, die davon abweichen. Demgegenüber haben Kulturen mit lockererem Zusammenhalt schwächere soziale Normen und sind freizügiger. Während in engmaschigen Kulturen die Regeln eher eingehalten werden, werden sie in solchen mit lockererem Zusammenhalt eher gebrochen.[14] Kulturen, die mit wenigen Bedrohungen von außen konfrontiert sind, wie die USA, sind typischerweise lockerer und freizügiger.[15] Die Tendenzen zu schwächeren sozialen Normen und eine Tendenz zum Regelbruch haben sich auch während der Coronapandemie gezeigt.

Des Weiteren ist ein zunehmender Hang zum Narzissmus beim Einzelnen, aber auch der Gesellschaft als Ganzem zu beobachten. Zum Thema Narzissmus merkt Dennis Shen im Blog der London School of Economics an, dass Menschen in Zeiten von Wirtschaftswachstum und Stabilität generell narzisstischer werden. Jean Twenge und W. Keith Campbell beschreiben in ihrem Buch *The Narcissism Epidemic*[16] die Verschiebung kultureller Normen hin zur Selbstbewunderung. Dies habe negative Auswirkungen auf die amerikanische Gesellschaft, weil es den Zusammenhalt schwäche. Demgegenüber führe wirtschaftliche Not zu einem größeren Zusammenhalt der Gemeinschaft. Im Extremfall könne Narzissmus sogar Institutionen, die die Gesellschaftsstruktur tragen, unterminieren. Der Zweite Weltkrieg habe einen stärkeren gesellschaftlichen Zusammenhalt zur Folge gehabt. In einer Zeit, in der die USA die Hegemonialmacht waren, verband die Amerikaner das Bewusstsein, die »Greatest Generation« zu sein. Soziale Unterschiede wurden durch den notwendigen Zusammenhalt während der Weltwirtschaftskrise und den gemeinsamen Kampf im Zweiten Weltkrieg nivelliert. Dieser Zusammenhalt bewirkte gesellschaftliche und wirtschaftliche Stabilität. Die Babyboomer waren die erste Generation, die in wirtschaftlich gesicherten Verhältnissen aufwuchs. Sie verfolgten vor allem ihre individualistische Selbstverwirklichung auf Kosten der Gemeinschaft.[17] Seither hat sich diese Tendenz immer weiter verstärkt, in den letzten beiden Jahrzehnten vor allem auch noch einmal aufgrund des Internets. Diese kollektive Persönlichkeitsveränderung hat weitreichende gesellschaftliche, politische und wirtschaftliche Folgen, wie sich am Verhalten rücksichtsloser Politiker, verantwortungsloser Banker und egoistischer Verbraucher zeigt.

Die Berufung der Republikaner auf die Freiheitsrechte des Einzelnen während der Covid-19-Pandemie hat den Wirtschaftsnobelpreisträger und Kolumnisten Paul Krugman dazu veranlasst, die Republikaner eines regelrechten Kults des Egoismus zu beschuldigen. Selbstsucht werde auf den Altar gestellt und soziale Verantwortung der Allgemeinheit gegenüber abgelehnt.[18] Über den von vielen Republikanern vertretenen Sozialdarwinismus werden wir später noch mehr erfahren.[19]

Die Meritokratie: Das amerikanische Erfolgsprinzip

Während ich als Teenager ein Sommersemester an der Berkeley-Universität bei San Francisco absolvierte, lebte ich in einem Wohnheim für Mädchen. Eine meiner Zimmernachbarinnen war eine Afroamerikanerin, die Anfang 20 war und Erfolg als Modedesignerin anstrebte. Stolz zeigte sie mir ihre Zeichnungen und einige ihrer Kreationen. Für ein Kleid hatte sie mühselig unzählige dreidimensionale Blumenblüten genäht. Einige Kunden hielten ihr schon die Treue, aber es waren noch nicht genug, um ihren Lebensunterhalt damit zu bestreiten. Deshalb hatte sie nebenbei noch zwei weitere Jobs. Erfolg, so versicherte sie mir, würde denen zuteil, die an sich glaubten und hart dafür arbeiteten. Mit Nachdruck brachte sie mir bei: »Du musst Deine Ziele *visualisieren*! Dann werden sie Wirklichkeit.« Das war meine erste Bekanntschaft mit dem Thema »Visualisieren«, das seither Mainstream geworden ist. Grundsätzlich finde ich die Vorstellung, dass man im Leben alles erreichen kann, was man sich in den Kopf setzt, sehr attraktiv, denn dadurch, dass man sich anstrengt, kann man das Beste aus dem machen, was in einem steckt und über sich hinauswachsen. Dieses Konzept motiviert und verleiht Kraft.

Auf der Grundlage des Individualismus betrachten die Amerikaner ihre Nation als eine Leistungsgesellschaft, die auf Wettbewerb basiert. Dieses System wird als Meritokratie bezeichnet. Geprägt wurde der Begriff von dem britischen Labour-Abgeordneten und Sozialkritiker Michael Young in seinem 1958 erschienenen Buch *The Rise of the Meritocracy.*[20] Demnach ist eine Meritokratie eine egalitäre Leistungsgesellschaft, die auf Können, harter Arbeit, Unternehmertum und Wettbewerb basiert. Erfolg wird – unabhängig von Herkunft, Hautfarbe und Geschlecht – denjenigen zuteil, die am härtesten dafür arbeiten.

In unserer technologiebasierten Wissensökonomie bedeutet dies, dass Erfolg in erster Linie durch Intelligenz und Bildung bestimmt wird. Hierauf ist auch das gesamte US-Ausbildungssystem ausgerichtet, was zur Bildung einer neuen gesellschaftlichen Hierarchie geführt hat. Und der Grundstein für diese Hierarchiebildung wird sehr früh im Leben des Einzelnen gelegt.

Die erste Stufe auf der Treppe des Sozialdarwinismus ist bereits der Kindergarten. Zu Beginn meines Jurastudiums an der Fordham University in New York wohnte ich vorübergehend in einer Unterkunft des »The 92nd Street Y«, einer kulturellen Organisation auf der Upper East Side von Manhattan. Mit Verwunderung beobachtete ich die lange Schlange an Luxuslimousinen, die sich jeden Morgen vor dem Gebäude bildete. Wie ich nachher erfuhr, wurden damit die Sprösslinge der Reichen und Mächtigen zu dem noblen, zum 92nd Y gehörenden Kindergarten chauffiert. Wie gnadenlos bereits das Auswahlverfahren ist, um überhaupt Zugang zu einem Elite-Kindergarten zu bekommen, ahnte ich damals noch nicht.

Für Eltern, die es sich leisten können, beginnt die Planung des Karrierewegs des Nachwuchses schon mit der Geburt. Sie ziehen alle Register, um ihre Kinder in den exklusivsten Kindergärten und Vorschulen unterzubringen, denn der Kindergarten stellt die Weichen für den Rest des Lebens und ist der Wegbereiter zu Eliteuniversitäten wie Harvard, Princeton und Yale.

Die erste Hürde, die es zu nehmen gilt, ist finanzieller Natur, denn die jährliche Gebühr beträgt bis zu 60 000 Dollar pro Kind. Dafür entsprechen die Einrichtungen höchsten Standards. Sie sind in jeder Hinsicht bestens ausgestattet, ihr Personal ist hochqualifiziert und die Auswahl an Lernprogrammen und kulturellen Angeboten sucht ihresgleichen. Für zahllose Familien sind solch horrende Kosten aber Peanuts. Viele spenden zusätzlich noch Millionen, um so ihren Einfluss auf den Kindergartenvorstand zu vergrößern. Eltern, die diese Gebühren nicht aufbringen können, haben die Möglichkeit, finanzielle Unterstützung zu beantragen, die im Schnitt gute 10 Prozent der Bewerber erhalten. Viele Familien fallen jedoch durchs Raster, weil sie zu viel verdienen, um finanzielle Unterstützung zu erhalten, aber nicht genug, um die hohen Kosten zu tragen.

Die nächste Hürde stellt das Auswahlverfahren dar, denn es herrscht großer Andrang und es gibt nur eine begrenzte Anzahl von Plätzen. Die Prozedur der Bewerbungen kostet Eltern Monate an Stress und Mühen. Sie müssen sich mit endlosen, komplizierten Antragsformularen herumschlagen, in denen sie ihre Erziehungsphilosophie sowie die Stärken und Schwächen ihrer Sprösslinge darlegen sollen. Als Nächstes müssen die Dreijährigen Tests absolvieren, um ihre kognitiven Fähigkeiten unter Beweis zu stellen. Anschließend dürfen sie im Rahmen von Gruppenspielen ihre soziale Kompetenz und Kultiviertheit demonstrieren.

Um die Erfolgschancen ihrer Kinder zu steigern, beschäftigen Eltern Heerscharen von Vorschulberatern, die pro Kind bis zu 35 000 Dollar kosten. Diese sollen die Sprösslinge auf die Tests vorbereiten und sie für das Bewerbungsgespräch coachen, damit sie einen möglichst positiven Eindruck hinterlassen. Und natürlich übertreiben die Eltern die Begabungen ihrer Kinder schamlos. Gerne verkaufen sie ihre Kleinen als Mini-Mozarts, Baby-Einsteins und andere Genies, wobei diese ihnen dann beim Test oder im Vorstellungsgespräch häufig einen Strich durch die Rechnung machen.

Eltern greifen zu allen Mitteln, um sich im Wettbewerb einen Vorteil zu verschaffen. Sie wechseln kurzfristig die Konfession, berufen sich zum Teil auf sehr weit hergeholte Zugehörigkeiten zu ethnischen Minderheiten und lassen nichts unversucht, um Empfehlungen beizubringen. Welchen einflussreichen CEO kennen wir? Hat jemand aus unserem Bekanntenkreis Millionen gestiftet und kann seinen Einfluss spielen lassen? Wenn es sich um einen katholischen Kindergarten handelt: Kennen wir jemanden im Vatikan?

Da auf ein Dutzend Kindergartenplätze jeweils Hunderte von persönlichen Empfehlungen kommen, müssen diese von höchstem Kaliber sein. Empfehlungen vom ehemaligen Präsidenten Bill Clinton bringen schon nichts mehr, weil davon bereits zu viele im Umlauf sind. Andere Staatsoberhäupter, der Papst und sogar der Dalai Lama werden allerdings immer noch gerne angefragt. Aber auch andere Würdenträger stehen hoch im Kurs. So hat beispielsweise einmal William Rehnquist, ehemals Richter am Supreme Court, in einer Empfehlung für einen Vierjährigen geschwärmt, dass dieser das Zeug zum Richter am Obersten Gerichtshof hätte. Auch ich bin schon gelegentlich auf Empfehlungen angesprochen worden für Kinder, die ich gar nicht kannte.

Zusätzlich müssen sich die Eltern in einem separaten Vorstellungsgespräch bewähren. Die Kindergarten-Kaderschmieden küren dann 10 Prozent der vielversprechendsten Bewerber zu den Auserwählten. Ein befreundetes Ehepaar berichtete mir frustriert, dass sie – die beide Eliteuniversitäten besucht hatten – noch nie irgendwo durchgefallen seien ... außer bei der Kindergartenbewerbung ihres Kindes. Natürlich geht der Stress des ganzen Prozedere auch an den Sprösslingen nicht spurlos vorbei, aber das ist schon einmal ein Vorgeschmack auf das, was ihnen noch bevorsteht: der lange, beschwerliche Weg an die Eliteuniversitäten.

Als ich erstmals eine solche Eliteuniversität mit eigenen Augen sah, verstand ich sofort, warum dort jeder hinwollte. An der naturwissenschaftlich geprägten, staatlichen Berkeley-Universität, die die Geburtsstätte der 68er-Bewegung war und die zahllose Nobelpreisträger und berühmte Silicon-Valley-Gründer hervorgebracht hatte, hatte ich als Teenager einen Sommerkurs in englischer Sprache und amerikanischer Kultur belegt. Von ihr war ich bereits schwer beeindruckt. Aber die Stanford University verschlug mir gänzlich den Atem.

An einem Wochenende beschloss ich, mir die in der San Francisco Bay Area liegende, 1885 gegründete private Stiftungsuniversität anzuschauen, von der ich schon so viel gehört hatte. Sie zählt zu den besten Universitäten der USA und ist führend auf dem Gebiet der wissenschaftlichen Forschung und Innovation. An der Entwicklung des Silicon Valleys war sie entscheidend beteiligt. Zu ihren Absolventen gehören 85 Nobelpreisträger, der ehemalige US-Präsident Herbert Hoover, die Gründer von Hewlett-Packard,

Cisco, Yahoo, Google, LinkedIn, Instagram und von zahlreichen weiteren erfolgreichen Weltkonzernen. Als ich nach einstündiger Zugfahrt in Richtung Palo Alto mein Ziel erreichte, traute ich meinen Augen kaum. Das war eine Universität? Mir erschien sie eher wie ein Luxusresort. Eingebettet in weitläufige, manikürte Grünanlagen lag ein herrschaftliches Sandsteingebäude mit rotem Ziegeldach im spanischen Kolonialstil. Fasziniert schlenderte ich durch die säulengetragenen offenen Rundbogengänge und staunte über die architektonisch beeindruckende Bibliothek mit ihren vier Millionen Büchern. Die exklusive Ausstattung Stanfords ist typisch für amerikanische Eliteuniversitäten. Nicht umsonst blättern deren Studenten für einen Collegeabschluss eine Viertelmillion Dollar hin. Neben der Zahlung dieser horrenden Gebühren gilt es zunächst, ein aufwendiges Bewerbungsverfahren zu meistern. Aufgrund des Andrangs hat sich eine ganze Beratungsindustrie darauf spezialisiert, Studenten auf die anspruchsvollen, leistungsorientierten Tests, Aufgaben und Gespräche gegen hohe Gebühren vorzubereiten.

Der elterliche Ehrgeiz nimmt zum Teil groteske Formen an, wie ein Betrugsskandal enormen Ausmaßes im Jahr 2019 zeigte. Die Verwicklung der beiden Hollywood-Stars Felicity Huffman und Lori Loughlin sowie zahlreicher prominenter Geschäftsleute löste ein internationales Medienspektakel aus. FBI-Ermittlungen mit dem Codenamen »Varsity Blues« hatten ergeben, dass Rick Singer, der Gründer einer College- und Karriereberatungsfirma mit angegliederter »Stiftung«, eine unerwartet große Marktlücke aufgetan hatte. Er hatte sich darauf spezialisiert, Schüler mit unzureichenden schulischen Leistungen an Spitzenuniversitäten wie Yale, der University of California, Los Angeles (UCLA), und der University of Southern California (USC) zu platzieren, mittels Betrug und Bestechung unter Einbeziehung Dutzender Komplizen. Hierfür mussten Eltern ihren Kindern zunächst Atteste über Lernschwäche ausstellen lassen, damit diese ihre Prüfungen in Testzentren unter erleichterten Bedingungen ablegen durften. In diesen Testzentren bestach Singer Mitglieder des Aufsichtspersonals, damit diese es zuließen, dass andere Personen die Tests für die Kinder entweder in Gänze ablegten oder diese zumindest korrigierten. Alternativ nutzte Singer die Tatsache, dass Universitäten jedes Jahr einer gewissen Anzahl von Nachwuchs-Spitzensportlern Studienplätze gewähren. Bei einer solchen

Zulassung sind schulische Leistungen sekundär. Im Rahmen dieses Verfahrens verfasste Singer fiktive Lebensläufe, brachte gefälschte Referenzschreiben bei und manipulierte Fotos, indem er die Köpfe der Jugendlichen auf Fotos von Leistungssportlern setzte. Hierfür zahlten Eltern bis zu 1,2 Millionen Dollar pro Kind. Im Laufe der Ermittlungen kooperierte Singer mit den Behörden und trug dazu bei, 33 Eltern zu überführen. Dies dürfte allerdings nur die Spitze des Eisbergs gewesen sein, da Singer einräumte, insgesamt 761 Aufträge ausgeführt zu haben. Der größte Betrugsskandal dieser Art in der Geschichte der USA zeigt, wie weit privilegierte Eltern zu gehen bereit sind.

Aus meiner damaligen Perspektive erschien mir das Leben meiner amerikanischen Freunde als äußerst erstrebenswert. Sie fuhren bereits im Alter von 16 Jahren Auto und hatten einen coolen Sommerjob, um Geld für die Bestreitung der Universitätsgebühren zu verdienen. Das College kostete zwar viel Geld und bedeutete, selbst bei finanzieller Unterstützung durch die Eltern, den Berufsweg mit einem großen Schuldenberg zu beginnen. Aber die Verschuldung schien kein Problem zu sein, weil die Studenten nach dem Abschluss ihres Studiums praktisch eine Garantie auf Jobs mit hohen Gehältern zu haben schienen, mit denen sie die Schulden gut abtragen konnten. Die Schwächen dieses Systems habe ich erst sehr viel später realisiert.

Laut der OECD geben die USA mehr für Bildung aus als jedes andere entwickelte Land auf der Erde. Im letzten Jahrzehnt haben sich die Gebühren privater sowie öffentlicher Schulen und Universitäten inflationsbereinigt weit mehr als verdoppelt. Das liegt vor allem daran, dass Universitäten wie Unternehmen betrieben werden und nicht wie im Dienste der Allgemeinheit stehende öffentliche Versorgungsbetriebe. Die durchschnittliche Schulgebühr für eine private Highschool beträgt circa 30 000 Dollar pro Jahr, für die teuerste in New York müssen Eltern sogar fast 100 000 Dollar berappen. Das ist insofern eine gute Investition, als dass die Schulabschlüsse die Weichen für das Lebenseinkommen stellen. Das Manhattan Institute hat in einer Studie festgestellt, dass Collegeabsolventen im Laufe ihrer Karriere 1 Million Dollar mehr als diejenigen verdienen, die nur einen Highschool-Abschluss vorweisen können. Bei der Erlangung eines akademischen Grades wie beispielsweise dem eines Arztes, eines Rechtsanwalts oder eines Betriebswirts ist das Einkommen statistisch gesehen sogar deutlich höher. Das Verdienstpotenzial der Absolventen von Eliteuniversitäten liegt noch einmal 30 Prozent höher als das der Absolventen gewöhnlicher Universitäten. Insgesamt geben Eltern für eine Eliteausbildung 1,7 Millionen Dollar pro Kind aus.[21]

Bei den Ausbildungskosten sind auch noch die Gebühren der Berater zu berücksichtigen, die die Bewerber auf die standardisierten Tests vorbereiten, beeindruckende Bewerbungsunterlagen formulieren und insgesamt die Persönlichkeit der Bewerber als möglichst einzigartig herausstellen. Für diejenigen, die die astronomischen Studiengebühren nicht aufbringen können, sind zwar Stipendien verfügbar, aber um sich überhaupt auf diese bewerben zu können, muss man die Expertise und die Zeit besitzen, die bürokratischen Hürden zu überwinden. Für viele ärmere Eltern und deren Kinder ist dies ein kaum gangbarer Weg.

Wie sehr die Hürden auf dem Weg zu einer Collegeausbildung die Amerikaner beschäftigen, zeigt der Verkaufserfolg von Tara Westovers Buch *Educated*[22] und der nachfolgende gesellschaftliche Diskurs. In ihrem Memoir beschreibt Westover ihr mühsames Collegestudium. Aus armen Verhältnissen stammend, musste sie nebenbei gleich mehrere Jobs übernehmen, um sich über Wasser zu halten. Aufgrund des Stresses und der Erschöpfung konnte sie sich kaum auf ihr Studium konzentrieren. Zwei Empfindungen bestimmten ihr Leben: ständige Existenzangst und unglaubliche Erschöpfung. Als sie kurz davor war aufzugeben, bewarb sie sich dank eines persönlichen Hinweises auf ein bescheidenes Stipendium. Sie schreibt: »Der Tag, als ich den Scheck eingelöste, war der Tag, als ich Studentin wurde.« Endlich konnte sie sich auf ihr Studium konzentrieren, ohne dass ihre Gedanken ständig um Geld kreisten. Ein überschaubarer Betrag von 4000 Dollar hat ihr einen erfolgreichen Lebensweg eröffnet, der ihr ansonsten verwehrt geblieben wäre.

Zu Westovers Überraschung wurde ihr Buch zwar mit Begeisterung aufgenommen, aber ganz anders als von ihr beabsichtigt, nämlich als Manifestation des amerikanischen Traums. Trotz aller Widrigkeiten sei es ihr gelungen, ihren Lebenstraum zu verwirklichen, weil sie hart an sich gearbeitet und nicht aufgegeben habe, etwas, das jedem Menschen in den USA möglich sei. Dieser Wahrnehmung widerspricht Westover entschieden und gibt zu bedenken, dass zu ihrer Zeit ganz andere Verhältnisse geherrscht hätten und ein Fortkommen leichter möglich gewesen wäre. Heute sei dies aufgrund der dramatisch gestiegenen Studienkosten nicht mehr realistisch. Es sei schlichtweg unmöglich, dass Kinder armer Eltern selbst unter Inanspruchnahme aller verfügbaren Beihilfen imstande seien, die mindestens notwendigen 80 000 Dollar aufzubringen. Außerdem habe sich die Wirtschaft nachhaltig verändert. Man könne nicht mehr wie selbstverständlich davon ausgehen, dass man als Berufseinsteiger ein Gehalt beziehe, mit dem man einen großen Schuldenberg abtragen könne. Um allen Bevölkerungsschichten einen gerechteren Zugang zu Ausbildungsmöglichkeiten zu gewähren, schlägt Westover vor, Universitäten nicht mehr wie gewinnorientierte Unternehmen zu führen, mehr öffentliche Mittel zur Verfügung zu stellen und Stipendien einer breiteren Studentenschaft verfügbar zu machen. Darüber hinaus sollte das Studentenkreditwesen reformiert werden. Denn nicht alle Menschen könnten stets Resilienz beweisen, aber eine Nation als Ganzes könne dies.[23]

Die Tatsache, dass wir in einer Wissensökonomie leben, in der manuelle und zunehmend auch hochqualifizierte Jobs von Maschinen übernommen werden, führt dazu, dass kognitive Intelligenz und akademische Begabung zu ausschlaggebenden Kriterien für beruflichen und finanziellen Erfolg werden. In hochkomplexen Bereichen wie Finanzen und Technologie ist dieser Trend am stärksten ausgeprägt. Faktoren wie soziale Kompetenz, Empathie und menschliches Urteilsvermögen finden weit weniger Wertschätzung, obwohl sie nachweislich für eine produktive Arbeitsleistung mindestens genauso wichtig sind wie kognitive Intelligenz.

Die Fetischisierung von Brainpower hat die Bildung einer IQ-Elite zur Folge. Die Forschung hat gezeigt, dass höhere kognitive Fähigkeiten und Bildung mit einer höheren Vergütung und einem größeren Vermögen korrelieren. Beispiele von Milliardären im Investment- und Technologiesektor, Fortune-500-CEOs, Richtern und Kongressabgeordneten untermauern diese Tatsache. Fast alle von ihnen verfügen über einen College- und die meisten über einen Hochschulabschluss, was in Deutschland in etwa vergleichbar mit einem Bachelor- und einem Masterabschluss ist. Smartness dominiert den öffentlichen Diskurs, und wer intelligent, erfolgreich und vermögend ist, hat die Meinungshoheit, ob gerechtfertigt oder nicht.

Elon Musk hat sich beispielsweise mittels geschickter PR erfolgreich zu einer Marke stilisiert und gilt nun als »öffentlicher Intellektueller«. Allein auf Twitter hat er über 100 Millionen Follower und wenn er zu einem Thema eine Meinung vertritt, gleichgültig wie abwegig, macht seine Anhängerschaft diese schnell zur »herrschende Meinung«. Kritiker werden mit dem Argument mundtot gemacht, dass Musk es schließlich besser wissen müsse, weil er so erfolgreich und reich sei.

Noch vor ein paar Jahrzehnten war kognitive Intelligenz in der Bevölkerung gesellschaftlich, geographisch und quer über Berufsgruppen relativ gleichmäßig verteilt. Mit steigenden Studentenzahlen veränderte sich dies. Zunehmend mehr junge Menschen verließen ihre Heimatsstädte, die zu einem nicht unerheblichen Teil in ländlicheren Gebieten lagen, um das College zu besuchen. Nachfolgend ließen sie sich bevorzugt in Städten nieder, um hochdotierte Jobs anzunehmen. Hinzu kam, dass sich die Akademiker vorzugsweise mit ähnlich Gebildeten, die sie an Universitäten oder in akademischen Berufen kennenlernten, zusammentaten. Die Eheschließungen von Paaren mit unterschiedlichem Bildungshintergrund nahmen dementsprechend ab. Dies hat zu einem Phänomen geführt, das in der Wissenschaft als »Assortative Paarung« bezeichnet wird. Demnach tun sich mehr und mehr Menschen mit gleicher Bildung und ähnlichem Einkommen zusammen. Ihre Kinder haben dann wiederum aufgrund ihres privilegierten Elternhauses von Geburt an einen Start- und Wettbewerbsvorteil.

Daniel Markovits, Professor der Rechtswissenschaften an der Yale-Universität und Autor des Buches *The Meritocracy Trap*[24] vergleicht die gesellschaftlichen Auswirkungen der vermeintlichen Leistungsgesellschaft mit einem Kastensystem. Die wachsende wirtschaftliche Ungleichheit beruhe vor allem auf dem Lohngefälle zwischen manueller und hochqualifizierter Arbeit. Aber nicht nur die weniger privilegierten Schichten seien benachteiligt, auch Menschen der Mittelschicht würden immer mehr um ihre Chancen gebracht. Selbst wenn sie alle Regeln befolgten, kämen sie gegen die etablierte Oberschicht nicht an. Sogar Menschen, die es bis ganz nach oben schafften, würden Opfer dieses Systems. Sie müssten sich zu

Tode arbeiten, damit sich ihre teure Ausbildung amortisiere und sie ihren Kindern wiederum eine solche ermöglichen könnten. Sie seien in einem erbarmungslosen lebenslangen Wettstreit gefangen, um ihr Einkommen und ihren Status zu sichern.

Robert B. Reich, Professor für öffentliche Politik an der Berkeley-Universität und ehemaliger US-Arbeitsminister, äußert sich in seinem Buch *The System* ähnlich. Er warnt, dass seine Leser nicht auf die Behauptung hereinfallen sollten, dass die USA eine egalitäre Leistungsgesellschaft seien, in der Können und harte Arbeit belohnt würden. Die zuverlässigsten Indikatoren für das Einkommen und Vermögen von Menschen seien das Einkommen und Vermögen der Familien, in die sie hineingeboren wurden.[25]

KAPITEL 3

USA: DIE REALITÄTS-MANUFAKTUR

Kollektive Illusionen: Verschmelzung von Illusion und Realität

Heutzutage in den USA zu leben ist im wahrsten Sinne des Wortes unglaublich. Jeden Tag passieren dort Dinge, von denen man kaum fassen kann, dass sie sich tatsächlich zugetragen haben. Die Zunahme dieser Phänomene ist schier überwältigend. Ob eine Horde wild gewordener Trump-Anhänger das Kapitol erstürmt, gewählte Volksvertreter die abstrusesten QAnon-Verschwörungstheorien kundtun oder der Präsidentschaftskandidat Trump einen Reporter mit Behinderung nachahmt – die Grenzen des Anstands, des Akzeptablen, des Machbaren sind aufgehoben. Ein Jahr nach der Wahl Joe Bidens glaubten lediglich 21 Prozent der Republikaner, dass Biden der legitime Präsident der Vereinigten Staaten ist.[26]

Die Grenzen zwischen Fiktion und Realität scheinen immer mehr zu verschwimmen. Fiktives wird zunehmend realer und die Realität zunehmend fiktiver. Oft sind die beiden Sphären kaum noch voneinander unterscheidbar. Zwar sind diese Trends überall auf der Welt zu beobachten, aber viele dieser Entwicklungen haben ihren Ursprung in Amerika und sind dort aufgrund kultureller Gegebenheiten am ausgeprägtesten.

Aber warum legen so viele Menschen in den USA solch extreme Auffassungen und Handlungsweisen an den Tag? Und warum sind gerade sie so anfällig für den Glauben an »alternative Fakten«? Die Gründe hierfür sind vielfältig.

Historie: Das Land des stetig Neuen

Einer der Gründe ist, dass Amerika seit jeher eine bestimmte Art von Mensch angezogen hat.

Insbesondere in den ersten Jahrhunderten der Besiedlung nahmen Menschen eine beschwerliche Reise ins Ungewisse auf sich, um nach Nordamerika zu gelangen. Die Bereitschaft, ein solches existenzielles Risiko einzugehen, erforderte Mut, Motivation, eine grundlegende Zuversicht, den Glauben an sich selbst und Vorstellungskraft. Die Siedler wollten ihr altes Leben, Konventionen, Traditionen und Vorurteile hinter sich lassen. Sie strebten nach dem Neuen. In Amerika konnten sie sich neu erfinden und eine komplett neue Realität erschaffen. Sie konnten ihre Religion frei ausüben, ihren Beruf wählen und sozial aufsteigen.

Bereits Alexis de Tocqueville bemerkte, dass der amerikanische Charakter auf einem Selbstverständnis beruhe, »neu« zu sein und Veränderung und Innovation mit Begeisterung zu begegnen.[27] Kurt Andersen beleuchtet in seinem Buch *Fantasyland* eindrücklich die historischen Ursprünge der amerikanischen Kultur und formuliert etwas überspitzt, dass Amerika geschaffen sei, um großartige Fantasien umzusetzen, von begeisterungsfähigen Flüchtlingen (und Gaunern), die sich erfolgreich der Realität verwehrten, überzeugt davon, dass sie den Schlüssel zur Wahrheit besäßen, und getrieben, ihre Wahrheiten zu verbreiten. Und diese Ursprünge definierten das Land.[28]

Das Leben in dem neuen Land ohne gewachsene Strukturen bedeutete vor allem auch Überlebenskampf. Hierbei waren mentale Konstrukte nützlich, die Halt und Orientierung gaben, wie beispielsweise Religion. Religionen machen das Unmögliche plausibel und legitimieren den Glauben daran. Glaube spendet Kraft und hält als Kitt soziale Gemeinschaften zusammen.

Seit ihren Anfängen haben die USA zum Teil haarsträubende Auswüchse zahlloser religiöser Sekten gesehen. Zu Beginn prägten insbesondere die

Puritaner und Protestanten das Land, später kamen unzählige andere, zum Teil »frei erfundene« Religionsgemeinschaften hinzu.

Während in der alten Welt die Aufklärung Einzug hielt, folgten viele Amerikaner religiösen Kulten, gaben sich dem Aberglauben hin, besuchten Wahrsager und konsultierten Quacksalber. Zu den bekannteren neueren Religionen zählen das Mormonentum und Scientology.

Die Einwanderer gaben ihre Eigenschaften, ihre charakterliche Prägung und ihre Werte an ihre Nachfahren weiter. So entstand ein nationaler Charakter, der die amerikanische Kultur geprägt hat.

Vorstellungskraft: Grenzenlos

Die Kreativität der Amerikaner ist schier unbegrenzt. Sie hat bedeutende Innovationen hervorgebracht, die die Welt erobert haben. Silicon Valley, Hollywood, die wissenschaftliche Forschung oder Lifestyle-Trends sind universal und begeistern die Menschen.

Risikofreude und Innovation liegen buchstäblich in der amerikanischen DNA, denn diese musste man besitzen, um sich eine neue Existenz in einem gänzlich fremden Land aufzubauen. Die Einwanderer benötigten den Mut und das Interesse, Unbekanntes zu erforschen. Mit Vorstellungskraft und Einfallsreichtum gestalteten sie aus dem, was sie vorfanden, eine bessere Zukunft.

Der Glaube an die unbegrenzten Möglichkeiten des Einzelnen und die geringere Verankerung in konventionellen kulturellen Normen haben eine größere intellektuelle Freiheit zur Folge. Während Menschen in anderen Kulturen innerhalb der vorgegebenen Normen denken, sind Amerikaner stets bemüht, Denkgrenzen zu sprengen und in großen Dimensionen zu denken, »to think big«, wie es dort heißt. Die Tatsache, dass Menschen aus unterschiedlichsten Kulturen und mit verschiedensten sozioökonomischen Hintergründen zusammentreffen, stimuliert die Kreativität. Der ungezügelte Wettbewerb verleiht den Antrieb, sich »etwas einfallen zu lassen«.

Hollywood: Traumfabrik

Ein weiteres Phänomen, das die Grenze zwischen Wirklichkeit und Fiktion verwischt hat, ist Hollywood. Zelluloid erlaubte es den Menschen, ihrer Realität für kurze Zeit zu entfliehen und in eine Fantasiewelt einzutreten. Ob Zeitreise, Zeitraffer, »Beamen« an ferne Orte, Abenteuer, Romanze – all das konnte man täuschend echt miterleben. Selbst alte Spielfilme wie *Cleopatra* beeindrucken durch aufwendige Kulissen und Kostüme. Stuntdoubles meistern atemberaubende physische Herausforderungen, Spezialeffekte wurden im Laufe der technologischen Entwicklungen immer überzeugender und selbst Zeichentrickfilme wirken mittels Künstlicher Intelligenz immer echter.

Die milliardenschwere Filmindustrie hat die amerikanische Kultur geprägt wie kaum ein anderer Einfluss. Seit jeher ist sie einer der größten Exportschlager Amerikas gewesen.

Meine eigene Wahrnehmung war bereits vor meinem ersten Aufenthalt in den USA durch Film und Fernsehen positiv konditioniert. Der Mythos Amerika hatte das gewisse Etwas, einen anziehenden Coolnessfaktor. Über die Jahre habe ich zahlreiche Expats, also andere Einwanderer, getroffen, deren Eindruck von den USA ebenfalls durch die Medien positiv geprägt war und die es nicht zuletzt deshalb dorthin verschlagen hat.

TV: Infotainment

Auch die Fernseh- und Entertainmentindustrie hat die amerikanische Kultur geprägt. Insbesondere das Reality-TV zieht die Menschen in seinen Bann. Ob *Big Brother, Dschungelcamp, Survivor* oder *The Real Housewives*, was ist real und was ist produziert? Die suggestive Macht des Reality-TVs ist enorm. Die 14 Jahre, in denen Donald Trump mit der Show *The Apprentice* regelmäßiger Gast in den Wohnzimmern Amerikas war, haben entscheidend zu seiner erfolgreichen Präsidentschaftskandidatur beigetragen. Überzeugend mimte er den sympathischen, erfolgreichen Geschäftsmann und gewann so das Vertrauen der Zuschauer. Trump ist sich der Macht des Fernsehens durchaus bewusst, wie aus seiner Affinität zu TV-Prominenz deutlich wird. Bei der republikanischen Primary 2022 für eine Senatskandidatur in Pennsylvania hat er seine Unterstützung für den prominenten Fernseharzt Dr. Mehmet Oz ausgesprochen mit dem Argument, dass er seit langer Zeit aus dem Fernsehen vertraut und immer beliebt gewesen sei. Frauen fühlten sich zu ihm hingezogen.[29] Der prominente Arzt ist selbst in der republikanischen Partei umstritten, weil er zweifelhafte medizinische Ratschläge erteilt und für unwirksame Diätpillen geworben hat. Diese Tatsache inspirierte die Zeitschrift *Rolling Stone* zu der findigen Überschrift »Betrüger unterstützt Quacksalber«.[30]

Neil Postman hat die wirklichkeitsverzerrende Wirkung des Fernsehens geradezu prophetisch in seinem 1985 erstmals erschienenen Buch *Amusing Ourselves to Death* illustriert. Vor nunmehr fast 40 Jahren prognostizierte er bereits, dass die Nachrichten zu Unterhaltungsprogrammen mutieren würden, banalisiert durch Begleitmusik und Werbeunterbrechungen. Komplexe Wahrheiten würden auf Soundbytes reduziert, was Desinformation zur Folge habe. Schleichend und fast unbemerkt hätten sich Politik, Religion, Nachrichten, Sport, Bildung und Wirtschaft in Ausprägungen des Showbusiness verwandelt. Das Resultat sei ein Volk, das dabei sei, sich sprichwörtlich zu Tode zu amüsieren.[31] Fernsehen kommuniziere in Bildern und erst sekundär durch Worte. Der beste Weg, eine Kultur zu verstehen sei die Betrachtung ihrer Art zu kommunizieren.[32] Im 18. und 19. Jahrhundert habe das geschriebene Wort die Aufmerksamkeit und den Intellekt von Menschen monopolisiert, da es neben der wörtlichen Übermittlung die einzige Möglichkeit war, Wissen weiterzugeben.[33] Figuren des öffentlichen Lebens waren bekannt für ihre Veröffentlichungen und nicht für ihr Aussehen oder ihre Bemerkungen. Postman erläutert dies prägnant an einem Beispiel: »Es ist ziemlich wahrscheinlich, dass die ersten 15 Präsidenten der Vereinigten Staaten von ihren Bürgern auf der Straße nicht erkannt worden wären. Das Gleiche trifft zu auf andere Prominente, wie berühmte Juristen, Minister und Wissenschaftler dieser Ära. Sie wurden anhand ihrer Veröffentlichungen, ihrer Stellungnahmen und ihres Wissens beurteilt, das sich in ihren schriftlichen Werken manifestierte. Seither hat sich das Bewusstsein grundlegend geändert, wenn man Präsidenten, Geistliche, Juristen oder Wissenschaftler der heutigen Zeit betrachtet. Denkt man an Richard Nixon, Jimmy Carter, Billy Graham oder sogar Albert Einstein, dann hat man sofort ein Bild vor Augen und weniger ein Zitat, wenn überhaupt. Das ist der Unterschied zwischen einer Kultur, die auf dem geschriebenen Wort basiert, und einer Kultur, die auf Bilder fixiert ist. Und es ist der Unterschied zwischen einer Kultur, in der wenige Möglichkeiten einer Freizeitausübung bestehen, und einer solchen, in der ein Übermaß an Zerstreuung vorhanden ist. ... Das Problem ist nicht, dass Fernsehen uns mit unterhaltsamen Inhalten konfrontiert, sondern dass alle Inhalte als unterhaltsam präsentiert werden.« Fernsehen habe die Bedeutung von Informiertsein durch die Schaffung von Desinformation verändert, durch die Illusion von Wissensvermittlung, die keine sei, und durch die Platzierung irrelevanter, fragmentierter und oberflächlicher Inhalte. Dies sei nicht das Ziel gewesen, aber durch die Verpackung von Nachrichten als Entertainment sei dies das unvermeidliche Ergebnis.[34]

Journalismus: Fake News

Zur verzerrten Realitätsdarstellung hat auch der Verfall der Standards im Journalismus und Kolumnistentum beigetragen. Journalisten in klassischen Mainstream-Medien folgen einem strengen Protokoll. Sie arbeiten mit vertrauenswürdigen Quellen und checken Tatsachenbehauptungen mit zusätzlichen Quellen gegen. Unterläuft ihnen ein Fehler, so wird dies öffentlich richtiggestellt. Wiederholte und schwere Fehler haben berufliche Konsequenzen. Aber nicht alle Medien folgen diesen Standards. Internet-basierte Quellen und private TV-Sender halten sich häufig nicht an diese Objektivitäts- und Verifizierungsstandards. Insbesondere die Kanäle und Zeitungen des australischen Milliardärs und ehemaligen Trump-Unterstützers Rupert Murdoch, wie »Fox News«, *Daily Mail* und *New York Post*, propagieren gefährliche »alternative Fakten«. Laut der Journalistin McKay Coppins funktioniert der Marktplatz für Informationen nicht mehr, weil unwahre Tatsachenbehauptungen und Fehlinformationen im Informationsmarkt einen Wettbewerbsvorteil hätten. Denn erfundene Informationen verursachten keine Kosten, während guter investigativer Journalismus teuer sei.[35]

Marketingindustrie: Suggestion von Illusion

Die amerikanische Marketing- und PR-Industrie hat ebenfalls zu einer Verschiebung der Grenze zwischen Realität und Fiktion beigetragen. Sie war federführend in dem kreativen Wecken von Begehrlichkeiten und der Manipulation des Konsumverhaltens der Amerikaner. Profitiert hat sie insbesondere von dem Aufkommen des Fernsehens und dem Einzug innovativer Technologien. Wollten die Amerikaner sich jung fühlen, tranken sie Pepsi, wollten sie sich frei fühlen, dann rauchten sie Marlboro. In der heutigen Datenwirtschaft können Werbekonglomerate mittels Big Data die vermeintliche Wirklichkeit noch realer auf Verbraucher zuschneiden.[36]

Psychopharmaka: Käufliches »Glück«

Auch ihre Wahrnehmung gestalten die Amerikaner äußerst proaktiv. Wenn sie happy sein wollen, nehmen sie Antidepressiva, brauchen sie mehr Energie, werfen sie Amphetamine ein, wollen sie ihre Ängste ausschalten, suchen sie Zuflucht bei Tranquilizern, um besser schlafen zu können, schlucken sie Schlaftabletten, und für die geringsten Schmerzen nehmen sie die stärksten Schmerzmittel. Amerikaner geben fast halb so viel für Arzneimittel im Jahr aus wie der gesamte Rest der Welt. Ich kenne kaum einen Amerikaner, der keinen *shrink*, also einen Psychiater, Psychologen oder Therapeuten, hat. Was wäre wohl in Manhattan los, wenn über Nacht keine Psychopharmaka mehr verfügbar wären? Die Abhängigkeit von Opiaten, die ihren Ursprung vor allem in dem Bedürfnis, der Realität zu entfliehen, hat, ist zu einer Geißel des Volkes geworden. Ungefähr alle fünf Minuten, verstirbt ein Amerikaner an einer Überdosis. Laut der Gesundheitsbehörde CDC wurden 2021 knapp 108 000 Drogentote registriert. Damit hat sich die Zahl in nur zwei Jahren verdoppelt.[37]

Vergnügungsindustrie: Das hedonistische Hamsterrad

Deutschland war seit jeher ein Land, dessen Volk Tiefgründigkeit und Intellektualität schätzte. Nach dem Zweiten Weltkrieg hat die historische Schuld, die es auf sich geladen hatte, zu seiner kritischen Auseinandersetzung mit sich selbst und einer gewissen Ernsthaftigkeit beigetragen. Dieser nationale Charakter prägt auch die Sozialisierung des Einzelnen und damit auch meine. Umso größer war der Kontrast, den ich empfand, als ich das erste Mal die USA besuchte. Scheinbar unbeschwerte Menschen mit positiver Ausstrahlung begegneten mir aufgeschlossen und hilfsbereit. Und welchem Teenager hätte die schillernde amerikanische Erlebniswelt, in der Fröhlichkeit, Spaß und Unterhaltung zelebriert werden, nicht gefallen. Erst mit den Jahren fiel mir auf, dass die Offenheit der Amerikaner, ihre kindliche Neugier, Naivität und das unnachgiebige Streben nach Glück die Wegbereiter für eine oberflächliche Kultur waren. Amerika ist ein komplexes Land mit einer vielschichtigen Kultur, in der natürlich auch weite Teile der Bevölkerung tiefgründig und intellektuell sind. Aber die Mainstream-Kultur unterliegt dem Gebot des kommerziellen Gewinns, was zur Folge hat, dass viele Aspekte des Lebens auf den niedrigsten gemeinsamen Nenner reduziert werden.

Das geradezu zwanghafte Streben nach Glück und Genuss hat zu einer hedonistischen und teilweise dekadenten Gesellschaft geführt. Nicht umsonst sind die Pilgerstätten der Neuzeit Disneyland, Las Vegas und Hollywood. Entertainment ist einer der erfolgreichsten Exportschlager Amerikas. Wie David Brooks in einer *New York Times*-Kolumne zutreffend hervorhob, haben die Konsumorientierung, die Celebrity-Kultur und das Reality-TV den Menschen suggeriert, dass Erfolg durch einen einzigen Moment von Publicity erreichbar sei. Brooks beruft sich auf den Soziologen Daniel Bell, der argumentiert habe, dass der Kapitalismus sich selbst unterminiere, weil er Verbraucher zu kurzzeitigen, hedonistischen Genusserlebnissen verführe, während von Arbeitnehmern Selbstdisziplin und langfristiges Denken gefordert würden.[38]

Magisches Denken: Effektive Selbsttäuschung

Ein weiteres wirksames Instrument, um den Verstand zu überlisten und ungeahnte Vorstellungskraft freizusetzen, ist »magisches Denken«, also die Fähigkeit, das Unmögliche für möglich zu halten. Diese Fähigkeit, die sich unter anderem in Wunschdenken und Aberglauben äußert, besitzen wir insbesondere in der Kindheit, da sie uns ermöglicht, Ungewissheit zu bewältigen und neue Dinge zu erlernen. Magisches Denken hilft uns, in komplexen Situationen Wissenslücken zu füllen, um uns die Welt verständlicher zu machen. Da Amerikaner bereits die Veranlagung besitzen, sich die Realität nach ihrem Belieben zu verbiegen, machen sie von dieser Strategie besonders großzügigen Gebrauch. Das äußert sich am drastischsten in der Wissenschaftsleugnung. Ob Klimaveränderung, Coronapandemie, oder Religionsausübung – da, wo Fakten oder Wissenschaft unliebsam sind, weil sie dem Profitstreben, der Machtausübung oder einfach persönlichen Präferenzen im Wege stehen, werden sie einfach ausgeblendet. Selbst der Supreme Court hat wissenschaftlichen Erkenntnissen bei seinen neuesten Urteilen zunehmend geringeren Stellenwert eingeräumt und sie beispielsweise durch religiöse Erwägungen ersetzt, wie in seinem Urteil zu Schwangerschaftsabbrüchen. Donald Trump hat sich der Realitätsverleugnung auf Kosten der Wissenschaft besonders gern bedient. Ob es darum ging, dass die Injektion von Desinfektionsmittel angeblich gegen Corona helfen könne, dass Windräder Krebs verursachten und Sport die begrenzte Menge angeborener menschlicher Energie aufbrauche – keine Behauptung war zu weit hergeholt, um seine Ziele voranzutreiben.

Schon lange tobt in den USA ein Kampf zwischen den Vertretern der Evolutionsbiologie und religiösen Bibelanhängern darüber, ob der Mensch im Laufe der Evolution entstanden ist oder, wie in der Genesis beschrieben, von Gott als dessen Abbild erschaffen wurde. Die religiösen Rechten lehnen die Evolutionslehre als frevlerisch ab und propagieren das sogenannte »intelligente Design«, auch »Kreationismus« genannt, also die biblische Entstehungsgeschichte. Auf die Kreationisten gehen auch Bestrebungen zurück, die Lehre der Evolutionstheorie an Schulen zu verbieten oder zumindest die biblische Schöpfungsgeschichte als gleichrangige Alternative zu lehren. Dies ist insbesondere im Sinne der rechten weißen Christen, weil die biblische Mythologie von einer weißen Abstammungslinie, die in Gottes Ebenbild mit Adam und Eva erschaffen wurde, ausgeht. Dunkelhäutigkeit wurde dagegen als ein Fluch über die Nachfahren Kains angesehen, als Strafe für die Ermordung von dessen Bruder Abel.[39]

Selbsttäuschung, also gewissermaßen Wunschdenken, kann zur Leistungssteigerung durchaus förderlich sein. Die Forschung hat gezeigt, dass je besser Schwimmer darin waren, sich etwas vorzumachen und die Welt so zu sehen, wie sie wollten, desto erfolgreicher waren sie.[40] Weil es hilfreich sein kann, das Unrealistische zu glauben, um über sich hinaus zu wachsen, überrascht es kaum, dass die Amerikaner in ihrer wettbewerbsorientierten Leistungsgesellschaft besonders dazu tendieren, sich ihre Realität nach ihren Präferenzen zurechtzurücken.

Und was ist schon Realität? Donald D. Hoffman, Professor für Kognitionspsychologie an der University of California, Irvine, vertritt die Auffassung, dass unser menschliches Bewusstsein die objektive Realität gar nicht wahrnehmen könne. Stattdessen hätten wir im Laufe der Evolution gelernt, uns von unseren Sinnen optimal informieren zu lassen und damit nur Bruchstücke der Realität wahrzunehmen. Menschen, die sich in ihrer Wahrnehmung auf das Wesentliche konzentrieren, seien evolutionstechnisch bevorzugt. Es reiche, wenn wir Raubtiere in Sekundenschnelle als gefährlich ausmachen können. Die Differenzierung feinster Farbnuancen unterschiedlicher Tiere sei dagegen für unser Überleben nicht erforderlich und würde unsere Wahrnehmung nur überwältigen. Auch bei der Nutzung eines Computers orientierten wir uns an abstrakten Icons und Zeichen, ohne dessen Innenleben wahrzunehmen oder seine Funktionsweise im Einzelnen zu verstehen.[41] Insofern ist unsere Wahrnehmung tatsächlich relativ. Nichtsdestotrotz kann man sich auf wissenschaftliche Mindeststandards verständigen.

Was dabei herauskommt, wenn selbst diese nicht mehr respektiert werden, erhellt das Beispiel des texanischen Abgeordneten und Trump-Unterstützers Louie Gohmert, der die wissenschaftlichen Erkenntnisse zum Klimawandel diskreditiert, um der fossilen Energieindustrie Vorschub zu leisten. Auf einer öffentlichen Anhörung fragte er völlig ernst, ob die Forstverwaltung zur Bekämpfung der Klimakrise nicht die Umlaufbahn von Mond oder Erde ändern könnte.[42] Bei anderer Gelegenheit warnte er davor, dass der »Green New Deal« den Niedergang der USA bedeute, weil Tausende Vögel, die Windturbinen überlebt hätten, nun plötzlich über Solarfarmen in Flammen aufgehen würden.[43] Auch Marjorie Taylor Greene, republikanische Abgeordnete aus Georgia, hat es nicht so mit der Wissenschaft. Die verheerenden Waldbrände in Kalifornien führte sie nicht etwa auf die Klimaveränderung zurück, sondern machte dafür jüdische Finanziers verantwortlich, die mittels »Space Lasern« Sonnenstrahlen auf die Erde lenkten, um durch die so ausgelösten Brände Platz für ihre Bauprojekte zu schaffen.[44] Donald Trump bewies während seiner Präsidentschaft Kreativität, wenn es um die Bewältigung von Naturkatastrophen ging. So schlug er mehrmals vor, Hurricanes mittels Atombomben-Explosionen zu stoppen, damit sie nicht amerikanischen Boden erreichten.[45]

Silicon Valley: Virtuelle Realität

Wenn man sich etwas vorstellen kann, dann ist es auch möglich, so auch das Credo im Silicon Valley, wo die Grenzen zwischen Vision und Realität häufig verschwimmen.

Elon Musk, Kreativgenie und Gründer von SpaceX, glaubt gar, dass wir nicht in der Realität lebten, sondern wahrscheinlich in einer *Matrix*-ähnlichen Simulation gefangen seien, die von der Wirklichkeit nicht zu unterscheiden sei. Das Universum sei 13,8 Milliarden Jahre alt und daher hätten Zivilisationen, die es im Kosmos geben könne, viel Zeit gehabt, Technologien zu entwickeln, die dies möglich machen könnten. So abstrus diese Behauptung klingen mag, Musk ist mit seiner Auffassung nicht allein. Auch einige Physiker, Weltraumforscher und Philosophen halten dies für durchaus möglich.

Apropos Weltraum: Jeff Bezos, der Gründer von Amazon und Blue Origin, arbeitet an seiner Vision, den Weltraum zu kolonialisieren und Menschen dorthin zu verfrachten. Nicht einen, nicht 100, sondern direkt eine ganze Milliarde von Menschen soll dort leben. Think big!

Silicon-Valley-Investor und Milliardär Peter Thiel interessiert sich auch für das Leben, insbesondere für dessen Dauer. Er findet die Tatsache, dass wir unsere Sterblichkeit akzeptieren, geradezu pathologisch. Und finanziert daher Unsterblichkeitsforschung, wie zahlreiche andere seiner Silicon-Valley-Kollegen.

Es gibt keine Lösung, für die tech-affine Milliardäre kein Problem finden könnten. Der letzte Schrei ist nunmehr die Lösung des »Problem des Todes«. Laut dem Langlebigkeitsunternehmer Arram Sabeti sei es offensichtlich, dass wir ewig leben könnten. Was nicht gegen die Gesetze der Physik verstoße, das könnten wir erreichen. Der Langlebigkeitsinvestor Dave Asprey erklärt, dass er sich einfach entschlossen habe, nicht zu sterben. Auch Jeff Bezos investiert in diese Forschung, um nachfolgende Generationen mit seiner ewigen Anwesenheit zu beglücken.

Die Google-Gründer Sergey Brin und Larry Page haben Milliarden in das Langlebigkeitslabor Calico investiert, um den Tod zu überwinden. Und die National Academy of Medicine, eine unabhängige Organisation, investiert, um »das Altern für immer zu beenden«. Auch die Unternehmen Sierra Sciences und BioViva arbeiten daran, den Tod mittels Telomere-Therapie zu überlisten. Die Geschäftsführerin des Letzteren, Elizabeth Parrish, erklärte, sie habe sich einer solchen Therapie unterzogen und altere nun »umgekehrt«.[46]

Treffend stellte Dara Horn in der *New York Times* fest, dass es sich bei den Unsterblichkeitsfanatikern hauptsächlich um Männer handelt, die sich unbesiegbar wähnen. Der Tod stelle die ultimative Verwundbarkeit dar, die es auszumerzen gelte. Frauen, von denen die meisten ihr ganzes Leben damit beschäftigt seien, sich um das Leben der Jungen, Alten und Kranken zu kümmern, und die häufig von Männern auf ihre Körperlichkeit reduziert würden, sei diese Verwundbarkeit als untrennbarer Teil des Lebens wesentlich mehr bewusst.[47]

Weltraumkolonialisierung und Unsterblichkeit gehören zu den extremsten Ausprägungen der Alles-ist-möglich-Kultur. Aber das Silicon Valley hat schon früh die Weichen für alternative Realitätswahrnehmungen der allgemeinen Bevölkerung durch Plattformen wie Facebook, Twitter und Instagram geschaffen. In Filterblasen und mittels gestellter, gephotoshopter Bilder kann sich dort jeder seine eigene Realität erschaffen. Und wer seinem Leben entfliehen möchte, der kann gänzlich in die virtuelle Welt abtauchen. Was einst mit Second Life und Oculus begann, will Mark Zuckerberg, Gründer von Facebook, mit dem

Metaverse noch einmal auf eine ganz andere Ebene heben. Das sogenannte Web-3.0-Konzept befindet sich noch in den Anfängen, aber letztendlich soll die reale Welt durch eine virtuelle Dimension ergänzt werden. Dort soll man alle Tätigkeiten wie im richtigen Leben ausüben können, beispielsweise ein Häuschen erwerben, arbeiten gehen, Freunde treffen, heiraten, den Arzt besuchen, einkaufen, in Kunst investieren, Unternehmen betreiben und reisen. Dem Ganzen zugrunde liegt eine virtuelle Wirtschaft mit virtuellen Währungen. Gegenwärtig ist es vor allen Dingen noch eine Vision und ein Hype, denn schon allein die weltweite Rechenleistung reicht für diese Parallelwelt bei weitem noch nicht aus und viele der zugrunde liegenden Technologien befinden sich noch im Entwicklungsstadium.

Es fällt auf, dass die meisten innovativen Technologietrends überwiegend in den USA entstehen und von dort aus vorangetrieben werden. Dies liegt unter anderem an den besser entwickelten Kapitalmärkten, in denen mehr Menschen bereit sind, in einem Frühstadium in Risikounternehmen zu investieren. Darüber hinaus lässt die weniger restriktive Gesetzgebung Unternehmen bei der Gründung und Expansion mehr Spielraum. Vor allem aber manifestiert sich in diesen Trends die Tatsache, dass Amerikaner weniger als andere Menschen »Denkgrenzen« unterliegen und kein Problem damit haben, sich die Realität untertan zu machen. Ihre Extrovertiertheit und kindliche Neugier beflügeln ihre Innovationskraft, Experimentierfreude und Aufgeschlossenheit für neue Erfahrungen. Da das soziale Netz weniger stark ausgeprägt ist, sind Amerikaner agil, risikofreudig und motiviert, Widerstände, Ungewissheit und Herausforderungen zu überwinden. Ihre Fähigkeit, zu networken und Beziehungen zu knüpfen, beflügelt ihre Kreativität. Ihre Kommunikationsfähigkeit hilft ihnen, ihre Ideen zu »verkaufen«, denn dadurch, dass sie in einer individualistischen Kultur leben, sind sie es gewohnt, sich mit anderen auseinandersetzen und Konflikte proaktiv bewältigen zu müssen.

Die Menschen im Silicon Valley blühen in einer solchen Kultur auf. Ihr Schöpfergeist setzt immense Kräfte frei und befähigt sie, Produkte zu erfinden, von denen Verbraucher gar nicht wussten, dass sie sie benötigen. Mit Selbstvertrauen und Entschlossenheit setzen sie ihre Ideen in die Tat um und exportieren diese in die ganze Welt.

Social Media: Wahrnehmungsfilter

Unsere Wahrnehmung wird auch stark von den sozialen Medien geprägt, meist mehr, als uns bewusst ist. In seinem Buch *Collective Illusions* erläutert der Autor Todd Rose, wie sehr wir uns nach dem angenommenen gesellschaftlichen Konsens richten, auch wenn wir dabei häufig irren. Unser Gehirn sei evolutionär darauf angelegt, »Abkürzungen« zu nehmen, sodass wir davon ausgingen, dass das, was die augenscheinliche Mehrheit der Menschen vertrete, den Konsens der Gesellschaft widerspiegele. Oft bringe dies Menschen dazu, ihre Meinung zugunsten der angenommenen Mehrheitsmeinung zu ändern, auch wenn diese der eigenen Meinung nicht entspreche. Social Media verstärkten diese Tendenz, indem sie die Mehrheitsmeinung künstlich simulierten. Beispielsweise habe Twitter 2013 über 6000 Bot-Konten geschlossen, die darauf programmiert gewesen seien, Posts des venezolanischen Präsidenten Nicolás Maduro zu retweeten. Obwohl die Bots lediglich 0,5 Prozent von Maduros Followerschaft ausgemacht hätten, seien die Retweets um 81 Prozent zurückgegangen. Nachfolgend habe sich herausgestellt, dass der scheinbare, durch die Bots herbeigeführte Konsens Andersdenkende zum Schweigen gebracht habe, denn auf einmal flammte Kritik an Maduro auf. Laut einer von Rose zitierten Studie reiche es bereits aus, wenn 5 bis 10 Prozent der Teilnehmer in einem Kommunikationsstrang Bots seien, um die von ihnen vertretene Ansicht zur vorherrschenden zu machen. Rose warnt, dass Bots bereits 19 Prozent der gesamten Onlinekommunikation ausmachten. Durch die Verzerrung des Dialogs fühlten sich die Menschen desorientiert, frustriert, desillusioniert und misstrauten einander.[48]

Self-Made: Jeder ist sein eigener Schöpfer

Der Selbstoptimierungskult: »Das Geheimnis«

Ein wesentlicher Grundsatz der amerikanischen Ideologie ist, dass die Einstellung der Menschen ihr Schicksal bestimmt. Dies nimmt zum Teil kuriose Auswüchse an.

Wollen Sie reich, schlank und erfolgreich sein? Alles überhaupt kein Problem. Sie müssen es sich nur vorstellen, dann passiert es auch. Jedenfalls wenn man dem 2006 als Film und später als Buch erschienenen *The Secret*, also *Das Geheimnis*, Glauben schenken darf. Das Wunderwerk löste in den USA einen unglaublichen Hype aus. Es war allgegenwärtig, jeder hatte es gesehen und alle sprachen darüber. Konzipiert hatte es die australische TV-Produzentin Rhonda Byrne. In ihrem Film gibt sie eine Anleitung dazu, wie jeder seine Träume verwirklichen kann. Denn wir seien alle selbst Schöpfer unserer eigenen Realität und was wir visualisierten und manifestierten, das passiere auch. Mittels unserer Gedanken zögen wir die gewünschten Ereignisse an, weil das Universum aus Energie bestehe. Gedanken sendeten magnetische Vibrationen aus, die mit denen der gewünschten Vorgänge widerhallen würden. Positive Gedanken zögen positive Dinge an und negative Gedanken negative. Wenn man reich sein wolle, bräuchte man sich dies nur vorzustellen. Glaube man daran und handle so, als ob man bereits reich wäre, dann würde das Geld kommen. Dieses Erfolgsrezept, so die kühne Behauptung, funktioniere immer bei allen. Einer der Experten in dem Film lässt gar verlauten, dass das Universum wie ein Katalog sei, aus dem man auswählen und seine Bestellung aufgeben könne. Zur Untermauerung dieser Plattitüden werden wissenschaftliche Begriffe aus der Quantenphysik herangezogen. Eine der gefährlichsten Behauptungen: Eine an Brustkrebs erkrankte Frau berichtete, dass sie allein aufgrund ihrer Gedanken, ihres Glaubens und amüsanter Filme ohne herkömmliche medizinische Therapien geheilt worden sei.

Die Autorin Byrne erläutert, dass sie in einer persönlichen Krise über das 100 Jahre alte Buch *The Science of Getting Rich* von Wallace D. Wattles gestolpert sei. Dessen Lektüre und weitere Recherchen hätten sie auf die Spur des »Gesetzes der Anziehungskraft« gebracht. Nur wenige auserwählte Menschen in der Geschichte seien in dieses Geheimnis eingeweiht gewesen, aber Genies wie Platon, Leonardo da Vinci und Einstein hätten davon gewusst.

The Secret entwickelte sich zu einem absoluten Phänomen der Popkultur. TV-Stars wie Oprah, Larry King, Ellen DeGeneres feierten *The Secret* in ihren Fernsehsendungen und trugen so maßgeblich zu dessen explosionsartiger Verbreitung bei. Mittlerweile hat sich das Buch über 30 Millionen Mal verkauft und ist in 50 Sprachen übersetzt worden, trotz der Tatsache, dass sein Inhalt aus banalen Binsenweisheiten, pseudowissenschaftlichen Behauptungen und Wunschdenken besteht. Aber die Amerikaner sind aufgrund ihrer Weltanschauung empfänglich für magisches Denken, insbesondere wenn dadurch die Erfüllung aller Wünsche in verheißungsvolle Nähe zu rücken scheint.

Darüber hinaus erzeugt eine Wettbewerbsgesellschaft, in der jeder alles erreichbar kann, Leistungsdruck, und Gedankenkonstrukte wie die in *The Secret* geschilderten, helfen bei der Bewältigung durch Selbstoptimierung. Hinzu kommt der soziale Druck. Trotz des Individualismus oder vielleicht gerade deswegen neigen Amerikaner dazu, sich mit anderen aus ihrem sozialen Umfeld zu vergleichen, »keeping up with the Joneses«, wie man dort sagt. Obwohl sie anderen ihren Erfolg gönnen, sind sie gleichzeitig bestrebt, Ähnliches zu erreichen. Das hat zur Folge, dass der Einzelne stets versucht, das Beste aus sich zu machen. Ein weiterer Motivationsfaktor ist, dass in den USA Scheitern nicht als Schande, sondern als Ausdruck von Risikofreude und unternehmerischem Handeln angesehen wird, und allen ein Comeback vergönnt ist.

Von dem Selbstoptimierungsdruck profitiert die Selbsthilfeindustrie, die Schätzungen zufolge in den Vereinigten Staaten 2022 einen Umsatz von über 13 Milliarden Dollar erwirtschaften wird.[49]

Der einflussreiche Autor Napoleon Hill prägte in den 1930er-Jahren den Spruch »Whatever the mind can conceive and believe, it can achieve«, was immer Du Dir vorstellen kannst, das kannst auch erreichen. Diese Maxime ist der Inbegriff der amerikanischen »Jeder ist seines eigenen Glückes Schmied«-Kultur. Niemand muss die Umstände, in die er hineingeboren wurde oder vom Leben hineinkatapultiert worden ist, hinnehmen.

Jeder kann sich selbst erfinden und seine Schicksalsschläge in Chancen verwandeln, so das amerikanische Mantra. Was auch immer man an sich oder seinem Leben verbessern möchte, es gibt kein Problem, das mit den geeigneten mentalen Werkzeugen nicht lösbar wäre. Betrachtet man die Fülle des Angebots von Selbsthilfeprodukten und -Dienstleistungen sowie die große Nachfrage danach, könnte man meinen, dass sich die Amerikaner mittlerweile zu einem Volk von perfekten Menschen mit perfekten Leben entwickelt haben müssten. Aber das Gegenteil ist der Fall. Trotz des hohen Lebensstandards fühlen sich viele Amerikaner dem Druck kaum gewachsen. Das Spektrum derjenigen, die sich Unterstützung von der Selbsthilfeindustrie versprechen, ist breit und reicht von Menschen, die bereits erfolgreich sind, bis hin zu solchen, die unter ihren Lebensumständen leiden und diese verändern möchten.

Die Industrie blickt auf eine lange Geschichte zurück. Das 1859 von dem Schotten Samuel Smiles veröffentlichte Buch mit dem Titel *Self-Help* war eines der ersten Bücher, das sich mit diesem Thema beschäftigte. Es erfreute sich in den USA größter Beliebtheit und war der Beginn eines Trends, der immer stärker wachsen sollte. Umfangreiche gesellschaftliche Veränderungen wie die Industrialisierung schufen Bedarf an Orientierung und persönlicher Weiterentwicklung. In den zwanziger Jahren gewann das Konzept des »Law of Attraction«, des »Gesetzes der Anziehungskraft«, wonach Menschen durch die Kraft ihrer Gedanken ihre Wünsche verwirklichen konnten, an Popularität. Die Große Depression erhöhte die Nachfrage nach Ratschlägen und Motivation weiter. Dale Carnegies 1936 erschienener Bestseller *How To Win Friends and Influence People*[50] gehört mit weltweit über 30 Millionen verkauften Exemplaren zu einem der erfolgreichsten Bücher aller Zeiten. Auch Norman Vincent Peale gelangte mit seinem religiös angehauchten Bestseller *The Power of Positive Thinking*[51] in den Nachkriegsjahren zu Ruhm. Peale hat als Donald Trumps Pastor dessen Denken nach Trumps eigener Aussage nachhaltig beeinflusst. Vor allem die Überzeugung, dass man mit Selbstvertrauen und der Macht des positiven Denkens alles erreichen kann, hat Trump sich zu eigen gemacht. In den sechziger und siebziger Jahren prägten südostasiatische Kulturen, neue psychologische Erkenntnisse und New-Age-Spiritualismus den Selbsthilfetrend. Ab der Jahrtausendwende fand eine immer größere Kommerzialisierung des

Genres statt, angeführt von Gurus wie Anthony Robbins, Oprah Winfrey, Dr. Phil McGraw, Deepak Chopra, Tim Ferriss und Marie Kondo. Selbst die Karriere- und Lebensratschläge von Finanztitanen wie beispielsweise Ray Dalio, dem Gründer von Bridgewater, und Stephen A. Schwarzman, dem Gründer von Blackstone, sind neuerdings höchst gefragt.

Ebenfalls ein Phänomen der jüngeren Vergangenheit sind Starakademiker, die mit ihren Erfolgsratschlägen den Zeitgeist prägen. Mit ihren Büchern, hochdotierten Redner-Engagements und Beratungsmandaten verdienen sie ein Vermögen. Zu den profiliertesten gehören Carol Dweck mit ihrem Buch *Mindset*, Angela Duckworth mit Grit: *The Power of Passion and Perseverance*[52], Adam Grant mit *Give and Take: Why Helping Others Drives Our Success*,[53] und Amy Cuddy mit *Presence: Bringing Your Boldest Self to Your Biggest Challenges*[54]. Cuddy ist Psychologie-Professorin und hat eine beeindruckende Karriere gemacht. Sie predigt, wie wir unsere Gedanken durch unsere Körperhaltung beeinflussen können. Ihr Ted-Talk zu dem Thema ist millionenfach geklickt worden. Im Nachgang wurde sie allerdings von ihrer Co-Autorin und anderen Wissenschaftlern des unsauberen wissenschaftlichen Arbeitens mittels manipulierter Statistiken beschuldigt. Die Kontroverse entfachte einen Feuersturm in den Sozialen Medien, der Cuddy nach eigener Aussage sehr zugesetzt hat.

Weil Selbsthilfecoach keine geschützte Berufsbezeichnung ist, tummeln sich auf diesem Gebiet viele Scharlatane und Pseudowissenschaftler, denen es an Qualifikationen mangelt. Sie machen unseriöse Versprechungen, arbeiten mit dubiosen Methoden und nutzen die Schwäche von Menschen, von denen sich viele in Krisensituationen befinden, aus. Diese werden häufig in ein profitables Ökosystem aus Waren und Dienstleistungen gelockt, aus dem sie nur schwer wieder herauskommen.

Und manchmal zahlen die Hilfesuchenden sogar mit ihrem Leben. So geschehen beispielsweise im Fall von James Arthur Ray. Der Selbsthilfeguru, dessen größtes Talent in seiner Selbstvermarktung bestand, schaffte es sogar zu *Larry King Live* bei CNN, in die *Today Show* und den Erfolgsfilm *The Secret*. Den Ritterschlag erhielt er durch einen Auftritt in der Talkshow von Oprah Winfrey. Der Schulabbrecher, der über keine Ausbildung verfügte, veranstaltete New-Age-Seminare, bei denen er Schlafentzug, Fasten und das Laufen über Feuer und Glas einsetzte. Aufgrund unsachgemäßer

Praktiken kam es dabei in mehreren Fällen zu teilweise schweren Verletzungen. 2009 kamen bei Belastungsübungen in saunaähnlichen Schwitzhütten drei Menschen zu Tode. Anstatt Hilfe zu leisten, floh Ray vor der Polizei. 2011 wurde er wegen fahrlässiger Tötung in drei Fällen zu zwei Jahren Gefängnis verurteilt.

Die der Selbsthilfeindustrie zugrunde liegenden Prinzipien zeugen häufig von einem Hauch von Oberflächlichkeit und Narzissmus, weil sie zur Erreichung von Zielen auf Abkürzungen setzen, ohne die dafür eigentlich erforderliche Leistung zu bringen. Will man beispielsweise reich sein, so ist bereits die Visualisierung ausreichend.

Kritiker gehen mit der Selbstoptimierungsindustrie hart ins Gericht. Sie kritisieren diese Kultur als toxisch, denn sie befördere Menschen in eine Endlosschleife des Sich-Verbesserns und, durch die Glorifizierung des Workaholic-Daseins, letztendlich auch des Sich-Ausbeutens. Jeder steht unter dem Druck, ständig stark, erfolgreich und glücklich sein zu müssen, ein Streben, das häufig im Gegenteil endet.

Der Persönlichkeitskult: Strahlkraft

Die meisten Menschen, die schon einmal in Amerika waren oder mit Amerikanern zu tun hatten, sind angetan von ihrer Offenheit und ihrem Konversationsgeschick. Auch mich hat ihre Art begeistert, wahrscheinlich auch, weil ich eher introvertiert bin und mir ihre aufgeschlossene Art entgegenkam. Die Freundlichkeit, die in Deutschland oft als Oberflächlichkeit abgetan wird, gestaltet den Alltag enorm angenehm. Weil sie den Ton setzt und ansteckend ist, gerät man in Zugzwang, sich selbst zu öffnen und Beziehungen zu kultivieren.

Extrovertiertheit ist eine zentrale Eigenschaft der kollektiven amerikanischen Persönlichkeit, die zum kulturellen Leitbild gehört. Zum Teil mag das daran liegen, dass die USA eine Einwanderungsnation sind. Menschen, die geneigt sind, Risiken einzugehen und sich in einem unbekannten Umfeld gemeinsam mit anderen zu behaupten, neigen tendenziell eher dazu, aus sich herauszugehen. Introvertierte Menschen haben es in einer solchen Kultur, in der man sich ständig produzieren muss, ungleich schwerer.

Über dieses Thema hat Susan Cain ein Buch mit dem Titel *Quiet: The Power of Introverts in a World That Can't Stop Talking*[55] verfasst, das ein Megabestseller und mittlerweile zu einem Klassiker geworden ist.

Während der Entwicklung von einer Agrar- zu einer Industriewirtschaft sind immer mehr Amerikaner in anonyme Städte gezogen, in denen sie über weniger persönliche Bindungen verfügten. Die neue Wirtschaft, in der alles und alle immer stärker miteinander verknüpft sind, erfordert laut Cain jedoch persönliche Netzwerke. Deshalb mussten sie in der Lage sein, einen guten Eindruck zu machen und neue Beziehungen zu knüpfen. Ein kultureller Wandel vollzog sich. Während einst Charakter ausschlaggebend war, rückte nun zunehmend die Persönlichkeit ins Zentrum. Jeder wurde zum Selbstdarsteller. Angesehen war nicht mehr, Gutes zu tun und darüber zu schweigen, sondern es bekannt zu machen und sich dafür feiern zu lassen. Als eine gewinnende Persönlichkeit wurde eine solche angesehen, die charismatisch, charmant und humorvoll war und sich durch einen charakterfesten Händedruck auszeichnete. Schüchternheit wurde als pathologisch betrachtet und galt im Zweifel als Ausdruck eines Minderwertigkeitskomplexes, der für alle möglichen Probleme von Alkoholismus bis hin zum Selbstmord verantwortlich gemacht wurde. Demgegenüber galt eine aufgeschlossene und engagierte Persönlichkeit als Garant für sozialen und finanziellen Erfolg. Die richtungsweisende US-Werbeindustrie der Fünfzigerjahre verstärkte diesen Trend noch. Ob kosmetische Produkte, Kleidung oder Lifestyle-Artikel: »Nichts ist so wichtig, wie der erste Eindruck, den man macht«, propagierte sie, denn dieser sei der wichtigste Faktor für Erfolg. Schon von Kindern wurde erwartet, dass sie aus sich herausgingen und ihr Potenzial demonstrierten. Stille und schüchterne Kinder wurden als problematisch wahrgenommen.[56]

Bei Bewerbungen für Kindergärten bis hin zu Jobs, ist Persönlichkeit ein wichtiges Kriterium bei der Einschätzung des Potenzials von Menschen. Was für eine Ausstrahlung haben die Bewerber, verfügen sie über soziale Intelligenz, sind sie beliebt, unterhaltsam und weltgewandt? Mit dem Aufkommen der Social Media ist die Darstellung der eigenen Persönlichkeit noch wichtiger geworden. Selbstwertgefühl, Status und Einkommen hängen immer mehr von der Fähigkeit ab, sich zu produzieren, Stärke zu demonstrieren und Resilienz zu signalisieren. Kein Wunder, dass die Abhängigkeit von verschreibungspflichtigen Medikamenten angesichts des Drucks enorm zugenommen hat. Heute soll jeder fünfte Amerikaner aufgrund der gestiegenen Anforderungen an Angststörungen, Panikattacken und Depressionen leiden.

Das »Persönlichkeit-Phänomen« fällt mir auch immer wieder in Manhattan auf. Zwar sind Intelligenz, Bildung und Fleiß unerlässlich, aber ohne eine strahlende Persönlichkeit ist Erfolg schwer zu erreichen. Beispielsweise werden in Großkanzleien vornehmlich die Rechtsanwälte zu Partnern gemacht, die neue Mandate akquirieren und damit das meiste Geschäft reinbringen. Das sind üblicherweise diejenigen, die Empfänge besuchen, am Wochenende auf dem Golfplatz netzwerken und in Clubs und Vereinen Pöstchen besetzen. Die kompetenten Arbeitsbienen, von denen man nichts sieht und hört, weil sie im stillen Kämmerlein Stapel von Akten abarbeiten, dürfen nach ein paar Jahren gehen, gleichgültig, wie hervorragend ihre Arbeit war. Denn Arbeiterbienen sind ersetzbar, Charismatiker mit einem Riesennetzwerk an persönlichen Beziehungen weniger. Noch extremer ist es in der Finanzindustrie, in der nur Alphatiere mit Strahlkraft den Olymp erklimmen.

Ich erinnere mich noch gut an die Zeit, in der ich bei Deloitte in Deutschland als Managerin in der Kapitalmarktabteilung an internationalen Transaktionen von Großbanken und Finanzunternehmen arbeitete. Diese vertrieben weltweit Finanzprodukte an institutionelle Investoren, wie Versicherungen und Pensionsfonds. Die Banker waren stets in der Lage, ihre Kunden und uns, ihre Berater, zu beeindrucken. Sogar bei Telefonkonferenzen schafften sie es, ihre Zuhörer mit ihrer Lockerheit, ihrem Humor und ihrer lebhaften Bildsprache in ihren Bann zu ziehen. Statteten sie uns einen Besuch ab, verfehlten sie mit ihrem Enthusiasmus und Charme nicht ihre Wirkung. Besonders die Herren waren angetan von den maßgeschneiderten Anzügen, kombiniert mit monogrammierten Hemden und Accessoires, die mit Dollarzeichen dekorierten Hosenträgern bis hin zu ihren dicken, goldenen Uhren reichten. Dagegen wirkten die bodenständigen Deutschen geradezu farblos. Auch ich war damals beeindruckt von ihrer Performance. Erst mit der Zeit habe ich realisiert, dass in vielen Fällen heiße Luft dahintersteckte. Auch in der amerikanischen Politik kommt es sehr viel mehr auf Persönlichkeit als auf Kompetenz an, wie die Wahl Donald Trumps zum Präsidenten verdeutlichte.

Der Beautykult: Kunstgeschöpfe

Zur Selbstbestimmung über das eigene Leben gehört für viele Amerikaner auch die proaktive Gestaltung des persönlichen Erscheinungsbilds. Dies gilt insbesondere für Frauen. Warum sollte man sich mit Naturgegebenheiten zufriedengeben, wenn man nachhelfen kann? Künstliche Fingernägel, falsche Wimpern, Spray-tan, Hair-Extensions, Zahn-Veneers sowie Botox und Filler gehören mittlerweile zu den Mainstream-Essentials. Während früher natürliche Schönheit als das höchste Gut betrachtet wurde und auf chirurgisch herbeigeführte Veränderungen des Erscheinungsbilds herabgeschaut wurde, entspricht im Zeitalter der Digitalisierung Künstlichkeit zunehmend dem Zeitgeist. Den »Design«-Möglichkeiten der plastischen Chirurgie sind hierbei kaum noch Grenzen gesetzt.

Ursprünglich diente diese vor allem der Wiederherstellung von Unfallopfern. Ab den sechziger Jahren nahmen kosmetische Eingriffe zu. 1962 wurden die ersten Brustimplantate eingesetzt. Die postindustriellen Schönheitsideale werden in erster Linie von den Medien und Social Media geprägt. Heute gilt künstlich bei vielen als attraktiv, zumindest in Amerika. Etabliert hat sich dabei insbesondere der »Porno-chic«-Look mit schlauchboot-artigen Lippen, riesigen Augen, verziert mit grotesk ausladenden Wimpern, Stupsnase, großen, zur Schau gestellten Brüsten, Wespentaille und unnatürlich ausladendem Hinterteil. Verkörpert wird dieses »Ideal« insbesondere von Kim Kardashian und ihrem Clan. In einem Artikel in der *New York Times* mit dem Titel »Wie ›Keeping Up With the Kardashians‹ alles verändert hat«[57] beschreiben die Autoren des Stil-Ressorts, wie Kim Kardashian der Prototyp des roboterähnlichen Cyborg-Looks geworden ist, der seither Social Media erobert hat. Wie kaum eine andere habe sie mit ihren Selfies das »Instagram-Gesicht« geprägt: Eine gleichartige, operativ herbeigeführte künstliche Schönheit mit leerem Blick als Projektionsfläche für die Vorstellungen des Betrachters. Kardashian hat einen Boom der plastischen Chirurgie ausgelöst, der zur Folge hat, dass es scheinbar unendlich viele optische Kopien von ihr gibt, die auf den ersten Blick oft kaum von ihr zu unterscheiden sind. Kurz nach ihrer Trennung von ihrem Mann Kanye West, zeigte sich dieser nacheinander mit mehreren Freundinnen, die seiner Exfrau zum Verwechseln ähnlich sahen. Im Rahmen der Trennungsauseinandersetzungen soll West ihr triumphierend vorgehalten haben, dass es von ihr viele Exemplare gebe, aber er einmalig sei!

Auch Kim Kardashians jüngste Schwester, Kylie Jenner, ist ein Kunstgeschöpf, das Heerscharen junger Mädchen zur Nachahmung inspiriert hat. Ein ursprünglich hübsches Mädchen, ließ sie sich bereits mit Anfang 20 rundum neu erschaffen. Mit deutlich kleinerer Nase, Riesenlippen und strahlend weißer Zahnverkleidung wies sie ein völlig verändertes Erscheinungsbild auf. Sie war buchstäblich nicht wiederzuerkennen. Beautyfilter und Photoshop vollenden die Instagram-Beauty-Illusion. Journalisten in ehrbaren Medien haben ihr eine roboterähnliche Qualität zugeschrieben und sie mit einer aufblasbaren Puppe für gewisse Zwecke verglichen.[58] In der neuen Welt ist dies allerdings kein Makel, sondern insbesondere für jüngere Generationen eine Auszeichnung. Und so hat Kylie mittlerweile weltweit 360 Millionen Follower in ihren Bann gezogen. Das sind mehr Menschen, als es US-Bürger gibt oder mehr als vier Mal die gesamte Bevölkerung Deutschlands.

Der Celebritykult: Schein ist Sein

Bekanntheit und Ruhm sind in der amerikanischen Aufmerksamkeitsökonomie zu einer wertvollen Währung geworden, nicht nur kulturell, sondern vor allem auch wirtschaftlich. Bekanntheit, häufig durch Medienpräsenz, verleiht in den Augen der Öffentlichkeit Legitimität.

Eine Umfrage unter Teenagern ergab, dass sie Berühmtheit für das erstrebenswerteste Gut halten. Während sie früher Tugenden wie Ehrlichkeit und Freundschaft nannten, geben sie heute an, dass sie am liebsten ein YouTube-Star werden möchten.[59]

Es hat eine regelrechte »Kardashianisierung« der Kultur stattgefunden, denn für Unzählige, die reich, berühmt und schön sein wollen, liefert die Familie eine vermeintliche Blaupause.

Kim Kardashian ist vor allem dafür berühmt, berühmt zu sein. Begonnen hat ihre Karriere als Stylistin von Paris Hilton, mit der sie oft gemeinsam ins Rampenlicht trat. Aufgrund der Veröffentlichung eines privaten Sexvideos erlangte sie 2007 nationale Aufmerksamkeit, genau wie Hilton es bereits einige Jahre vorher getan hatte. Im gleichen Jahr erschien eine Reality-Show über sie und ihre Familie. Der Name Kardashian war den Amerikanern bereits bekannt, weil ihr verstorbener Vater, Robert Kardashian, als O. J. Simpsons Verteidiger einen Freispruch bei dessen Anklage wegen Mordes an seiner Frau Nicole Simpson für diesen erreicht hatte. Kims Stiefvater, Bruce Jenner, kannten die Amerikaner als Gewinner einer Goldmedaille im Zehnkampf bei den Olympischen Spielen. Mit ihren Eltern, zwei Schwestern, einem Bruder und zwei deutlich jüngeren Halbschwestern beplätscherte Kim Kardashian 14 Jahre lang die Amerikaner im Fernsehen mit ihrem Reality-Entertainment. Die Serie entwickelte sich schnell zum Quotenhit. Dank ihres geschickten Einsatzes von Social Media erlangte Kim eine Rekordgefolgschaft an Fans. Über mehrere Jahre hinweg entwickelte sie sich vom Reality-Star und Instagram-Model zu einer äußerst erfolgreichen Geschäftsfrau. Ihr Vermögen verdiente sie vor allem als Influencerin mit ihrer eigenen Beautymarke und Miederwaren-Linie. 2015 kürte sie *Time*-Magazine zu einem der 100 einflussreichsten Menschen.

Die Jüngste der Kardashian-Schwestern, Kylie Jenner, hat ihre Marke ebenfalls profitabel monetarisiert. Ihre über das Internet vertriebene Lippenstiftkollektion war innerhalb von Minuten ausverkauft. Mit »Kylie Cosmetics« erzielte sie in nur 18 Monaten einen Umsatz von 420 Millionen Dollar. Etablierte Konzerne wie Lancôme brauchten hingegen Jahrzehnte um 1 Milliarde Dollar Umsatz zu erzielen. Kurze Zeit später verkaufte Kylie 51 Prozent ihres mit knapp 1,2 Milliarden Dollar bewerteten Unternehmens für 600 Millionen Dollar an den Großkonzern Coty. *Forbes* widmete ihr als jüngster Selfmade-Milliardärin die Titelgeschichte, auch wenn das Magazin diese Qualifizierung später nach öffentlicher Kritik relativierte.

Die zweitjüngste Schwester des Kardashian-Clans, Kendall, begann ihre Modelkarriere bereits auf höchstem Niveau. Seit ihrer Kindheit war sie in der Reality-Show aufgetreten und hatte über die Jahre bereits eine substanzielle Followerzahl aufgebaut. Ihr Weg bis an die Spitze des Fashion-Olymp verlief daher steil.

Auch Kim Kardashians Exmann, der Rapper Kanye West, hat von seiner Assoziation mit der Marke Kardashian profitiert. Durch den Zusammenschluss von Kim und Kanye hat sich die öffentliche Exposure der beiden noch einmal deutlich vergrößert. West hat es verstanden, diese Aufmerksamkeit als Musiker, Produzent und Modedesigner erfolgreich in bare Münze umzuwandeln.

Wer sich Ruhm lieber nicht hart erarbeiten möchte, sondern eine Abkürzung sucht, dem ist zu empfehlen, sich mit einer Berühmtheit zusammenzutun. So geschehen im Fall von Julia Fox, die nach Kanye Wests Trennung von Kim Kardashian dessen Freundin wurde. Trotz farbenfroher Vergangenheit – sie hatte neben der Highschool als Domina gearbeitet – und penetranter Bemühungen, hatte sie es bis dahin lediglich zu B-Promi-Status geschafft. Nach sechs Wochen war die Beziehung zwar vorbei, aber Fox' Bekanntheitsgrad stieg in stratosphärische Höhen. Durch ihre medienwirksame, omnipräsente Inszenierung stiegen die Google-Suchen mit ihrem Namen um fast 100 Prozent. Mittlerweile folgen ihr über eine Million Menschen auf Instagram und Marketingexperten schätzen ihr Verdienstpotenzial auf mehrere Millionen Dollar ein. Für einen Instagram-Post soll sie immerhin 50 000 Dollar und pro Auftritt 100 000 Dollar in Rechnung stellen können. Die kurzzeitige Assoziation mit West hat sie zu einem Star gemacht.

Eine Abkürzung zum Ruhm steht auch den Sprösslingen berühmter Eltern zur Verfügung. Immer öfter hieven diese ihren Nachwuchs bereits früh auf ihre Plattformen, insbesondere via Social Media. Beispielsweise platzierte der Reality-Star Yolanda Hadid ihre bis dahin unbekannten Töchter Gigi und Bella Hadid 2012 in ihrer populären Reality-Show *The Real Housewives of Beverly Hills.* Dort erlangten die beiden Mädchen erstmals nationale Aufmerksamkeit, die sie geflissentlich in eine Social-Media-Gefolgschaft konvertierten. Nach ein paar rasch aufeinander folgenden, aufsehenerregenden Foto-Shoots in leichter Bekleidung, die zum Teil von der Reality-Serie begleitet wurden, schoss ihre Followerzahl steil in die Höhe. Die Modekonzerne rissen sich um sie, denn auch für diese zahlt sich die Aufmerksamkeit der Riesengefolgschaft ihrer Models aus. Mittlerweile gehören Gigi und Bella zu den bestbezahlten Models der Welt.

Auch Brooklyn Beckham, Sohn des Fußballstars David Beckham und seiner Frau Victoria, einem ehemaligen Mitglied der Spice Girls, hatte sich bis zu seiner aufsehenerregenden Hochzeit mit der amerikanischen Milliardärstochter Nicola Peltz durch wenig eigene Errungenschaften hervorgetan. Aber mittels Social Media und nicht enden wollender Berichterstattung über seine Verlobung und spätere Hochzeitsfeier gelang es auch ihm gemeinsam mit seiner Frau, Millionen Fans zu gewinnen. Allein mit der Dokumentation ihres luxuriösen Lebensstils verdienen sie viel Geld.

Prinz Harry hat sich ebenfalls dazu entschlossen, nach seiner Hochzeit mit der amerikanischen Schauspielerin Meghan Markle einen amerikanischen Karriereweg zu beschreiten, indem er eine der exklusivsten Marken der Welt, das britische Königshaus, in bare Münze verwandelt. Markenexperten schätzten zur Zeit ihrer Eheschließung, dass die beiden die potenziell wertvollste Eigenmarke aller Zeiten mit einem Milliardenwert schaffen könnten. Netflix und Spotify verpflichteten den Herzog und die Herzogin von Sussex für die Produktion von Inhalten. Netflix ließ sich dies 100 Millionen Dollar und Spotify immerhin 33 Millionen Dollar kosten. Trotz ihrer privilegierten Position mit unbegrenzter schöpferischer Freiheit haben die beiden zwei Jahre später kaum Projekte vorzuweisen. Bitterkeit löste die Rekordvergütung bei hart arbeitenden Künstlern aus, die sich beispielsweise bei Spotify mit Pfennigbeträgen zufriedengeben müssen. Für seinen Buchdeal soll Harry eine Vorauszahlung in Höhe von 20 Millionen Dollar erhalten haben. Das Silicon-Valley-Unternehmen BetterUp verpflichtete ihn als hochdotierten Chief Impact Officer, eine glorifizierte Marketing- und Türöffnerposition. Als Redner soll er bis zu 1 Million Dollar pro Rede in Rechnung stellen können. Meghan lässt derweil alles markenrechtlich schützen, was nicht niet- und nagelfest ist. Ein Instagram-Post von Meghan, so Experten, sei 1 Millionen Dollar wert. Angesichts all dieser Summen erstaunt es ein wenig, dass ihre gemeinnützige Stiftung »Archewell«, die im Zentrum ihrer Tätigkeiten stehen soll, im Geschäftsjahr 2020/2021 lediglich einen Profit von 11 538 britischen Pfund erwirtschaftet hat.

Die amerikanische Plattform Cameo gibt Prominenten die Möglichkeiten, ihren Ruhm direkt ohne Zwischenhändler zu monetarisieren. Auch Patreon, Substack, Bandcamp und OnlyFans sind Plattformen der

Creator-Economy, auf denen Promis sich und ihre Dienstleistungen anbieten und noch Unbekannte versuchen können, Ruhm zu erlangen.

Amerika hat eine Kultur, in der Ruhm und Reichtum zelebriert werden. Noch wichtiger als etwas zu erreichen, ist es, etwas zu sein. Die amerikanische Entwicklungsgeschichte und Erfolgsideologie haben zur Folge, dass Menschen sich in ein hedonistisches Hamsterrad begeben, um einem nihilistischen Materialismus zu frönen, der Promikultur zu huldigen und ihren Narzissmus zu pflegen. Reality-TV ist in diesem Zusammenhang zu einem unglaublich großen Einflussfaktor geworden, der aus der amerikanischen Kultur entstanden ist und mittlerweile gesellschaftliche Normen wie Oberflächlichkeit, Konflikte und Skandale diktiert. Durch diese Serien wird suggeriert, dass Erfolg denen zuteilwird, die sich am penetrantesten präsentieren. Als Folge zeichnet sich ein immer größer werdender Teil der Gesellschaft durch eine Toleranz für Schamlosigkeit aus, gleichgültig ob es um die Veröffentlichung intimster persönlicher Details, Lügen oder Betrug geht. Donald Trump, eine zwielichtige Figur, hat Zeit seines Lebens die dreistesten Lügen aufgetischt und hat es trotzdem oder vielleicht gerade deswegen zum Präsidenten geschafft. Zwar gibt es Betrüger überall auf der Welt, aber in den USA gibt es eine hohe Zahl besonders hanebüchener Fälle, denn Hochstapler florieren in dieser Kultur. Neben Donald Trump sind hierfür Bernie Madoff, Anna »Delvey« Sorokin, Adam Neuman und Elizabeth Holmes leuchtende Beispiele.

Bernie Madoff betrieb als Gründer eines Investmentfonds jahrzehntelang ein betrügerisches Ponzi-System und verursachte einen Schaden in Höhe von mindestens 65 Milliarden Dollar. Obwohl seine Betrugsmasche recht offensichtlich war und ein Whistleblower bereits vor der Jahrtausendwende die Wertpapieraufsichtsbehörde SEC gewarnt hatte, ließen sich die Behörden und professionelle Anleger von Madoffs gekonnter Präsentation und Manipulation blenden, weshalb er sie die längste Zeit seines Lebens an der Nase herumführen konnte.

Die russisch-deutsche Hochstaplerin Anna »Delvey« Sorokin ist ebenfalls ein plastisches Beispiel dafür, dass zweifelhafte Werte Menschen verblenden können. Delvey erschien scheinbar aus dem Nichts in der New Yorker Society. Gekonnt stilisierte sie sich zum It-Girl und hielt Einzug in die elitären Sphären der Schönen und Reichen. Sie residierte in Luxushotels, lud zu Dinners in den teuersten Restaurants und fehlte auf keiner Promi-Party. Sogar Warren Buffetts Investmentkonferenz in Omaha besuchte sie, natürlich im Privatjet. In der gehobenen Gesellschaft brüstete sie sich damit, einer reichen Familie zu entstammen und bald in den Genuss einer Auszahlung aus ihrem Treuhandfonds in Höhe von 60 Millionen Dollar zu kommen. Obwohl erst Mitte 20 und völlig mittellos, verhandelte sie mit Banken über Darlehen in Millionenhöhe. Nachdem ihr dreister Schwindel aufflog, wurde ihr in New York wegen schweren Betrugs der Prozess gemacht. Die Berichterstattung über den Prozess dominierte Delvey mit ihren Allüren. Sie hatte eine Stylistin angeheuert, die sie mit glamouröser Garderobe ausstattete, was ihr eine noch größere Medienaufmerksamkeit und zusätzliche Follower auf Instagram einbrachte. 2017 wurde Delvey zunächst auf Rikers Island inhaftiert und kam nach Ablauf ihrer Haftstrafe, wegen ihres ungültigen Visums, in Abschiebehaft. Die Medien konnten gar nicht genug bekommen von der skrupel- und reuelosen Hochstaplerin. Über ein Dutzend Produktionsfirmen boten für die Rechte ihrer Story und Netflix setzte sich letztendlich durch.[60] Die Frage ist, wie eine junge Frau, die über keinerlei nennenswerte Qualifikationen verfügte, die New Yorker Society, Experten und Banken so lange hinters Licht führen konnte. Die Antwort liegt vermutlich darin, dass in der amerikanischen Kultur häufig der Schein das Sein bestimmt.

Eine weitere eindrückliche Illustration der grotesken amerikanischen Bullshit-Kultur ist die Geschichte des Gründers von WeWork, Adam Neumann. Neumann, ein amerikanisch-israelischer Unternehmer, ist mit einer Größe von fast zwei Metern eine stattliche Erscheinung. Mit markanten Gesichtszügen und einem Megawatt-Lächeln ist es dem charismatischen Mittvierziger gelungen, Investoren, Mitarbeiter und Kunden für sich einzunehmen. Dabei bewies er besonderes Talent dafür, Binsenweisheiten als Offenbarungen darzustellen und mit theatralischer Mimik und Gestik seine Überzeugung und Tatkraft zu suggerieren. Das Verkaufsgenie schaffte es, den 62-jährigen Softbank-Gründer und Milliardär, Masayoshi Son, davon zu überzeugen, insgesamt 9 Milliarden Dollar in sein Unternehmen zu investieren. Obwohl Neumann mit seiner 2010 gegründeten Firma lediglich Büroflächen und Coworking-Spaces anbot, ein Konzept, das schon seit Jahrzehnten existierte, gelang es ihm, sein Unternehmen als Tech-Start-up auszugeben. Zusätzlich kreierte er das Narrativ einer Vision: Die Arbeitswelt der Zukunft sollte aus glücklichen Millennials bestehen, die in cooler Umgebung wie eine große Familie zusammenarbeiteten. Die vergangenen Jahre seien die »Ich-Jahrzehnte« gewesen, aber das nächste Jahrzehnt würde das »Wir-Jahrzehnt«. Das Ergebnis dieser Pseudoideologie war eine abstruse Unternehmenskultur mit spirituellen Sitzungen, gemeinsamen Meditationen und Unterrichtung durch Kabbala-Lehrer. Ehemalige Mitarbeiter haben das Unternehmen mit einem Kult verglichen.

Rasch expandierte WeWork mit Büroräumen an 836 Standorten und rund 15 000 Mitarbeitern. Derweil ließ Neumann seinem Größenwahnsinn freien Lauf. Er sinnierte, dass er entweder Israels Premierminister oder der Führer der Welt werden wollte. Jedenfalls sehe er es als seine Aufgabe an, die Welt zu verändern. Darüber hinaus hatte er vor, sein Unternehmen auf dem Mars zu etablieren. Wie seine Kollegen aus dem Silicon Valley war auch er von der Idee beseelt, den Tod zu besiegen. Vorher wollte er aber noch der erste Milliardär werden, der die weltweite Hungersnot besiegt. Seine Frau Rebekah, eine Cousine der Schauspielerin Gwyneth Paltrow, eröffnete unterdessen eine Privatschule namens »WeGrow« mit der gottgleichen Mission, das kollektive Bewusstsein der Menschheit zu erhöhen. Während die Neumanns einen New-Age-Lebensstil predigten, frönten sie selbst einem dekadenten Luxusleben mit Alkohol- und Drogenexzessen. Neumanns Tequila-Konsum war legendär und Mitarbeiter waren angehalten mitzutrinken. Selbst in Vorstellungsgesprächen mussten die Kandidaten ihre Tequila-Festigkeit unter Beweis stellen. Um seinen übermäßigen Marihuanakonsum zu verschleiern, ließ er in seinem Büro extra Luftfilter installieren, die den Geruch neutralisieren sollten. Bei einem Flug in seinem Privatjet sollen die Flugbegleiter vom Cannabisgeruch so benebelt gewesen sein, dass sie ihre Sauerstoffmasken aufsetzen wollten. Der exzentrische Alpha-Hippie mit Messiaskomplex pflegte auch eine Vorliebe dafür, barfuß durch Soho zu laufen.

2019 wurde WeWork mit 47 Milliarden Dollar bewertet. Als im Rahmen des geplanten Börsengangs ein Prospekt mit bis dahin vertraulichen Daten offengelegt werden musste, kamen aufgrund der kreativen Bilanzkosmetik Zweifel am Geschäftsmodell auf. Ein Jahr später sank der Wert des

Unternehmens auf 2,9 Milliarden Dollar und der geplante Börsengang fiel ins Wasser.

Neumann schied mit einem Abschiedspaket von 1,7 Milliarden Dollar und einem hochdotierten Beratervertrag aus dem Unternehmen aus. Auch er ist ein Exempel für die Blenderkultur der USA.

Eine noch hanebüchenere Verkörperung dieser Kultur ist die Gründerin von Theranos, Elizabeth Holmes. 2003 brach Holmes das College ab und gründete als 19-Jährige das Biotech-Unternehmen Theranos, obwohl sie über keinerlei Qualifikationen verfügte. Aber sie verkaufte sich überzeugend und gewann für ihren Aufsichtsrat den ehemaligen US-Außenminister George Shultz, Henry Kissinger, General Jim Mattis und weitere Schwergewichte. Obwohl niemand genau verstand, wie ihr Blutanalyse-System funktionierte, gaben ihr Investoren mehrere hundert Millionen Dollar. Der Unternehmenswert wurde zeitweise auf mehr als 10 Milliarden Dollar geschätzt. Schnell wurde sie als Wunderkind gefeiert. 2015 wurde sie mit einem Privatvermögen von 4,5 Milliarden Dollar die jüngste Selfmade-Milliardärin des Planeten. Das *Time*-Magazin kürte sie 2015 zu einer der hundert einflussreichsten Personen der Welt. Als sich ihr Unternehmen als ein einziger Betrug herausstellte, platzte die Blase und sie wurde angeklagt.

All diese Betrugsgeschichten zeugen davon, was dabei herauskommt, wenn man Erfolg um jeden Preis fetischisiert und dabei die Augen vor der Realität verschließt.

»Alternative Fakten«: Attentat auf die Wirklichkeit

Trumps Sabotage der Wahrheit

Gleich zu Beginn seiner Präsidentschaft prägte Trumps Beraterin Kellyanne Conway einen neuen Begriff im amerikanischen Sprachgebrauch: den der »alternativen Fakten«. An einem Januartag 2017 gab die streitbare Blondine dem Moderator Chuck Todd in der Sendung *Meet the Press* ein Interview. Als dieser ihr vorwarf, dass Sean Spicer, der damalige Pressesprecher des Weißen Hauses, unzutreffende Angaben über die Teilnehmerzahl bei Trumps Amtseinführung gemacht habe, säuselte sie lächelnd und ohne mit der Wimper zu zucken, dass es sich bei den vom Weißen Haus veröffentlichten Daten um »alternative Fakten« gehandelt habe. Geistesgegenwärtig hielt Todd ihr entgegen, dass »alternative Fakten« keine Fakten, sondern Unwahrheiten seien. Sein Einwand verhallte jedoch in Conways nachfolgendem Redeschwall. Während anfangs noch viele über die kuriose Story schmunzelten, sollte sich bald herausstellen, dass dies erst der Anfang der »alternativen Trump-Realität« war.

Donald Trump war der richtige Mann zur richtigen Zeit am richtigen Ort. Die Grenze zwischen Wirklichkeit und Fiktion hatte sich schon seit Jahrzehnten zunehmend aufgelöst. Bereits in einem 2004 erschienenen Interview mit der *New York Times* prägte ein politischer Berater von Präsident George W. Bush, bei dem es sich um Karl Rove gehandelt haben soll, den Begriff der »realitätsbasierten Gemeinschaft«. Menschen, die dazu gehörten, glaubten, dass Lösungen aufgrund realitätsbasierter Fakten gefunden würden. Aber so funktioniere die Welt nicht mehr.[61] Ein Jahr später parodierte der Komiker Stephen Colbert in seiner Sendung *The Colbert Report* einen populistischen, rechten Politiker mit der Äußerung: »Wir sind eine gespaltene Nation ... gespalten zwischen denen, die rational denken, und denen, die es im Gefühl haben ... Weil, meine Damen und Herren, Wahrheit hat man im Gefühl.«[62]

In den Vereinigten Staaten feuern Fake News aus allen Zylindern und werden von einem breiten Publikum dankbar konsumiert. Beispielsweise glauben knapp 80 Prozent der Republikaner, dass Donald Trump 2020 die Wahl gewonnen habe und nicht Präsident Joe Biden.

Trump hat den Angriff auf die Wahrheit noch einmal auf einen ganz neuen Level gehoben. Dabei ist er recht methodisch vorgegangen. Bereits vor Amtsantritt wetterte er gegen die Medien und beschimpfte sie als *den* Feind des Volkes. Indem er die Glaubwürdigkeit der Mainstream-Medien unterminierte, räumte er den direkten Weg in die Köpfe seiner Anhänger frei. Da er als Präsident während seiner Präsidentschaft laut der *Washington Post* im Durchschnitt über 50 bewusst falsche und irreführenden Äußerungen pro Tag machte[63], ist allein der Versuch, einen Überblick über diese zu geben, müßig. Hervorgehoben seien lediglich seine gefährlichsten Lügen, nämlich die, die er im Zusammenhang von Wissenschaft und Politik aufgetischt hat. Denn diese haben in der Covid-19-Pandemie entscheidend mit dazu beigetragen, dass gemäß der offiziellen Statistiken zum Zeitpunkt der Drucklegung dieses Buchs über eine Million Amerikaner ihr Leben verloren haben.

Bereits im Februar 2020, zu Beginn der Pandemie, verkündete Trump: »Es wird sich einfach in Luft auflösen. Eines Tages, es ist wie ein Wunder – es wird einfach verschwinden.« Das Gegenteil passierte. Die Ansteckungsraten schossen exponentiell in die Höhe, eine Stadt nach der anderen verkündete den Lockdown, und die Bilder von Stapeln Verstorbener in Leichensäcken haben sich ins kollektive Gedächtnis gegraben. Bei einer Pressekonferenz mit der Covid-19-Beauftragten Deborah Birx sinnierte Trump auf dem Podium über die Möglichkeit, Desinfektionsmittel zu injizieren, wie eine »innere Säuberung«, oder Sonnenlicht in den Körper einzuführen. Dr. Birx widersprach ihm nicht. Später lobte sie Trump sogar. Er verfolge die wissenschaftliche Literatur mit großer Aufmerksamkeit, auch was die Details und Daten betreffe.[64] Nach Trumps Kommentaren nahmen Vergiftungen stark zu.[65] Die Reckitt Benckiser Group, die in den USA eines der meistverkauften Desinfektionsmittel namens Lysol produziert, sah sich daraufhin genötigt, auf ihrer Website die Warnung zu veröffentlichen, das Desinfektionsmittel unter keinen Umständen in den menschlichen Körper einzuführen. Auch staatliche Behörden warnten aufgrund der zunehmenden Vergiftungsfälle vor der Einnahme von Desinfektionsmitteln.[66] Trump empfahl auch immer wieder die Einnahme von Hydroxychloroquin, obwohl Experten und die Gesundheitsbehörde explizit davon abrieten.

Was ihm die Expertise zu wissenschaftlichen Aussagen verlieh? Das Genie seiner Gene. Schon während seines Wahlkampfs hatte er sich gegenüber CNN seiner Intelligenz gerühmt: »Ich hatte einen Onkel, der hat die MIT-Universität besucht. Der war ein Top-Professor, Dr. John Trump. Ein Genie. Das liegt mir im Blut. Ich bin schlau.« Er und sein Onkel hätten »sehr gute Gene«.[67]

Wie Tonbandaufnahmen später bestätigten, hatte Trump die Pandemie wider besseres Wissen geleugnet. In einem Interview mit dem Watergate-Journalisten Bob Woodward hatte er geäußert, dass er sich der Gefahr durchaus bewusst gewesen sei, diese aber heruntergespielt habe. Und er spiele sie immer noch herunter, weil er keine Panik verbreiten wolle.[68]

Das Trump-Team hatte auch die Gesundheitsbehörde CDC wiederholt dazu gedrängt, die offiziellen Covid-19-Todeszahlen nach unten zu revidieren.[69] Kurz nachdem die Trump-Administration die Kontrolle über die Website der Gesundheitsbehörde CDC an das übergeordnete Gesundheitsministerium übertragen hatte, verschwanden bis dahin veröffentlichte Coronavirus-Daten von der Seite.[70]

In seinem 1987 veröffentlichten, millionenfach verkauften Bestseller *The Art of the Deal* schildert Trump seine Einstellung zur Wahrheit: Die Art wie »ich promote, ist, etwas zu prahlen. Ich erfülle die Sehnsüchte der Menschen. Sie sind begeistert von Leuten, die in großen Dimensionen denken. Da können kleine Übertreibungen äußerst hilfreich sein. Sie wollen glauben, dass etwas das Größte und das Spektakulärste ist. Ich nenne so etwas eine ›ehrliche Übertreibung‹. Es ist eine harmlose Angeberei – und eine sehr effektive Form der Werbung.«[71] Die Formulierung der »ehrlichen Übertreibung« (»truthful hyperbole«) stammt aus der Feder seines Ghostwriters, Tony Schwartz.

Der hatte zwecks Recherche Hunderte Stunden mit Trump verbracht. Schnell wurde ihm klar, dass dieser ein, gelinde gesagt, entspanntes Verhältnis zur Wahrheit hat. Um die vielen Unwahrheiten zu verschleiern, erfand er diesen kreativen Euphemismus der »ehrlichen Übertreibung«. Heute sagt er, dass Trumps Lügen nie unschuldig, sondern immer vorsätzlicher Betrug seien. Trump habe kein Gewissen und lüge strategisch. Da die meisten anderen Menschen in ihrem Denken und Handeln durch die Wahrheit eingeschränkt seien, verleihe ihm seine Gleichgültigkeit gegenüber der Wahrheit einen seltsamen Vorteil. Lügen sei ihm in Fleisch und Blut übergegangen. Mehr als jeder andere Mensch, den er je getroffen habe, habe Trump die Fähigkeit, sich selbst davon zu überzeugen, dass alles, was er in einem bestimmten Moment sagt, wahr ist oder irgendwie wahr sein könnte oder sollte. Schwartz macht sich heute Vorwürfe, den Mythos Trump mit erschaffen zu haben. Damit habe er, wie Dr. Frankenstein, ein Monster zum Leben erweckt. Den von Trump dargestellten erfolgreichen Geschäftsmann habe es nie gegeben. Dieses Narrativ sei eine Illusion und Trump der ultimative Kaiser ohne Kleider. Auf die Frage, welchen Titel er dem Buch heute geben würde, antwortete er trocken: »Der Soziopath«. Sein Bestseller bereitete auch den Weg für Trumps äußerst erfolgreiche Reality-Show *The Apprentice*, die diesen Mythos noch weiter verfestigte. Sowohl das Buch als auch die Fernsehshow erweiterten Trumps Bekanntheitsgrad weit über New York City hinaus und verliehen ihm Legitimation und Glaubwürdigkeit. Vor den Wahlen 2016 warnte Schwartz vorausschauend, dass eine Präsidentschaft Trumps im Ausnahmezustand, dem Ende der Pressefreiheit und sogar einem Atomkrieg enden könnte.[72]

Trump bringt seine gefühlte Realität nicht nur in seinem Buch zum Ausdruck, sondern auch vor Gericht. In einer eidesstattlichen Vernehmung antwortete er auf die Frage, ob er in seinen öffentlichen Verlautbarungen seine finanziellen Verhältnisse wahrheitsgetreu wiedergegeben habe, er versuche es. »Waren Sie jemals nicht ehrlich?«, lautete die nächste Frage. Darauf entgegnete er: »Mein Vermögen schwankt, es steigt und fällt mit den Märkten und mit Einstellungen und mit Gefühlen, sogar meine eigenen Gefühle, aber ich versuche, ehrlich zu sein.«[73]

Anfang 2022 beschuldigte die Generalstaatsanwältin von New York Trumps Unternehmen, den Wert von Immobilien gegenüber Banken zu hoch und gegenüber den Steuerbehörden deutlich zu niedrig angegeben zu haben.[74]

Die Relativierung der Wahrheit zieht sich durch Donald Trumps Leben, durch seine Präsidentschaft und die nachfolgende Zeit, wie ein roter Faden. Immer wieder hat er es in der Vergangenheit geschafft, im öffentlichen Bewusstsein Fakten zu verdrehen, Narrative frei zu erfinden und erfolgreich seine eigene Realität zu erschaffen. Anderen wären stete Lügen von einem solchen Ausmaß gar nicht in den Sinn gekommen, und selbst wenn, hätten sie es nicht gewagt, diese zu verbreiten, aber Trump verfügt weder über ein Gewissen noch empfindet er Scham. Seine Fähigkeit, sich skrupellos über gesellschaftliche Normen hinwegzusetzen und Tabus zu brechen ist seine »Supermacht«, die ihm entscheidend dabei geholfen hat, die Präsidentschaftswahl 2016 zu gewinnen. Warum sollte ihm nicht auch gelingen, das Wahlergebnis von 2020 zu kippen? Weil die meisten Menschen nicht fassen können, dass ein Mensch so etwas frei erfinden würde, gehen sie davon aus, dass an seinen Lügen zumindest teilweise etwas dran sein müsse. Trump ist nicht der Einzige, der »gefühlte Wahrheit« verbreitet. Sein gesamter Beraterkreis operiert auf diese Weise.

In seiner Eigenschaft als Trumps Anwalt ließ der ehemalige Bürgermeister New Yorks Rudy Giuliani verlauten, dass sein Mandant nicht vorhabe, unter Eid vor der Untersuchungskommission Robert Muellers auszusagen. Denn diesem gehe es lediglich darum, Trump reinzulegen. In einem Anfall juristischer Kreativität erläuterte Giuliani, dass die Wahrheit relativ sei. Der Ausschuss könne ein anderes Verständnis der Wahrheit haben als Trump.[75]

Gegenüber dem republikanischen Sprecher des Repräsentantenhauses von Arizona, Rusty Bowers, erklärte Giuliani zu Trumps Anschuldigung, die Demokraten hätten bei der Präsidentschaftswahl 2020 Wahlbetrug begangen, ganz der juristische Maestro: »Wir haben dazu ganz viele Theorien. Uns fehlen nur noch die Beweise.«[76]

In der Radiosendung *The Diane Rehm Show* diskutierte die Trump-Unterstützerin Scottie Nell Hughes, die offiziell für Trump PR machte, mit der Moderatorin über die Wahl von 2016. Auf die Frage, ob Trump Beweise für seine Behauptung habe, dass er, und nicht Hillary Clinton, die Mehrzahl der einzelnen Wählerstimmen gewonnen hätte, wenn bei der Wahl nicht Millionen von Stimmzetteln illegaler Einwanderer mitgezählt worden wären, antwortete Rehm einfach, dass »Fakten leider nicht mehr existierten«.

Bei einer Anhörung zur Kapitol-Erstürmung vom 6. Januar 2021 sagte unter anderen Gabriel Sterling aus, Geschäftsführer des Staatssekretariats von Georgia. Er war von Trump attackiert worden, nachdem er im Dezember 2020 öffentlich davor gewarnt hatte, dass die Angriffe gegen die Verantwortlichen für die Ausführung der Wahl zu weit gingen und die Gefahr gewalttätiger Ausschreitungen bestehe. Sterling, selbst Republikaner, berichtete, wie schwer es selbst in seinem nächsten Umkreis von Familie und Freunden sei, Trump-Anhänger, die an die Wahllüge glaubten, davon zu überzeugen, dass kein Wahlbetrug vorgelegen habe. Ohne emotionalen Zugang seien diese Menschen nicht zu erreichen. Er erinnere sich beispielsweise noch genau an eine Unterhaltung mit einem befreundeten Rechtsanwalt. Er habe diesem Schritt für Schritt den ganzen Wahlprozess erklärt und ihn von jedem einzelnen Punkt überzeugen können. Dann habe sein Bekannter geantwortet, okay verstehe, diese Behauptung stimmt nicht und jene auch nicht. Aber am Ende blieb er ohne Argumente bei seiner Überzeugung, dass die Demokraten die Wahl gestohlen hätten.

Sein Bauchgefühl sage ihm einfach, dass die Demokraten Betrug begangen hätten.[77]

Die »gefühlte Wahrheit« treibt immer tollere Blüten. Inspiriert von Trump behaupten auch immer mehr Republikaner auf kommunaler Ebene, dass Wahlen gestohlen seien. So weigerte sich kürzlich der republikanische Landrat von Otero County in New Mexico, Couy Griffin, die Ergebnisse von Primaries zu zertifizieren. Der Gründer der »Cowboys für Trump« dozierte langatmig am Telefon, zugeschaltet aus Washington, wo er gerade zu einer Gefängnisstrafe wegen seiner Teilnahme an der Kapitol-Erstürmung verurteilt worden war. Dabei erklärte er völlig frei heraus, dass seine Weigerung, das Wahlergebnis zu zertifizieren, auf keinerlei Beweisen oder Fakten basiere. Sie basiere ganz allein auf seinem Bauchgefühl und seiner Intuition, und das sei alles, was er brauche. Er wurde nachfolgend von den anderen Landräten überstimmt.[78]

Der Publikation *The Atlantic* wird die Aussage zugeschrieben, dass die Medien Trump beim Wort, aber nicht ernst nähmen. Demgegenüber nähmen seine Unterstützer ihn ernst, aber nicht wörtlich.[79] Da diese Aussage eine Rechtfertigung und damit einen Freifahrtschein für jegliches Fehlverhalten darstellte, eigneten die Trumpisten sie sich rasch an.

Und so erklärte Trumps geschasster Wahlkampfleiter, Corey Lewandowski, bei einer Diskussionsrunde an der Harvard University, dass Journalisten Trump viel zu ernst genommen hätten. Man dürfe ihn nicht so wörtlich nehmen. Das amerikanische Volk habe dies gewusst und verstanden, dass man manchmal im Eifer des Gefechts bei einem Dinner oder an der Bar Dinge sagen würde, von denen man nicht 100-prozentig wüsste, ob sie stimmten.[80]

Trumps Sabotage der Wahrheit hat System. Er verleugnet objektiv verifizierbare Fakten und tischt Lügengeschichten auf, die völlig offensichtlich frei erfunden sind. Wunschdenken wird in Realität uminterpretiert und zwei sich offensichtlich widersprechende Tatsachenbehauptungen werden dreist beide als wahr dargestellt. Diese Strategien dienen der Erschaffung von Mythen. Mittels Propaganda werden die Menschen emotional manipuliert, bevor sie das Behauptete überhaupt rational verarbeiten können. Die Unterminierung der Wahrheit ist die ultimative Waffe im Kampf gegen die Demokratie und der Wegbereiter für den Faschismus. Faschistische

Politiker untergraben die Realität, um eine gänzlich neue zu erschaffen, die allein ihren Zwecken dient. Die daraus resultierende Destabilisierung, das schwindende Vertrauen und die wachsende Skepsis in der Bevölkerung nutzen sie zu ihrer Machterweiterung aus.[81]

Medien, die versuchen in dieser politischen Auseinandersetzung beiden Seiten gerecht zu werden, also den sogenannten *both-siderism* praktizieren, erzeugen eine falsche, die Realität verzerrende Äquivalenz. Wahrheit und Lüge werden meinungsbildend nebeneinandergestellt, als ob sie gleichwertig seien. Dadurch wird die Wahrheit verwässert. Außerdem bieten die Medien Trump auf diese Weise eine Plattform, die ihm Legitimation und Glaubwürdigkeit verleiht.[82]

Trumps Lügen sind vor allem eine Machtdemonstration. Als Privatmann konnte er aufgrund seines Reichtums ungestraft lügen und als Präsident qua der Macht seines Amtes. Je dreister, offensichtlicher und abwegiger die Lüge, desto größer ist der Stinkefinger, den er damit zeigt. Denn er besitzt die Kontrolle über die Realität.

Warum Amerikaner so anfällig für Fake News sind

Ob politische Lügen, Verschwörungstheorien oder die Verleugnung von Wissenschaft – sie sind für viele Missstände in den USA verantwortlich. Was soll man machen, wenn 40 Prozent einer Nation nicht mehr an Fakten glauben und der Logik folgen? Wenn man grundsätzlich unterschiedliche Realitätswahrnehmungen hat? Wenn man sich nicht mehr auf einen gemeinsamen Nenner verständigen kann? Warum sind so viele Amerikaner anfällig für Fake News?

Früher war unsere Welt einfacher zu verstehen. Sie war weniger verknüpft, weniger technisiert und weniger komplex. Parameter, die uns einst bei der Einordnung von Geschehnissen geholfen haben, lösen sich jetzt aus ihren Verankerungen und eindeutige Zuordnungen verschwimmen. Die daraus resultierende Komplexität überfordert uns. Wenn man das Gefühl hat, dass die Welt aus den Fugen gerät, ist man eher geneigt, einfachen Wahrheiten Glauben zu schenken. David Brooks stellte in seiner *New York Times*-Kolumne »Revolt of the Masses« fest, dass Amerika eine bessere Form des Nationalismus benötige, weil Menschen, die in Angst lebten, eine leichte Beute für faktenbefreites magisches Denken und Demagogen seien.[83]

Die amerikanische Mentalität

Amerikaner sind besonders dazu geneigt, sich proaktiv ihre eigene Realität zu erschaffen. Ihre Alles-ist-möglich-Mentalität und ihr Hang zum Wunschdenken schaffen den idealen Nährboden für eine Empfänglichkeit für »alternative Tatsachen«. Darüber hinaus haben sie im harten amerikanischen Wettbewerb, der oft einem Überlebenskampf ähnelt, wirksame Mechanismen zur Verdrängung und Realitätsverweigerung entwickelt.

Wie man Wahrnehmungen einordnet, hängt entscheidend von der persönlichen Perspektive, der Einstellung und den zugrunde liegenden Annahmen ab. Nicht zufällig haben die Amerikaner federführend die Konzepte des »Framings« und des »Narrativs« geprägt und das »Storytelling« perfektioniert. Eine gewisse Oberflächlichkeit, gepaart mit Nihilismus in Teilen der Gesellschaft, räumt der Wahrheit dann möglicherweise auch nicht mehr einen ganz so hohen Stellenwert ein.

Hierzu merkt Kurt Andersen in seinem Buch *Fantasyland* an, dass wir 100 Versionen der Realität zugelassen hätten, und das Ergebnis ein Relativismus sei, in dem alles möglich sei. Dieser betreffe nicht nur Religion, sondern ginge noch weit über diese hinaus: Wenn ich etwas für wahr halte, dann sei es wahr, ungeachtet des Grundes und der Schlüssigkeit. Und niemand könne mir etwas anderes erzählen. Das sei der amerikanische Individualismus, der in die Absurdität abdrifte.[84]

Politisch motiviert

Aufgrund ihrer Ideologie haben rechte Republikaner kaum eine andere Wahl, als zu lügen. Denn würden sie die Wahrheit anerkennen, dann müssten sie Gegebenheiten einräumen, wie beispielsweise, dass alle Menschen vor der Verfassung gleich sind. Aber da sie keine Chancengleichheit wollen und auch ihre Macht möglichst autokratisch ausüben möchten, sind sie fast schon gezwungen zu lügen. Und je mehr sie lügen, desto höher ist die Wahrscheinlichkeit, dass sie Wahlen gewinnen.

Soziale Medien

Erschwerend kommt hinzu, dass wir uns mit dem Internet, insbesondere mit den Sozialen Medien, politisch gefärbten Fernseh- und Radiosendern und Zeitungen in eine Filterblase begeben können, in der wir alle und alles ausblenden, was nicht unserer Meinung entspricht. Durch die Selbstindoktrinierung und den fehlenden Austausch mit Andersdenkenden fehlt ein wichtiges Korrektiv zur Stimulierung kritischen Denkens. Hat man sich einmal eine Meinung gebildet, ist man eher dazu geneigt, Lügen zu glauben, die diese bestätigen – selbst wenn man insgeheim Zweifel hegt –, um sich diese Fehler nicht eingestehen zu müssen. Eigene Erwartungen werden durch die Auswahl und Interpretation opportuner Informationen bestätigt. In der Kognitionspsychologie wird dies als »confirmation bias«, Bestätigungstendenz, bezeichnet. Auf diese Weise kann sich jeder seine eigene Realität erschaffen.

Ein weiterer Aspekt ist, dass Menschen zur Anpassung an ihre soziale Gruppe neigen. Identifizieren sie sich mit einer solchen, dann sind sie eher bereit, Unwahrheiten in Kauf zu nehmen, wenn sie glauben, dass dies ihr Ansehen in der Gruppe erhöht. Der Autor Todd Rose beschreibt in seinem Buch *Collective Illusions*, dass unser Gehirn auf das reagiert, was wir über die Gruppe glauben, unabhängig davon, ob dies der Wahrheit entspricht oder nicht. Wenn der Konsens unter Republikanern also ist, dass Trump die Wahl 2020 gewonnen habe, dann schließen sich demnach viele Republikaner diesem an. Auch hier spielen Soziale Medien eine verstärkende Rolle. Rose ist der Auffassung, dass »kollektive Illusionen« für freie Gesellschaften eine existenzielle Bedrohung darstellten, weil deren Bestehen von einer gemeinsamen Realität, gemeinsamen Werten und der Bereitschaft, sich mit unterschiedlichen Standpunkten auseinanderzusetzen, abhänge.[85]

Ein grundlegendes Problem ist, dass die Nachfrage nach Desinformation schier unstillbar ist. Nicht zuletzt deshalb verbreitet sich das geistige

»Junk Food« deutlich schneller und erreicht ein weitaus größeres Publikum als herkömmliche Nachrichten. Forscher des Massachusetts Institute of Technology (MIT) haben festgestellt, dass sich Fake News sechsmal schneller als wahrhaftige Nachrichten verbreiten. Sie vermuten, dass dies an dem Appetit auf Abwechslung und Neues liegt. Weil der Fantasie bei Fake Stories keine Grenzen gesetzt sind, können die Autoren Überraschung-, Schock- und Unterhaltungseffekte einsetzen. Damit erregen sie in den Sozialen Medien deutlich mehr Aufmerksamkeit als echte Nachrichten, die meist weit weniger spannend sind.[86] Durch den Einsatz ausgeklügeltster psychologischer Manipulationstechniken sorgen die Tech-Konzerne für eine noch stärkere Verzerrung der Realitätswahrnehmung.

Meinungsfreiheit

Auch die weit gefasste Rede- und Meinungsfreiheit, die seit 1791 in der US-Verfassung verankert ist, trägt zu einer größeren Bandbreite der Realitätswahrnehmung bei. Das Grundrecht, das sogar das Verbrennen der amerikanischen Flagge und die Leugnung des Holocausts schützt, wird lediglich durch den Verleumdungstatbestand eingeschränkt. Wenn aber jeder fast alles sagen kann, dann stimmt potenziell ja auch möglicherweise mehr davon, so jedenfalls die Wahrnehmung.

Die politische Korrektheit und die *Woke*-Sittenwächter haben ebenfalls zu einer Subjektivierung der Wahrheit beigetragen. Fühlt sich beispielsweise jemand diskriminiert, der objektiv gar nicht diskriminiert wird, dann ist es trotzdem *seine* »gefühlte Wahrheit«, dass er diskriminiert wurde. So kann jeder seine Version der Wahrheit erschaffen.

Skepsis gegen die Elite

Ferner hat sich bei der Bevölkerung über die vergangenen Jahrzehnte eine gewisse Skepsis gegenüber der Elite breitgemacht. Nach dem Irak- und anderen Kriegen sowie der Großen Finanzkrise von 2008 fühlten sich viele Menschen vom Establishment getäuscht. Immer mehr hatten den

Eindruck, dass Realitäten von der Politik, von Medien, Großkonzernen und religiösen Gruppierungen erzeugt werden.

Dass die USA die Korruption legalisiert haben und damit über die beste Demokratie verfügen, die man mit Geld kaufen kann, ist nichts Neues. Mindestens genauso folgenschwer ist, dass auch die Wissenschaft in Teilen vom Kapital korrumpiert wurde, was den Glauben der Bevölkerung an eine empirische Realität, an Wissenschaft und Vernunft mit der Zeit geschwächt hat.

So haben unter anderem die Tabakindustrie, die Ölindustrie und die Finanzindustrie durch Großspenden Einfluss auf Universitäten genommen. Diese haben Unternehmen durch Kooperationen Prestige verliehen und Rückhalt gegeben, wofür großzügige Spenden geflossen sind. Einzelne Akademiker haben für viel Geld parteiische Studien erstellt, um pseudo-wissenschaftlich zu untermauern, dass beispielsweise Nikotin gar nicht so ungesund oder die Ölindustrie nicht so klimaschädlich sei.

Konzerne haben auch, häufig unmerklich, objektiven Journalismus unterwandert, indem sie scheinbar objektive Berichterstattung erstellen ließen, die in Wirklichkeit PR war.

Medien

Großes Misstrauen besteht auch gegenüber den Mainstream-Medien, was allerdings aufgrund ihrer strengen Verifizierungsstandards und ihres notorischen *both-siderism* oft unberechtigt ist. Deutlich problematischer sind rechte Nachrichtenkanäle, wie Fox News, die die Wahrheit je nach politischer Opportunität verdrehen.

Besonders hervor tut sich hierbei Fox-Moderator Tucker Carlson, der allabendlich mit über 3 Millionen Zuschauern[87] die höchsten Einschaltquoten im Kabelfernsehen hat. So hatte Carlson in seiner Sendung unter anderem fälschlicherweise insinuiert, dass eine von Trumps ehemaligen Geliebten, Karen McDougal, Trump erpresst hätte, was ihm eine Verleumdungsklage McDougals einbrachte. Vor einem eingeblendeten Bild, auf dem McDougal und die Pornodarstellerin Stormy Daniels zu sehen waren, hatte Carlson behauptet: »Zwei Frauen drohen Donald Trump, seine

Karriere zu zerstören und seine Familie zu demütigen, wenn er ihnen kein Geld gibt. Für mich klingt das nach einem klassischen Fall von Erpressung.« Tatsächlich hatte McDougal Trump nicht kontaktiert.[88] Trotzdem gab die US-Bezirksrichterin Mary Kay Vyskocil dem Fernsehsender Fox mit der Behauptung recht, dass dem allgemeinen Tenor der Show zu entnehmen sei, dass Carlson keine zutreffenden Tatsachen erläutere, sondern mit »Übertreibungen« arbeite und man nicht alles wörtlich nehmen dürfe. Jeder vernünftige Zuschauer würde Carlsons Kommentaren mit einem angemessenen Maß an Skepsis begegnen, angesichts dessen Reputation. Deshalb seien seine Aussagen nicht justiziabel.[89] Carlson selbst äußerte, dass er zwar versuche, es zu vermeiden, aber wenn er in die Ecke getrieben werde, dann lüge er.[90]

Auch das altehrwürdige *Wall Street Journal*, ebenfalls im Besitz Rupert Murdochs, nimmt es mit der Wahrheit nicht immer ganz genau. Im Oktober 2021 veröffentlichte es einen Leserbrief von Donald Trump, der nachweislich zahlreiche Unwahrheiten im Hinblick auf den von ihm behaupteten Wahlbetrug enthielt, ohne diese richtig zu stellen.[91] Erst nach einem öffentlichen Aufruhr nahm die Redaktion zu den Falschbehauptungen Stellung.

Was das Misstrauen der Öffentlichkeit nicht ganz zu Unrecht befeuert, ist die Tatsache, dass einige der einflussreichsten Medienunternehmen in der Hand einiger weniger Milliardäre sind. So gehört die *Washington Post* der Nummer 1 auf der *Forbes*-Milliardärsliste von 2021, Jeff Bezos. Bei der Nummer 2 handelt es sich um Jack Dorsey, den Gründer von Twitter. Direkt auf den Fersen folgt ihm auf Platz 3 Mark Zuckerberg, Facebooks Gründer und größter Aktionär. Danach kommen auf Platz 5 und 6 die Gründer von Google, Larry Page und Sergey Brin. Die beiden Gründer von Microsoft, zu dem auch LinkedIn gehört, Bill Gates und Steve Ballmer, liegen jeweils auf Platz 4 und Platz 9. Der Gründer des Finanznachrichten-Konzerns Bloomberg, Michael Bloomberg, nimmt Platz 10 ein.[92]

Auch andere Medien verstärken die von den Republikanern in die Welt gesetzten Fake News, wie beispielsweise der ehemalige Reality-Show-Moderator Joe Rogan, der mit circa 11 Millionen Zuhörern pro Folge der erfolgreichste Podcaster der Welt ist. Zwar bemüht er sich, sich politisch neutral zu geben, aber de facto vertritt er eher rechte Positionen. So hat er wiederholt Falschinformationen über Covid-19 verbreitet, gegen die Ärzte und Wissenschaftler Sturm gelaufen sind.[93]

Ein Wahlhelfer namens »Q« – QAnon

Im Frühjahr 2022 fragte ein Reporter auf einer Trump-Kundgebung eine gutbürgerlich wirkende Frau mittleren Alters, was sie von dem US-Chefvirologen Anthony Fauci halte. »Oh mein Gott«, antwortete sie, »ich kann nicht glauben, dass dieser Typ es überhaupt so weit geschafft hat. Aber jetzt ist er weg vom Fenster. Er sitzt in Guantanamo ein.« »Wirklich?«, fragte der Reporter ungläubig. »Wer sitzt denn sonst noch in Guantanamo?« Wie das Selbstverständlichste auf der Welt antwortet sie: »Och, Hollywood, Politiker, die Eliten, die Clintons, die Obamas und viele mehr. Aber ich will hier nichts Falsches sagen.«[94]

Die Behauptungen, die diese Frau aufstellte, sind von QAnon im Internet verbreitete Fake News. QAnon ist ein während der US-Wahl 2017 ins Leben gerufener, quasireligiöser Kult, der auf einer vermeintlichen Weltverschwörung basiert. Im Zentrum steht ein unter »Q« auftretender anonymer Nutzer, der als ehemaliger Regierungsbeamter über geheime Informationen über Politiker und Nachrichtendienste verfügen soll. Diese vermeintlichen Informationen veröffentlicht er mit kryptischen Nachrichten über Kanäle wie 4chan, Telegram, Reddit, Twitter, Facebook und Bots. Auf TikTok verbreiteten sich die unwahren QAnon-Geschichten millionenfach in solcher Geschwindigkeit, dass sich das Unternehmen genötigt sah, Verschwörungs-Hashtags wie #Pizzagate zu sperren. Häufig enthalten diese Fake News rechtsradikale und antisemitische Desinformation.

Der Gründungsmythos von QAnon baut auf dem vermeintlichen, 2016 ins Leben gerufenen »Pizzagate-Skandal« auf, laut dem liberale Eliten einen internationalen Pädophilenring betrieben. Über diesen missbrauchten, folterten und verkauften sie Kinder. Darüber hinaus zapften sie ihnen Blut ab, um daraus das Verjüngungselixier Adrenochrom zu gewinnen – ein Narrativ, das stark an die antisemitische Ritualmordlegende erinnert, die bis ins Mittelalter zurückgeht. Im von Wikileaks veröffentlichtem E-Mail-Verkehr zwischen Hillary Clinton und ihrem Wahlkampfmanager John Podesta wurden harmlose Begriffe und Wortsequenzen in absurdester Weise dahingehend umgedeutet, dass Clinton im Keller einer Washingtoner Pizzeria Kinder gefangen hielte und foltere. Auch Barack Obama und Lady Gaga gehörten dem Ring an. Überhaupt mache der gesamte »Deep State« (»tiefe Staat«) mit den Kinderschändern gemeinsame Sache und plane darüber hinaus auch den Umsturz der US-Regierung. Donald Trump sei der Erlöser, der im Kampf gegen das Böse obsiegen werde. Zahllose Mitglieder des Wahlkampfteams von Trump, weitere Trump-Unterstützer mit Russlandverbindungen und russische Bots verbreiteten die Verleumdungen. 2016 glaubte rund die Hälfte der Trump-Wähler, dass »Pizzagate« ein realer Skandal sei. Die haltlosen Behauptungen führten dazu, dass 2016 ein mit einem AR-15-Gewehr bewaffneter Mann die Pizzeria stürmte und mehrere Schüsse abgab, um die Kinder aus dem Keller zu befreien. Das Problem war nur, dass es gar keinen Keller gab und auch keine Kinder, die darin gefangen gehalten wurden.

Mittlerweile glauben circa 10 Prozent der amerikanischen Bevölkerung, also immerhin rund 30 Millionen Menschen, an QAnon. Anfällig für die kruden Thesen sind meist Menschen, die sich in Lebenskrisen befinden, die mental labil sind oder an geistigen Krankheiten leiden. Häufig handelt es sich um eine pathologische Kombination aus Ignoranz, Paranoia, Wahnvorstellungen und Verschwörungsdenken. Und so unglaublich die Verschwörungsgeschichten auch klingen mögen, sie haben konkrete Auswirkungen. So tötete im Sommer 2021 der 41-jährige Familienvater Matthew Taylor Coleman aus Santa Barbara seinen zweijährigen Sohn und seine zehn Monate alte Tochter mit einer Harpune. Der Polizei sagte er, dass er keine andere Wahl gehabt habe, da seine beiden Kinder aufgrund der Tatsache, dass seine Frau ihre Schlangen-DNA an sie vererbt hätte, zu Monstern heranwachsen würden. Nur durch den Tod seiner Kinder hätte er die Welt retten können. Bei seinem Geständnis gab er zu Protokoll, dass QAnon und dessen Verschwörungstheorien ihn erleuchtet hätten.[95]

QAnon-Anhänger sind in allen Gesellschaftsschichten zu finden, bis hin in die höchsten Kreise. So verbreitete der ehemalige nationale Sicherheitsberater von Präsident Trump, General a. D. Michael Flynn, dass der Deep State plane, Covid-19-Impfstoff heimlich in Salatdressing zu platzieren.[96]

Trumps ehemalige Anwältin Sidney Powell behauptete gar, dass die Demokraten Menschen umgebracht hätten, um das Wahlergebnis von 2020 zu fälschen.[97]

Ein weiteres Beispiel ist die Ehefrau des Verfassungsrichters Clarence Thomas, Ginni Thomas, eine republikanische Aktivistin aus dem Tea-Party-Spektrum. Ihr Einfluss nahm während der Trump-Präsidentschaft deutlich zu. Die Stellung ihres Mannes nutzte sie, um sich Zugang zum Weißen Haus zu verschaffen und unter Rechten als prestigeträchtig geltende, erzkonservative Institutionen zu beeinflussen. Ins Rampenlicht geriet sie im Zusammenhang mit den Ermittlungen des Untersuchungsausschusses zur Kapitol-Erstürmung am 6. Januar 2021, dem Ginni Thomas' E-Mails an den damaligen Stabschef des Weißen Hauses, Mark Meadows, und Trumps Anwalt, John Eastman, vorliegen. Danach drängte sie die beiden, das Wahlergebnis zugunsten Trumps zu kippen, um ihn im Amt zu halten. Dabei untermauerte sie ihr Anliegen mit QAnon-Verschwörungstheorien zum angeblichen Wahldiebstahl. »Die Betrüger, die kriminelle Biden-Familie, Abgeordnete, Social-Media-Zensoren und andere würden festgenommen, auf Bargen in Guantanamo eingekerkert und vor ein Militärgericht gestellt werden.« Thomas ist in der Vergangenheit immer wieder durch das Propagieren von QAnon-Mythen aufgefallen. Im Weißen Haus ging sie ein und aus und übergab Trump häufig Listen mit Leuten, die er aufgrund ihrer Illoyalität feuern sollte, und solchen, die er aufgrund persönlicher Beziehungen zu ihr einstellen sollte. Trumps Mitarbeiter verdrehten für gewöhnlich die Augen, weil es sich bei den vorgeschlagenen Kandidaten nur um völlig unqualifizierte Fanatiker und Verschwörungstheoretiker handelte. Aber Thomas' Aufwiegelei verfehlte ihre Wirkung bei Trump nicht. Der verfiel angesichts der Beschuldigungen von vermeintlich illoyalen Mitarbeitern regelmäßig in schlechte Laune. Kaum hatte Ginni Thomas das Weiße Haus verlassen, fing er für gewöhnlich an zu schreien. Ein ehemaliger hochrangiger Mitarbeiter der Trump-Administration merkte an, dass »wenn Ginni auftauchte, wusstest Du, dass der Tag gelaufen ist …«.

Der Sektenexperte Steven Hassan ist der Auffassung, dass Ginni Thomas entweder völlig im Bann von Trump steht oder der kultähnlichen Ideologie, dass Gott Trump als US-Präsident eingesetzt habe, verfallen ist. Hassan hat ein öffentliches Video von Thomas aus dem Jahr 1986 geteilt, aus dem hervorgeht, dass sie der diskreditierten Selbsthilfesekte »Lifespring« angehört hat, die höchst fragwürdige und zum Teil schockierende Praktiken anwendete.[98] Das wäre weniger signifikant, wenn sie nicht mit dem mittlerweile dienstältesten Verfassungsrichter, Clarence Thomas, verheiratet wäre, der über Fälle, die mit Trump und der Erstürmung des Kapitols im Zusammenhang stehen, mit entscheidet. So war er bemerkenswerterweise der einzige Richter, der gegen eine Weitergabe von Trumps Unterlagen an den Untersuchungsausschuss zum Sturm auf das Kapitol gestimmt hat. Da anzunehmen ist, dass Clarence Thomas durch den Aktivismus seiner Frau nicht mehr objektiv, sondern parteiisch ist, liegt ein Interessenkonflikt vor, der die Regeln der Ethik verletzt. Allein der Anschein dessen sollte Grund genug für ihn sein, sich in diesen Fällen für befangen zu erklären. Auf Aufforderungen, sich von diesen Fällen zurückzuziehen, hat Clarence Thomas jedoch nicht reagiert. Seine Frau streitet jeglichen Interessenkonflikt ab, da sich das Ehepaar angeblich nie über Berufliches unterhalten würde. Unglaublicherweise gelten die Befangenheitsregeln, an die sich alle anderen Richter im Land halten müssen, für die Verfassungsrichter nicht. Diese dürfen sich selbst überwachen.

Republikanische Kongressabgeordnete, die die QAnon-Ideologie verbreiten, werden immer zahlreicher und sind für den faktenbasierten Diskurs besonders gefährlich. So behauptete die Abgeordnete Marjorie Taylor Greene, dass Hillary Clinton und deren Vertraute Huma Abedin das Gesicht eines Mädchens filetiert, es als Maske getragen und ihr Blut getrunken hätten.[99] Dies war zwar noch bevor sie Mitglied des Repräsentantenhauses wurde, aber immerhin scheint ihr das QAnon-Gedankengut zur Wahl verholfen zu haben. Trumps ehemaliger Anwalt Lin Wood beschuldigte den konservativen Vorsitzenden des Supreme Courts, John Roberts, nicht nur der Pädophilie, sondern sogar des Kannibalismus. Dazu solle man am besten Jeffrey Epstein befragen, denn der sei noch am Leben (tatsächlich hatte Epstein sich im August 2019 in Haft umgebracht). Mittlerweile wird jeder, der nicht dem konservativen politischen Lager angehört, als pädophil verleumdet, einschließlich Präsident Biden.

Aber auch abgesehen von den Kinderschänder-Beschuldigungen fehlt es den QAnon-Abgeordneten nicht an Fantasie. Die Republikaner hatten sie gerade in einen Ausschuss für Schulpolitik gesetzt, da behauptete Marjorie Taylor Greene, dass die Erschießung von 20 Grundschulkindern in Sandy Hook, 17 Menschen an einer Highschool in Parkland sowie von 58 Menschen bei einem Konzert in Las Vegas, Attentate der Demokraten unter falscher Flagge gewesen seien. Und die Anschläge von 9/11 natürlich auch.[100] 2018 hatte sie auf Facebook behauptet, dass Nancy Pelosi Hillary Clinton mehrmals im Monat sage, dass sie noch mehr Schusswaffen-Attentate auf Schulen wie in Parkland bräuchten.[101] Aufrufe zur Exekution von Nancy Pelosi und anderer Demokraten unterstützte sie.[102]

Die texanische republikanische Partei macht sich nunmehr ganz offiziell die QAnon-Parole zu eigen: »Wir sind der Sturm!«[103]

Geliebte Ungebildete!

Zwar gibt es QAnon- und Fake-News-Anhänger über alle Bildungsschichten hinweg, aber geringer Gebildete sind empfänglicher und verfügen über weniger Möglichkeiten, Nachrichten zu verifizieren. Nicht umsonst verkündete Trump 2016 auf einer Wahlkampfveranstaltung in Nevada enthusiastisch: »I love the poorly educated!«,[104] ich liebe Ungebildete! Weniger Gebildete haben denn auch überwiegend Donald Trump gewählt.

Republikaner bemühen sich seit langer Zeit, das öffentliche Bildungssystem der USA zu schwächen, nicht zuletzt um Privatschulen Vorteile zu verschaffen. Ihre eigenen Kinder schicken sie selbstverständlich auf Privatschulen. Ihre Bemühungen begründen sie mit der Prämisse, dass öffentliche Schulen dem freien Markt ausgesetzt werden sollten. Daher sollten sie privatisiert und Bundeszuschüsse für sie gekürzt werden. Trumps Bildungsministerin, die Milliardärin Betsy DeVos, die über keinerlei Qualifikation für diesen Posten verfügte, trieb diese Agenda voran und setzte sich darüber hinaus für eine profitorientierte Collegeindustrie ein. Schutzmaßnahmen für sozial schwächere Kinder und solche, die zu Minderheiten gehören, hat sie zurückgestutzt oder abgeschafft. Zudem hat sie für Waffen in Schulen plädiert und dies mit der Gefahr von Grizzlybären begründet.[105] Wenigstens ist es den Republikanern noch nicht gelungen, ihren lang gehegten Plan, das Bildungsministerium abzuschaffen, durchzusetzen.

Diese Initiative erlangte während der Trump-Administration zwar neuen Schwung, hatte aber letztlich bisher keinen Erfolg.[106]

Nach Ansicht des Historikers Morris Berman sind die Amerikaner mittlerweile von der Realität abgekoppelt. Aber das sei typisch für die gegenwärtigen Phase des amerikanischen Imperiums: »Das passiert, wenn ein Weltreich zu Ende geht. Man lebt in einer imaginierten Welt.«[107]

Das Problem der Erschaffung »fiktiver Realität« wird uns voraussichtlich noch auf lange Zeit erhalten bleiben, jedenfalls solange Menschen den Unterschied zwischen Tatsachen und Meinungen nicht mehr erkennen und glauben, dass ihre Meinungen Tatsachen seien.

KAPITEL 4

DER AMERIKANISCHE TRAUM: AUSGETRÄUMT?

Das Land der unbegrenzten Möglichkeiten

Die Inschrift an der Freiheitsstatue in New York ist ein Zitat aus einem Gedicht von Emma Lazarus aus dem Jahre 1883. Es verkörpert den Inbegriff des amerikanischen Ideals:

> »Gebt mir Eure Erschöpften, Eure Armen,
> Eure geknechteten Menschen, die sich danach sehnen, frei zu sein,
> Die verzweifelten Ausgegrenzten; die sich an Euren Küsten drängen,
> Schickt sie mir, die Verlorenen, die vom Sturm zu mir Getriebenen,
> Mit meiner Fackel weise ich Euch den Weg zum goldenen Tor.«

Kurz nach Ausbruch des Ukraine-Krieges besuchte ein CNN-Team Anfang März 2022 Waisenkinder, die aus Odessa nach Rumänien geflüchtet waren. Als der Reporter Sascha, einen aufgeweckten neunjährigen Jungen, fragte, was er denn mal werden möchte, wenn er groß ist, antwortete dieser sehnsüchtig: »Ich möchte Amerikaner werden!«[108]

Der amerikanische Traum – er übt magische Anziehungskraft aus. Noch immer ist Amerika das beliebteste Einwanderungsland der Welt. Unzählige Menschen haben seit seiner Entdeckung durch die Europäer größte Mühen, Gefahren und Risiken auf sich genommen, um das Gelobte Land zu erreichen, denn wie keine andere Nation, entfesselt Amerika die Hoffnung der Menschen, ihr Potenzial und ihre Träume verwirklichen zu können.

Geprägt wurde die Idee des amerikanischen Traums ursprünglich von Thomas Jefferson als das Recht eines jeden Bürgers, nach Leben, Freiheit und Glück zu streben. Der Begriff *American Dream* stammt aus James Truslow Adams' 1931 veröffentlichtem Buch *The Epic of America*. Das *Oxford English Dictionary* definiert den amerikanischen Traum als »das Ideal, dass jeder Bürger der Vereinigten Staaten die gleichen Chancen haben sollte, durch harte Arbeit, Entschlossenheit und Initiative Erfolg und Wohlstand zu erlangen«.

Aber gibt es ihn noch, den amerikanischen Traum? Hat es ihn je gegeben? Ist er vielleicht sogar mit ein Grund dafür, dass die Nation so zerrissen ist? Diese Fragen stellen sich immer mehr Amerikaner angesichts wachsender Chancenungleichheit und abnehmender gesellschaftlicher Solidarität.

Wohlstand

Die Mär: Vom Tellerwäscher zum Millionär?

Es gibt zahlreiche bekannte Beispiele für die amerikanische Erfolgsstory, also für Menschen, die sich ihren persönlichen Lebenstraum erfüllen konnten und die in Amerika als Inbegriff des Erfolgs gefeiert werden. Dazu gehören unter anderem Jeff Bezos, der Gründer von Amazon und Blue Origin, Elon Musk, der CEO von Tesla und SpaceX, Mark Zuckerberg, der Gründer von Facebook, Bill Gates, Gründer von Microsoft, die Talkshow-Moderatorin, Unternehmerin und Milliardärin Oprah Winfrey und die Unternehmerin Kim Kardashian. Sie werden als der lebende Beweis für das Fortbestehen des amerikanischen Traums betrachtet.

Und tatsächlich sind die USA bis heute das Land mit den meisten Milliardären, 724 an der Zahl. Hinzu kommen noch einmal über 20 Millionen Millionäre. Was bei diesen Zahlen jedoch gern übersehen wird, ist, dass auf jeden dieser Milliardäre und Millionäre unzählige Amerikaner kommen, die von der Hand in den Mund leben und nicht die geringste Chance auf die Verwirklichung des amerikanischen Traums haben. Und so glauben denn auch nur noch rund 55 Prozent der Bevölkerung, dass der amerikanische Traum für sie realisierbar ist.[109] Während die im Jahr 1940 Geborenen einen höheren Lebensstandard als ihre Eltern erreichten, war dies bei den im Jahr 1980 Geborenen nur noch für 40 Prozent der Fall. Gegenwärtig erwarten lediglich 38 Prozent der Bevölkerung, dass ihre Kinder einen höheren Lebensstandard als sie haben werden.[110]

Viele Amerikaner, die in den vergangenen zehn Jahren einen Collegeabschluss erlangt haben, mussten feststellen, dass sie anschließend weit weniger verdienten, als sie erwartet hatten. Folglich ist es für sie deutlich schwerer, eine Mittelklasse-Existenz zu führen, als es noch in der Generation ihrer Eltern und Großeltern der Fall gewesen war.[111] Heute weisen die Vereinigten Staaten gemäß dem Gini-Koeffizient – einer anerkannten Methode, um Ungleichheit zu messen – die größte Einkommens-, Vermögens- und Chancenungleichheit aller Industrienationen auf. Zugleich liegen sie am unteren Ende, was die durchschnittliche Lebenserwartung betrifft.

Dabei waren die USA in den Jahrzehnten nach dem Zweiten Weltkrieg auf einem guten Weg. Das politische Establishment stärkte den Wohlfahrtsstaat, baute die Segregation, also die Rassentrennung, ab und generierte über vier Jahrzehnte ein Wirtschaftswachstum, von dem alle Gesellschaftsschichten profitierten. Die Einkommen der Arbeitnehmer stiegen und CEOs verdienten circa zwanzig Mal so viel wie der durchschnittliche Arbeitnehmer. Eine breite Mittelklasse etablierte sich. Ende der 70er-Jahre verlangsamte sich das Wachstum. Dieser Entwicklung versuchte die Reagan-Administration, mit Kreditwachstum entgegenzuwirken. In den achtziger Jahren setzte dann der ungezügelte Kapitalismus ein. Normen veränderten sich und Gier wurde in etwas Positives umgedeutet.

Die Dynamik der Globalisierung verstärkte diese Entwicklung noch und führte zu neuen Wirtschaftsmodellen. Im Wettbewerb stellten Unternehmen Produkte mittels globaler Arbeitsteilung möglichst preiswert her. Davon profitierten insbesondere Konzerne, die unaufhörlich größer wurden. Durch die immer kleinteiligere Arbeitsteilung wurden Arbeitsprozesse zunehmend anonymer. Das Gefühl von Zusammenhalt innerhalb von Unternehmen und die Loyalität von Unternehmen gegenüber der Gesellschaft schwanden. Der Gesellschaftsvertrag wurde brüchig. Unterdessen führte die zunehmend schuldenbasierte Wirtschaft zu einer immer größeren

Finanzialisierung, was bedeutet, dass ein immer größerer Teil des Bruttoinlandsprodukts auf Finanzdienstleistungen beruhte. Derweil nahmen die Finanzströme, die in reale Projekte flossen, um Unternehmen zu finanzieren und Arbeitsplätze zu schaffen, dementsprechend ab. Auf dem Höhepunkt erwirtschaftete die Finanzindustrie vor der großen Finanzkrise von 2008 rund 40 Prozent aller Unternehmensgewinne.[112] Mit der Abkopplung der Finanzindustrie von der Realwirtschaft wuchs die gesellschaftliche Ungleichheit. Mittlerweile verdienen CEOs über 300 Mal mehr als durchschnittliche Arbeitnehmer. Deren Gehälter sind in den letzten Jahrzehnten inflationsbereinigt lediglich um 12 Prozent gestiegen. So verdienen beispielsweise die 25 besten Hedgefonds-Manager in Amerika mehr als alle Kindergärtnerinnen des Landes zusammen.[113]

Die Ungleichheit wurde auch durch einen anderen Trend befeuert, nämlich die Veränderung der Wirtschaft über die letzten 40 Jahre durch den technologischen Fortschritt und Innovation hin zu einer Wissensökonomie. Im Laufe dieser Entwicklung wurden kognitiver Intelligenz und Universitätsausbildung ein immer höherer Stellenwert eingeräumt. Bis dahin waren Menschen in lokalen Gemeinden aufeinander angewiesen. Sie gehörten Kirchen, Gewerkschaften, Vereinen und anderen sozialen Einrichtungen an und verfügten über ein Gefühl der Zugehörigkeit und des Zusammenhalts. In lokaleren Berufen zählten Eigenschaften und Qualifikationen wie Integrität und emotionale Intelligenz, und wer beflissen war, konnte auch außerhalb von akademischen Berufen erfolgreich sein und gesellschaftlichen Status erlangten. Im Laufe der Hyperglobalisierung zogen nun mehr Menschen in Großstädte, um eine Universitätsausbildung zu erlangen. In der Regel heirateten sie dort Partner aus der gleichen sozioökonomischen Schicht. Diese Entwicklung hat zu einer Zweiteilung der Arbeitnehmerschaft geführt: einer überschaubaren Anzahl von höher qualifizierten, besser bezahlten Arbeitnehmern und der großen Masse, die vor allem im Dienstleistungssektor tätig ist, wie im Gaststättengewerbe oder dem Gesundheitswesen. 44 Prozent dieser Arbeitnehmer verdingen sich in Jobs im Niedriglohnsektor. Das Resultat war eine geographische, soziologische und wirtschaftliche Konzentration, weil die Jobs, die höhere Qualifikationen erfordern, vornehmlich in den Metropolen der Ost- und Westküste verfügbar sind. Während die Mittelklasse in den fünfziger Jahren noch 50 Prozent des privaten Vermögens ihr Eigen nennen konnte, sind es heute nur noch 17 Prozent.[114]

Und diese Ungleichheit wird sich in den kommenden Jahren nur weiter verschlimmern. Das liegt zu einem großen Teil an der Monopolmacht der Tech-Konzerne. Erst unterbieten sie ganze Branchen durch Preisdumping, bis diese wirtschaftlich so schwach werden, dass sie sie übernehmen können. Sobald sie die Preismacht besitzen, erhöhen die Tech-Konzerne die Preise für die Verbraucher, die nunmehr keine Alternativen mehr haben.

Darüber hinaus stellen Tech-Konzerne eine große Gefahr für unsere Demokratie und Gesellschaft dar. Sie »reprogrammieren« das Denken und die Verhaltensweisen der Menschen mithilfe von Big Data und Algorithmen. Künstliche Intelligenz befähigt Algorithmen zu autodidaktischem Lernen anhand einer stetig wachsenden Datenmenge. Immer tiefer dringen sie in die Leben der Menschen vor. Mittlerweile haben sie in manchen Bereichen mehr Macht als Regierungen, ohne demokratisch legitimiert zu sein. Menschen sind immer weniger Kunden, sondern werden zunehmend zu Produkten. Die von der Technologieindustrie in Gang gesetzte Wissensökonomie hat sich aufgrund der riesigen Datensammlungen immer mehr zu einem Überwachungskapitalismus entwickelt. Daten sind das neue Öl, Gold und Wasser. Gleichgültig welches Geschäftsmodell, die Macht von Unternehmen liegt in datengestützten Netzwerken. Den größten Wettbewerbsvorteil stellen Konnektivität und Konzentration dar. In ihren gigantischen Ökosystemen können Unternehmen ihren eigenen Waren und Dienstleistungen Vorzug geben, wie beispielsweise Amazon. Unaufhörlich entwickeln sie ihre Geschäftsmodelle weiter fort und schlucken potenzielle Konkurrenten. Ihre Übermacht verringert Wettbewerb, was sich negativ auf Lohnwachstum, Investitionen, Wirtschaftswachstum und Ungleichheit auswirkt. Hier ist die Politik gefordert, zum Beispiel durch stärkere Regulierung, bessere Aufsicht, verschärfte Haftungsvorschriften, angemessene Besteuerung und gegebenenfalls Zerschlagung. Die Wahrscheinlichkeit eines wirksamen staatlichen Eingreifens ist aber eher gering, da Kartellrechtsverfahren langwierig sind und sich aufgrund der unbegrenzten Ressourcen der Tech-Konzerne ewig hinziehen. Außerdem ist das Kartellrecht überaltert und greift im Hinblick auf viele der neuen Problemkonstellationen nicht effizient. Ferner sind US-Abgeordnete aufgrund von Interessenkonflikten wenig motiviert, dem Problem Einhalt zu gebieten, zum einen, weil sie von den Unternehmen Spenden erhalten, und zum anderen, weil sie darin investiert sind.

Der ungezügelte Kapitalismus

Amerikaner haben seit jeher, wahrscheinlich mehr als Menschen in den meisten anderen Nationen, eine relativ große Toleranz für gesellschaftliche Ungleichheit, weil sie diese nicht als ungerecht erachten, sondern als Zeichen ihrer Aufstiegschancen interpretieren. Wenn man dieses Phänomen besser verstehen möchte, muss man die amerikanischen Werte verstehen, und wenn man diese verstehen will, dann muss man das Buch *Atlas Shrugged* von Ayn Rand kennen. Nach Einschätzung der Library of Congress war *Atlas Shrugged* lange Zeit das zweiteinflussreichste Buch in den USA, direkt nach der Bibel und es gehört immer noch zu den einflussreichsten Büchern des 20. Jahrhunderts.[115]

Meine erste Begegnung mit dem Buch machte ich als Teenager. Die Eltern meiner Freunde schenkten es mir mit den Worten, dass es das beste Buch in Amerika überhaupt sei. Da ich zu der Zeit alles Amerikanische toll fand, begann ich, die Lektüre mit großer Erwartung zu studieren. Meine Begeisterung hielt sich jedoch in Grenzen. Der Roman zeichnet eine dystopische Version der amerikanischen Gesellschaft, die ich dunkel und deprimierend, ja geradezu abstoßend fand.

Zwei Jahrzehnte später, nunmehr in New York lebend, begegnete mir das Buch wieder. Ich erhielt eine Einladung zu einem Dinner in einem noblen Restaurant in Midtown Manhattan. Anwesend waren rund 20 Inhaber von Finanzunternehmen, die zu den reichsten New Yorkern zählten. Sie waren eine Clique, begegneten mir als Außenseiterin aber äußerst freundlich. Meine Sympathie sollte allerdings nicht allzu lange währen. Es stellte sich heraus, dass die anderen Gäste Anhänger der libertären Bewegung waren, einer politischen Gruppierung, die einen Ultrakapitalismus mit anarchischen Zügen predigt. Den ganzen Abend fokussierte sich die Unterhaltung auf ein Buch: *Atlas Shrugged*. Sie zitierten daraus, subsumierten aktuelle politische Ereignisse darunter und rechtfertigten damit getroffene politische Maßnahmen. Ich wunderte mich, wie erwachsene Menschen ein solches Buch geradezu wie die Bibel verehrten.

Was sich in den Gesprächen langsam herauskristallisierte, war ein elitäres Denken. Die Anwesenden hielten sich für die Leistungsträger der Gesellschaft und schauten verächtlich auf alle herab, die ihrer Ansicht nach nicht dazu gehörten. Angesichts ihrer Arroganz und Rücksichtslosigkeit war ich einigermaßen verstört. So etwas Anmaßendes hatte ich noch nie gehört. Erschreckend war ihre Einstellung gegenüber schwächeren Menschen, der Umwelt und Tieren. Sie triumphierten geradezu, dass sie den Planeten dominierten, und freuten sich darüber, diesen auszubeuten. Schließlich wähnten sie sich als die Überlegenen, die am längeren Hebel säßen. Noch nie hatte ich mich in einer Gesellschaft so unwohl gefühlt. Geblieben bin ich nur, weil ich in eine Art Schockstarre verfiel.

Der Titel des 1957 erschienenen Romans *Atlas Shrugged* versinnbildlicht den Titanen Atlas aus der griechischen Mythologie. In dem Roman beschreibt Rand ihn als den Giganten, der die Erde auf seinen Schultern trägt. Frei übersetzt bedeutet der Titel so viel wie »Atlas befreit sich von der Last der Welt«. Das Buch, das die Autorin als ihr Meisterwerk betrachtete, erhielt vernichtende Kritiken. Nichtsdestotrotz wurde es ein absoluter Bestseller, von dem weltweit circa zehn Millionen Exemplare verkauft wurden, und das, obwohl es nicht sonderlich gut geschrieben und ellenlang ist und noch dazu einen merkwürdigen Titel trägt. Allein im Nachgang der Finanzkrise wurden 2011 eine halbe Million Exemplare verkauft.

Die dem Buch zugrunde liegende Prämisse ist, dass die Welt ohne Leistungsträger, also Unternehmensführer, Intellektuelle, Künstler und Wissenschaftler, zusammenbrechen würde. Rand war bestrebt darzustellen, wie dringend die Welt diese brauche und wie schlecht sie diese behandle. In dem Roman erschwert die Regierung den Unternehmen das Leben durch immer strengere gesetzliche Regulierungen. Der Protagonist, John Galt, überredet andere Wirtschaftsführer, ihre Unternehmen zu verlassen und quasi in einen »Streik« zu treten, um es dem Rest der Welt, der aus Politikern und »Nutznießern« besteht, zu zeigen. Am Ende planen sie, in einem abgelegenen Gebiet von Colorado heimlich eine eigene Gesellschaft aufzubauen, die auf Galts Philosophie beruht.

Die von Rand gezeichneten Charaktere sind ohne jegliche Nuancen entweder gut oder böse. Unternehmer und andere Leistungsträger sind die Guten. Sie sind klug und fleißig und allen anderen überlegen. Durch die Verfolgung ihres eigenen Vorteils dienen sie dem Wohl der Welt. Oft werden sie zu Opfern stilisiert. Die Bösen sind die, die sich für das Gemeinwohl und Moral einsetzen. Sie sind unsympathische Schmarotzer, die Verbrechen begehen und das Ziel haben, eine kommunistische Diktatur zu errichten. Der größte Feind ist die Regierung, da ihr einziges Ziel darin besteht, erfolgreichen Menschen Hindernisse in den Weg zu legen und sie finanziell auszubeuten. Motiviert sind die Menschen einzig durch Geld und Geschäfte. Menschen, die auf Hilfe angewiesen sind, gelten als verachtungswürdig. Alle zwischenmenschlichen Beziehungen sind transaktional, beruhen also ausschließlich auf Austauschgeschäften.

Die in Russland geborene Ayn Rand war eine Verfechterin des ungezügelten Kapitalismus. Dieser ist in ihrem Sinne nicht nur ein Wirtschaftssystem, sondern eine auf einem bestimmten Menschenbild basierende Weltanschauung. Mit ihrem Gesellschaftsroman hat Rand die Philosophie des »Objektivismus« geprägt. Demgemäß sollen Menschen sich nur von ihrem Verstand leiten lassen. Die Wahrheit erkennt der Einzelne aufgrund seiner Vernunft und er lässt sie sich nicht von einer zentralen Instanz aufzwingen. Ihr Verstand befähigt Menschen dazu, die Welt objektiv zu verstehen, und in ihrem rationalen Eigeninteresse zu handeln. Dies zu erreichen, stellt die größte Tugend des Menschen dar, denn Moral besteht darin, im rationalen Eigeninteresse zu handeln. Altruismus ist ein großes Übel, das den Kapitalismus zersetzt. Dieser kann nur durch die konsequente Absage an den Altruismus verwirklicht werden. Vom Staat erhobene Steuern sind Diebstahl. Armut ist selbstverschuldet, denn wenn rationale Menschen in ihrem Eigeninteresse handeln, benötigen sie keine Hilfe. Kapitalismus und freie Märkte sind Voraussetzung für den Erfolg menschlichen Strebens, da die Freiheit der Menschen die beste Voraussetzung für das Erreichen von Wohlstand ist. Sogar Gewalt ist zur Erreichung dieses Ziels ein legitimes Mittel. Rand kommt zu dem Schluss, dass es nicht einmal den Vereinigten Staaten gelungen ist, einen solchen freien Kapitalismus zu verwirklichen.

Die von Rand propagierte »Philosophie« des Objektivismus ist die Leitidee für Libertäre, die Protestbewegung der Tea Party, vieler Vertreter der republikanischen Partei und für konservative Vordenker. Zu den Anhängern der Objektivismus-Theorie zählen einige der erfolgreichsten Silicon-Valley-Titanen, wie der deutschstämmige Investor und Milliardär Peter Thiel und der ehemalige CEO von Uber Travis Kalanick. Auch Elon Musk, der sich politisch zwar widersprüchlich äußert, ist ausweislich seines Verhaltens in jüngerer Zeit grundsätzlich dieser Richtung zuzuordnen. Der ehemalige Chef der US-Zentralbank Federal Reserve Alan Greenspan sowie der ehemalige Sprecher des Repräsentantenhauses, Paul Ryan, der frühere Abgeordnete Ron Paul und Senator Rand Paul folgen ebenfalls dieser Ideologie.

In *Atlas Shrugged* versucht Rand, einen brutalen Klassenkampf durch eine karikaturhafte Überzeichnung der amerikanischen Wertekultur literarisch zu legitimieren. Viele Amerikaner sind von diesem Gedankengut, das mich als Europäerin entsetzte, fasziniert.

Während Europäer die Gesellschaft gemeinhin als Solidargemeinschaft betrachten, sehen Rand und ihrer Anhänger hierin lediglich einen Umverteilungsmechanismus. Daher plädieren sie für einen Laissez-faire-Kapitalismus, ohne staatliche Regulierung. In Egoismus und Rücksichtslosigkeit sehen sie eine Tugend, während sie Nächstenliebe, Hilfsbereitschaft, Unterstützung und Zusammenhalt als Schwäche auslegen. Ihre Ideologie beruht auf einer Ausbeutungskultur, in der das Recht des Stärkeren herrscht, à la *The Hunger Games.*

Dass Menschen bereits in schwierige Umstände hineingeboren werden oder auch einfach nur Pech im Leben haben, lässt diese Anschauung völlig außer Betracht. Bequemerweise können sich so Erfolgreiche, die durch ihren privilegierten Hintergrund bereits mit einem Startvorteil geboren wurden, selbst auf die Schulter klopfen.

Außerdem, und vielleicht am wichtigsten, bietet dieses Gedankengut eine effektive Munitionierung des amerikanischen Traums gegen die Bürger: Wenn Du erfolglos und bedürftig bist, dann liegt das ganz allein an Dir, denn Du hattest ja alle Chancen, »Dich an Deinen Schnürsenkeln wieder aus dem Schlamassel hochzuziehen«. Diese Metapher war ursprünglich übrigens satirisch gemeint, da es physikalisch unmöglich ist, sich an den eigenen Schnürsenkeln hochzuziehen. Erstaunlicherweise haben sehr viele Amerikaner der unteren Einkommensschichten dieses Mantra so sehr verinnerlicht, dass sie tatsächlich die Schuld bei sich oder Menschen aus ihrem Umfeld, wie Einwanderern, suchen und weniger bei denjenigen, die die Regeln des Systems, das es ihnen so schwer macht, aktiv gestalten.

Davon konnte ich mich selbst überzeugen, als ich 2018 im Vorlauf zu den Zwischenwahlen eine dreiteilige Dokumentarserie für n-tv mit dem Titel *Wie tickt Amerika?* drehte. Darin interviewte ich die »Super-hubs«, die Titanen der Finanzwelt, die ich in meinem gleichnamigen Buch porträtiert hatte, aber auch Menschen, die am anderen Ende des sozialen Gefälles leben. Dazu gehörte auch Cara Mia, die in Poughkeepsie, zwei Autostunden von New York entfernt, lebt. Cara Mia war eine charismatische Frau Anfang 50. Gekleidet in ein sportliches Outfit, hatte sie ihre braunen Haare zu einem Pferdeschwanz gebunden. Sie sprühte nur so vor Energie. Dass sie früher schwer alkoholkrank und drogenabhängig war, merkte man ihr nicht an. Cara Mia lebte an der Armutsgrenze, in einem zusammengezimmerten »Mikro-Haus«, das höchstens die Größe eines Containers hatte. Was man im Fernsehen nicht mitbekam, war der unbeschreibliche Geruch, der einem beim Betreten des Hauses sofort auf den Magen schlug, und die Mäuse, die herumliefen und nicht einmal mehr Beachtung fanden. Cara Mia arbeitete als Coach für Abhängige und engagierte sich mit großem Einsatz ehrenamtlich für Drogenkranke und Obdachlose. Am Nachmittag begleiteten wir sie zu einer Armenspeisung in der Stadt. Viele ehrenamtliche Helfer hatten sich hier versammelt und Tische aufgebaut, um Lebensmittel und warme Gerichte zu verteilen. Darüber hinaus gaben sie Kleiderspenden und Hygiene-Kits aus. Ein großer Teil der Menschen, die hier zusammenkamen, waren Drogenkranke, ausgezehrt bis auf die Knochen, mit leeren Augen. Mich hatte dieses Erlebnis deprimiert, wenn nicht sogar traumatisiert. Trotz ihrer eigenen Erfahrung und dieses Elends sah Cara Mia den Staat aber nicht in der Verantwortung. Denn das hätten die Gründerväter ihrer Ansicht nach nicht gemeint, als sie vom Land der unbegrenzten Möglichkeiten gesprochen hätten. Menschen seien nicht nach Amerika gekommen, um auf der Couch zu sitzen und einen Scheck von der Sozialhilfe zu kassieren, sondern um die Möglichkeiten am Schopf zu packen, wie sie es in ihren eigenen Ländern nicht hätten tun können. Dann forderte sie: »Wir müssen uns erinnern, wie dankbar wir sein müssen, dass wir diese Möglichkeiten haben.«

Im Rahmen der Recherche für dieses Buch habe ich zahlreiche Amerikaner in erster Generation am unteren Ende des Bildungs- und Einkommensspektrums gefragt, ob der amerikanische Traum für sie noch existiert. Fast einstimmig verneinten sie dies, aber genauso einstimmig bereuten sie ihre Entscheidung einzuwandern nicht, weil es ihnen in Amerika immer noch besser ginge als in ihren Heimatländern.

Der Sozialdarwinismus

Ein zweiter Aspekt, den man zum Verständnis der amerikanischen Mentalität kennen sollte – der unabhängig von Rands Ideologie besteht, aber sich in dieser widerspiegelt –, ist die Idee des Sozialdarwinismus.

Der englische Philosoph Herbert Spencer hat im 19. Jahrhundert die Erkenntnisse der Evolutionstheorie auf gesellschaftliche Dynamiken übertragen. Diese träfen auch auf den sozialen Fortschritt zu. Gemäß dem Sozialdarwinismus sind die der Evolution zugrunde liegenden Gesetzmäßigkeiten die Antriebsfeder des Fortschritts. Durch staatliches Eingreifen wird der Überlebenswettbewerb verzerrt, weil dadurch gerade die Menschen begünstigt werden, die durch das Ausleseprinzip ansonsten ausgesiebt würden. Dies benachteiligt die natürlich Stärkeren.

Am deutlichsten hat sich der Sozialdarwinismus in der Covid-19-Pandemie manifestiert, in der viele Konservative, Rechte und Libertäre sich gegen jegliche Schutzmaßnahmen wie Masken und Lockdowns ausgesprochen haben. Denn nach Ansicht einiger Sozialdarwinisten sind gerade auch Infektionskrankheiten ein Mechanismus der natürlichen Auslese.[116] Allerdings bewegen sie sich mit einer solchen Interpretation bereits in Richtung Eugenik.

Aufgrund der Einwanderungskultur und tradierter Wertvorstellungen haben viele Amerikaner dieses Denken zumindest in Teilen verinnerlicht.

Republikaner fühlen sich anderen gegenüber grundsätzlich überlegen. Alte, Kranke, Risikogruppen und Minderheiten sind ihrer Meinung nach für die Gesellschaft nur eine Belastung, da sie der Allgemeinheit auf der Tasche lägen und nichts beitrügen. Obwohl viele Republikaner der älteren Bevölkerungsschicht angehören, sind sie Anhänger des sogenannten Senizids. Darunter versteht man die althergebrachte Praxis, die Alten zu opfern, weil sie weniger Ressourcen zur Gemeinschaft beitragen, als sie von dieser erhalten, und daher als eine Bürde empfunden werden.[117] Augenscheinlich betrachten sich auch die älteren Republikaner als davon nicht betroffen, weil sie sich in der Regel als genetisch überlegen und von Gott auserwählt wähnen.

Wie Trump selbst, propagierten die Konservativen in der Pandemie das Anstreben von Herdenimmunität zur »natürlichen Auslese«. So sagte der wissenschaftliche Berater des Gesundheitsministeriums Paul Alexander, dass die Covid-19-Strategie darin bestand, Millionen von Amerikanern zu infizieren.[118]

Der stellvertretende republikanische Gouverneur von Texas, Dan Patrick, ließ verlauten, dass es wichtigere Dinge als das Leben gebe und dass man ein gewisses Lebensrisiko auf sich nehmen müsse, um wieder zur Arbeit zu gehen.[119] Darüber hinaus äußerte er sinngemäß, dass ältere Menschen das Risiko eingehen sollten zu sterben, wenn ihre Kinder dadurch von einer besseren Wirtschaft profitierten.[120] Der Epidemiologe an der Yale University Gregg Gonsalves urteilte über Trumps katastrophales Management der Covid-19-Pandemie, dass sich dieses an der Grenze zum Völkermord durch Unterlassen bewege.[121]

Ein ähnliches Muster zeigte sich bei flächendeckenden Stromausfällen während eines besonders kalten Februars 2021 in Texas. Da die Menschen auf einen solchen Kälteeinbruch nicht vorbereitet waren, verstarben viele in ihren dünnwändigen Holzhäusern ohne Isolation. Schon wieder mussten Gemeinden in Texas Kühllaster für Leichen bestellen, diesmal für Kältetote.[122] Die texanische Regierung wusste seit langem um die Anfälligkeit des Stromnetzes, hatte jedoch von entsprechenden Gesetzesänderungen abgesehen, um die Profite der Stromkonzerne nicht zu schmälern.[123] Weil er nicht wollte, dass sich die Bundesregierung mit dem Katastrophenschutz in die Angelegenheiten des Bundesstaates einmischte, rief der ehemalige Gouverneur von Texas Rick Perry die Bevölkerung dazu auf, die eisigen Temperaturen ohne Strom und Wasser zu ertragen.[124] Der ehemalige

Bürgermeister von Colorado City, Texas, Tim Boyd, ließ verlauten: »Nur die Starken werden überleben. Es kotzt mich an, dass die Leute zu faul sind, um für sich selbst zu sorgen und immer um Almosen vom Staat betteln.«[125]

Und im Hinblick auf den Sozialstaat fand auf Fox News eine erhellende Diskussion über die Arbeitslosenversicherung statt. Auf die Suggestivfrage der bekannten Moderatorin Laura Ingraham »Warum stellen wir nicht alle Arbeitslosengeldzahlungen ein? Hunger motiviert«, äußerte der Gast seine Zustimmung und verglich ein solches Vorgehen mit dem Zurückhalten von Futter für Hunde, denn nur ein hungriger Hund sei ein unterwürfiger Hund.[126]

Die Friedman-Doktrin

Der dritte Aspekt, der viele Entwicklungen auf der Metaebene erklärt, ist die von dem Wirtschaftsnobelpreisträger Milton Friedman entwickelte Friedman-Doktrin, die er 1970 im *New York Times Magazine* publizierte. Danach haben Unternehmen nur eine einzige Verantwortung, nämlich Gewinne zu maximieren. Davon sollten sie sich nicht durch Kriterien wie soziale Verantwortung, Umweltschutz oder Nachhaltigkeit ablenken lassen. Seine Maxime der reinen Gewinnoptimierung hat das Geschäftsgebaren, die gesellschaftlichen Werte, Normen und Gesetze über die letzten 50 Jahre nachhaltig geprägt. Unvergessen der Film *Wall Street* aus den 1980er-Jahren, in dem der Protagonist Gordon Gekko dieses Mantra mit dem viel zitierten Ausspruch auf den Punkt brachte: »Gier ist gut!«

Friedmans eindimensionale Betrachtungsweise lieferte Unternehmen, Finanzinstituten und der Politik die Rechtfertigung für uneingeschränktes Profitstreben, das letztendlich zu Umweltkatastrophen, sozialer Ungleichheit und politischer Polarisierung beitrug.

Aufgrund der wachsenden Missstände ist diese Ideologie in den letzten Jahren von Unternehmensführern, Wissenschaftlern, Investoren und Politikern zunehmend kritischer beurteilt worden. Heute gehört es schon fast zum guten Ton, vom »Shareholder-Kapitalismus«, also einem Kapitalismus, der nur den Aktionären dient, abzurücken und den »Stakeholder-Kapitalismus« zu propagieren, das heißt einen Kapitalismus, in dem Unternehmen nicht nur ihren Aktionären, sondern allen betroffenen Teilen der Gesellschaft verpflichtet sind, zum Beispiel durch die Schaffung von Arbeitsplätzen, Diversität der Belegschaft und umweltfreundliche Produktionsverfahren. Wie viel davon reines Marketing ist, ist fraglich. Denn in Anbetracht der sich dramatisch zuspitzenden Klimakrise, der sozialen Ungleichheit und der politischen Polarisierung war das Engagement von Unternehmen diesbezüglich bisher nicht sonderlich erfolgreich.

Natürlich gibt es über die Objektivismus-Philosophie, den Sozialdarwinismus und den ungezügelten Kapitalismus hinaus noch zahlreiche andere Aspekte, die in die »amerikanische Mentalität« hineinspielen und an anderer Stelle in diesem Buch erläutert werden. Aber diese drei Eckpfeiler, die alle ineinandergreifen, veranschaulichen plastisch die grundlegenden Werte, die den Amerikanern wichtig sind, wie der uneingeschränkte Individualismus, Reichtum als Messlatte für Erfolg und ausgeprägter Materialismus. Darüber hinaus ergibt sich daraus auch, warum sie Respekt vor dem Erfolg anderer haben, aber auch, warum so viele Amerikaner bei Wahlen entgegen ihren eigenen Interessen, wie beispielsweise ein besseres Gesundheitssystem oder ein engmaschigeres soziales Netz, wählen. Auch die mangelnde Solidarität in Krisen sowie die Opposition gegen Klimaschutzmaßnahmen in konservativen Teilen der Bevölkerung lassen sich daraus herleiten. In ihrer schärfsten Ausprägung werden diese Leitwerte nur von einer Minderheit der Amerikaner vertreten, aber diese Minderheit ist äußerst einflussreich.

Sozialismus für Reiche

Die schlimmste politische Anschuldigung, die man in Amerika gegen jemanden erheben kann, ist, für »Sozialismus« oder gar »Marxismus« zu sein. Die Republikaner belegen mit diesen Kampfbegriffen stets alle politischen Feinde, ohne dass diese das Geringste mit Sozialismus oder Marxismus zu tun hätten. Aber wenn ihre Anhänger diese Worte nur hören, verfallen sie reflexartig in einen Wutanfall.[127] Beispielsweise äußerte die republikanische Abgeordnete Marjorie Taylor Greene, dass Konzerne den

Amerikanern den Kommunismus aufzwängen wollten und damit einem geheimen Plan der Demokraten folgten.[128] Kurz darauf setzte Senator Marco Rubio noch einen drauf und behauptete, dass es sich bei einem Plan Bidens nicht um Sozialismus, sondern gar Marxismus handele.[129]

Das ist sehr amüsant, insbesondere angesichts der Tatsache, dass sich die Frage stellt, ob die USA tatsächlich keinen reinen Kapitalismus vertreten, sondern eine Form des verteufelten Sozialismus ... allerdings für Reiche!

Der Laissez-faire-Kapitalismus der letzten Jahrzehnte hat den Konzernen und der Finanzindustrie hervorragend gedient. Und während deren Vertreter den Staat, Regulierung und Besteuerung gern lautstark kritisieren, sind sie sich doch nicht zu schade, die darauf basierende gesellschaftliche Infrastruktur, Rechtssicherheit und Loyalität in Anspruch zu nehmen.

Dies hat sich bereits bei der großen Finanzkrise von 2008 gezeigt. Astronomisch hohe Gehälter wurden unabhängig von dem mittelfristigen Erfolg gezahlt und die Regulierung des Finanzsektors durch Lobbying zurückgedreht. Aber als die Finanzinstitute – ausgelöst durch die Lehmann-Pleite – das gesamte Finanzsystem in den Abgrund zu reißen drohten, durfte der Staat diese mit Steuergeldern retten. Mit Ausnahme von einigen wenigen wurden diejenigen, die für das Missmanagement ihrer Unternehmen verantwortlich waren, nicht zur Rechenschaft gezogen.

Aber auch in anderen Bereichen der Wirtschaft, vor allem im Silicon Valley, werden viele nicht müde, die Vorzüge des ungezügelten Kapitalismus zu predigen und jegliches Eingreifen der Regierung zu kritisieren, obwohl viele von ihnen dem Staat zumindest teilweise ihre Existenz zu verdanken haben.

Beispielsweise haben die USA durch Investitionen der DARPA (Defense Advanced Research Projects Agency), einer zum Verteidigungsministerium gehörenden Behörde, bahnbrechende Erfindungen hervorgebracht. Sie ist dafür zuständig, die Erforschung und Entwicklung neuer Militärtechnologien zu fördern, und für zahlreiche Innovationen mit verantwortlich, die letztendlich ihren Weg in die zivile Wirtschaft gefunden haben, wie zum Beispiel das Internet, GPS und (teilweise) Google. Die DARPA investiert auch in Start-ups, um zukunftstragende Projekte wie die digitale Infrastruktur voranzubringen.

Elon Musk

Elon Musk ist der Chef von Tesla, dem weltweit führenden Hersteller von Elektroautos und des Luft- und Raumfahrtunternehmens SpaceX. Der Exzentriker ist genial, disruptiv und innovativ. Gern kritisiert er die Regierung. Präsident Biden griff er wegen vermeintlich mangelnder Unterstützung für Tesla und der geplanten Milliardärssteuer an. Dabei verdankt Tesla seine Existenz dem Staat, da die Obama-Administration das Unternehmen mit einem Darlehen des Energieministeriums in Höhe von 465 Millionen Dollar gerettet hat. Kurz danach ging Tesla an die Börse und tilgte das Darlehen vorzeitig. Auch während der Covid-19-Krise nahm Tesla staatliche Hilfspakete dankend an.

Der Staat ist auch willkommener Kunde. So verfügt Musks Unternehmen SpaceX über Verträge mit der US-Luftwaffe und der NASA in einem Volumen von 2,9 Milliarden Dollar. Allerdings waren die beiden Behörden nicht immer ganz glücklich mit ihm, was vor allen Dingen daran lag, dass Musk in dem Videopodcast des erfolgreichsten amerikanischen Podcast-Hosts Joe Rogan demonstrativ einen Joint live on air rauchte. Das war deswegen etwas schwierig, weil Unternehmen, die mit der Regierung in sensiblen Bereichen zusammenarbeiten, im Besitz einer »Security clearance« sein müssen, die sie nach einer Sicherheitsprüfung erhalten. Drogenkonsum ist hierbei üblicherweise ein Deal-Breaker. Daraufhin sah sich die NASA genötigt, SpaceX einer Überprüfung zu unterziehen, um sicherzustellen, dass es sich dort um eine sichere, drogenfreie Arbeitsumgebung handelte. Die gesamte Prüfung kostete 5 Millionen Dollar, Kosten, auf denen der Steuerzahler sitzen blieb.[130] Darüber hinaus hat Musk eine Schwäche für bewusstseinserweiternde Drogen, sogenannte Psychedelika,[131] selbstverständlich wegen ihrer medizinischen Wirkung. Da war das Geständnis seiner Abhängigkeit von Schlaftabletten schon harmloser. In einem Interview mit der *New York Times* gab er zum Besten, dass er 120 Stunden pro Woche arbeite und deshalb auf das Schlafmittel Ambien angewiesen sei. Vorher hatte er bereits zugegeben, unter dem Einfluss von Ambien auch Tweets mit börsenrelevanten Inhalten losgelassen zu haben. Der Tesla-Vorstand zeigte sich darüber verständlicherweise wenig erfreut.[132]

Peter Thiel

Das Denken von Silicon-Valley-Investor Peter Thiel ist seit seiner Jugend stark von Ayn Rands *Atlas Shrugged* geprägt. Seiner Ansicht nach sind Demokratie und Freiheit nicht miteinander vereinbar.[133] Seine in dem Essay »The Diversity Mythos« geäußerte Ablehnung des Multikulturalismus wurde in den USA als rassistisch ausgelegt.[134] Vom Wahlrecht für Frauen hält er auch nicht viel. Eine diesbezüglich 2009 gemachte Äußerung war zwar nicht ganz eindeutig, aber zumindest war dieser zu entnehmen, dass er das Wahlrecht für Frauen und eine kapitalistische Demokratie für einen Widerspruch in sich hält.[135] Sein etwas »spezielles« Demokratieverständnis und seine radikale Ideologie kleidet Thiel in ein pseudo-philosophisches Gewand.

Relevant ist dies vor allem deshalb, weil er politische Ambitionen hat. So hatte er als einer der wenigen Silicon-Valley-Titanen Donald Trump im Wahlkampf 2016 unterstützt. Nach dessen Wahl hatte er so direkten Zugang zu dessen Administration. Er durfte sogar Vorschläge für die Besetzung von Kabinettsposten machen. Unter anderem schlug er als wissenschaftlichen Berater William Happer vor, einen bekannten Klimawandel-Skeptiker, der Kritik an fossilen Brennstoffen mit Hitlers Judenverfolgung verglichen hat. Für den nächsten Wahlkampf hat er Donald Trump bereits seine Unterstützung zugesagt.

Derweil zieht er hinter den Kulissen die Fäden. Thiel hat 2021 jeweils 10 Millionen Dollar an die republikanischen Senatskandidaten Blake Masters in Arizona und J.D. Vance in Ohio gespendet,[136] was auch für amerikanische Verhältnisse extrem viel ist. Beide von ihm unterstützten Kandidaten sind ultrarechts, mit antidemokratischen Zügen.

So veröffentlichte Masters beispielsweise einen Wahlkampf-Spot, in dem er mit einem Gewehr auftritt. Dieses sei nicht zum Jagen da, sondern um Menschen zu töten. Und darum unterstütze er alle »guten Menschen«, die solch ein Gewehr besitzen wollten.[137] J.D. Vance war einst Liebling der Nation, nachdem er während des Präsidentschaftswahlkampfs 2016 ein Buch mit dem Titel *Hillbilly Elegy* veröffentlicht hatte, in dem er das Leid der verarmten und vergessenen Amerikaner in den Appalachen und damit indirekt auch im *Rustbelt* und im *Flyover Country*, geschildert hatte.[138] Obwohl er vormals Trump noch mit Hitler verglichen hatte,[139] mutierte er nach dessen Wahl zu dessen größtem Fan und MAGA-Unterstützer. Dabei vertritt er extrem konservative Ansichten, wie beispielsweise, dass Frauen in die Küche gehören.[140]

Aber zurück zu Peter Thiel. Der Autor Max Chafkin schildert in seinem Buch *The Contrarian*, dass Thiel sich im Beisein von Donald Trumps Schwiegersohn Jared Kushner mit Mark Zuckerberg von Facebook 2019 auf einen Deal verständigte: Facebook würde davon absehen, politische Äußerungen auf ihren Wahrheitsgehalt zu überprüfen – und so der Trump-Kampagne erlauben zu behaupten, was sie wolle. Halte sich Zuckerberg an diese Vereinbarung, dann würde die Trump-Administration auf alle ins Auge gefassten Facebook betreffenden strengeren Regulierungen verzichten. Thiel soll einem Vertrauten von diesem »Tauschgeschäft« berichtet haben. Nachfolgende Entwicklungen scheinen dies zu bestätigen, weil Facebook aufwieglerische und Gewalt suggerierende Posts nicht entfernt hat und auch nicht die Verbreitung von Lügen über den vermeintlichen Wahldiebstahl von 2020 unterbunden hat.[141] Thiel war einer der ersten Investoren von Facebook und bis Anfang 2020 im Aufsichtsrat von Meta, wie die Facebook-Muttergesellschaft inzwischen heißt.

Und Thiel hat globale Ambitionen. Das äußert sich unter anderem darin, dass er den ehemaligen österreichischen Bundeskanzler Sebastian Kurz 2022 als »Global Strategist« anheuerte. Ob der Grund in Kurz' Managementqualitäten oder seinen guten Kontakten zu osteuropäischen Regierungen liegt, kann man nur vermuten. Jedenfalls scheint Thiel gerne mit Österreichern zusammenzuarbeiten, denn seit 2015 arbeitet die ehemalige SPÖ-Geschäftsführerin Laura Rudas im Business Development bei Palantir.

Thiel reagiert allergisch auf die Ausgabe von Steuergeldern für soziale Zwecke, insbesondere, wenn es um sozial Bedürftige geht. Er hat jedoch nichts dagegen, wenn Steuergelder für seine Produkte ausgegeben werden. So nahm sein Cybersicherheitsunternehmen Palantir in Zusammenarbeit mit den Geheimdiensten der US-Regierung seinen Anfang. Zu Palantirs Kunden gehören die US-Bundesregierung, die Polizeibehörden und die CIA. Thiel setzt sich für den Bau einer Mauer an der Grenze zu Mexiko ein, um die Überwachung mittels Palantir-Technologien durchzuführen. Auch sein Schützling J.D. Vance macht sich für sichere US-Außengrenzen stark. Der von Thiel unterstützte republikanische Senatskandidat Blake Masters bewirbt Thiels Überwachungstechnologien auf seiner Website. Thiel ist über seinen Founders Fund auch in Anduril investiert, ein Sicherheitsunternehmen, das über Aufträge der Grenz- und Zollbehörde sowie des Verteidigungsministeriums verfügt. Sein politisches Engagement zahlt sich also durch die zahlreichen Staatsaufträge für seine Firmen aus.

Auch wirtschaftlich vertritt Thiel einen harten Kurs. So veröffentlichte er 2014 im *Wall Street Journal* eine Kolumne mit dem Titel »Wettbewerb ist für Loser«. Darin schrieb er, Amerikaner würden Wettbewerb verherrlichen, obwohl Kapitalismus und Wettbewerb Gegensätze seien. Das Geheimnis von Erfolg sei, die Regeln zu brechen und neu zu erfinden, um so ein Monopol aufzubauen, denn ein solches besäße Preissetzungsmacht. Monopole seien erstrebenswert und gut für die Gesellschaft.[142] Jedenfalls sind sie gut für ihn, denn er profitiert durch Staatsaufträge ganz entscheidend von der Monopolmacht des Staates.

Ganz im Sinne von Ayn Rands *Atlas Shrugged* investierte Thiel in das Seasteading Institute, das auf dem Meer angesiedelte Gemeinschaften schaffen will, die frei von jeglicher staatlicher Kontrolle sind. Gegründet wurde das Institut von Patri Friedman, einem Enkel des Nobelpreisträgers Milton Friedman. Ziel ist die Schaffung einer neuen Gesellschaft, in der die Bürger nach verschiedenen Ideologien leben können. Der dadurch ausgelöste Wettbewerb soll Innovation befeuern. »Bei uns können die Leute sich aussuchen, welche Regierung sie haben wollen, anstatt sich mit der Regierung, die sie haben, zufriedengeben zu müssen«, ließ Friedman verlauten.[143] Das Seasteading Institute ist nicht das einzige Utopia, auf das Thiel setzt. Über Pronomos Capital hat er auch in Bluebook Cities investiert, ein Unternehmen, das ebenfalls autonome, selbst regierte Gemeinschaften errichten möchte.

Unterhaltsames Detail am Rande: Thiel ist besonders engagiert auf dem Gebiet der Parabiose, in deren Rahmen ältere Menschen Bluttransfusionen von Jüngeren erhalten.

Erfüllung

Jeff Bezos

Jemand, der sich den amerikanischen Traum erfüllen konnte, ist der Gründer von Amazon, Jeff Bezos. Geboren in Albuquerque, New Mexico, absolvierte er 1986 die Princeton University mit einem Abschluss in Elektrotechnik und Computerwissenschaften summa cum laude. Neben seinem Studium hatte der Überflieger noch das »Dream Institute« gegründet, in dem jüngere Studenten zu kreativem Denken inspiriert werden sollten. Während seiner Tätigkeit bei der Investmentbank D.E. Shaw realisierte er das enorme Potenzial des Internets. Daraufhin entwickelte er die Software für ein virtuelles Buchgeschäft, das er 1995 eröffnete und aus seiner Garage heraus mit ein paar wenigen Angestellten betrieb. Anfangs lieferte er sogar selbst noch Bücher mit seinem Pkw aus. And the rest is history.

Amazon entwickelte sich zum größten E-Commerce-Unternehmen der Welt, das Bezos bereits 1998 zum Milliardär machte. Mittlerweile hat er sein Vermögen um über 10 000 Prozent erhöht und verdient rund 7,9 Millionen Dollar pro Stunde. Später gründete er noch das Luftfahrt- und Weltraumunternehmen Blue Origin sowie einige andere Firmen. Zu Amazon gehört auch der Cloud Provider AWS, der über Verträge mit verschiedenen Bundesbehörden, wie der CIA, verfügt. Mit zunehmendem Reichtum passierte, was in solchen Fällen häufig vorkommt, nämlich eine Affäre mit nachfolgender Scheidung. Beschleunigt wurde der Vorgang durch die Erpressung Bezos, mit kompromittierenden Fotos von ihm. Wie sich im Nachhinein herausstellte, steckte der Bruder seiner nunmehr offiziellen Freundin dahinter.

Mittlerweile verfügt Bezos auch über ein gigantisches Immobilienportfolio. In New York erwarb er fünf Luxusapartments in einem historischen Gebäude an der Fifth Avenue mit Ausblick auf den Madison Square Park, die er nachfolgend zu einem Mega-Apartment verband. Für den Preis von 120 Millionen Dollar kann er sich nun an einem dreistöckigen Penthouse mit mehreren Außenterrassen und einem Ballsaal erfreuen. In Beverly Hills besitzt er eine riesige Villa, mit zwei Gästehäusern und allen Annehmlichkeiten, wie Swimmingpool, Tenniscourt, einem Neun-Loch-Golfplatz und einer eigenen Tankstelle. Das Haupthaus ziert ein antiker, aus Europa importierter Edelholzboden, auf dem Napoleon seiner ersten Frau, Joséphine, den Heiratsantrag gemacht haben soll. Auf der Hawaii-Insel Maui darf Bezos ein 78-Millionen-Dollar-Grundstück mit Haus, umgeben von Palmen und einem Naturschutzgebiet, sein Eigen nennen. Gekrönt wird sein Besitzstand von der größten Segelyacht der Welt, der Y721, die ihn 500 Millionen Dollar gekostet hat. Allein die jährlichen Unterhaltungskosten für die Yacht belaufen sich auf 25 Millionen Dollar. Diese ist so luxuriös, dass sie eine Begleit-Yacht benötigt, die über einen Helikopterlandeplatz und ausreichend Stauraum für alle seine Autos, Motorräder, kleineren Boote und was man sonst noch so braucht, verfügt. Irgendwo muss das ganze Geld ja hin. Und an seine Angestellten geht der geringste Teil. Für sie sieht der amerikanische Traum nicht ganz so rosig aus.

Inzwischen ist Amazon der zweitgrößte Arbeitgeber in den USA mit fast einer Million Mitarbeiter. Überwiegend arbeiten diese in den Versandzentralen ohne Festanstellung, und ohne gewerkschaftlich organisiert zu sein. Mittlerweile nehmen diese Versandzentren den Platz ein, den früher Fabriken oder der stationäre Einzelhandel hatten. Allerdings konzentrieren sie sich nur auf bestimmte Städte. Steuern führt Amazon nicht in den Gemeinden ab, wo das Unternehmen tätig ist, sondern dort, wo sich sein steueroptimierter Sitz befindet.

Als Dienstleistungsunternehmen ist Amazon bei seinen Kunden äußerst beliebt. Was diesen aber meist verborgen bleibt, sind die unerbittlichen Bedingungen, unter denen die Arbeiter schuften müssen. Wegen der erbarmungslosen Leistungsvorgaben und der minutiösen Zeiterfassung haben viele Amazon-Mitarbeiter sich immer wieder genötigt gesehen, ihre Notdurft in Flaschen und Tüten zu verrichten.[144] Die Veröffentlichung dieser Tatsache hat dem Unternehmen viel öffentliche Kritik eingebracht. Aber auch institutionelle Investoren haben die Arbeitsbedingungen gerügt. Die ständige Überwachung und der Leistungsdruck haben zur Folge, dass sich unter den Arbeitnehmern keine Gemeinschaft entwickeln kann. Soziale Isolation ist die Folge. Nicht zuletzt deswegen liegt die Fluktuation der Arbeitnehmer bei nahezu 150 Prozent pro Jahr.[145] Da die Abhängigkeit von Amazon und damit seine Monopol- und Preissetzungsmacht wächst, werden immer wieder Stimmen laut, die dafür plädieren, dass es wie ein Versorgungsunternehmen organisiert werden sollte, ähnlich wie Elektrizitätswerke oder Wasserversorger.

Finanzielle Impotenz

Einige können sich den amerikanischen Traum also tatsächlich noch verwirklichen. Für viele andere ist dies aber nicht mehr der Fall. Auf der Skala von Reich bis Arm gibt es viele Nuancen und Schattierungen. Die meisten Schicksale tragen sich fernab der Öffentlichkeit zu und das ist den Betroffenen gerade recht so.

Jemand, den man auf dieser Skala intuitiv eher im oberen Bereich ansiedeln würde, ist Neal Gabler. Der intellektuell wirkende Gabler, nunmehr in den Siebzigern, trägt eine schwarz umrandete Brille und Vollbart. Er hat mehrere Bücher veröffentlicht, arbeitet als freier Journalist für angesehene Publikationen und ist gelegentlich im Fernsehen zu sehen. Wohnhaft ist der verheiratete Vater von zwei erwachsenen Töchtern im Nobelort East Hampton an der Atlantikküste, circa zwei Autostunden von Manhattan entfernt, wo die Geldelite ihre Sommer verbringt. Für Menschen mit journalistischen Ambitionen könnte er durchaus als Vorbild dienen. Sollte man zumindest meinen.

Über diesen Irrtum hat Gabler seine Leser in einem 2016 im *Atlantic* veröffentlichten Artikel mit dem Titel »Die heimliche Scham der amerikanischen Mittelklasse«[146] aufgeklärt. Dieser schlug hohe Wellen in den Medien, da Gabler ein Tabu enthüllte, nämlich die Tatsache, dass eine scheinbar wohlsituierte Mittelklasse von der Hand in den Mund lebt und sich in einem lebenslangen Existenzkampf befindet.

Anlass für seinen Artikel war eine Untersuchung der US-Notenbank über die finanzielle Verfassung amerikanischer Haushalte. Bei der Lektüre stolperte Gabler über die Erkenntnis, dass 47 Prozent der Befragten angaben, nicht einmal über 400 Dollar für einen Notfall zu verfügen, ohne Besitztümer verkaufen oder Geld leihen zu müssen. Die Tatsache an sich erstaunte ihn wenig, da er zu diesen 47 Prozent gehörte. Allerdings war er schockiert darüber, dass so viele andere Menschen dieses Schicksal mit ihm teilten. Millionen Amerikaner führten ein Leben, das nach außen erfolgreich und erstrebenswert erschien, aber das hinter den Kulissen ganz anders aussah. Kultivierte Amerikaner, die gut gekleidet waren, ein Häuschen ihr Eigen nennen konnten, Autos besaßen und ihre Kinder auf gute Schulen schickten, aber in Wirklichkeit gefangen waren in einem unsichtbaren finanziellen Überlebenskampf.

Laut Gabler war der Wohlstand in den fünfziger und sechziger Jahren des vergangenen Jahrhunderts in Amerika demokratisiert worden, während im Nachgang der großen Finanzkrise von 2008 weite Teile der Bevölkerung um ihre finanzielle Sicherheit gebracht worden seien. Er bezeichnete seine Lage als »finanzielle Impotenz«, weil sie viele Parallelen zu sexueller Impotenz aufweise, nicht zuletzt den verzweifelten Versuch, diese geheim zu halten und eine heile Welt vorzuspielen. Tatsächlich sei finanzielle Impotenz aber noch peinlicher als sexuelle, so Gabler. Männer tauschten sich eher über ihren Viagra-Gebrauch aus, als ihre finanziellen Schwierigkeiten zu diskutieren. Donald Trump habe das Seine dazu beigetragen, indem er die Nation noch einmal daran erinnert habe, dass Amerika ein Land von Gewinnern und Verlierern sei, von Alphatieren und Schwächlingen. Arm zu sein, sagte Gabler, sei eine Form gesellschaftlichen Selbstmords und Geheimhaltung der einzige Schutz. Daher habe er auch nie über seine finanziellen Schwierigkeiten gesprochen, nicht einmal mit seiner Frau oder seinen engsten Freunden.

Gabler räumte ein, dass die Verantwortung für seine finanziellen Schwierigkeiten ganz allein bei ihm liege und das Resultat einer Aneinanderreihung vieler einzelner Lebensentscheidungen sei. Er schilderte, wie er, top ausgebildet, mit seiner Frau einen Lebensstil der Mittelklasse verfolgte. Wie selbstverständlich ging er davon aus, dass er mit zunehmendem Alter automatisch ein finanzielles Fundament bauen würde, genauso wie es bereits seine Eltern vor ihm getan hatten. Schmerzhaft habe er erfahren müssen, dass das Leben bei der Finanzplanung nicht immer mitspielte, obwohl er alles richtig gemacht zu haben schien. Er hatte einen College- und einen Universitätsabschluss. Er unterrichtete, bekam mehrere Buchverträge und hatte einen Job als Fernsehmoderator. Das erste kleine Apartment, das er zusammen mit seiner Frau erworben hatte, ließ sich lange Zeit nicht verkaufen und so musste er über mehrere Jahre zwei Hypotheken abtragen. Als ihm das Wasser bis zum Hals stand, verkaufte er es mit großem Verlust. Dann verlor er seinen Fernsehjob. Sein Autoreneinkommen war unregelmäßig, überschaubar und steuerlich äußerst ungünstig. Seine Frau hatte schon viele Jahre nicht mehr in ihrem Job als Fernsehproduzentin gearbeitet und, um seinen Stolz zu wahren, versicherte Gabler ihr, dass die Familie mit seinem Einkommen über die Runden kommen würde. In die Verwaltung der Finanzen bezog er sie nicht mit ein, um seine »finanzielle Impotenz« vor ihr zu verbergen. Finanzielle Löcher stopfte er mit Krediten, deren Zinslast ihn mit der Zeit erdrückte. Gabler hob hervor, dass er nie von dem Bedürfnis getrieben worden sei, mit anderen mitzuhalten. Anders sei dies allerdings im Hinblick auf seine Kinder gewesen, da ihm klar war, dass diese nur Aufstiegschancen haben würden, wenn sie Topuniversitäten besuchten. Für die Finanzierung der teuren Ausbildung reichte sein Einkommen nicht und für Stipendien verdiente er zu viel. Letztlich opferte er seine letzten kleinen Ersparnisse und die seiner Eltern, also sein zukünftiges Erbe.

Im Nachhinein realisierte Gabler, dass seine Zukunftsplanung lediglich auf einer Hoffnung beruht hatte. Auf die Idee, dass er vielleicht nicht genug verdienen würde, war er gar nicht gekommen. Eines der Probleme war, dass er als Freiberufler mit seinen Aufträgen das Gleiche verdiente wie vor 20 Jahren, obwohl die Kosten immer weiter gestiegen waren. Im Nachhinein realisierte er, dass er über seine Verhältnisse gelebt hatte, mit einem zu geringen Einkommen bei zu hohen Kosten. Kredite hätten dieses Problem für einige Zeit übertüncht. Mit seinen Entscheidungen habe er ein Leben geführt, das er sich gewünscht hatte, und nicht eines, das er sich hatte leisten konnte. Er räumt ein, dass er andere Entscheidungen hätte treffen können, aber dann wäre er ein ganz anderer Mensch gewesen.

Gabler erläutert auch die deprimierenden Folgen wirtschaftlichen Scheiterns für das allgemeine Wohlbefinden und die Gesundheit. Das Leiden im Verborgenen verursache Depressionen, Angstzustände und Beziehungsprobleme. Auch er habe er unter einem niedrigen Selbstwertgefühl und einem Mangel an Energie gelitten. Am schlimmsten aber sei der Verlust der Hoffnung. Wenn das Gefühl schwinde, dass man im Leben vorankommen könne, verliere man den Antrieb, fühle Ohnmacht und werde desillusioniert. Und die schwelende Unzufriedenheit entlade sich letztendlich in politischer Wut.

Die von Gabler getroffenen Lebensentscheidungen erscheinen nicht außerordentlich verschwenderisch oder verantwortungslos. Und die Tatsache, dass sich fast die Hälfte der amerikanischen Bevölkerung in einer ähnlichen latenten Notlage befindet, nur ein paar Monatsgehälter von der Obdachlosigkeit entfernt, ist ein Anzeichen dafür, dass mit dem System etwas nicht stimmt. In diesem Missstand manifestiert sich unter anderem die Tatsache, dass der zwanghafte amerikanische Optimismus auch ein Hemmschuh sein kann. Wenn man stets davon ausgeht, dass sich die zukünftigen Lebensumstände wie ein Naturgesetz nur verbessern können, bleibt der Realismus schnell auf der Strecke. Auch die Annahme, dass man mit harter Arbeit alles erreichen kann, wird ad absurdum geführt.

Nomadenland

Immerhin wird Gabler seinen Ruhestand in seinem Häuschen verbringen können. Für Millionen anderer Amerikaner bleibt ein solch bürgerlicher Ruhestand ein unerreichbarer Traum. Sie gehören zu den »amerikanischen Nomaden«, von denen viele nach der großen Finanzkrise von 2008 ihre Existenz und ihre Ersparnisse verloren haben. Sie leben am Existenzminimum und werden vermutlich nie in Ruhestand gehen können. Weil sie sich keine Miete leisten können, leben sie in Wohnmobilen, Pkws und Zelten und verdingen sich als Saisonarbeiter. Einen Großteil des Jahres sind sie auf Achse, um befristete Jobs zu Niedriglöhnen ohne Sozialleistungen zu verrichten. Wie viele Menschen eine solche Existenz führen, ist nicht genau bezifferbar, weil Amerikaner offiziell einen festen Wohnsitz nachweisen müssen, sodass auch nicht-sesshafte Menschen dies wahrheitswidrig tun. Allerdings weisen die steigenden Mieten, Immobilienpreise und andere Indizien darauf hin, dass die Anzahl der Wanderarbeiter stetig weiter wächst. Auch in Städten nehmen Wohnmobile in Randgebieten, unter Unterführungen und auf Parkplätzen zu, weil die Mieten für Menschen, die lediglich einen Mindestlohn beziehen, unerschwinglich geworden sind. Ein Großarbeitgeber für diese Nomaden ist Amazon.

Insbesondere zur Hochsaison, wie Weihnachten, benötigt das Unternehmen Zeitarbeitskräfte für seine Fulfillment-Center.

Unter den sogenannten Workcampern befinden sich viele »gescheiterte Existenzen«, die sich ein solches Leben vorher niemals hätten vorstellen können. Menschen, die ihr ganzes Leben fleißig gearbeitet und ein Mittelklasse-Dasein geführt haben, bis sie ein Umstand finanziell aus der Bahn geworfen hat. Ein Arbeitsplatzverlust, eine Werksschließung, eine unerwartete schwere Krankheit – und schnell entgleist der amerikanische Traum. Selbst als Nomaden sind sie nur eine Autoreparatur oder nur wenige unbezahlte Rechnungen entfernt von der Obdachlosigkeit. Und Obdachlose gibt es in Amerika viele, geschätzt eine halbe Million Menschen.

In ihrem Bestseller *Nomadland: Surviving America in the Twenty-First Century*,[147] der die Vorlage für den Oscar-gekrönten Film *Nomadland* war, beschreibt Jessica Bruder einen Mann namens Don Wheeler, der sich nach einer erfolgreichen Karriere als international gefragter Softwaremanager mit seiner Frau in einem ansehnlichen Haus in Kalifornien zur Ruhe gesetzt hatte und seiner Leidenschaft für schnelle Autos frönte. Im Alter von 69 Jahren und nunmehr geschieden fand er sich in einem Wohnmobilpark in Nevada wieder. Seine Frau hatte das Haus nach der Scheidung zugesprochen bekommen und seine Ersparnisse hatten sich in der Finanzkrise von 2008 in Luft aufgelöst. Während er vorher 100 000 Dollar im Jahr zur Verfügung hatte, musste er nunmehr mit 75 Dollar in der Woche über die Runden kommen. Auch er verdingte sich im Amazon-Lagerhaus in Zwölf-Stunden-Schichten mit nur ein paar extrem kurzen Pausen.

Selbst die meisten der Wanderarbeiter zeichnen sich durch den für die Amerikaner typischen Optimismus aus. Sie versuchen, das Beste aus ihrer Situation zu machen und viele von ihnen romantisieren ihre Existenz geradezu, obwohl sie sich durch einen ständigen Überlebenskampf auszeichnet. In gewisser Hinsicht ist es sicherlich konstruktiv, sich auch in fortgeschrittenem Alter zu disziplinieren und weiterzuentwickeln. Aber die meisten der Wanderarbeiter haben gar keine andere Alternative. Sie müssen, auch wenn sie über 70 sind, eine Hüftoperation hinter sich haben und an Rückenschmerzen leiden, einen Job bei der Zuckerrübenernte annehmen, weil sie ansonsten auf der Straße landen würden. Und das im reichen Amerika.

Über die Jahre habe ich viele deprimierende Medienberichte über die persönlichen Schicksale der von der Altersarmut gezeichneten Menschen mitbekommen. Auch im richtigen Leben begegnen mir solche Menschen, selbst in New York. Da ist die über 80-jährige Dame im Supermarkt, die so wirkt, als könne sie kaum noch stehen, und den Kunden die Einkaufstaschen füllt. Oder der Kellner, den ich über die Jahre auf Events beobachtet habe, und der schon fortgeschrittenen Alters war, als ich ihn das erste Mal wahrgenommen habe. Beim Servieren zittern ihm so die Hände, dass man ihm die Arbeit am liebsten abnehmen würde. Diese Menschen sind gesellschaftlich »unsichtbar«, und sie müssen sich glücklich schätzen, wenn sich jemand dazu erbarmt, sie für einen Hungerlohn einzustellen.

Erwerbstätig obdachlos

In Lohn und Brot zu stehen bewahrt nicht vor Obdachlosigkeit. Das zeigen die erwerbstätigen Obdachlosen, die aufgrund des Mangels an erschwinglichen Wohnungen in vielen Städten der USA ein wachsendes Problem sind. Viele dieser Menschen führen ein Schattendasein, von dem die meisten Menschen, die auf der Sonnenseite des Lebens stehen, gar nichts mitbekommen. Zu den Ausnahmen zählt das TikTok-Video einer jungen Frau namens Aaliyah, das in kürzester Zeit 5 Millionen Klicks erhielt. In ihm schilderte sie, dass sie trotz eines Vollzeitjobs bei der Baumarktkette Home Depot in ihrem Auto leben musste und im Sportstudio ihre Körperhygiene verrichtete.[148]

Auch Monica Diaz lebt trotz der Tatsache, dass sie einen Vollzeitjob in einer Fast-Food-Kette hat, mit ihrem Mann und einem Hund in einer Zeltstadt am Rande des Union Station, des prächtigen Hauptbahnhofs von Washington, D.C. Monica leidet unter dem Stress, ihre Obdachlosigkeit verbergen zu müssen. Denn wird diese einmal bekannt, dann schwinden die Chancen, eine Anstellung zu finden. All ihre Habseligkeiten passen in einen einzigen Einkaufswagen. Ihre Körperhygiene erledigt sie in der Bahnhofstoilette. Ständig leben sie und ihr Mann in der Angst, dass ihr Zelt mitsamt ihren Habseligkeiten gewaltsam geräumt wird. Ihr Gesicht ist gezeichnet von ihrer mühsamen Existenz und ihrer Scham.[149]

Die meisten Menschen rutschen aufgrund unvorhergesehener Lebensumstände in ein solches Schicksal hinein. Oft haben sie ihren Job, ihre Wohnung und häufig auch ihre Familie verloren. Viele von ihnen sind drogen- oder medikamentenabhängig. Einmal in die Obdachlosigkeit hineingeraten, kommen sie aufgrund des schwachen sozialen Netzes kaum mehr aus ihr heraus.

Auch an der Westküste unter der kalifornischen Sonne nimmt die Obdachlosigkeit dystopische Ausmaße an. In Venice Beach, einer der malerischsten Gegenden von Los Angeles, reihen sich unzählige bunte Zelte, Planen-Konstruktionen und Pappkarton-Boxen am Gehsteig aneinander. Drogenabhängige, psychisch kranke Menschen und gescheiterte Existenzen haben sich dort in unmittelbarer Nähe der Luxusvillen in bester Lage ein Zuhause geschaffen. Horrorgeschichten von Exkrementen in Vorgärten, Ratten, gebrauchten Drogenspritzen, ansteckenden Krankheiten und zunehmender Kriminalität machen, auch in den Medien, schlagzeilenträchtig die Runde. Mittlerweile haben die Behörden zumindest öffentliche Toiletten aufgestellt, um einer Gesundheitskrise entgegenzuwirken. Soziale Dienste, die sich um die psychisch Kranken, die Drogenabhängigen und die hilfsbedürftigen Menschen kümmern, gibt es zwar, aber sie reichen bei weitem nicht aus. Überwiegend bleiben diese Menschen sich selbst überlassen.

Die Maulwurf-Menschen

Die apokalyptischste Ausprägung der Obdachlosigkeit ist das Leben in den Tunnellabyrinthen unterhalb der Glitzermetropolen. Das Glücksspiel-Eldorado Las Vegas, in dem jeden Tag Vermögen verspielt und gewonnen werden, hat die vierthöchste Obdachlosenzahl der USA. Von dem glamourösen Leben der zahlungskräftigen Touristen, die feiern und in Dekadenz schwelgen. bekommen die »Maulwurf-Menschen«, wie sie sich selbst nennen, nichts mit. Sie fristen ihr Dasein in den 800 Kilometer langen Hochwassertunneln der Stadt. Die Anzahl der dort lebenden Menschen wird nicht offiziell erfasst, aber Schätzungen gehen von zwischen 10 000 und 20 000 aus. Während die Touristen ihrem Vergnügen frönen, sind die

Tunnel-Menschen unterhalb der Stadt in erster Linie mit ihrem Überleben beschäftigt, denn sie befinden sich in ständiger Angst vor dem lebensbedrohlichen Hochwasser. Las Vegas ist zwar ein Sonnenparadies, aber gelegentlich gibt es auch dort sturzflutartige Regenfälle, die der Wüstenboden nicht absorbieren kann. Um die Bevölkerung und Infrastruktur zu schützen, sind Hochwassertunnel gebaut worden, die dieses Wasser auffangen. Bei starken Regenfällen können in Sekundenschnelle Sturzfluten entstehen, die alles mit sich reißen, was sich ihnen in den Weg stellt. Viele Menschen haben auf diese Weise in den vergangenen Jahren in den Tunneln ihr Leben verloren.

Aber auch davon abgesehen ist das Leben in der Unterwelt im wahrsten Sinne des Wortes düster. Es gibt keine Elektrizität und die Menschen müssen sich ihr feuchtes und muffiges Quartier mit Ungeziefer und Ratten teilen. Die Bewohner richten sich die kleinen kellerartigen Gewölbe mit auf dem Müll gefundenen Gegenständen wie Mini-Apartments ein. Die meisten von ihnen erwachen nachts zum Leben und gehen ihrer Drogensucht nach. Über Wasser halten sie sich mit dem, was sie im Wohlstandsabfall finden, sowie mit Klein- und Beschaffungskriminalität. Aber auch sie selbst sind in dieser Schattenexistenz ständig von latenter Gewalt und Kriminalität bedroht. Selbst in Manhattan gibt es eine solche dehumanisierende Maulwurf-Stadt.

Der Verzweiflungstod

Es gibt unzählige Ökonomen, aber die wenigsten bringen es zu Weltruhm und die allerwenigsten sind dann auch noch miteinander verheiratet. Nobelpreisträger Sir Angus Deaton und seine Frau Anne Case sind ein solches Paar. Der behäbige Schotte, der mittlerweile Mitte 70 und stets mit Fliege anzutreffen ist, und seine etwas jüngere, attraktive amerikanische Frau, Anne Case, teilen nicht nur ihre Leidenschaft für die Oper und das Angeln, sondern auch für die Volkswirtschaft. Gemeinsam haben sie eine wichtige Entdeckung gemacht.

In seinem Buch *The Great Escape*[150] hat Angus Deaton erläutert, wie sich in den letzten Jahrhunderten der Wohlstand und die Gesundheit der Menschen gesteigert hätten, wobei allerdings auch die wirtschaftliche Ungleichheit zugenommen habe. Aufgefallen ist ihm dabei, dass die Menschen trotz der Steigerung der Lebensqualität nicht zufriedener waren.

Anne Case, spezialisiert auf Makro-, Gesundheits- und Arbeitsökonomie, hat den Zusammenhang zwischen dem wirtschaftlichen Status von Menschen und ihrer Gesundheit erforscht. Motiviert durch ihre eigenen Rückenschmerzen begann sie damit, die Schmerzbelastung der Amerikaner zu untersuchen. Aufgrund des technologischen und medizinischen Fortschritts hatte sie erwartet, dass diese abgenommen hätte. Stattdessen war sie stark gestiegen. Heute leiden Hunderte Millionen Amerikaner unter chronischen Schmerzen, weit mehr noch als Menschen deutlich höheren Alters in anderen Ländern.

Deaton und Case fragten sich, ob zwischen dem Mangel an Zufriedenheit und der Zunahme der Schmerzen ein Zusammenhang bestand. Gemeinsam veröffentlichten sie ihre Erkenntnisse in dem 2020 erschienenen Buch *Deaths of Despair and the Future of Capitalism.*[151]

Ihre Untersuchung ergab, dass Orte in Amerika, in denen höhere Schmerzraten zu verzeichnen waren, nicht nur höhere Selbstmordraten, sondern auch Todesraten insgesamt aufwiesen. Das war verblüffend, weil die Sterblichkeitsraten auf der ganzen Welt seit Jahrzehnten gesunken waren. Aber weiße Männer und Frauen ohne Hochschulabschluss sterben an Selbstmord, Drogen, Krankheiten in solch hohen Zahlen, dass dies die Lebenserwartung der US-Bevölkerung insgesamt um drei Jahre senkt.

Verschreibungspflichtige Opiate stießen bei der weißen Arbeiterklasse zwar aufgrund ihrer Desillusionierung auf große Nachfrage, aber sie waren nicht die Ursache für die Todeszahlen. Auch das in den USA verbreitete krankhafte Übergewicht schied als Grund aus, weil sich die Todesraten ähnlich über alle Gewichtsklassen verteilten. Armuts- und Ungleichheitsmuster passten auch nicht mit den Sterblichkeitsmustern überein, das heißt, dort wo Armut und Ungleichheit am größten waren, herrschten nicht notwendigerweise größere Sterblichkeitsraten. Allerdings stellte sich ein Zusammenhang mit Arbeitslosigkeit heraus. Orte mit höherer Arbeitslosigkeit weisen auch eine höhere Todesrate aus, sei es durch Selbstmord, Drogen-, Alkoholsucht oder andere Erkrankungen.

Case und Deaton haben dieses Phänomen der vermeidbaren hohen Todesraten weißer Amerikaner ohne Collegeabschluss den »Verzweiflungstod« genannt. Tod aus Verzweiflung sei eine Folge des nachlassenden Wirtschaftswachstums, das sich auf verschiedene Bevölkerungsgruppen unterschiedlich ausgewirkt habe. Bei geringqualifizierten Jobs weißer Männer handelt es sich häufig um zeitlich begrenzte Anstellungen, ohne oder mit lediglich geringen Sozialleistungen, wie beispielsweise eine Krankenversicherung. Die für diese Jobs bezahlten Löhne sind seit 1979 real sogar gesunken. Auch die soziale Verankerung dieser Männer hat stark nachgelassen. Eine wesentlich geringere Zahl von ihnen als früher ist verheiratet und ihre Kinder wachsen oft in instabilen Verhältnissen mit nur einem Elternteil auf. Nur noch wenige von ihnen gehören einer Religionsgemeinschaft an oder sind Mitglied einer Gewerkschaft.

Für die Verbreitung des Verzweiflungstods in Amerika gibt es laut Case und Deaton verschiedene Gründe. Zum einen sei die »Schwelle zum Tod« durch die Verfügbarkeit von Opiaten und Schusswaffen niedriger als in anderen Ländern. Des Weiteren habe die amerikanische Industrie die Automatisierung und Globalisierung mit Hochdruck verfolgt, ohne soziale Netze auszubauen. Ein weiterer Grund sei das überteuerte Gesundheitssystem, zu dem viele Geringverdienende keinen Zugang haben. Die amerikanische Kultur, in der zuvörderst Erfolg und Geld zählen, gibt diesen Menschen oft den Rest. Sie sind entmutigt und hoffnungslos, denn wer arbeitslos ist, zu wenig verdient und schlechte Zukunftsaussichten hat, ist – so die amerikanische Logik – schließlich selbst daran schuld.

Laut Deaton dient die amerikanische »Wirtschaft den gebildeten Klassen ... und bestraft den Rest«. Case und Deaton betonen, dass sie Befürworter des Kapitalismus seien, weil sie an die Kraft des Wettbewerbs und der freien Märkte glaubten. Aber Amerikas Kapitalismus habe weniger gebildete Arbeiter über Jahrzehnte im Stich gelassen und das müsse sich ändern. Sorge bereitet Deaton vor allem die Einflussnahme der Reichen auf die Politik. Die Erkenntnisse von Case und Deaton erregten in den USA breite Aufmerksamkeit, weil in der Bevölkerung schon lange das unterschwellige Gefühl herrscht, dass der amerikanische Traum ausgeträumt ist.[152]

Ein neuer Traum

In der Metropole New York, die im Glanz des Reichtums ihrer Bewohner schillert, gibt es ihn noch, den amerikanischen Traum. Unzählige strömen in die Stadt, um ihn zu verwirklichen.

Aber auch hier teilen sich die Milliardäre, Mogule und Titanen das Territorium untereinander auf und drängen die New Yorker Mittelschicht an den Rand. Diese verlässt derweil die Stadt in Scharen, weil ihre Einkommen hinter den stetig steigenden Lebenshaltungskosten zurückbleiben. Jeden Tag ziehen durchschnittlich 100 Einwohner aus Manhattan weg, deutlich mehr als hinzuziehen. Und so steht selbst das reiche Manhattan symbolisch für die schwindende Mittelklasse des Landes.

Die Frage ist, wie lange diese Entwicklung noch so weitergehen kann, bevor die wachsende Ungleichheit einen Siedepunkt erreicht. Haben möglicherweise die Menschen am oberen Einkommensspektrum zu viel Geld? Wie viele Milliarden braucht der Mensch? Wie viele Luxusimmobilien, Privatflugzeuge und Yachten? Um der Ungleichheit entgegenzuwirken, werden immer wieder Vorschläge für eine Vermögenssteuer, Erbschaftssteuer und Geldstrafen für Vermögensverschleierung mittels Offshore-Gesellschaften laut. Derweil lenken die Republikaner von ihrer Übervorteilung der Bevölkerung ab, indem sie die aufkommende Wut auf Dunkelhäutige, Einwanderer und Minderheiten deflektieren.

In einem Artikel, der der Frage nachgeht, ab wann die Gier der Milliardäre dem Rest der Gesellschaft schadet, zitiert der Autor Drummond Pike den Historiker Rutger Bregman, der die Gäste des Weltwirtschaftsforums in Davos 2019 mit seiner Aufforderung schockiert hatte, dass die Reichen aufhören sollten so zu tun, als ob sie mit ihrer Philanthropie die Welt retten würden, und gefälligst mehr Steuern zahlen sollten. Den Reichtum der Milliardäre erläuterte er wie folgt: »Wenn man 50 000 Dollar pro Jahr verdient, und nie einen Pfennig ausgeben, sondern alles sparen würde, dann würde es 20 000 Jahre dauern, bis man 1 Milliarde gespart hätte.«[153]

Vielleicht brauchen wir einen neuen, besseren amerikanischen Traum.

Freiheit

Die Freiheit des Einzelnen

Teil des amerikanischen Mythos ist das Freiheitsideal. Die Freiheit des Einzelnen wird insbesondere durch die Rechtsordnung gewährleistet. Diese Rechtssicherheit hat seit jeher Menschen und Kapital aus aller Welt angezogen. Frei zu sein bedeutet, frei zu sein von einer ungebührlichen Einmischung des Staates in die persönlichsten Angelegenheiten. Frei zu sein bedeutet, sich ohne Angst um Leib und Leben frei in der Öffentlichkeit bewegen zu können. Frei zu sein bedeutet, in einer Umwelt zu leben, in der man ohne Gesundheitsschäden zu erleiden, frei atmen und Trinkwasser zu sich nehmen kann. Zuständig für die Gewährleistung der Rechte ist in erster Linie der Supreme Court, das oberste amerikanische Gericht. Durch seine Grundsatzurteile nimmt er maßgeblichen Einfluss auf die Weichenstellungen der amerikanischen Gesellschaft. Die Verfassungsrichter besitzen vielleicht die größte Macht im Staat, denn sie entscheiden darüber, wer an Wahlen teilnehmen darf, wer Zugang zu medizinischer Versorgung und Waffen hat, wer heiraten darf, wie Diskriminierung geregelt wird und vieles mehr.

Das Kapern des Supreme Courts durch die Republikaner

Die Republikaner haben den Supreme Court schon vor Jahrzehnten als Machtinstrument erkannt und sich seither mit Laserfokus darauf konzentriert, dort eine Mehrheit konservativer Richter zu berufen, die ihre Zielsetzung eines weißen, christlich geprägten Nationalstaates umsetzen. Die vom Großkapital gesponserte, erzkonservative Federalist Society hat die Mehrheit der Verfassungsrichter gestellt und damit größten Einfluss auf das Rechtssystem. Im August 2022 erhielt sie übrigens die Rekordspende in Höhe von 1,6 Milliarden Dollar von Barre Seid, einem Elektronikunternehmer aus Chicago, zur Durchsetzung republikanischer Ziele.[154]

Unter der Präsidentschaft Donald Trumps erreichten die Republikaner ihr Ziel. Er hatte die Möglichkeit, gleich drei freigewordene Richterstellen am Supreme Court zu besetzen. Und er lieferte die vom republikanischen Establishment und dessen Basis gewünschten Richter, Neil Gorsuch, Brett Kavanaugh, und Amy Cony Barrett. Vor ihrer Bestätigung wurden die Kandidaten in einer live im Fernsehen übertragenen Senatsanhörung befragt. Auch ihre Gesinnung war dabei Thema, um sicherzustellen, dass sie sich als Richter nicht als politische Ausführungsorgane instrumentalisieren lassen würden. Alle drei Kandidaten gaben sich moderat und äußerten, die Bindungswirkung von Präzedenzfällen zu respektieren, die sogenannte *stare decisis,* wie beispielsweise das 1973 gefällte Supreme-Court-Urteil *Roe v. Wade,* welches das Recht auf einen Schwangerschaftsabbruch gewährleistet. Daraufhin wurden alle drei Kandidaten vom Senat bestätigt. Da Verfassungsrichter auf Lebenszeit ernannt werden und die neuen Richter erst in ihren Fünfzigern sind, ist die konservative Mehrheit im obersten Gericht voraussichtlich auf Jahrzehnte zementiert.

Schnell sollte sich herausstellen, dass die neuen Richter während ihrer Kongressbefragung im Hinblick auf ihre Akzeptanz der *stare decisis* die Unwahrheit gesagt hatten. Denn 2022 erließ der Supreme Court in schneller Abfolge mehrere Schockurteile, die die Vereinigten Staaten um Jahrzehnte zurückwerfen. Sie betreffen unter anderem eine Einschränkung des Klimaschutzes, eine weitere Lockerung des Waffenrechts, eine Verschärfung des Wahlrechts und die Abschaffung des Rechts auf Abtreibung. Damit ist der Supreme Court eindeutig zu einem Ausführungsinstrument der konservativen Politik geworden. Laut einer kürzlich durchgeführten Gallup-Umfrage hat das Gericht mittlerweile bei den Amerikanern das geringste Ansehen in seiner Geschichte, weil es zu Recht als übermäßig politisiert betrachtet wird.[155]

Grundrechtsentzug: Die Signalwirkung der Aufhebung des Rechts auf Schwangerschaftsabbruch

Obwohl weder neue Fakten noch neue Erkenntnisse vorlagen, hob der Supreme Court das Recht auf Schwangerschaftsabbrüche auf. Damit entzog das Verfassungsgericht erstmals in der Geschichte der Vereinigten Staaten ein in der Vergangenheit gewährtes Grundrecht.

Nunmehr kann jeder einzelne US-Bundesstaat selbst über die Zulässigkeit oder Nichtzulässigkeit von Schwangerschaftsabbrüchen entscheiden. 13 Staaten hatten sich bereits im Vorfeld durch sogenannte *trigger laws* automatisch an die Supreme-Court-Entscheidung gekoppelt. Dort wurden Abtreibungen mit dem Supreme-Court-Urteil direkt über Nacht weitestgehend illegal. Da Legalität und Illegalität von Abtreibung nun also von den einzelnen Bundesstaatsregierungen abhängt, wird landesweit ein regelungstechnischer Flickenteppich entstehen.

Die überwiegende Mehrheit der Amerikaner, einschließlich unter den Republikanern, ist entgegen der Supreme-Court-Entscheidung dafür, dass Abtreibungen weiterhin legal bleiben, dass also die Regelungen, wie sie durch das Supreme-Court-Urteil *Roe v. Wade* von 1973 etabliert worden sind, fortbestehen. Und wiederum die Mehrheit dieser Menschen, die für die Beibehaltung des Abtreibungsrechts ist, ist gleichzeitig für Einschränkungen auf Grundlage ethischer Erwägungen, wie beispielsweise der Zulässigkeit nur bis zu einem bestimmten Schwangerschaftsmonat. Diese Einschränkungen gab bereits unter *Roe v. Wade.* Keinen Glauben darf man der beliebten Propagandalüge der Republikaner schenken, dass die Demokraten Abtreibungen bis zur Geburt und sogar noch danach erlauben wollten.

Die Verpflichtungen der werdenden Mütter werden – anders als man erwarten könnte – auch nicht von Verpflichtungen der Männer und flankierenden sozialen Maßnahmen wie Regelungen zum Mutterschutz und zur Kinderbetreuung begleitet. Familienplanung ist für viele Amerikaner aufgrund der schlechten Gesundheitsversorgung kompliziert und teuer. Apropos schlechte Gesundheitsversorgung: Die USA hat die höchste Müttersterblichkeitsrate unter allen Industrienationen.

Besonders schockierend ist das Supreme-Court-Urteil, weil es den einzelnen Bundesstaaten die Möglichkeit einräumt, mittels Abtreibungsverboten die Entscheidungsfreiheit von Frauen über ihren Körper fast ausnahmslos einzuschränken. Gleichgültig, ob die Schwangerschaft aus einer Vergewaltigung oder Inzest herrührt, Schwangerschaftsabbrüche sind dann je nach Bundesstaat verboten, außer wenn das Leben der Mutter gefährdet als, und selbst diese Einschränkung ist sehr restriktiv konzipiert.

Kurz nach der Supreme-Court-Entscheidung wurde der Fall eines zehnjährigen Mädchens bekannt, das vergewaltigt und schwanger geworden war. Weil in Ohio nach dem Supreme-Court-Urteil Abtreibung jetzt praktisch komplett verboten ist, musste das in dem Bundesstaat lebende Mädchen nach Indiana reisen, um dort den Abbruch der Schwangerschaft in der sechsten Woche und drei Tage vornehmen zu lassen. Der Fall schlug medial hohe Wellen, die um die ganze Welt gingen. Selbst der amerikanische Präsident, Joe Biden, ein praktizierender Katholik, verdammte diesen Missstand. Die Reaktion der Republikaner? Sie behaupteten, die Demokraten hätten den Fall erfunden, um gegen das Verbot von Abtreibungen Stimmung zu machen. Das konservative *Wall Street Journal* bezichtigte Präsident Biden, diese wahrscheinlich unwahre Geschichte dazu zu nutzen, die Politik der Republikaner zu verteufeln. Den *Indianapolis Star*, die Zeitung, die über den Fall berichtet hatte, bezichtigten Republikaner einer gezielten Falschmeldung. Ohios republikanischer Generalstaatsanwalt, Dave Yost, behauptete, dass es sich bei dieser Geschichte vermutlich um eine Erfindung handele. Der Trump-Verbündete Jim Jordan tweetete, dass diese Story eine weitere Lüge der Demokraten sei. Der rechte Nachrichtensender Fox News nutzte die vermeintlich unwahre Geschichte, um die Demokraten zu diskreditieren. Als sich kurz danach herausstellte, dass ein 27 Jahre alter Mann der Vergewaltigung des zehnjährigen Mädchens verdächtigt wurde, verstummten die Republikaner plötzlich. Anstatt sich für ihre unbegründeten Anschuldigungen zu entschuldigen, stürzten sie sich nunmehr auf die Tatsache, dass es sich bei dem mutmaßlichen Täter um einen illegalen Einwanderer handelte. Auf Fox beschimpfte Todd Rokita, der Generalstaatsanwalt Indianas, die Demokraten als Marxisten und Sozialisten, die die Grenzen der Vereinigten Staaten nicht sicherten. Gegen die Gynäkologin Caitlin Bernard, die die Abtreibung bei dem Mädchen vorgenommen hatte, leitete er ein Verfahren ein und drohte ihr mit dem Entzug ihrer ärztlichen Approbation.

Was an der höchstrichterlichen Entscheidung, das Recht auf Schwangerschaftsabbrüche zu kippen, verstört, ist ihre Begründung. Hierzu führt Jill Elaine Hasday, Professorin für Rechtswissenschaften an der Universität von Minnesota, aus, dass das überzeugendste Argument, das Verfassungsrichter Samuel A. Alito anbringen konnte, die Rechtsgrundsätze des englischen Richters und Rechtsanwalts Sir Matthew Hale aus dem 17. Jahrhundert waren. Hale leitete Hexenprozesse, in denen er zwei »Hexen« zum Tode verurteilte. Hale war der Auffassung, dass Frauen, die Vergewaltigungsvorwürfe erhöben, grundsätzlich misstraut werden sollte, weil solche Vorwürfe leicht zu machen und schwer zu beweisen seien. Männer könnten sich hiergegen nur schwer verteidigen und Frauen seien nie völlig unschuldig. Hales Argumentation wurde bis in die zweite Hälfte des 20. Jahrhunderts von Richtern und Rechtsanwälten ins Feld geführt. Bis heute besteht in der Rechtsprechung grundsätzliches Misstrauen gegenüber Frauen, was Vergewaltigern hilft, der Bestrafung zu entgehen. Hale hatte sich auch dafür starkgemacht, Vergewaltigung in der Ehe nicht zu ahnden, weil Frauen durch die Zustimmung zur Eheschließung ihren Körper unter die Herrschaft ihres Mannes gestellt hätten. Diese Argumentation fanden US-Gerichte und -Gesetzgeber so überzeugend, dass sie bis in die 1970er-Jahre zugunsten der Ehemänner ins Feld geführt wurde. Auf diese Weise war es den Ehemännern möglich, der Strafverfolgung zu entgehen, ungeachtet der Brutalität ihres Vorgehens und der Beweislage. Bis heute behandeln über 20 US-Bundesstaaten bei einer Vergewaltigung den Umstand, dass sie im Rahmen einer Ehe stattgefunden hat, de facto als strafmildernd.[156]

Richter Alito zieht zur Begründung seiner Entscheidung auch mittelalterliche Positionen zur Abtreibung heran. So zitiert er Henry de Bractons Abhandlung aus dem 13. Jahrhundert, gemäß derer sich eine Person durch Abtreibung des Mordes schuldig mache, wenn der Fötus bereits geformt sei und gelebt habe. Zu Bractons Positionen zählte auch, dass Straftäter, die zu einer Hinrichtung durch Verbrennung verurteilt worden waren, vorher nicht gefoltert werden sollten, um sicherzustellen, dass die Verbrennung noch bei lebendigem Leibe stattfinde. Die barbarischen Untersuchungsmethoden zur Überprüfung des Vorliegens einer Schwangerschaft, erspare ich Ihnen an dieser Stelle. Immerhin räumte de Bracton Frauen durchaus Rechte ein, aber nur insoweit sie keusch waren.[157]

So viel zu einer schlüssigen rechtlichen Begründung eines amerikanischen Verfassungsrichters im Jahre 2022.

Das Abtreibungsurteil des Supreme Courts bestürzt auch, weil es Bundesstaaten ermöglicht, drakonische Strafen zu erlassen, die bis zu

99 Jahren betragen können, so geschehen in Alabama. Auch Komplizen sollen gnadenlos verfolgt werden, worunter potenziell alle fallen, die mit der Frau, die eine Abtreibung vornehmen lassen hat, irgendwie in Verbindung standen. Das bedeutet, dass sich beispielsweise Eltern, Mitwisser, der Taxifahrer, der die Frau zu der Klinik befördert, und Krankenschwestern potenziell strafbar machen. Denunziantentum wird gefördert, indem Bürger, die »Gesetzesbrecherinnen« den Strafverfolgungsbehörden melden, eine finanzielle Belohnung erhalten sollen.

Darüber hinaus bedeutet die höchstrichterliche Entscheidung, dass jede Frau, die eine Fehlgeburt erleidet und in einem Bundesstaat lebt, in dem Abtreibung verboten ist, künftig nicht mehr vor den Strafverfolgungsbehörden sicher ist. Beispiele hierfür gibt es bereits.

So wurde 2019 die 25-jährige Chelsea Becker wegen »Mordes an ihrem ungeborenen Baby« für 16 Monate inhaftiert, weil sie im achten Monat eine Totgeburt erlitten hatte. Schwer bewaffnete Polizisten hatten sie an ihrem Wohnort aufgesucht. Nachfolgend beschuldigte Keith Fagundes, der Staatsanwalt von Kings County, sie des »Mordes an einem Fötus«, weil sie drogenabhängig gewesen und im Krankenhaus positiv auf Meth getestet worden sei.

Beckers Anwälte argumentierten, dass es keine Beweise dafür gebe, dass Drogenkonsum ursächlich für die Fehlgeburt gewesen sei und eine solche Strafverfolgung unter kalifornischem Recht illegal sei. Letztendlich wurde die Anklage fallen gelassen. Beckers Albtraum wirft ein Schlaglicht auf das Schicksal, das unzähligen Frauen in Teilen der USA jetzt noch bevorsteht. Denn zukünftig gelten in Bundesstaaten, in denen Abtreibung illegal ist, auch Fehlgeburten als potenzielle Straftaten. Emma Roth, Anwältin der National Advocates for Pregnant Women (NAPW), einer Interessenvertretung schwangerer Frauen, prophezeit, dass »diese Strafverfolgungen extrem schnell eskalieren werden«.

Becker wuchs in einer strukturschwachen Gegend in Kalifornien auf, in der Drogenkonsum verbreitet ist, während soziale Einrichtungen wie Rehabilitationszentren und Beratungsdienste für Schwangere kaum vorhanden sind. Sie war drogenabhängig und obdachlos, als sie ihr Kind verlor, auf das sie sich schon gefreut hatte. Der Krankenwagen, den die Familie gerufen hatte, brachte sie in ein religiös geprägtes Krankenhaus, wo sie bereits mit Misstrauen empfangen wurde. Trotz ihres großen Blutverlusts erhielt sie erst Stunden später eine Transfusion. Ihr verstorbenes Baby, einen kleinen Jungen, ließen die Krankenhausangestellten stundenlang auf einem Tisch im Raum liegen. Weil in einem Bluttest Drogen nachgewiesen wurden, riefen sie die Polizei. Die bereits traumatisierte Becker wurde ins Gefängnis gebracht und wegen Mordes angeklagt. Becker erhielt enorm viel Unterstützung von Ärzteverbänden und anderen Organisationen. Ihre Anwälte trugen vor, dass sie zum Zeitpunkt der Totgeburt an drei verschiedenen Infektionen gelitten habe, von denen jede für die Totgeburt habe ursächlich sein können. Der Pathologe räumte vor Gericht ein, dass er Beckers Krankenakten nicht studiert hatte und zum Zeitpunkt der Autopsie von keiner Infektion gewusst habe.[158]

Bereits im Jahr zuvor hatte der übereifrige Staatsanwalt Fagundes Anklage wegen Mordes gegen Adora Perez erhoben, nachdem diese in dem gleichen Krankenhaus wie Becker eine Totgeburt erlitten hatte. Auch sie verdächtigte die Polizei des Meth-Konsums. Perez verbrachte ganze vier Jahre hinter Gittern, bevor ihr Fall eingestellt wurde. Nach Auffassung des Staatsanwalts Fagundes ist Strafverfolgung die beste Art der Drogenkur. Er war der einzige Staatsanwalt in Kalifornien, der Frauen wegen Totgeburten strafrechtlich verfolgt hat, nach seiner Auffassung, weil seine Kollegen Angst vor der liberalen Medienmaschine und demokratischen Politikern hätten. Fagundes kündigte an, dass er von einer erneuten Klage gegen Becker und Perez absehen werde, wenn sie ein erfolgreiches und nüchternes Leben führen und nicht weiteren Kindern schaden würden.[159] Mitte 2022 wurde Fagundes abgewählt.

Trotz der 1973 erfolgten Legalisierung der Abtreibung durch den Supreme Court sind zwischen 1973 und 2020 Frauen in mehr als 1700 Fälle strafrechtlich verfolgt worden unter Zugrundelegung der Annahme, dass ein Fötus eine Person mit Rechten ist. Es gibt sogar Fälle, in denen Frauen aufgrund Drogenkonsums des versuchten Mordes angeklagt worden sind, obwohl sie ein gesundes Kind zur Welt gebracht haben. Mindestens 20 Prozent aller Schwangerschaften in den USA enden mit Fehlgeburten und Totgeburten, oft mit unbekannten Ursachen. Wenn Totgeburten in den jeweiligen Staaten fortan generell als potenzielle Straftaten behandelt werden, kommt eine riesige Welle von Strafverfolgungen auf die USA zu. Denn zukünftig kann dort jede Frau, die ihr Baby verliert und ein potenziell verantwortungsloses Verhalten an den Tag gelegt hat, wegen Mordes angeklagt werden, und sei es nur, dass sie Sport getrieben hat, einem risikoreichen Beruf nachgegangen ist, sich einer Krebsbehandlung unterzogen hat, die Treppe heruntergefallen ist, nicht rasch genug ärztliche Hilfe aufgesucht hat oder Opfer einer Schießerei geworden ist. Das bedeutet, dass die Gefahr einer Beweislastumkehr besteht, wenn eine Frau nachweisen muss, dass sie ihre Fehlgeburt nicht durch ihr Verhalten verursacht hat. Als Konsequenz werden voraussichtlich viele schwangere Frauen davor zurückschrecken, sich in medizinische Behandlung zu begeben, aus Angst, eine Dokumentation von »Beweisen« zu hinterlassen, mittels derer versucht werden könnte, ihnen potenzielles Fehlverhalten nachzuweisen. Auch digitale Fingerabdrücke können zukünftig gegen die Frauen verwendet werden, wie beispielsweise Google-Suchbegriffe, E-Mails und Textnachrichten sowie Apps, mittels derer Frauen ihre Menstruationszyklen festhalten.

Selbst wenn die Frauen nichts falsch gemacht haben – Anwälte und Strafverfahren sind in den USA sehr kostspielig. Außerdem besteht das Risiko langer Untersuchungshaft, was Familien auseinanderreißen und Existenzgrundlagen zerstören kann. Insbesondere drogen- und medikamentenabhängige schwangere Frauen werden eine angezeigte medizinische Behandlung im Zweifel lieber nicht riskieren. Ärzte und andere betroffene Berufsgruppen müssen bei Hilfeleistung befürchten, dass ihnen im Fall einer Fehlgeburt ein existenzruinierendes Strafverfahren mit potenziell langen Haftstrafen bevorstehen könnte.

Wann ungeborenes Leben beginnt, ist in der Wissenschaft strittig. Mit wissenschaftlichen Argumenten geben sich die extremistischen Republikaner aber gar nicht erst ab. Für sie beginnt Leben mit der Empfängnis oder bereits davor. Diese nicht wissenschaftliche, sondern religiöse Begründung für den Grundrechtsentzug ist ein klarer Eingriff in die Religionsfreiheit der Bürger.

Der ultrarechte und religiös-extremistische Verfassungsrichter Clarence Thomas will jetzt sogar Empfängnisverhütung verbieten, mit dem Argument, dass bereits vor der Befruchtung Mord am ungeborenen Leben möglich sei, weil ein von Gott gewolltes Leben verhindert würde. Zahllose Republikaner sind derselben Meinung und unterstützen Thomas lautstark bei diesem Vorhaben. Auch laut dem ehemaligen Vizepräsidenten Mike Pence haben zukünftige, also vor der Befruchtung stehende, von Gott gewollte, Seelen ein Recht auf Leben

Und so haben konservative Fundamentalisten denn auch bereits In-vitro-Fertilisation, also künstliche Befruchtung, im Visier. Denn nach ihrer Auffassung dürfen Menschen nicht Gott spielen. Für andere Konservative ist hier das Argument einer Verwässerung des darwinistischen Prinzips ausschlaggebend, da sich auf diese Weise nicht das natürlich stärkste Erbgut durchsetzt.

Umweltschutz

Ein weiteres wegweisendes Urteil fällte der Supreme Court im Fall von *West Virginia v. EPA* mit nachhaltigen Auswirkungen auf Klima und Gesundheit. Gemäß dieser Entscheidung darf die nationale Umweltbehörde EPA (Environmental Protection Agency) Bundesstaaten keine Obergrenzen im Hinblick auf Kohlenstoffemissionen von Kohle- und Gaskraftwerken mehr setzen. Zukünftig bedürfen Emissionsstandards und technische Auflagen der Zustimmung des Kongresses. Wegen der Paralyse im Kongress durch die Opposition der Republikaner gegen jedwede Umwelt- und Klimaschutzmaßnahmen ist die Entmachtung der Umweltbehörde ein herber Rückschlag für Präsident Bidens Klimapolitik und die Klimaziele der USA. Ein Sieg ist das Urteil hingegen für die Öl- und Kohlelobby, die alles tut, um ein Abrücken von fossilen Brennstoffen zu unterminieren. Damit hat sich die Profitgier durchgesetzt sowie die Ideologie des Stärkeren, gemäß derer die Konservativen über die Unterwerfung der Natur triumphieren. Hier spielen auch noch religiöse Erwägungen des Dominionismus mit hinein, die wir in Kapitel 5 noch näher beleuchten werden.

Waffenrecht

In einer anderen radikalen Entscheidung beschloss der Supreme Court eine weitere Lockerung des Waffenrechts, indem er ein seit 1913, also mehr als einem Jahrhundert, im Bundesstaat New York geltendes Gesetz kippte. Dieses hatte das Recht auf das verdeckte Tragen einer Waffe zum Schutz der Bevölkerung dahingehend eingeschränkt, dass für den Erhalt einer Waffenlizenz der Nachweis eines besonderen Selbstverteidigungsbedarfs erbracht werden musste. Hiergegen hatte die Waffenlobby-Organisation NRA zusammen mit zwei Männern aus New York geklagt, weil ihnen eine Waffenerlaubnis versagt worden war.

Nach Auffassung des Verfassungsrichters Clarence Thomas verletzte dieses besondere Selbstverteidigungserfordernis das im Zweiten Zusatzartikel zur Verfassung gewährte Grundrecht auf das Tragen einer Schusswaffe in der Öffentlichkeit. Seine fünf konservativen Richterkollegen schlossen sich seiner Meinung an. Der Bundesstaat New York darf nunmehr das verdeckte Tragen von Schusswaffen in der Öffentlichkeit nicht länger einschränken. Sechs weitere Bundesstaaten, in denen ähnliche Gesetze bestehen, müssen diese nunmehr ebenfalls abschaffen.

Angesichts ihres Sieges triumphierte die Waffenlobby NRA und feierte auf Twitter den »Sieg für alle guten Männer und Frauen in den USA«. Demgegenüber zeigte sich die Gouverneurin von New York, Kathy Hochul, über das Urteil schockiert, da es Bundesstaaten das Recht auf vernünftige Waffenbeschränkungen nehme. Der New Yorker Bürgermeister, Eric Adams, ließ verlauten, dass diese Entscheidung verstärkter Waffengewalt Tür und Tor öffne. Der Supreme Court fällte seine Entscheidung nur vier Wochen nach dem schlimmsten Schulmassaker seit einem Jahrzehnt in Uvalde, Texas, bei dem 19 Grundschulkinder und zwei Lehrerinnen von einem 18-jährigen Attentäter mit einem Sturmgewehr ermordet worden waren. Nur ein paar Tage zuvor hatte ein rassistisch motivierter Täter zehn Menschen in einem Supermarkt in Buffalo ermordet. Angesichts dieser Massenmorde und eskalierender Waffengewalt macht die umfangreichste höchstrichterliche Expansion des Waffenrechts in der Geschichte der USA ratlos.

Mehr als die Hälfte der US-Bundesstaaten erlaubt das Tragen von Waffen in der Öffentlichkeit und viele Republikaner lehnen jegliche Einschränkungen des Waffenrechts grundsätzlich ab. Mit monumentalen Anstrengungen ist es den Demokraten zum ersten Mal seit einem Jahrzehnt gelungen, sich mit Republikanern im Senat unter dem Eindruck des

Massakers von Uvalde über einen Gesetzentwurf mit moderatesten Einschränkungen des Waffenrechts zu einigen. Der Entwurf beinhaltet strengere Hintergrundüberprüfungen von Waffenkäufern unter 21 Jahren und Beschränkungen des Waffenverkaufs an Gewalttäter. Des Weiteren sollen Milliarden in die Sicherheit von Schulen und eine bessere psychiatrische Versorgung investiert werden. Das Gesetzesvorhaben geht weniger weit als von den Demokraten angestrebt, aber da die Republikaner im Senat über eine Sperrminorität verfügen, führt kein Weg an ihnen vorbei.

Im Gegensatz zur populären Annahme gewährleistet der Zweite Zusatz zur US-Verfassung gar kein uneingeschränktes Waffenrecht. Zwar hat der Einzelne ein Recht auf eine Waffe, aber nur, um seiner Wehrpflicht in den Streitkräften nachkommen zu können. Und selbstverständlich muss auch beim Waffenrecht unter dem Aspekt der öffentlichen Sicherheit eine Abwägung zwischen dem Recht des Einzelnen und dem der Allgemeinheit getroffen werden. Eine solche Interessenabwägung entspricht auch der Rechtsprechungstradition der USA. Nur im Hinblick auf das Waffenrecht soll laut der konservativen Supreme-Court-Richter ein solcher Interessenausgleich nicht anwendbar sein. Den Aspekt der Waffenkultur und des Waffenrechts werden wir noch ausführlicher in Kapitel 5 untersuchen.

Wahlrecht

Die folgenschwerste Entscheidung für die Zukunft Amerikas, die beim Supreme Court ansteht, ist der Fall *Moore v. Harper*. Mit diesem Fall wird potenziell nichts weniger entschieden als die Zukunft der Vereinigten Staaten, also ihr Fortbestehen als Demokratie oder ihr Verfall in eine Autokratie.

Vorab zur Einordnung aber zunächst einmal ein kurzer Überblick über das Wahlsystem der Vereinigten Staaten: Die Amerikaner wählen bei der Präsidentschaftswahl den Präsidentschaftskandidaten nicht direkt, sondern über Wahlleute. Diese Wahlleute bilden das sogenannte Electoral College, das Wahlkollegium. Die Parteien bestimmen ihre jeweiligen Kandidaten für das Electoral College vor der Wahl. Ihre Anzahl richtet sich nach der Bevölkerungsgröße des jeweiligen Staates. Die Wähler wählen also de facto die Wahlleute. In den Hauptstädten der Bundesstaaten wählen die von dem Präsidentschaftskandidaten mit den jeweils meisten Wählerstimmen nominierten Wahlleute dann wiederum den Präsidenten und Vizepräsidenten. Aufgrund des Mehrheitswahlrechts ist es möglich, dass ein Präsidentschaftskandidat zwar die meisten Wählerstimmen der Bürger im Land erhält, aber trotzdem nicht Präsident wird, weil der andere Kandidat aufgrund bevölkerungsreicher Staaten mehr Wahlmänner auf sich vereinen kann. Dies ist bei der Präsidentschaftswahl im Jahr 2016 geschehen, als Hillary Clinton gegen Donald Trump unterlag, obwohl fast drei Millionen mehr Bürger ihre Stimme für sie abgegeben hatten. Sechs Wochen nach der Wahl kommen dann die jeweils gewählten Wahlleute im Dezember in den Hauptstädten der Bundesstaaten zusammen, um ihr Votum in versiegelten Umschlägen abzugeben. Anfang Januar werden die Stimmen der Wahlleute im Kongress durch den Vizepräsidenten zertifiziert. Bemerkenswerterweise sind die Wahlleute in vielen Bundesstaaten nicht verpflichtet, in Übereinstimmung mit dem Wählerwillen zu stimmen.

Warum verfügen die Amerikaner überhaupt über ein Electoral College? Zum einen wollten die Verfassungsväter die Gleichberechtigung zwischen dicht und dünn besiedelten sowie großen und kleineren Staaten und die Unterstützung für den Präsidenten über die gesamte Fläche des Landes gewährleisten. Darüber hinaus gab es ursprünglich auch logistische Gründe, weil das Wahlleute-System aus einer Zeit stammt, als die Wahlprozesse noch einen größeren Zeitaufwand erforderten und Amerikaner mit dem Pferd unterwegs waren, sodass die Stimmenauszählung und die Überbringung des Wahlergebnisses mehr Zeit beanspruchten.

Nun zu der bevorstehenden Entscheidung des Supreme Court *Moore v. Harper*: Im Jahr 2020 hatten die Republikaner in North Carolina nach einer Volkszählung die Wahlkreisgrenzen zu ihrem Vorteil neu gezogen. Hiergegen klagten demokratische Organisationen beim Obersten Gerichtshof von North Carolina. Dieser erklärte die Ziehung der neuen Wahlkreisgrenzen aufgrund von Wahlbezirks-Manipulationen für verfassungswidrig und gab den demokratischen Klägern damit recht. Gegen diese Entscheidung wiederum klagten die Republikaner North Carolinas unter der Führung von Timothy K. Moore, dem Sprecher des Repräsentantenhauses des Bundesstaates.

Wenn der Supreme Court entscheidet, dass das Verfassungsgericht von North Carolina die Veränderung der Wahlbezirksgrenzen nicht hätte für unwirksam erklären dürfen – mit anderen Worten, die Republikaner die Wahlbezirksgrenzen zu ihren Gunsten manipulieren durften –, dann würde dies bedeuten, dass die Gerichte keine angemessene Kontrolle mehr über den Wahlprozess haben.

Die Entscheidung hängt an der von Republikanern frei erfundenen »Doktrin der unabhängigen Bundesstaatsparlamente« (Independent State Legislature Doctrine), gemäß derer die Gouverneure und die Gerichte der einzelnen Bundesstaaten keinerlei Befugnis besitzen, die mit nationalen Wahlen in Verbindung stehenden Angelegenheiten zu prüfen. Dies bedeutet nichts weniger als die Außerkraftsetzung demokratischer Kontrollmechanismen.

Hintergrund ist, dass es den Republikanern in den vergangenen 30 Jahren nur einmal gelungen ist, bei einer Präsidentschaftswahl die Mehrzahl der Wählerstimmen auf sich zu vereinen, nämlich 2004, als George W. Bush unter dem Eindruck der Terroranschläge von 9/11 wiedergewählt wurde. Aufgrund der demographischen Veränderung, durch die die amerikanischen Wähler immer diverser und weniger religiös werden, verringern sich die Chancen der Republikaner, eine Mehrheit der Stimmen auf sich zu vereinigen. Daher liegt für sie die einzige Art und Weise zu obsiegen darin, die Regeln der Wahl auf unfaire Weise durch die Ausnutzung von Schwachstellen in der Verfassung zu manipulieren. Durch dieses antidemokratische Vorgehen beabsichtigen sie zu erreichen, dass die Demokraten nicht mehr gewinnen können, obwohl sie den größeren Teil der Wählerstimmen erhalten. Hierzu können Republikaner beispielsweise die Wahlbezirksgrenzen verschieben und Wählerstimmen unterdrücken.

Das bedeutet, dass der Supreme Court mit der Entscheidung *Moore v. Harper* den Republikanern ganz bewusst den Weg für einen »juristischen, legalen Coup« ebnen könnte.

Dadurch könnten die Republikaner die nächsten Präsidentschaftswahlen für sich entscheiden. Letztendlich würde dies zu einer Verfassungskrise, Autokratie und Einparteienherrschaft führen. Wie ein solcher Coup im Einzelnen vonstattengehen könnte, werden wir in Kapitel 6 erfahren.

Kulturkampf der »Originalisten«

Die reaktionären Republikaner und einige der christlich-konservativen Supreme-Court-Richter planen derweil die Abschaffung weiterer Grundrechte, wie unter anderem derjenigen auf gleichgeschlechtliche Ehe und Verhütung. Die Fundamentalisten, die sich bisher noch vorsichtig geäußert hatten, zeigen jetzt immer offener ihr wahres Gesicht. So hat der republikanische Senator aus Indiana Mike Braun geäußert, dass es ein Fehler gewesen sei, ethnisch gemischte Ehen per Supreme-Court-Urteil 1967 im Fall *Loving v. Verginia* zu legalisieren.[160]

All diese Rechte sind in dem Recht auf Privatsphäre begründet, das den Amerikanern bisher heilig war. Um den undemokratischen Entzug dieser Grundrechte zu legitimieren, berufen sich die Verfassungsrichter auf den »Originalismus«. Gemäß dieser Theorie ist die Verfassung so zu interpretieren, wie sie die Gründerväter vor fast 250 Jahren gemeint hätten. Danach stehen den Bürgern nur solche Grundrechte zu, die in der Verfassung explizit genannt sind. Beispielsweise wird dort kein Recht auf Abtreibung erwähnt, kein Recht auf gleichgeschlechtliche Ehe und auch kein Recht auf Verhütungsmittel. Wenn man so argumentiert, dann gibt es allerdings auch kein Recht des Supreme Courts zur Aufhebung von Gesetzen, da dies ebenfalls nicht in der Verfassung kodifiziert ist. Dieses Recht wurde im 19. Jahrhundert geschaffen durch eine Entscheidung unter dem Vorsitz des Richters John Marshall. Aufgrund der Achtung der Bindungswirkung von Präzedenzfällen, der sogenannten *stare decisis*, wird es von allen drei Gewalten akzeptiert.

Problematisch ist der Originalismus auch unter dem Gesichtspunkt, dass vor 250 Jahren ausschließlich privilegierte weiße Männer herrschten, die Sklaven hielten und Frauen kaum Rechte zubilligten – es sollte noch mehr als ein Jahrhundert vergehen, bis Frauen das Wahlrecht erhielten. Mit diesem Argumentationsansatz könnten die Richter weitere Errungenschaften ganzer Jahrhunderte rückgängig machen, um die Demokratie rückabzuwickeln und die alten Gesellschaftshierarchien gemäß Geschlecht, Rasse und Klasse wiederherzustellen.

Die Mehrheit der rechtsreligiösen Verfassungsrichter hat sich ohne Scham zu einem politischen Handlanger der Republikaner gemacht.

Fraglich ist, ob der Supreme Court noch als demokratische Institution angesehen werden kann, wenn er lediglich Ausführungsorgan politischer Kräfte in einem fundamentalistischen Kulturkampf ist. Wie viel Macht will ein Land mit 330 Millionen Menschen einer Gruppe von neun Personen einräumen, die auf Lebenszeit berufen sind, selbst nicht vom Souverän gewählt sind und praktisch keiner Kontrolle unterliegen? Wer beaufsichtigt die Aufseher und was ist noch verlässliches Recht, wenn die Richter die Grundsatzurteile ihres Gerichts jederzeit einfach wieder kassieren können?

Die Demokraten tragen eine Mitverantwortung dafür, dass der Supreme Court von religiösen Fundamentalisten gekapert wurde. Schon lange hätten sie zumindest versuchen können, Rechte in Bundesgesetzen zu kodifizieren. Bereits zur Jahrtausendwende haben sie vor dem Wahldiebstahl der Republikaner durch die unrechtmäßige Entscheidung des Supreme Courts im Fall *Bush v. Gore* kapituliert. Die Demokraten waren zu gutgläubig und passiv und haben in den letzten Jahrzehnten zu wenig getan, um sich der republikanischen Zeitenwende und Rückwärtsgewandtheit entgegenzustellen.

Gleichheit

Nicht alle sind vor dem Gesetz gleich und frei

Mitte 2020 ergab eine routinemäßig durchgeführte interne Untersuchung der Polizei in Wilmington, North Carolina, dass drei langjährige Polizeibeamte in Gesprächen rassistische Äußerungen getätigt hatten. Auf dem Band war zu hören, wie Officer Kevin Piner seinem Kollegen Jesse Moore gegenüber äußerte, dass die Black-Lives-Matter-Proteste bald zu einem Bürgerkrieg führen würden. Er sei gewappnet und werde ein neues Sturmgewehr kaufen. Nicht mehr lange und sie würden losziehen und die »BLEEP« *(f***g)* »BLEEP« *(»N****r«)* abschlachten. Piner weiter: »Wir brauchen Bürgerkrieg, um sie alle plattzumachen.«[161]

Dieser schockierende Fall ist nur einer von zahlreichen Rassismus-Skandalen der letzten Zeit, die Gewalt gegen Afroamerikaner betreffen, ausgeübt von Polizisten, aber auch Privatleuten.

Der Fall von George Floyd, dem ein Polizeibeamter im Mai 2020 sein Knie so lange in den Nacken gedrückt hatte, bis dieser nicht mehr atmen konnte und verstarb, brachte das Fass zum Überlaufen. In zahlreichen großen Städten der USA kam es seither zu Protesten, Plünderungen und ausufernder Polizeigewalt.

In Amerika sollten alle Menschen vor dem Gesetz gleich und frei sein, aber sie waren und sind es nicht. Rassismus ist Bestandteil der amerikanischen Geschichte, genauso wie Völkermord an den Indigenen, Sklaverei und Diskriminierung von Minderheiten. Nach 1676 verwandelte sich eine klassenbasierte Arbeits- und Sozialstruktur in ein rassenbasiertes System.[162]

Wie Alex Ross in seinem Artikel »How American Racism Influenced Hitler« im *New Yorker* festgestellt hat, ließen sich die Nationalsozialisten ausgerechnet vom amerikanischen Rassismus des späten 19. und frühen 20. Jahrhunderts inspirieren. Adolf Hitler habe in *Mein Kampf* Amerika als den einzigen Staat gelobt, der Fortschritte in Richtung einer primär rassengeprägten Staatsbürgerschaft gemacht habe, indem er bestimmte Rassen von der Einbürgerung ausgeschossen habe. Darüber hinaus hob er anerkennend hervor, dass weiße Siedler in Amerika Millionen von Rothäuten auf einige hunderttausend zusammengeschossen hätten. Auch wenn er von Lebensraum sprach, schwebte ihm oft das amerikanische Konzept vor.[163]

Während des Zweiten Weltkrieges kämpften die Amerikaner dann für die Befreiung Europas von einem rassistischen Regime, während afroamerikanische Soldaten, die an der Front mitkämpften, paradoxerweise in ihren Militäreinheiten nach Rasse getrennt waren und in vielerlei Hinsicht diskriminiert wurden. Nach ihrer Heimkehr hatten sie in ihrer Heimat weiterhin unter der Rassentrennung zu leiden.

Auch heute sind die unterschiedlichen ethnischen Gruppen noch bei weitem nicht gleichgestellt. Das fängt bereits bei den Strafverfolgungsbehörden an. Tödliche Schüsse durch die Polizei werden dreimal häufiger auf unbewaffnete Schwarze als auf unbewaffnete Weiße abgegeben.[164] Die Namen der Opfer wie Eric Garner, George Floyd und Breonna Taylor haben sich ins nationale Gedächtnis gebrannt.

Bei der Justiz sieht es ähnlich aus. Häufig werden dunkelhäutige Menschen für Bagatelldelikte für Jahrzehnte hinter Gitter gebracht, während Weiße und Wohlhabende tendenziell mit mehr Nachsicht behandelt werden.

Beispielsweise wurde der Afroamerikaner Alvin Kennard, der im Alter von 22 Jahren eine Bäckerei überfallen und 50 Dollar erbeutetet hatte, zu einer lebenslangen Haftstrafe ohne Bewährung verurteilt, was in den USA tatsächlich die Inhaftierung bis zum Tode bedeutet. Das lag auch daran, dass dies seine vierte Verurteilung war, wobei es sich bei den vorherigen lediglich um kleinere Eigentumsdelikte ohne Personenschaden gehandelt hatte. Auf Initiative eines Richters, dem die Unverhältnismäßigkeit zwischen Delikt und Strafe aufgefallen war, kam er nach 36 Jahren Haft im Alter von 58 frei.[165] Kennards Fall ist nur einer von unzähligen dieser Art.

Demgegenüber erfuhr der weiße Teenager Ethan Couch erstaunliche Milde. 2013 stahl er im Alter von 16 Jahren mit mehreren Freunden Bier aus einem Laden und feierte im Hause seiner Eltern eine Party. Bei der anschließenden Autofahrt verursachte er einen Unfall, bei dem vier Menschen ums Leben kamen. Einer seiner Beifahrer erlitt einen Hirnschaden und ist seitdem gelähmt. Stunden nach dem Unfall hatte Couch einen Blutalkoholspiegel von 0,24, was dem Dreifachen des gesetzlichen Grenzwerts in Texas entspricht. Couch bekannte sich des Totschlags in vier Fällen für schuldig. Obwohl die Staatsanwaltschaft auf eine Haftstrafe von 20 Jahren plädiert hatte, verurteilte ihn ein Jugendrichter lediglich zu zehn Jahren Haft auf Bewährung. Für öffentliche Empörung sorgte die Tatsache, dass ein Psychologe ihm »Affluenza«, also »Reichtum-ismus«, bescheinigt hatte. Danach sei Couch in einem solchen Wohlstand aufgewachsen, dass sein Urteilsvermögen aufgrund der psychologischen Belastung potentiell derart gelitten haben könnte, dass er nicht mehr in der Lage gewesen sei, zwischen Falsch und Richtig zu unterscheiden.[166]

Ein weiterer Fall derartigen Wohlwollens ist der von Kyle Rittenhouse. Im August 2020 reiste der zu dem Zeitpunkt 17-Jährige mit einem AR-15-Sturmgewehr bewaffnet nach Kenosha in Wisconsin, um bei Black-Lives-Matter-Anti-Rassismus-Protesten nach dem Rechten zu sehen und Geschäfte vor Plünderern zu schützen. Nachdem er in Provokationen verwickelt war, schoss er auf drei Menschen, von denen zwei verstarben.

Die Jury sprach Rittenhouse aufgrund von Notwehr in allen Anklagepunkten frei. Das Urteil löste in der Öffentlichkeit Unverständnis aus und die Behörden stellten sich anschließend auf Ausschreitungen ein. Republikaner feierten den Trump-Anhänger mit rechter Gesinnung als Held, führten ihn als Ehrengast auf Events vor, erwiesen ihm stehende Ovationen und verglichen ihn mit Jesus.[167] Präsident Donald Trump empfing ihn sogar medienwirksam in seinem Anwesen Mar-a-Lago, um dessen Freispruch zu feiern. Im Nachhinein stellte sich heraus, dass die Trump-Administration Anweisungen an die Strafverfolgungsbehörden gegeben hatten, sich in der Öffentlichkeit nachsichtig zu äußern. Dem Nachrichtensender NBC News liegt eine interne PR-Anweisung des Heimatschutzministeriums DHS mit Stichpunkten zur Vorbereitung auf Fragen der Medien vor, mit dem Ziel, ein positives Narrativ zu schaffen.[168]

Laut Bruce Western, Professor für Soziologie und Strafjustizpolitik an der Columbia University, werden rund zwei Drittel der afroamerikanischen Männer mit geringem Bildungsniveau im Laufe ihres Lebens inhaftiert. Grundsätzlich hätten sozial benachteiligte Menschen ein großes Risiko, Gefängnisstrafen absolvieren zu müssen, was den Zusammenhalt von Familien und die Gemeinschaften schädige. Statistiken zeigen, dass seit den 1970er-Jahren die Zahl der Gefängnisinsassen in Amerika stetig ansteigt. Heute sind in den USA mit 2,2 Millionen Häftlingen mehr Menschen inhaftiert als in jeder anderen westlichen Industrienation. Damit verfügen sie über die weltweit höchste Inhaftierungsrate pro Kopf.[169] Oder mit anderen Worten: Obwohl die amerikanische Bevölkerung nur knapp 5 Prozent der Weltbevölkerung stellt, machen die Insassen der US-Gefängnisse ein Viertel aller Strafgefangenen weltweit aus.[170]

Für die Masseninhaftierungen gibt es auch einen wirtschaftlichen Anreiz, denn viele Gefängnisse werden in den USA von kommerziellen Privatunternehmen betrieben. In den US-Gefängnissen hat die Zwangsarbeit in den vergangenen Jahrzehnten immer weiter zugenommen. Gefangene müssen Vollzeitarbeit leisten, beispielsweise in der Industrie, in der Landwirtschaft, im Bergbau oder in Callcentern. Die Bezahlung für diese Zwangsarbeit ist, wenn sie denn überhaupt erfolgt, minimal und beträgt oft nicht mehr als ein paar Cent pro Stunde.

Wer die Arbeit verweigert, kommt in Einzelhaft, verliert den Anspruch auf bereits verdienten Lohn und das Recht auf Familienbesuch. Dies ist trotz des Dreizehnten Zusatzes zur Verfassung aus dem Jahr 1865, durch den die Sklaverei und alle Formen der Zwangsarbeit abgeschafft wurden, legal. Denn zu dieser Vorschrift gibt es eine Ausnahme, nämlich für zu Haftstrafen Verurteilte. Sie können als Strafe für ihre Verbrechen zur Arbeit gezwungen werden.

Nach Abschaffung der Sklaverei war die Anstellung von Häftlingen als Leiharbeiter für Farmbesitzer und Unternehmen in gewisser Hinsicht sogar vorteilhafter als zuvor die Sklavenhaltung, da sie sich nicht um Verpflegung, Unterbringung und die Gesundheit der Arbeitskräfte kümmern mussten. Im Rahmen des Wiederaufbaus nach dem Bürgerkrieg wurden in den Südstaaten große Gefängnisse errichtet, die hauptsächlich mit schwarzen Männern belegt wurden. Mehr als ein Jahrhundert später ist das Zwangsarbeitersystem der Gefängnisse größer als jemals zuvor.

Die ethnische Konzentration ist extrem. Beispielsweise sind 58 Prozent der Gefängnisinsassen in Virginia Schwarze, obwohl die Bevölkerung des Bundesstaates nur zu 19 Prozent aus Afroamerikanern besteht.[171] Arbeitnehmerschutzgesetze gelten für die inhaftierten Arbeiter nicht. Zwar sind sie von diesen nicht ausdrücklich ausgenommen, aber nach geltender Rechtsprechung erstreckt sich der Schutz dieser Gesetze nicht auf Sträflinge, da die Beziehung zwischen der Strafvollzugsanstalt und ihnen nicht primär wirtschaftlicher Natur ist.[172]

Die private Gefängnisindustrie ist ausgesprochen profitabel und enorm großzügig, wenn es um politische Spenden geht. Die größte private Gefängnisbetreibergesellschaft in den USA, CoreCivic, die auch über einen Vertrag mit der Einwanderungs- und Zollbehörde (ICE) verfügt, verzeichnete 2016 einen Nettogewinn von 178 Millionen Dollar.

Eine weitere Gefängnisgesellschaft ist GEO Group. 2018 forderte eine Gruppe von 18 republikanischen Kongressabgeordneten die Trump-Regierung auf, private Gefängnisse gegen Klagen zu verteidigen, in denen diese beschuldigt werden, Inhaftierte gezwungen zu haben, für einen Lohn von 1 Dollar pro Tag zu arbeiten.[173] Die Abgeordneten argumentierten, dass die Arbeitsprogramme gut für die Inhaftierten seien, da sie die negativen

Auswirkungen der Haft durch weniger Müßiggang, verbesserte Moral und weniger disziplinarische Vorfälle verringerten.

Ihre Unterstützung für die Gefängnisunternehmen sollte nicht überraschen. Private Gefängnisbetreiber wie GEO Group und CoreCivic gehören zu den wichtigsten Wahlkampfspendern. Bei den Präsidentschaftswahlen 2016 spendeten sie jeweils 250 000 Dollar für Präsident Trump. Allein CoreCivic hat während des Wahlzyklus 2016 fast 300 000 Dollar an politischen Spenden geleistet. 96 Prozent dieser Finanzspritzen gingen an Republikaner, darunter Lamar Smith aus Texas, einen der Unterzeichner des Briefes. Insgesamt steuerten private Gefängnisunternehmen während des Wahlzyklus 2016 rund 1,6 Millionen Dollar an politischen Spenden bei.[174] Ihre Jahreskonferenz hielt die GEO Group in Trumps Resort in Miami, Florida, ab. Ein Unterstützungskomitee für Trump, sein Amtseinführungskomitee und die Trump-Familie selbst haben von Investitionen in diese Branche profitiert.

Die Obama-Administration hatte im Herbst 2016 beschlossen, private Gefängnisse schrittweise abzuschaffen, weil in privat betriebenen Gefängnissen deutlich mehr Übergriffe von Insassen auf Mitgefangene und Personal vorkamen als in staatlichen Gefängnissen. Bereits während seines Wahlkampfs 2016 hatte Trump seine Unterstützung für mehr Gefängnisse in privater Hand angekündigt und sich für eine kompromisslose Einwanderungspolitik starkgemacht. Direkt am Morgen nach Trumps Wahlsieg stiegen die Aktien von CoreCivic um 34 Prozent und die der GEO Group um 18 Prozent. Nach seiner Amtsergreifung 2017 änderte Donald Trump unmittelbar den von der Obama-Regierung angekündigten Kurs. Im Februar widerrief der von Trump neu ernannte Generalbundesanwalt Jeff Sessions die Initiative Obamas. Bereits im April 2017 schrieb das Justizministerium erneut Aufträge zur Unterbringung von Gefangenen in privaten Gefängnissen aus. Im selben Monat erhielt die GEO Group einen Auftrag über 110 Millionen Dollar zum Bau des ersten Haftzentrums unter der neuen Regierung.

Die private Gefängnisindustrie profitierte insbesondere von der gnadenlosen Einwanderungspolitik der Trump-Administration, die eine Rekordzahl Inhaftierter zur Folge hatte und die Gewinne der Unternehmen dementsprechend steigerte.[175] Eine vorher noch nie da gewesene Zahl von illegalen Einwanderern verstarb in Haft.

2018 erhielt das Heimatschutzministerium 3 Milliarden Dollar für den Betrieb von Hafteinrichtungen. Dreiviertel der Kapazität ließ das DHS von privaten Gefängnisbetreibern führen. Die GEO Group hatte die Wahlkämpfe einiger Mitglieder des U.S. House Appropriations Subcommittee für den Heimatschutz, eines Unterausschusses des Kongresses, der mit der Finanzierung des DHS beauftragt ist, mit Spenden unterstützt. Trotz der großzügigen Finanzierung sind die Unterbringungsbedingungen für Häftlinge schlecht und Rechtsverletzungen finden regelmäßig statt.

Präsident Biden hat angekündigt, privat geführte US-Bundesgefängnisse zu schließen, aber die Durchführung dieses Vorhabens erweist sich aufgrund der Umgehungstaktiken der Gefängnisbetreiberunternehmen als schwierig.[176]

Das kommerzielle Gefängnissystem verheißt auch nichts Gutes im Hinblick auf die bevorstehende Bestrafung von Frauen für Abtreibungen und Abtreibungsversuche. Davon sind in erster Linie junge Frauen aus Minderheiten sowie sozial schwächeren Verhältnissen betroffen, die Unternehmen dann für einen Mikrolohn ausbeuten können.

Der Anspruch auf Freiheit und Gleichheit sollte auch im Hinblick auf das Recht auf Leben bestehen. Aber auch da sind die Unterschiede zwischen den ethnischen Gruppen eklatant. Es fängt schon bei der Säuglingssterblichkeit an. In den USA betrug sie 2016 insgesamt 5,9 Fälle pro 1000 Lebendgeburten. Irritierend sind dabei die Unterschiede zwischen verschiedenen Bevölkerungsgruppen. Bei schwarzen Amerikanern ist die Säuglingssterblichkeit doppelt so hoch als bei Weißen und sogar mehr als dreimal höher als bei asiatischen Amerikanern.

Auch bei der Lebenserwartung liegen Schwarze deutlich hinter Weißen. Während weiße Männer durchschnittlich ein Alter von 76,4 Jahren und weiße Frauen ein Alter von 81,2 Jahren erreichen, kommen schwarze Männer nur auf 71,5 und Frauen auf 78,1 Jahre.

Zugleich haben Schwarze ein deutlich geringeres Bildungsniveau, und dementsprechend ist die Arbeitslosigkeit unter ihnen höher. Auch haben immer noch deutlich weniger Schwarze eine Krankenversicherung als Weiße. Obwohl der Anteil der krankenversicherten Amerikaner dank Obamas Affordable Care Act über die letzten Jahre deutlich zugenommen hat, sind immer noch mehr als 30 Millionen Amerikaner nicht krankenversichert. Auch hier sind die Unterschiede je nach ethnischer Zugehörigkeit erheblich. Bei den Asiaten waren 8,1 Prozent nicht krankenversichert. Bei Weißen betrug der Anteil 9 Prozent. Bei Schwarzen lag er deutlich höher, nämlich bei 15,2 Prozent, und bei Latinos sogar bei 26,7 Prozent.[177]

Der ganz alltägliche Rassismus

Meinen ersten Eindruck amerikanischer Diversität bekam ich als Kind durch die *Sesamstraße*. Ich habe noch das harmonische Miteinander von Schwarzen und Weißen vor Augen, die vor der Studiokulisse miteinander Basketball spielten und auf der Treppe vor den für New York typischen Brownstone-Häusern saßen. Derart naive Kindheitseindrücke bilden einen starken positiven Filter für spätere Wahrnehmungen und Erfahrungen.

Nach meiner Übersiedlung nach New York fiel mir natürlich auf, dass an der Wall Street nur wenige Menschen arbeiteten, die ethnischen Minderheiten angehörten. Afroamerikaner waren kaum vertreten, während Asiaten schon etwas häufiger anzutreffen waren. Ein ähnliches Bild zeigte sich in meiner Wohngegend, der Upper East Side von Manhattan. In meinem Wohnhaus mit fast dreihundert Apartments hat es in den Jahren, in denen ich dort gewohnt habe, keine afroamerikanischen Bewohner gegeben. In der Anfangszeit nach meinem Umzug war ich zu beschäftigt mit der Verarbeitung all der neuen Eindrücke, um mich bewusster mit diesem Thema auseinanderzusetzen. Aufgrund der medialen Verklärung der amerikanischen Vergangenheit, insbesondere im Nachgang zum 11. September 2001, waren mir die Ausmaße des Problems lange nicht vollumfänglich bewusst. Erst mit der Zeit habe ich die Dimensionen des geschichtlichen Horrors und der immer noch andauernden Diskriminierung realisiert.

Die ethnische Zugehörigkeit eines Menschen hat einen nachhaltigen Einfluss auf seine Chancen, den amerikanischen Traum zu leben. Entgegen der allgemeinen Annahmen ist es mit den Aufstiegschancen in der amerikanischen Gesellschaft nicht mehr so weit her, und für Nicht-Weiße schon gar nicht. In ihrem Bestseller *Caste: The Origins of Our Discontents*[178] charakterisiert Isabel Wilkerson die amerikanische Gesellschaft als »Kastensystem«, in dem sich der gesellschaftliche Rang nach der ethnischen Zugehörigkeit bestimmt. Dieses Kastensystem sei das Betriebssystem für das wirtschaftliche, politische und soziale Zusammenleben seit den Anfängen der Vereinigten Staaten. Das Gewähren oder Vorenthalten von Respekt, Status, Ehre, Aufmerksamkeit, Privilegien, Ressourcen, Vertrauen und Mitmenschlichkeit gegenüber anderen richte sich in erster Linie nach ihrem äußeren Erscheinungsbild und dem damit assoziierten Rang, Ansehen und Platz in der Hierarchie. Kaste sei ein wirkungsvoller Mechanismus, um die Infrastruktur, in der jede Gruppe ihren Platz und ihre Aufgabe hat, zu zementieren.[179]

Subtiler Rassismus manifestiert sich regelmäßig im Alltag, und wenn man nicht selbst betroffen oder dafür sensibilisiert ist, könnte man ihn fast übersehen. Häufig äußert sich Rassismus aber auch ganz unverhohlen. Unter der Trump-Administration hat dies deutlich zugenommen. »Ich bin die am wenigsten rassistische Person, die es gibt. Ich bin am wenigsten rassistisch«,[180] behauptete Donald Trump im Jahre 2015. Eine kuriose Äußerung, wenn man bedenkt, dass Rassismus dem Schwangersein insofern ähnlich ist, als dass ein bisschen rassistisch sein nicht geht, entweder man ist rassistisch oder man ist es nicht. Zu diesem Zeitpunkt schien es undenkbar, dass ein amerikanischer Präsident heutzutage noch rassistisch ist. Dabei gibt es seit jeher dokumentierte Indizien, die auf Trumps rassistische Haltung schließen lassen.

In den siebziger Jahren versuchte Trump, wie schon sein Vater, die Vermietung von Wohnungen an Afroamerikaner zu vermeiden. Ende der achtziger Jahre nahm Trump den Fall fünf schwarzer und Latino-Teenager, die verdächtigt wurden, eine weiße Frau im Central Park vergewaltigt zu haben, zum Anlass, eine ganzseitige Anzeige in New Yorker Zeitungen zu schalten, in der er die Wiedereinführung der Todesstrafe forderte. Damit suggerierte er natürlich auch, dass die Teenager diese verdienten.[181] Obwohl diese später aufgrund von DNA-Beweisen aus der Haft entlassen und entschädigt wurden, beharrte Trump noch 2019 auf ihrer Schuld.

Kriminalstatistiken verfälscht er regelmäßig, um die Kriminalität in von Schwarzen bewohnten Gegenden zu übertreiben. 2018 bezeichnete er Haiti und afrikanische Länder als Dreckslöcher (»shithole countries«). Für seine Reality-TV-Show *The Apprentice* plante er gar eine Staffel, in der schwarze und weiße Teams konkurrieren sollten, die allerdings aus offensichtlichen Gründen nie umgesetzt wurde. Nach einhelligen Aussagen von Bekannten und ehemaligen Mitarbeitern, äußert er sich häufig abfällig über Minderheiten. Regelmäßig kritisiert er prominente Afroamerikaner als unpatriotisch und undankbar. Schwarze Footballplayer, die aus Protest gegen Rassismus während des Abspielens der Nationalhymne auf die Knie gingen, bezeichnete er gar als Hurensöhne.

Von Obama behauptete er die längste Zeit, dass dieser gar nicht in Amerika geboren sei – nach der US-Verfassung muss man als Amerikaner geboren sein, um Präsident werden zu können – und deutete an, dass er in Wirklichkeit Muslim sei. Stets charakterisierte er ihn als unqualifiziert, faul und unamerikanisch.

Bei einer Wahlkampfveranstaltung 2016 zeigte Trump auf einen schwarzen Teilnehmer und sagte: »Oh, guck mal, mein Afroamerikaner! Schau Dir den mal an!« Und erst kürzlich äußerte er, dass MAGA, seine Make-America-Great-Again-Bewegung, Schwarze lieben würde, mit anderen Worten: Die gehören gar nicht erst dazu. 2019 forderte Trump vier demokratische dunkelhäutige Kongressabgeordnete auf, in die »abgewrackten und kriminellen« Länder zurückzukehren, aus denen sie gekommen seien, obwohl alle von ihnen amerikanische Staatsbürger sind und drei von ihnen in den USA geboren wurden. 2020 attackierte er bei einer Wahlkampfveranstaltung erneut die in Somalia geborene, als Kind nach Amerika eingewanderte und über die US-Staatsbürgerschaft verfügende Kongressabgeordnete Ilhan Omar: »Unglaublich, dass die denkt, uns vorschreiben zu können, wie wir *unser* Land regieren sollen«, worauf seine Anhänger in ein reflexhaftes Geschrei verfielen: »Bringt sie hinter Gitter!«[182]

Bei den Black-Lives-Matter-Protesten gegen Rassismus verunglimpfte er die Protestierenden, indem er sie mit Plünderern und Kriminellen gleichsetzte. Gegen diese friedlichen Demonstranten ließ er Ordnungskräfte mit Tränengas und tief fliegenden Militärhelikoptern vorgehen. Demgegenüber sind rechtsradikale Nationalisten von ihm stets mit Samthandschuhen behandelt worden. Rechtsradikale White Supremacists, die 2017 in Charlottesville gewalttätig protestierten, bezeichnete er als »sehr gute Menschen«. Gegner der Black-Lives-Matter-Initiative, was so viel heißt wie: schwarze Leben zählen, nahm er in Schutz.

Trump hat den Rassismus nicht entfacht, aber er hat ihn wie Brandbeschleuniger befeuert und legitimiert. Ein weiterer Faktor, der den Rassismus angefacht hat, ist die Infiltration der Polizei, des Militärs und anderer Sicherheitsbehörden durch verschiedene rechtsradikale Gruppierungen, die zum Teil miteinander kooperieren. Ermittlungsakten und Anklagen fördern Erschreckendes zutage, unter anderem Bewunderung für Hitler und Osama bin Laden sowie den Glauben an satanische Kulte. Letzterer führte sogar zu dem Bestreben, amerikanische Soldaten im Ausland zu töten, um den Zusammenbruch der westlichen Zivilisation zu beschleunigen.[183]

Die russische Regierung unter Putin bemüht sich nach Geheimdienstberichten zudem, durch die Förderung und Finanzierung von Hassgruppen und Desinformation rassistische Spannungen zu schüren, mit dem Ziel, Chaos zu verursachen und die US-Demokratie zu unterminieren. Denn: Ein geteiltes Amerika ist ein schwächeres Amerika.

Laut einer Untersuchung der Denkfabrik Brookings sind die Unterstützer Trumps zwar auch aufgrund wirtschaftlicher Sorgen motiviert, vor allem aber durch Fremdenfeindlichkeit, Rassismus und Sexismus. Bei ihnen handele es sich weniger um sozial schwächere Gesellschaftsgruppen, sondern vor allem um weiße Männer aus der Mittelschicht. Brookings hat einen eindeutigen Zusammenhang zwischen Trumps Wahlkampfrhetorik und rassistisch motivierten Gewaltvorfällen nachgewiesen. Einem FBI-Bericht zufolge sind Hassverbrechen während der Amtszeit von Trump als US-Präsident um fast 20 Prozent gestiegen. Diese konzentrierten sich insbesondere auf Bezirke, in denen Trump mit größerem Vorsprung gewonnen hatte.[184] Am schwersten davon betroffen waren Schwarze, Juden, Homosexuelle und Latinos. Die Dunkelziffer liegt vermutlich deutlich höher, da viele Betroffene eine Meldung aus Angst vor Diskriminierung und Auseinandersetzungen mit den Justizbehörden meiden. Der Bericht zeigt auch, dass während dieser Zeit durch Hass motivierte Morde, die größtenteils von weißen Rassisten begangen wurden, auf die höchste Zahl seit 28 Jahren angestiegen sind. Demgegenüber waren Hassverbrechen während der Amtszeit von Präsident Barack Obama um über 20 Prozent gesunken.[185]

Republikaner tun sich besonders gerne mit rassistischen Äußerungen hervor. So sagte der republikanische Senator aus Arkansas Tom Cotton, dass Sklaverei ein »notwendiges Übel« zum Aufbau der Nation gewesen sei.[186] Der stellvertretende republikanische Gouverneur von Texas, Dan Patrick, machte ungeimpfte Afroamerikaner für die Ausbreitung des Coronavirus verantwortlich.[187] Und nach Auffassung des Minderheitsführers im US-Senat, Mitch McConnell, sind Afroamerikaner anscheinend gar keine Amerikaner, denn laut ihm nähmen sie in ebenso großer Anzahl wie Amerikaner an Wahlen teil.[188]

Nach der Entscheidung des Supreme Court, das Recht auf Abtreibung wieder zu kippen, antwortete Senator John Cornyn auf einen Tweet Barak Obamas, dass Segregation als Nächstes dran sei, also Rassentrennung wieder eingeführt werden sollte. Nach einem öffentlichen Aufschrei löschte er den Tweet und ließ verlauten, dass er es genau andersherum gemeint habe. Niemand hatte das so verstanden. Es fällt auf, dass Republikaner sich häufig zumindest doppeldeutig äußern, und die Äußerungen dann in nachfolgenden Kontroversen als Versprecher, Scherz oder Missverständnis deklarieren. Angesichts der aufgeladenen Stimmung und der Signalempfänglichkeit der Trump-Anhänger war Cornyns Tweet zumindest missverständlich und unverantwortlich. Allerdings war er nicht der Einzige, der sich angesichts der höchstrichterlichen Urteile in einem Zustand größter Begeisterung befand. Die republikanische Abgeordnete Mary Miller wandte sich auf einer Kundgebung an Präsident Trump mit den Worten »vielen Dank für den historischen Sieg für das Leben *Weißer* vor dem Supreme Court«! Auch sie behauptete anschließend, sich lediglich versprochen zu haben.[189] Angesichts ihrer lobenden Worte für Adolf Hitler darf dies bezweifelt werden.[190] Mike Pompeo, zunächst Direktor der CIA und dann Außenminister unter Trump, bevorzugt ebenfalls ein weißes Amerika, denn, so Pompeo, »Amerika ist nicht multikulti«.[191] Diese Aussage mutet angesichts der Tatsache, dass es sich bei den Vereinigten Staaten um ein Einwanderungsland handelt, das ganz besonders divers ist, geradezu grotesk an. Apropos grotesk, der Bewerber um eine republikanische Kandidatur für das Repräsentantenhaus in New York Carl Paladino konnte sich die Äußerung nicht verkneifen, dass Schwarze hungrig und dumm gehalten würden, um sie dazu zu konditionieren, Demokraten zu wählen. Etwas anderes könne man ihnen nicht beibringen. Die im Rang dritthöchste Vertreterin der Republikaner im Repräsentantenhaus, Elise Stefanik, hat Carl

Paladino ihre Unterstützung ausgesprochen,[192] was angesichts der Tatsache, dass auch sie die rechtsradikale Great Replacement Theory vertritt, nach der liberale Eliten und nicht zuletzt Juden, gezielt die Verdrängung Weißer durch dunkelhäutige Menschen orchesterieren, wenig überrascht. Diese Verschwörungstheorie war häufig Anlass für Gewaltverbrechen von Rechtsradikalen, wie beispielsweise die rassistisch motivierte Erschießung von zehn Menschen in einem Supermarkt in Buffalo durch einen rechtsradikalen 18-Jährigen im Mai 2022.[193]

Auch in der Arbeitswelt ist der Rassismus noch weit verbreitet. Schlagzeilen machten kürzlich Berichte, nach denen Afroamerikaner bei Tesla, im Gegensatz zu ihren weißen Kollegen, unter schlimmsten Bedingungen arbeiten mussten. Ihre Abteilungen wurden »Affenecken« genannt und sie selbst als Sklaven und *N****r* bezeichnet.[194]

Auch in der Popkultur ist der Rassismus weiter verbreitet, als man glauben möchte. Nach Medienberichten sah sich Spotify gezwungen, Hunderte Podcast-Folgen des erfolgreichsten Podcasters der Welt, Joe Rogan, aus seinem Programm löschen. Rogan, dessen Podcasts pro Folge durchschnittlich 11 Millionen Downloads haben, hatte regelmäßig zahllose explizite rassistische Äußerungen getätigt und häufig das Wort *N****r* verwendet.[195] In einer Folge sagt er: »Wir wollten den Film ›Planet der Affen‹ sehen und wo sind wir gelandet? Auf dem Planeten der Affen«, womit er ein afroamerikanisches Viertel meinte. »Wir waren praktisch direkt in Afrika. Weiße gab es dort keine.«[196] Auch im Hinblick auf Antisemitismus hält Rogan sich nicht zurück. Ein in seiner Sendung gezeigtes Video mit einem Hund, den jemand darauf abgerichtet hatte, auf das Kommando »Vergast die Juden, Sieg Heil« den Hitler-Gruß zu machen, kommentierte er mit den Worten: »Wie süß! ... Das ist kein Nazi. ... Wegen der Aktion ist noch kein Jude vergast worden.«[197]

Das Anne Frank Institut differenziert, dass Juden streng genommen keine Rasse sind. Aber wenn Rasse die Grundlage für Judenhass sei, dann sei dies zweifellos rassistisch.[198]

Andrew Torba, CEO des sozialen Netzwerks Gab, und offizieller Berater des republikanischen Gouverneurskandidaten für Pennsylvania, Doug Mastriano, hetzte auf einem Video im Juli 2022 gegen Juden: »Ihr seid 2 Prozent des Landes, OK? Wir lassen uns jetzt nicht mehr von den

2 Prozent herumkommandieren. Christen haben es satt, sich von einer 2-Prozent-Minderheit, die unsere biblische Weltanschauung hasst, unseren Christus hasst, unseren Herrn und Retter hasst, kontrollieren und uns sagen zu lassen, was wir in unserem eigenen Land tun dürfen. Dies ist eine christliche Nation. Wir sind Euch zahlenmäßig weit überlegen. Die 98 Prozent von uns, 70, 75 Prozent davon sind Christen. Wir holen uns unsere Kultur zurück. Wir erobern unser Land zurück. Wir nehmen unsere Regierung zurück!«[199]

Aber der Rassismus richtet sich nicht nur gegen Schwarze und Juden. Auch Asiaten bleiben nicht verschont. Amy Wax, ausgerechnet Professorin der Rechtswissenschaften an der University of Pennsylvania, behauptete, dass Schwarze und Asiaten einen Hass auf die Errungenschaften der westlichen Kulturen hätten. Bezüglich Amerikanern mit ethnisch indischem Hintergrund sagte sie, »die bekommen hier die beste Ausbildung, steigen sozial auf, kriegen alle Chancen und dann sind sie die Ersten, die behaupten, wir wären Rassisten und hätten so ein schreckliches Land«. Mit weniger Asiaten wären die USA besser dran, weil Asiaten sich zu sehr anpassten und keinen Sinn für Freiheit hätten. Es sei falsch anzunehmen, dass sie die »neuen Juden« seien. Diese ganzen Integrationsprogramme würden den wissenschaftlichen Diskurs und das medizinische Establishment vergiften. Südostasiatische Frauen würden in den USA alle Vorteile absahnen und dann die Amerikaner des Rassismus beschuldigen.[200]

Die wirtschaftlichen Konsequenzen von Diskriminierung

Lisa Cook ist Professorin für Wirtschaftswissenschaften und Internationale Beziehungen an der Michigan State University. Vorher lehrte sie an der Harvard University. Kennengelernt haben wir uns im Zentrum für Kapitalismus und Gesellschaft des Wirtschaftsnobelpreisträgers Edmund Phelps an der Columbia University in New York, in dem ich Mitglied bin. Und wir hatten beide auch einmal den gleichen Boss: Nouriel Roubini, Lisa im Weißen Haus und ich später in der Privatwirtschaft. Cook ist eine imposante Persönlichkeit mit einer majestätischen Ausstrahlung und einem ruhigen und freundlichen Wesen. Die Überfliegerin hat eine glanzvolle Karriere absolviert, in der sie die prestigereichsten Positionen bekleidet und die begehrtesten Auszeichnungen erhalten hat. Sie war Mitglied im Rat der Wirtschaftsweisen im Weißen Haus unter Präsident Obama und Teil des Biden-Harris-Übergangsteams. Gegenwärtig ist die Wirtschaftsprofessorin Mitglied im Gouverneursrat der Federal Reserve.

Ein leichter Weg dorthin war es für die Afroamerikanerin nicht. Cook wuchs zusammen mit zwei Schwestern in einer Mittelklasse-Familie in Milledgeville, Georgia, auf. Im 19. Jahrhundert wurden dort Sklaven für die Arbeit auf Baumwollplantagen gehandelt. Ihnen ist auch der Aufbau der Stadt zu verdanken. Während ihrer Kindheit und Jugend erlebte Cook Rassismus am eigenen Leib. Noch heute zeugt eine Narbe über ihrem rechten Auge davon, dass eine Gruppe von Kindern im Kindergarten über sie herfiel und mit rassistischen Beleidigungen übelst beschimpfte. In ihrer Jugend erlebte sie die schleppend verlaufende und teilweise von Gewalt begleitete Desegregation, also die Aufhebung der Trennung zwischen Schwarzen und Weißen in den Südstaaten. Als das örtliche Schwimmbad verpflichtet wurde, auch Schwarzen Zugang zu gewähren, ließen die Kommunalpolitiker den Pool lieber zuschütten. Der einzige Ort, an dem die Familie auswärts essen konnte, war die Kantine in dem Krankenhaus, in dem ihr Vater als Kaplan der baptistischen Kirche arbeitete. Ihre Mutter war Krankenschwester und die erste afroamerikanische Professorin am Georgia College in Milledgeville. Während ihrer Jugend hatte ihr Vater Proteste gegen die Segregation organisiert. Einer ihrer Onkel und ein Cousin waren Kommilitonen von Martin Luther King Jr. und schlossen sich seiner Bürgerrechtsbewegung an. Cook setzte die Tradition der Organisation von Bürgerrechtsprotesten an ihrem College, Spelman, fort.

Ihre Promotion machte sie an der Berkeley University. Kurz vor Antritt ihres ersten Semesters in Berkeley war sie jedoch in einen schweren Autounfall verwickelt, der sie für einige Zeit an den Rollstuhl fesselte. Trotzdem verfolgte sie beharrlich ihr Studium. Cook hat Diskriminierungen, Arroganz und Abweisung über den Verlauf ihrer Karriere immer wieder erlebt. Häufig musste sie ihre Fähigkeiten gesondert unter Beweis stellen, und wurde dabei gelegentlich auch vorgeführt. Ihre Karriere ist angesichts der

Tatsache, dass sie in einer von Rassismus und Sexismus geplagten Branche erfolgt ist, besonders bemerkenswert.

Cooks wissenschaftliche Arbeit erstreckt sich über ein breites Spektrum. Eine ihrer bahnbrechenden Arbeiten zeigt, wie sich Gewalt gegen Schwarze negativ auf die Wirtschaftsentwicklung auswirkt, insbesondere auf Innovation. Auf der Grundlage ihrer breiten Forschung ruft Cook dazu auf, in allen Lebensbereichen nicht nur die Vielfalt des Denkens, sondern auch der Erfahrungen verschiedener Ethnien zu integrieren.[201]

Im Gespräch sagte mir Cook, dass es definitiv immer noch systemischen Rassismus gebe. Zum Beispiel habe die Ungleichheit, die sich während der Coronapandemie – insbesondere im Hinblick auf das Gesundheitswesen und Jobs – manifestiert habe, ihre Wurzeln im systemischen Rassismus. Afroamerikaner und Lateinamerikaner arbeiteten hauptsächlich im unteren Lohnsegment, lebten in schlechteren Umweltbedingungen und litten an Vorerkrankungen. Diese Probleme müssten beim Namen genannt und endlich langfristig gelöst werden. Diskriminierung durch Lynchmorde, im Rahmen von Unruhen und durch Rassentrennungs-Gesetze habe die Teilnahme von Afroamerikanern am Wirtschaftsleben unterminiert. Sie hätten auch weniger Gelegenheit gehabt, Erfindungen zu machen und sich an Innovation zu beteiligen. In Unternehmen werde Forschung und Entwicklung typischerweise von Teams durchgeführt, und es sei Afroamerikanern nicht gestattet gewesen, dabei mitzuwirken. Ihr Cousin Percy Julian sei der erste Afroamerikaner gewesen, der in einem Forschungs- und Entwicklungslabor, nämlich bei Glidden Company, gearbeitet habe. Später übernahm er sogar dessen Leitung. Er gilt als der Entdecker des synthetischen Kortisons. Aber auch heute gebe es noch viele Hindernisse. Zum Beispiel bei den Tech-Firmen: Dort herrsche immer noch ein großer Mangel an Diversität, vor allem im gehobenen Management. Das mache sich auch bei Aktiengängen bemerkbar. Dahinter stünden meist Venture-Capital-Firmen und die investierten nicht divers. Und ihre Forschung zeige, dass sich dies nicht nur negativ auf Innovation auswirke, sondern auch auf die Steigerung des Lebensstandards allgemein. Alleine schon deswegen sollten wir etwas dagegen tun. Denn wenn Innovation inklusiver wäre, könnten wir größeren Wohlstand für alle generieren.

Um den gesellschaftlichen Zusammenhalt wieder zu stärken, müssten wir die Probleme beim Namen nennen, was gerade auch passiere. Aber das helfe nichts, wenn kein Handeln folge und die Menschen nicht bereit seien, Opfer zu bringen. Ihre Familie habe zum Beispiel wegen ihres Engagements in der Bürgerrechtsbewegung Morddrohungen erhalten. Verwandte von ihr seien ermordet worden. Ihre Familie habe große Opfer gebracht. Zwar gebe es Fortschritte, aber zu der Veränderung in der Gesellschaft müsse jeder Einzelne beitragen. Das gehe nicht mit oberflächlichem Einsatz und in kurzer Frist, sondern nur mit großem Engagement.

Im Hinblick auf den Mord an George Floyd durch einen Polizisten und die nachfolgende Black-Lives-Matter-Bewegung hofft sie, dass die Auswirkungen aufgrund des Zusammentreffens verschiedener einmaliger Ereignisse diesmal weitreichender sein werden. Weil die Menschen im Lockdown gewesen seien, hätten sie die Geschehnisse mit größerer Aufmerksamkeit verfolgt. Anerkennend bemerkt sie, dass sich an den Protesten auch sehr viele Weiße beteiligt hätten. Und sie warnt: Löse sich der Zusammenhalt in einem Segment der Gesellschaft auf, dann breite sich das unweigerlich auch auf den Rest der Gesellschaft aus. Viele hätten noch nicht begriffen oder seien nicht bereit zuzugeben, wie verwoben wir alle miteinander seien. Leute aus einem gewissen Lager versuchten, uns davon zu überzeugen, dass wir voneinander getrennt seien. Und es könne gut sein, dass wir de facto immer noch segregiert seien. Aber als Gesellschaft und als Wirtschaftssystem seien wir alle miteinander untrennbar verbunden.

Im Hinblick auf Vorurteile und Voreingenommenheit merkt Cook an, dass Forschung gezeigt habe, dass Medien und insbesondere die Polizeisendungen im Fernsehen, oft Reality-TV, zu der Wahrnehmung beigetragen hätten, dass manche Leute über Rechte und Privilegien verfügten, die anderen nicht zustünden. Diese Shows glorifizierten die Verhältnisse, und sie hoffe, dass solche Shows eingestellt würden. Dann erinnert sie an einen Vorfall, der sich kürzlich im Central Park ereignet hatte. Eine weiße Frau, Amy Cooper, hatte im Rahmen einer verbalen Auseinandersetzung versucht, grundlos die Polizei auf einen schwarzen Mann zu hetzen, um die Oberhand zu gewinnen. Gerade in letzter Zeit hätten wir gesehen, wie gefährlich es für schwarze Männer sein könne, von der Polizei festgesetzt zu werden. Gott sei Dank gebe es jetzt Smartphone-Kameras, die diese Zwischenfälle festhalten und für Aufklärung sorgen könnten.

Die USA sind stets als sicherer Hafen für Investitionen angesehen worden. Das lag insbesondere auch an ihrer Stabilität, ihren funktionierenden Institutionen und ihrem Rechtssystem.

Rassismus wirkt sich negativ auf die Wirtschaft aus, weil ein Teil des menschlichen Humankapitals ungenutzt bleibt und weil er zu gesellschaftlicher und politischer Instabilität führt, was das Verbrauchervertrauen unterminiert, Unternehmen von Investitionen abhält und Investoren abschreckt.

KAPITEL 5

POLARISIERUNG: DER KULTURKAMPF

Tektonische Spaltung: Das Epochale Gesellschaftsbeben

Der Turm von Babel

In meiner Welt, der Wall Street, geht es in erster Linie um wirtschaftliche und finanztechnische und weniger um politische Zusammenhänge. Auch wenn die Titanen der Wall Street versuchen, durch Parteispenden, Lobbyismus und persönliche Kontakte einen Informationsvorsprung zu generieren, gehören politische Einschätzungen dort nicht unbedingt zum Tagesgeschäft. Spätestens seit der Finanzkrise von 2008 kamen Anleger jedoch wegen der immer größeren direkten Einflussnahme der Politik auf die Finanzwelt, wie etwa durch Rettungs- und Konjunkturpakete, nicht mehr um die Berücksichtigung politischer Einflüsse in ihren Analysen herum. Zuvor als eher amorph wahrgenommene Entwicklungen, wie der zunehmende Populismus und die Polarisierung, wurden durch die von Trump hervorgerufenen Ereignisse zu einer immer dringlicheren Besorgnis. Die politische Unberechenbarkeit verstärkte die Ungewissheit, und nichts ist der Finanzwelt verhasster als das. So äußerte auch der Chef des weltweit größten Hedgefonds Bridgewater, Ray Dalio, auf dem Weltwirtschaftsforum 2022 in Davos, dass der Aufstieg des Populismus in den USA und anderen Industrienationen Investoren mittlerweile größere Sorge bereite als die Zentralbankpolitik. Seiner Meinung nach sei die Entwicklung des Populismus über die nächsten ein bis zwei Jahre das wichtigste Thema der Wirtschaft.[202]

Selten war die amerikanische Gesellschaft gespaltener als heute. Das rechte und das linke politische Lager stehen sich unversöhnlich gegenüber und die Konfrontationen werden immer extremer, nicht nur in der Politik, sondern auch in der Bevölkerung. Hassverbrechen gegen Minderheiten befinden sich auf einem Höchststand und die Kriminalität ist dramatisch gestiegen, darunter insbesondere die Tötungsdelikte.

Warum haben sich die Menschen so sehr voneinander entfremdet, obwohl sie im Grunde doch so viel verbindet? Amerika ist ein Land voller Extreme und Widersprüche, dessen Gesellschaft sich einerseits durch eine aufgeschlossene Willkommenskultur, in Teilen aber durchaus auch durch Diskriminierung auszeichnet. Zur Geschichte der USA gehört auch, dass sie mit Gewalt gegen die indigenen Ureinwohner und deren Vertreibung begann. Viele der neuen Siedler waren religiöse Fanatiker, die nicht nur bestrebt waren, die Fesseln der Alten Welt abzustreifen, sondern die die neue Freiheit auch dazu nutzen wollten, anderen Menschen ihre religiösen Überzeugungen und Wertvorstellungen aufzuzwingen.

Die »Kultur des Scheiterns«, also die Tatsache, dass Scheitern gesellschaftlich toleriert wird und jeder sich neu erfinden darf, hat Amerikas Wirtschaft enorme Dynamik und Innovationskraft verliehen. Aber diese Kultur hat auch dazu geführt, dass die Vergangenheit häufig nicht angemessen aufgearbeitet wurde. Denn eine Auseinandersetzung mit sich selbst könnte unangenehme Erkenntnisse zutage fördern und einen beim Vorwärtsdrang nur zurückhalten. Diese Neigung zeigen nicht nur einzelne Menschen, sondern auch die Gesellschaft als Ganzes, die sich häufig nicht in ausreichendem Maße mit ihren historischen Verbrechen und Traumata, wie beispielsweise der Sklaverei, auseinandergesetzt hat. Dadurch hat der Einzelne aber auch eine größere Deutungsfreiheit über die historischen Geschehnisse. Die daraus resultierenden gesellschaftlichen Konflikte schwelten lange Zeit unter der Oberfläche.

Die Tea Party, reaktionäre Finanziers und das konservative mediale Ökosystem haben diese Konflikte und Ressentiments kanalisiert und zu politischen Waffen gemacht. Die anfangs lediglich bröckelnde Solidarität hat sich mittlerweile in Teilen der amerikanischen Bevölkerung zu einer tief verankerten Feindseligkeit gegen politisch Andersdenkende gewandelt.

»Warum Amerika in den letzten zehn Jahren zunehmend verdummt ist« ist der Titel eines viel beachteten, von Jonathan Haidt im Frühjahr 2022 im Atlantic veröffentlichten Artikels.

Darin vergleicht er den gesellschaftlichen Zustand Amerikas mit den Ruinen des Turms von Babel, in denen die Menschen ihrer Fähigkeit beraubt seien, miteinander zu kommunizieren. Die Gesellschaft sei in identitäre Gruppen zersplittert. Aber nicht nur das – das gesamte gesellschaftliche Fundament sei porös geworden und mithin alles, was darauf aufbaut. Und so seien nicht nur die Parteien der Republikaner und Demokraten auseinandergedriftet, sondern auch die Konflikte innerhalb der Parteien hätten zugenommen. Auch andere Institutionen wie Universitäten, Unternehmen und sogar Familien seien davon nicht verschont geblieben. Die gemeinsame Identität, das geteilte Vertrauen in Institutionen und die gemeinsamen Narrative, die das Land im 20. Jahrhundert zusammengehalten hätten, seien den Sozialen Medien zum Opfer gefallen. Haidt zitiert Renée DiResta, laut der wir uns in einem Informationsweltkrieg befinden, in dem Staaten, Terroristen und Extremisten die gesellschaftliche Infrastruktur dazu nutzten, das tägliche Leben zu unterminieren, Zwietracht zu sähen und die gemeinsame Realität zu untergraben. Das Resultat sei eine amerikanische Politik, die immer lächerlicher und dysfunktionaler würde.[203]

Krieg der Stämme

Die Gründe für den erstarkenden Populismus sind vielfältig. In den Jahrzehnten nach dem Zweiten Weltkrieg pflegten konservative und liberale Gesellschaftsschichten eine ähnliche Vision einer globalisierten Welt. Im Laufe der zunehmenden Digitalisierung gingen jedoch immer mehr Arbeitsplätze verloren. Zwar stieg der Bedarf an geistiger Arbeit an, aber der Wert manueller Arbeit nahm ab. Ein immer größerer Teil bildungsferner Bevölkerungsschichten geriet in finanzielle Nöte. Durch das Verschwinden von Arbeitsplätzen wurden Kommunen ausgehöhlt und der soziale

Zusammenhalt poröser. In ihrer Existenz, ihrem sozialen Status und ihrem Selbstwertgefühl bedroht, präferieren die Betroffenen eine eher abgeschottete Gesellschaft, die ihnen Schutz gegen äußere Einflüsse gewährt.

Angefangen mit der Tea Party, einer 2009 entstandenen rechtspopulistische Protestbewegung gegen Obamas Wirtschaftspolitik, nutzten rechte Politiker und Medien diese Ängste aus, indem sie plausibel klingende und einfache Lösungen für komplexe Probleme propagierten. Selbst zu den von ihnen verteufelten Eliten gehörend, lenkten sie geschickt von ihrer eigenen Verantwortung ab, indem sie die Wut der bildungsfernen Bevölkerungsschichten auf andere Bevölkerungsgruppen, wie Einwanderer und ethnische Minderheiten, umlenkten, die für die Missstände in Wahrheit nicht verantwortlich waren. Wut, Hass und gesellschaftliche Fragmentierung waren die Folge.

Erschwerend hinzu kam, dass das Vertrauen der Amerikaner in ihre Regierung bröckelte. Während 1964, im Jahr vor der Entsendung von amerikanischen Kampftruppen nach Vietnam, noch ganze 77 Prozent der Bürger ihrer Regierung vertrauten, war es ein Jahrzehnt später nur noch weniger als die Hälfte. Nach dem Watergate-Skandal von 1972 bis 1974 ging es noch einmal weiter bergab. Die Finanzkrise von 2008 hatte einen nochmaligen deutlichen Vertrauensverlust zur Folge. Denn während kaum ein Verantwortlicher aus den Banken, den Aufsichtsbehörden und der Politik zur Verantwortung gezogen wurde, mussten große Teile der Bevölkerung sich mit einem weitgehenden Verlust ihrer Ersparnisse und der Stagnation ihrer Einkommen in den nachfolgenden Jahren abfinden, während der Reichtum des 1 Prozents kontinuierlich weiter überproportional zunahm. 2017 hatten nur noch 18 Prozent der amerikanischen Bevölkerung Vertrauen in ihre Regierung.[204] Die Dynamiken der Globalisierung, das eigennützige Verhalten der Eliten und die Macht der Konzerne haben zu einer immer größeren Ungleichheit geführt. Immer weniger schien ein gemeinsamer Zweck die verschiedenen Segmente der Gesellschaft zu verbinden.

Mittlerweile hat sie sich in ein wirtschaftliches, soziales und rassenbasiertes Klassensystem zerlegt, in dem ethnische Zugehörigkeit die Armen und Klassenzugehörigkeit die Weißen spaltet. Eine weitere Verwerfungslinie erfolgt entlang der identitären Orientierung zwischen einer humanistisch geprägten Kultur, die sich an den Werten der Aufklärung und

Moderne orientiert wie Liberalismus, Säkularismus und Rationalität und einer rückwärtsgerichteten, religiös geprägten Kultur, die sich an althergebrachten, konservativen Werten orientiert. Politische Identität sitzt bei vielen Menschen so tief, dass sie mit rationalen Argumenten nicht mehr erreichbar sind.

Hierzu führt Amy Chua in ihrem Buch *Political Tribes: Group Instinct and the Fate of Nations* aus, dass Menschen Gruppenanschluss benötigen. Wegen ihres Bedürfnisses nach Gemeinschaft gründeten sie Familien und träten Vereinen, Sportteams und Studentenverbindungen bei. Diese Gruppenzugehörigkeit beeinflusse stark ihr Denken und Fühlen.[205]

Ezra Klein, Journalist bei der *New York Times*, erläutert in seinem Buch *Why We're Polarized*, dass wir bereit seien, fast alles und jeden vor uns zu rechtfertigen, solange es der Gruppe, mit der wir uns identifizieren helfe. Es gebe dann praktisch keine Person, keine Information und keinen Umstand mehr, die oder der uns dazu bringen könne, unsere Meinung zu ändern. Das Ergebnis sei eine Politik ohne Leitplanken, Standards und Verantwortung. Und um eine immer stärker polarisierte Bevölkerung zu erreichen, polarisierten politische Akteure und Institutionen immer weiter. Dadurch werde eine Rückkopplungsschleife in Gang gesetzt, die zu einer immer extremeren Polarisierung führe.[206]

Die auf Gegenseitigkeit basierenden gesellschaftlichen Bande haben angefangen, sich aufzulösen, und der Gesellschaftsvertrag bröckelt. Das Streichholz, das die sich zusammenbrauende Polarisierung zur Explosion gebracht hat, war Donald Trump. Seither löst sich die Gesellschaft immer mehr aus ihren Verankerungen.

Diese Entwicklung manifestiert sich auch in einem Verfall der Umgangsnormen. Eine immer aggressivere Rhetorik, persönliche Beleidigungen und unflätige Schimpfworte haben ihren Eingang in den öffentlichen Diskurs gefunden. Dabei ging Donald Trump mit schlechtem Beispiel voran, indem er alle Tabus gebrochen und Anstand sowie würdevolles Verhalten delegitimiert hat. So benutzt er häufig öffentlich das F-Wort und hat Frauen, Minderheiten, Kriegsveteranen und viele andere mit übelsten Schimpfworten bedacht. Mittlerweile sind diese Begriffe in den Medien und im öffentlichen Austausch immer häufiger anzutreffen. Die Anonymität und algorithmische Gleichschaltung in den Echokammern Sozialer

Medien hat den Verfall der Umgangsformen noch beschleunigt. Die Coronapandemie hat ihn auf den Siedepunkt getrieben. Wie sehr der gesellschaftliche Zusammenhalt verfällt, zeigt sich auf allen Ebenen des Lebens und fängt mit verantwortungslosem, rücksichtslosem und gewalttätigem Handeln im Alltag an.

Das zeigt sich bereits im Straßenverkehr: In der Pandemie stieg die Zahl der Verkehrstoten 2020 um 7 Prozent und 2021 noch einmal um 18,4 Prozent im Vergleich zum Vorjahr, obwohl die Amerikaner über 10 Prozent weniger an Wegstrecke in ihren Pkws zurücklegten. Die Gründe hierfür lagen unter anderem in erhöhtem Alkoholkonsum, Geschwindigkeitsüberschreitungen und dem Nichtanlegen von Sitzgurten.

Im Einzelhandel nahmen die Fälle gewaltsamer Übergriffe enorm zu. Mitarbeiter wurden sogar getötet, nur weil sie zum Tragen von Masken aufgefordert hatten.[207]

Auch Tausende Angestellte im Gesundheitswesen haben von Bedrohungen, Veröffentlichungen ihrer Privatadressen, Sachbeschädigung und anderen Formen der Belästigung und Schikane berichtet.[208] An US-Krankenhäusern spitzten sich die gewalttätigen Angriffe derart zu, dass tragbare Alarmmelder an das Personal ausgegeben wurden, um im Notfall Wachleute benachrichtigen zu können.[209]

Präsident Donald Trump und Teile seiner Administration hetzten die verunsicherten Menschen noch weiter auf. So äußerte Trumps ehemaliger Nationaler Sicherheitsberater und frühere Chef des US-Militärgeheimdienstes General a.D. Michael Flynn, dass »Faucismus« Teil des Faschismus und Nazismus sei und der US-Pandemiebeauftragte, Dr. Fauci Eugenik wie Dr. Mengele praktiziere.[210] Auch Trumps Propagandasender Fox schlug unaufhörlich in diese Kerbe. Dort verglich die Reporterin Lara Logan Dr. Fauci ebenfalls mit Josef Mengele: »Menschen auf der ganzen Welt sagen, dass Fauci nicht für Wissenschaft steht, sondern ein Josef Mengele ist.«[211] Dr. Fauci wurde von Morddrohungen dermaßen überrollt, dass er und seine gesamte Familie bis zum heutigen Tage unter Polizeischutz gestellt werden mussten.[212]

Schulen sind von der Gewaltwelle ebenfalls nicht verschont geblieben. Als Mediziner auf dem Höhepunkt der Covid-19-Infektionen bei Kindern davor warnten, dass Kinderkrankenhäusern die Überfüllung drohe, probten

Eltern den Aufstand. Bei einem Elternabend in Tennessee mussten Eltern, die Ärzte mit den Worten »Ihr entkommt uns nicht!« physisch bedrohten, von Sicherheitsbeamten gebändigt werden.[213] In Arizona wollten Väter eine Schulleiterin sogar fesseln und »festnehmen«, nur weil diese dazu aufgerufen hatte, dass ein mit Covid in Berührung gekommenes Kind sich an die offiziellen Richtlinien halten sollte.[214] Eine Mutter kündigte bei einem Elternabend an, dass ihre Kinder am kommenden Montag nicht mit Maske zur Schule kommen würden. Dafür komme sie aber, und zwar bewaffnet, mit jedem Gewehr, das sie besitze, geladen und schussbereit. Das Podium verließ sie mit der Drohung: »Wir sehen uns am Montag!« Im Flugverkehr sind Vorfälle mit Passagieren, die ausfallend und gewalttätig geworden sind, in den USA in den letzten Monaten sogar so stark gestiegen, dass Airlines ihrem Flugpersonal mittlerweile Selbstverteidigungskurse finanzieren. Allein 2021 wurden 2500 Übergriffe gemeldet.[215]

Die gestiegene Gewaltbereitschaft manifestiert sich auch in den hohen Waffenverkäufen. 2021 war mit fast 20 Millionen verkauften Schusswaffen das zweitbeste Jahr für die US-Schusswaffenindustrie in der Geschichte der USA.[216]

Ausblick

Unsere Kultur ist das Betriebssystem unserer Gesellschaft. Sie besteht aus der Gesamtheit unserer allgemein akzeptierten Werte, Normen und Regeln. Der angesehene Anthropologe Wade Davis stellt fest, dass unsere Fähigkeit, Erfahrungen zu vergessen, es uns ermögliche, uns an neue Umstände anzupassen und diese als Norm zu betrachten. Das sogenannte »shifting baseline syndrome« befähige uns nicht nur zu Anpassung an verschlechterte Umweltbedingungen, sondern auch an moralischen Verfall. Aber respektvolle Umgangsformen sind kein Luxus, sondern für eine Gemeinschaft überlebenswichtig, weil sie den gesellschaftlichen Zusammenhalt sichern.[217]

Die gekaufte Politik: Wie Reiche Amerika regieren

Legalisierte Bestechung

Mein Fahrer wartete bereits. Noch schnell ein Blick in den Spiegel, und dann eilte ich mit Mantel und Tasche unterm Arm zum Aufzug. Schließlich entdeckte ich das Schild mit meinem Namen im Meer der Limousinen, die sich am Rockefeller Center in Midtown Manhattan allabendlich zur Feierabendzeit einfinden. Durch den dichten New Yorker Verkehr bahnte sich der Fahrer den Weg auf der Fifth Avenue in Richtung Soho zu einem politischen Fundraiser. Ein Bekannter, ein Hedgefonds-Titan und Aktivist, mit dem ich in der Vergangenheit ehrenamtlich an politischen Projekten zusammengearbeitet hatte, hatte mich eingeladen. Da ich leicht verspätet ankam, traf ich zeitgleich mit dem Ehrengast, Barack Obama, ein. Ein Konvoi brummender schwarzer Chevrolet Suburban kam vor mir zum Stehen. Sicherheitsbeamte sprangen heraus und schirmten Obama von der Öffentlichkeit ab. Einige Passanten blieben stehen und verfolgten das Geschehen neugierig.

In ihrem schicken, weitläufigen Loft empfingen Steven and Judy Gluckstern ihre Gäste. Die Mitgastgeber waren Bob Ennis und Whitney Tilson, beide, wie Steven Gluckstern, Größen aus der Finanzwelt. Obama war unkompliziert, freundlich und nahbar. Nach etwas Small Talk (»Ach, ich bin auch Jurist!») wandte er sich galant der benachbarten nächsten Gruppe zu. Schließlich hielt der Gastgeber eine kurze Einführungsrede, bevor Obama seine Vision darlegte und sich den Fragen der Gäste stellte. Es war bereits der zweite Fundraiser, den er an diesem Abend absolvierte. Die Gastgeber solcher politischer Fundraiser stellen nicht nur ihre repräsentativen Unterkünfte und Finanzmittel zur Verfügung, sondern sie eröffnen vor allem auch Zugang zu ihren Netzwerken, mit dem Ziel, den Spenderkreis immer weiter zu vergrößern. Während die Gastgeber und Gäste bei Obamas erstem Event des Abends aus Medienvertretern und Stars bestanden hatten, befanden sich auf diesem Event vor allem Wall-Street-Heavyweights und die Intelligenzija der Stadt. Nach anderthalb Stunden verabschiedete sich Obama und machte sich auf zum nächsten Event auf der Upper East Side, wo ihn bereits die High Society der Stadt erwartete.

Cocktailempfänge, Dinner, Hinterzimmertreffen – amerikanische Politiker und solche, die es werden wollen, befinden sich in einem fortwährenden Werben um Geldgeber. Denn eine Chance, gewählt zu werden, haben nur diejenigen, die über ergiebige Geldquellen und hochkalibrige Kontakte verfügen. Zwar kann man keinem Präsidentschaftskandidaten das Amt »erkaufen«. Die Wahlgeschichte ist voll von Kandidaten, deren Rekordspenden sich als unwirksam erwiesen und in Luft aufgelöst haben, wie beispielsweise im Fall von Jeb Bush. Im Grunde schließen die Finanziers eine Wette auf den jeweiligen Kandidaten ab. Und dabei lassen sie sich nicht lumpen. Top-Parteispender geben für ihre politischen Präferenzen mehrere Millionen Dollar im Jahr aus. Dadurch, dass weniger als 1 Prozent der Bevölkerung für 70 Prozent der politischen Spenden verantwortlich ist, hat eine sehr kleine Gruppe von Vermögenden einen überproportional großen Einfluss auf die gewählten Volksvertreter. Zwar haben in den letzten Jahren auch Grassroots-Beiträge von Kleinspendern eine immer größere Rolle gespielt, aber hinter den Großspenden bleiben sie immer noch weit zurück.

Die Großspenden, die republikanische Kandidaten erhalten, sind fast doppelt so hoch wie die der demokratischen. Aber der größte Unterschied zwischen den beiden Lagern ist, dass die Republikaner ihr Geld wesentlich strategischer und geschickter einsetzen. Viele dieser vermögenden Geldgeber sind weitaus konservativer als die durchschnittlichen republikanischen Wähler. Deshalb unterstützen sie auch häufig extreme Kandidaten. Obsiegen diese aufgrund ihres finanzstärkeren Wahlkampfs, ist das Ergebnis nicht unbedingt eine Reflektion einer Wählerschaft, die durchaus gemäßigter sein kann. Der Einfluss des Kapitals auf die Wahlen kann damit das Ergebnis zugunsten konservativer Kandidaten verzerren, was dann wiederum durch die extremeren Kandidaten eine größere Polarisierung zur Folge hat.

Zu den Strippenziehern gehören unter anderen Hedgefonds-Titan Bob Mercer und seine Tochter Rebekah, Trumps Bildungsministerin Betsy DeVos – deren Bruder übrigens Erik Prince, der Gründer des Söldnerunternehmens Blackwater, ist – und ihr Mann sowie die Familien der Bradleys und Scaifes – allesamt Milliardäre. Zwar haben auch die Demokraten

Spender, die Millionen lockermachen, aber da die Republikaner erfolgreich den Supreme Court gekapert haben und als Nächstes die Unterminierung der Exekutive im Auge haben, liegt der Fokus im Folgenden auf ihnen.

Der Supreme Court lässt die Kassen klingeln

Dass der Kauf von Politikern überhaupt in diesem Ausmaß möglich ist, ist der konservativen Richterschaft am Supreme Court zu verdanken. Nach über 100 Jahren restriktiver Vorschriften zur Wahlkampffinanzierung läutete das oberste Gericht 2010 mit der Entscheidung *Citizens United v. FEC* eine Zeitenwende ein. Die konservative Mehrheit der Richter unter der Führung von Anthony Kennedy entschied, dass Konzerne und andere Organisationen über dieselben Rechte wie natürliche Personen verfügten. Eine Begrenzung politischer Spenden verletze das Grundrecht auf freie Meinungsäußerung. Diese richtungsweisende Entscheidung machte es Vermögenden möglich, unbegrenzte Mittel für Wahlkampfspenden auszugeben und damit einen überproportional großen Einfluss auf die Politik auszuüben. Formell begünstigt das Urteil zwar keine politische Seite, aber republikanische Parteispender greifen weitaus tiefer in die Tasche als demokratische. Wie vorauszusehen war, hatte das Urteil eine astronomische Erhöhung der Wahlspenden zur Folge. Milliardäre und andere finanzstarke Geldgeber konnten ihren politischen Einfluss ungehindert nach Belieben vergrößern.

Eine weitere Folge des Urteils war die Gründung von Super PACs (*political action committees*). Während Kandidaten nur Wahlkampfspenden in begrenzter Höhe erhalten dürfen, können Super PACs Wahlkampfspenden in unbegrenzter Höhe empfangen, sofern sie sich nicht mit Kampagnen der Kandidaten koordinieren. Gegründet werden diese politischen Aktionskomitees meist von Unternehmen, Verbänden und reichen Einzelpersonen, die die Wahlkampfkampagnen bestimmter Kandidaten unterstützen möchten. Viele Gelder entstammen »dunklen Quellen«, die über intransparente gemeinnützige Organisationen gespendet werden, deren Geldgeber ihre Identität nicht offenlegen müssen. Auf diese Weise können auch ausländische Regierungen Einfluss auf den amerikanischen Wahlkampf nehmen.

Polarisierung im Turbogang

Die zunehmende Vermögensungleichheit ermöglicht einem immer kleineren Kreis von Menschen die Ausübung eines immer größeren Einflusses. Das schwächt die demokratische Teilhabe der allermeisten Bürger, deren Stimmen aufgrund des Wahlsystems bereits unterschiedliche Gewichtung haben. Denn mehrere Regelungen im Wahlsystem führen zu einer unterschiedlichen Gewichtung der einzelnen Stimmen. So begünstigt die Regel, dass jeder Bundesstaat im US-Senat unabhängig von der Einwohnerzahl zwei Senatoren stellt, die Bewohner von Bundesstaaten mit geringer Einwohnerzahl. Damit zusammenhängend begünstigt auch das Electoral College die Bewohner der Bundesstaaten mit niedriger Einwohnerzahl. Durch die lockeren Vorschriften im Hinblick auf Parteispenden haben die Reichen die Möglichkeit, das System immer weiter in ihrem Sinne zu gestalten und die Demokratie in einen Umverteilungsmechanismus von unten nach oben zu verwandeln.

Eine Reform der Wahlkampffinanzierung mit dem Ziel, den Einfluss des Geldes auf die Politik zu beschränken, ist auf die nächsten Jahre gesehen aussichtslos, da der überwiegend republikanisch besetzte Supreme Court dies aller Voraussicht nach nicht zulassen wird.

Republikaner: Die Kulturkrieger

Die republikanische Mobilisierung

Die republikanischen Wähler bestehen nicht nur aus einer kleinen Gruppe reicher Strippenzieher am einen Ende und einem Gros an armen Hinterwäldlern am anderen, sondern sie decken ein breites Spektrum ab.

Knapp ein Viertel der Republikaner ist ultrakonservativ. Diese überwiegend älteren, religiösen und politisch aktiven Menschen wähnen Amerika gegenüber allen anderen Ländern als überlegen und sind bestrebt, der christlichen Religion eine größere Rolle im öffentlichen Leben zu verschaffen. Sie stehen uneingeschränkt hinter Trump und sind felsenfest davon überzeugt, dass die Demokraten ihnen die Präsidentschaftswahl 2020 gestohlen hätten. Ein weiteres knappes Viertel gehört zu der »populistischen Rechten«. Sie entstammen eher bildungsfernen Schichten aus ländlicheren Gebieten. Wähler aus diesem Segment unterstützen fast ausnahmslos Donald Trump, sind Einwanderung gegenüber kritisch eingestellt und monieren das unfaire Wirtschaftssystem. Knapp 20 Prozent bestehen in erster Linie aus jüngeren, weniger religiösen, ambivalenten rechten Republikanern, die zum Teil durchaus auch moderate Positionen vertreten. Viele von ihnen stehen Trump tendenziell kritisch gegenüber. Eine weitere, kleinere Gruppe setzt sich aus getreuen Republikanern zusammen, die gebildet sind und konservative Ansichten im Hinblick auf die meisten Themen, insbesondere die Wirtschaft, hegen. Viele von ihnen waren nicht gerade von Trump begeistert, aber haben sich »die Nase zugehalten« und ihn trotzdem gewählt. Eine ähnlich kleine Gruppe sind wirtschaftlich schlechter gestellte Wechselwähler, die ideologisch weniger stark festgelegt sind und deren Ansichten zwischen demokratischen und konservativen Standpunkten schwanken.[218]

Trotz der vielen Schattierungen gibt es einige Standpunkte, die fast alle Republikaner teilen: Sie propagieren eine geringstmögliche Steuerlast, einen Abbau des Sozialstaates eine schlanke Regierung mit möglichst wenig staatlicher Regulierung, ein uneingeschränktes Waffenrecht, unregulierte Nutzung fossiler Energie, eine restriktive Einwanderungspolitik und eine Besinnung auf christliche Werte.

Republikaner können eines wesentlich besser als Demokraten, und das ist »Macht«. Sie besitzen Killerinstinkt. Anstatt sich auf Politikgestaltung zum Wohle der Bevölkerung zu konzentrieren, ist ihr gesamtes Handeln darauf ausgerichtet, ihre Macht, ihren Profit und den Einfluss ihrer Geldgeber zu vergrößern. Dabei gehen sie mit Laserfokus vor: strategisch, langfristig, skrupellos und schamlos. Während die Demokraten ein breites politisches Spektrum – von links außen bis sehr weit rechts der Mitte – abdecken und in sich gespalten sind, gibt es zwar auch unter den Republikanern Zerwürfnisse, aber sie konzentrieren sich auf das, worin sie sich einig sind, und zeigen eine grundsätzlich größere Loyalität zu ihrer gemeinsamen Mission. Deshalb stehen sie trotz aller Differenzen in Reih und Glied. Zielstrebig haben die Republikaner vor vier

Jahrzehnten unter Ronald Reagan damit begonnen, die Nation in eine Oligarchie und Theokratie zu verwandeln.

Um die Massen zu mobilisieren, nutzen Republikaner emotionalisierende Themen mit Empörungspotenzial, wie insbesondere christlich-evangelikale Themen, zum Beispiel Abtreibung, die gleichgeschlechtliche Ehe oder das Recht auf Selbstverteidigung mit Waffen. Schon vor Jahrzehnten haben sie sich dabei informelle Kooperationen mit rechten christlichen Bewegungen zu Nutze gemacht, wie der von Jerry Falwell, dem Fernsehprediger und Pastor einer Megachurch mit einer riesigen Anhängerschaft. Seither haben die Republikaner konsequent Schritt für Schritt ihre Ziele durchgesetzt, indem sie zunächst kleinere anvisiert haben und nach deren Erreichung immer drastischer vorgehen. Auch vor Täuschung und Lügen schrecken sie nicht zurück. So haben die unter Trump benannten rechtsreligiösen Supreme-Court-Richter bei ihrer Anhörung vor dem Senat fälschlicherweise behauptet, Präzedenzfälle wie *Roe v. Wade* gemäß *stare decisis* respektieren zu wollen. Nach ihrer Benennung haben die Richter dann schamlos entgegen ihrer Behauptung gehandelt und Präzedenzurteile des Supreme Courts gekippt. Nachdem ihre Supreme-Court-Richter das Grundrecht auf Schwangerschaftsabbrüche aberkannt hatten, wurden im republikanischen Lager sofort Bestrebungen laut, ein Abtreibungsverbot auf Bundesebene zu verankern, sodass Schwangere in Bundesstaaten, in denen Abtreibung nunmehr verboten ist, nicht mehr für eine Abtreibung in andere Staaten ausweichen können. Dies haben Mike Pence und Mitch McConnell, Minderheitsführer im Senat, bereits durchblicken lassen, wobei die Durchsetzung dieses Vorhabens aufgrund der Mehrheitsverhältnisse im Senat vorerst unwahrscheinlich ist.[219]

Weitere Ziele, an deren Verwirklichung die rechten Konservativen gegenwärtig arbeiten, sind die Beschneidung der Rechte von LGBTQ-Menschen, das Verbot der gleichgeschlechtlichen Ehe und von Adoptionen durch homosexuelle Paare. Und das ist erst der Anfang, wenn man konservativen Stimmen und dem Geraune in der konservativen medialen Echokammer Glauben schenken darf. Ist der Widerstand der Bevölkerung durch weitere Schockurteile erst einmal abgestumpft, ist zu befürchten, dass weitere Rechtseinschränkungen vorgenommen werden, wie beispielsweise die Einschränkung arbeitsrechtlicher Schutzvorschriften für Frauen, die Einführung neuer Regeln im Rahmen des Scheidungs- und Sorgerechts, die Frauen benachteiligen, und die Schwächung gesundheits- und versicherungsrechtlicher Vorschriften zum Nachteil von Frauen. Ziel ist das schrittweise Zurückstutzen von Rechten Liberaler und von Minderheiten in allen Lebensbereichen. Die Proteste der Rechten gegen Lehrpläne in Schulen, die von ihnen propagierte Bücher-Zensur und die Medienkritik sind Schritte auf dem Weg zum großen Coup, nämlich der Übernahme des Systems.

Freie Marktwirtschaft: Mythos

Wie wir in Kapitel 4 erfahren haben, sind die Republikaner militante Verfechter der freien Marktwirtschaft und des Unternehmertums. Nach ihrer Auffassung können alle, die sich disziplinieren und hart arbeiten, erfolgreich sein. Diejenigen, die es nicht sind, halten sie für faul und verantwortungslos. Diese Menschen trügen nichts zur Gesellschaft bei, sondern lägen ihr nur auf der Tasche. Deren Scheitern betrachten sie als Folge ihrer Dekadenz. In diesem Zusammenhang dämonisieren sie oft Minderheiten, die demokratisch wählen, insbesondere Afroamerikaner, als Sozialhilfe-Schmarotzer.

Die Behauptungen der wirtschaftlichen Überlegenheit halten einer näheren Betrachtung allerdings nicht stand. Beispielsweise zeigt sich im Hinblick auf die oft beschworene haushaltspolitische Verantwortlichkeit, dass sich das Haushaltsdefizit unter republikanischen Präsidenten in den vergangenen Jahrzehnten jeweils vergrößert hat, während es unter demokratischen geschrumpft ist. So stieg es unter Ronald Reagan von 78,9 auf 152,6 Milliarden Dollar. George H.W. Bush verließ das Amt mit einem Defizit von 255 Milliarden Dollar. Bill Clinton reduzierte es dann wieder auf null und beendete seine Präsidentschaft sogar mit einem Haushaltsüberschuss von 128,2 Milliarden Dollar. George W. Bush verwandelte den ihm von Clinton hinterlassenen Haushaltsüberschuss wieder in ein Defizit von 459 Milliarden Dollar. Trotz der Tatsache, dass Barack Obama seine Amtszeit in der größten Finanzkrise der US-Geschichte antrat, gelang es ihm, das Haushaltsdefizit bis zum Ende seiner Amtszeit wieder auf unter

600 Milliarden Dollar zu reduzieren. Donald Trump, der von Obama eine florierende Wirtschaft übernommen hatte, vollbrachte es trotz der positiven Umstände, das Haushaltsdefizit wieder auf über 1 Billion Dollar auszuweiten.[220] Diese Zahl lässt wohlgemerkt das Konjunkturpaket in Höhe von 2 Billionen Dollar von 2020 außen vor, mit dem die wirtschaftlichen Folgen der Coronapandemie bekämpft werden sollten. Somit verursachte Trump mit 5,2 Prozent des Bruttoinlandsprodukts den drittgrößten Anstieg des Primärdefizits, und liegt damit direkt hinter George W. Bush mit 11,7 Prozent und Abraham Lincoln mit 9,4 Prozent. Trump war mithin verantwortlich für das größte Haushaltsdefizit in Friedenszeiten in der amerikanischen Geschichte und eine Staatsverschuldung, die zum ersten Mal seit dem Zweiten Weltkrieg 100 Prozent der Wirtschaftsleistung überstieg.

Diese Rekordverschuldung lag insbesondere an dem von ihm orchestrierten größten Steuerraubzug für Reiche in der Geschichte des Landes. Während seines Wahlkampfs hatte Trump die von ihm beabsichtigten Steuersenkungen als Unterstützung für den Mittelstand und die Verbraucher beworben. Letztendlich waren jedoch die Profiteure des »Tax Cuts and Jobs Act« überwiegend die Reichen. Während sie sich über Steuersenkungen von durchschnittlich 50 000 Dollar pro Jahr freuen durften, hatten 80 Prozent der Bevölkerung nur circa 700 Dollar mehr in der Kasse. Auch Unternehmen sahnten durch Trumps Maßnahmen kräftig ab. Dank zahlreicher Schlupflöcher im Gesetz zahlten sie lediglich rund 11 Prozent Steuern. Die größten und gewinnträchtigsten US-Unternehmen zahlten gar keine Bundessteuern mehr. Schockierend an dieser unverfrorenen herbeigeführten Ungerechtigkeit war, dass sich die Trump-Anhänger in der einfachen Bevölkerung dieser meist gar nicht bewusst waren. Im Gegenteil, sie jubelten über den überschaubaren Mehrbetrag, den sie behielten, obwohl dieser einen geringeren Zuwachs des Nettoeinkommens darstellte als Familieneinkommen in den fünf Jahren zuvor erfahren hatten.

Die Gespräche, die ich im Rahmen meiner bereits erwähnten n-tv-Dokumentarserie *Wie tickt Amerika?* geführt habe, haben aufschlussreiche Einblicke in die Gedankenwelt der Wähler gegeben, die trotz der unvorstellbaren Missstände, in denen sie lebten, leidenschaftliche Trump-Anhänger waren. Die beiden in völliger Armut lebenden Frauen Cara Mia und Jill zeigten sich begeistert über Trumps Steuerreform. Mit den circa

60 Dollar, über die sie dadurch im Monat zusätzlich verfügten, könnten sie einmal mehr tanken und ihre Kinder zu McDonald's ausführen, was für sie den Gipfel des Luxus darstellte. Die Tatsache, dass ihre vermögenden Mitbürger so unendlich viel mehr erhielten, war ihnen nicht bewusst. Als ich es erwähnte, fanden sie dies aber auch völlig in Ordnung, denn wer in Amerika reich und erfolgreich sei, der habe es sich schließlich verdient. Dies ist eine Reaktion, die ich als die »Munitionierung des amerikanischen Traums« bezeichnet habe, also die Indoktrinierung der Bevölkerung mit der amerikanischen Ideologie als mentale Waffe, damit sie sich widerspruchslos in ihr Schicksal fügen. Den meisten armen Amerikanern kommt durch diese ideologische Denkschranke kaum in den Sinn, dass sie vielleicht übervorteilt worden sein könnten.

Zu Trumps Vermächtnis gehört der mit dem Defizit in unmittelbarem Zusammenhang stehende Rekordanstieg der Staatsverschuldung, die während seiner Präsidentschaft um fast 7,8 Milliarden Dollar angestiegen ist. Damit entfällt auf jeden Amerikaner eine öffentliche Verschuldung von circa 23 500 Dollar.

Im Übrigen entlarvt die Tatsache, dass sich das Haushaltssaldo unter republikanischen Präsidenten wesentlich schlechter entwickelte als unter demokratischen, die von den Republikanern seit Jahrzehnten vertretene Theorie, dass sich Steuersenkungen für Reiche und Unternehmen über ein dadurch ausgelöstes verstärktes Wirtschaftswachstum selbst finanzieren, als Unsinn. Erhöht man dazu noch drastisch die Militärausgaben, ohne an anderer Stelle Einsparungen vorzunehmen, produziert man erst recht steigende Haushaltsdefizite.

Auch im Hinblick auf die Wirtschaftspolitik haben Demokraten regelmäßig besser als Republikaner abgeschnitten. So hatten demokratische Staaten im Nachgang der Großen Finanzkrise von 2008 im Durchschnitt eine höhere Wachstumsrate als republikanische Staaten. Von den zehn am stärksten finanziell von der Bundesregierung abhängigen Bundesstaaten waren acht republikanisch, während von den zehn am wenigsten abhängigen Staaten sieben demokratisch waren. Neun Bundesstaaten entrichteten mehr Finanzmittel an die Bundesregierung, als sie erhielten, wovon sieben demokratisch waren. Diese demokratisch regierten Bundesstaaten erwirtschafteten auch ein höheres Pro-Kopf-BIP als viele der republikanischen Bundesstaaten, die die meisten Finanzmittel aus Washington erhielten.[221]

Wenn man finanziell nicht so gut performed, kann man wenigstens so tun als ob. Die Republikaner versuchen es auf jeden Fall. So hat kein einziger republikanischer Abgeordneter für das Covid-Hilfspaket in Höhe von 1,9 Billionen Dollar gestimmt, das im März 2021 unter Präsident Biden verabschiedet wurde und somit allein den Demokraten zu verdanken war. Dennoch brüsteten sich nach seiner Verabschiedung einige Republikaner schamlos auf ihren Websites und in Sozialen Medien mit dem Hilfspaket. Ein ähnliches Verhaltensmuster hatten republikanische Politiker bereits im Hinblick auf das Konjunkturpaket von 2009 erkennen lassen, das nach der Lehman-Brothers-Pleite einen Absturz der amerikanischen Wirtschaft verhindern sollte.[222]

Auch als es um die Verteilung der Covid-19-Hilfsgelder ging, reihten sich die Republikaner ganz vorn ein. 18 republikanische und ein libertärer Kongressabgeordneter erhielten 21,7 Millionen Dollar an Krediten für Unternehmen, bei denen sie geschäftliche Interessen hatten. Neun Demokraten erhielten 6,1 Millionen Dollar für elf Unternehmen. Unter den Republikanern, die im Dezember 2020 gegen ein zweites Hilfspaket stimmten, waren zehn Abgeordnete, die zuvor selbst Hilfsdarlehen in Höhe von insgesamt 15,3 Millionen Dollar erhalten hatten. Die zehn größten Kreditbeträge, die Mitgliedern des Kongresses bewilligt wurden, gingen an acht Republikaner und zwei Demokraten.[223] Diese Kredite verfallen überwiegend und müssen nicht getilgt werden.

Der von den Republikanern als so erfolgreich wertgeschätzte Präsident Trump hatte Zeit seines Lebens auch mit persönlicher finanzieller Verantwortung nicht viel am Hut. In dem Dokumentarfilm *Born Rich* aus dem Jahr 2003 erinnert sich Ivanka Trump daran, wie ihr Vater während ihrer Kindheit einmal auf einen Obdachlosen vor dem Trump Tower an der Fifth Avenue gezeigt und gesagt hatte, »guck mal, der Typ ist 8 Milliarden Dollar reicher als ich«. Zu diesem Zeitpunkt war Trump persönlich extrem hoch verschuldet. Ivanka berichtete diese Anekdote, um zu illustrieren, dass ihr Vater ein toller Geschäftsmann sei, der auch aus größten geschäftlichen Schwierigkeiten immer wieder erfolgreich hervorgegangen sei. Dies lag allerdings weniger an seinem hervorragenden geschäftlichen

Geschick, sondern vor allem an seinen zahlreichen Pleiten, seiner »Erpressung« von Banken und der Munitionierung des Rechtssystems, also der zweckentfremdenden Nutzung rechtlicher Vorschriften, um sich immer wieder gekonnt aus der Affäre zu ziehen. So erreichte er es, dass die Zeche stets andere zahlten, also Gläubiger, Handwerker und Banken, die ihre Kredite abschreiben mussten. Außerdem hat Trump weniger Steuern gezahlt als Menschen, die an der Armutsgrenze leben, und zwar vermutlich Zeit seines Lebens. Genaues ist dazu bisher nicht zu eruieren gewesen, weil er, anders als alle seine Amtsvorgänger seit Jimmy Carter, seine Steuerunterlagen geheim hält. Allerdings hat eine Untersuchung der *New York Times* ergeben, dass er 2016, im Jahr seines Wahlsiegs, und 2017, dem ersten Jahr seiner Präsidentschaft, jeweils lediglich 750 Dollar an Bundeseinkommenssteuern gezahlt hat. In zehn der vorausgegangenen 15 Jahre hatte er überhaupt keine Einkommenssteuern gezahlt, hauptsächlich, weil er sehr viele größere Verluste als Einkünfte geltend gemacht hatte.[224] Mittels dieser dubiosen »Steuer-Umgehung« hat er sich fast zwei Jahrzehnte lang komplett um die Zahlung von Bundessteuern gedrückt.

Konservative Familienwerte: Die Schein-Heiligen

Der Erhalt der christlichen Kultur

Republikaner fühlen eine geradezu göttliche Berufung, Amerika wieder zu dem zu machen, was es einmal gewesen sein soll. Zu ihren erklärten Zielen gehört die Rückkehr zu »traditionellen christlichen Familienwerten«. Diese scheinheilige Deklaration ist nichts anderes als ein in Moral gekleideter Unterdrückungsversuch mit dem Ziel, die Hierarchien der Vergangenheit, geordnet nach Rasse, Klasse und Geschlecht, zurückzubringen. Gleichzeitig ermöglicht es ihnen diese Haltung, sich als moralische Instanz zu inszenieren und verächtlich auf die »verlotterten« Demokraten herabzuschauen.

Vor allem ein gemeinsames Anliegen schweißt die Republikaner zusammen, nämlich ihre politische und gesellschaftliche Vormachtstellung gegenüber nicht-weißen, nicht-christlichen Menschen zu verteidigen. Seit Anbeginn der Vereinigten Staaten hatten weiße Christen im Land das Sagen. Jedoch schrumpft der Anteil der weißen US-Bevölkerung seit den fünfziger Jahren des vergangenen Jahrhunderts stetig. Gegenwärtig machen sie mit fast 60 Prozent zwar noch die Mehrheit der Bevölkerung aus. Allerdings nimmt ihr demographischer Anteil kontinuierlich weiter ab, während der ethnischer Minderheiten weiter steigt. Prognosen gehen davon aus, dass der Bevölkerungsanteil der weißen Amerikaner bis zur Mitte des Jahrhunderts unter 50 Prozent fallen wird.

Diese Entwicklung haben sich die Rechten, allen voran die White Supremacists (weiße Rechtsradikale), zu Nutze gemacht, um mittels der von ihnen geprägten »Great Replacement Theory« Anhänger zu rekrutieren und zu mobilisieren. Diese Verschwörungstheorie besagt, dass ominöse »Eliten«, darunter vor allem auch Juden, gezielt weiße durch nicht-weiße Menschen ersetzen würden, um dadurch ihre Macht zu zementieren. Dieses Konzept würden die Demokraten mittels lockerer Einwanderungspolitik und offener Grenzen verfolgen, um ihre Wählerschaft zu vergrößern.

Vormals hatte sich diese Theorie hauptsächlich in dunklen Kanälen des Internets und rechten Randmedien verbreitet. Mittlerweile ist sie vor allem auch durch ihre explizite Legitimation vonseiten zahlreicher republikanischer Politiker und rechter Mainstream-Medien wie Fox News gesellschaftsfähig geworden. Wie bereits erwähnt, haben einige Republikaner bereits das Verbot der Heirat von Menschen verschiedener Ethnien im Auge, um der Vermischung der Rassen entgegenzuwirken. Ein solches Verbot existierte in einigen Bundesstaaten bis der Supreme-Court es mit dem Urteil *Loving v. Virginia* im Jahr 1967 aufhob. Angesichts der vielen Anhänger der »Great Replacement Theory« und des weit verbreiteten Rassismus würde ein solcher offiziell gemachter Vorstoß der Republikaner kaum überraschen. Sie brechen ein Tabu nach dem anderen und je länger dieser Prozess andauert, desto mehr zeigen sie ihr wahres Gesicht.

Mit der »Great Replacement Theory« schüren die Rechten Angst und Wut gegen Einwanderer und Minderheiten und mobilisieren einen immer größeren Teil der konservativen Bevölkerung. Zahlreiche Hassverbrechen, Massaker, Terroranschläge und nicht zuletzt die Kapitolerstürmung waren durch diese Theorie motiviert. Die Dämonisierung von Einwanderern und

Minderheiten nutzen die Republikaner auch zur Wählerunterdrückung und Delegitimierung von Wahlergebnissen.

Die Heiligkeit der Familie

In ihrer Wertekampagne preisen Republikaner sich gern als vorbildliche Vertreter der klassischen Familie.

Falls Ihnen diese Behauptung heuchlerisch und verlogen vorkommt, dann haben Sie damit vermutlich recht. Laut einer 2018 durchgeführten Erhebung der etablierten Website »Ashley Madison«, über die sich Verheiratete für Affären treffen, betrügen Republikaner ihre Ehepartner häufiger als Demokraten. 60 Prozent der Mitglieder sind Republikaner, während nicht einmal 40 Prozent Demokraten sind. Ashley Madisons Pressesprecher, Paul Keable, äußerte sich in *Newsweek* überrascht, weil sich Republikaner sehr in evangelikalen Gruppen engagierten und traditionelle Familienwerte propagierten. Demgegenüber würden Demokraten immer als freizügige, liberale Eliten dargestellt. Keable mutmaßt, dass vielleicht das republikanische Streben nach Individualismus und Freiheit zu Untreue führe.[225] Dies ist eine Schlussfolgerung, die Republikaner sicherlich nicht gerne hören werden, die sich aber auch mit der von Scott Clement von *The Fix* durchgeführten Analyse über Sexskandale von Republikanern und Demokraten deckt. Danach gab es seit 1974 mindestens 39 Sexskandale, an denen amtierende Kongressabgeordnete, Senatoren oder Präsidenten beteiligt waren. 22 davon waren republikanische und 17 demokratische Politiker. Ab der Jahrtausendwende entfielen drei Viertel der Skandale auf Republikaner. 86 Prozent der republikanischen Skandale umfassten Ehebruch. Demgegenüber fand Ehebruch nur bei 65 Prozent der demokratischen Skandale statt.[226]

Eine Aufzählung der zahllosen Sexskandale von republikanischen Würdenträgern würde hier zu weit führen. Da sich die Partei aber als ganz besonders christlich präsentiert, soll hier wenigstens eine kleine Auswahl repräsentativer Skandale Erwähnung finden, wie beispielsweise der erste Sexskandal in der Trump-Administration.

Trumps Kommunikationsdirektor, der verheiratete Jason Miller, hatte während des Wahlkampfs eine Affäre mit einer Mitarbeiterin des Wahlkampfteams, A. J. Delgado, die in einem Stripclub in Las Vegas ihren Lauf nahm. Delgado behauptete später, dass Miller ihr versichert habe, von seiner Frau getrennt zu sein. Tatsächlich aber war Millers Ehefrau zu diesem Zeitpunkt im sechsten Monat schwanger. Sie sollte damit nicht die Einzige bleiben. Als Delgado feststellte, ebenfalls schwanger zu sein, und Miller die freudige Nachricht überbrachte, habe er sie zu einer Abtreibung gedrängt. Miller bestritt dies. Anfang 2017 brachte seine Ehefrau ein Mädchen zur Welt. Ein gutes halbes Jahr später gebar Delgado Millers Sohn. Nachfolgend entbrannte eine öffentliche Twitter-Fehde zwischen Delgado und Miller, die sich gewaschen hatte. Miller hatte versucht, der Story zuvorzukommen, indem er behauptete, dass seine Familie und er sich sehr über den Familienzuwachs von Delgado freuten und für die Glückwünsche dankten. Delgado ließ das nicht lange auf sich sitzen und twitterte, dass Miller sich nicht um den gemeinsamen Sohn kümmere, nicht einmal ein Geschenk geschickt habe und dass sie allein für den Unterhalt aufkomme. Darüber hinaus erklärte sie, dass sie und Miller nicht lediglich einen One-Night-Stand während der Wahlkampfkampagne gehabt, sondern eine zweimonatige Beziehung gepflegt hätten. Nach nur zwei Tagen legte Miller sein Amt nieder. Das sollte sich als eine weise Entscheidung herausstellen, denn das war noch nicht alles.

Um das alleinige Sorgerecht für den gemeinsamen Sohn zu erkämpfen, gab Delgado zudem zu Protokoll, dass Miller eine Affäre mit einer Striptease-Tänzerin gehabt habe, die er in einem Stripclub in Orlando kennengelernt habe. Als diese schwanger geworden sei, habe er ihr heimlich eine Abtreibungspille in einem Getränk verabreicht. Die Frau behauptete daraufhin, dass diese Tablette ihre Schwangerschaft beendet und fast ihren Tod verursacht hätte. Anschließend habe die Frau die Mitarbeiter von den Politikern kontaktiert, mit denen Miller den Stripclub aufgesucht hatte. Panisch habe Miller daraufhin versucht, die Frau zur Unterzeichnung einer Verschwiegenheitserklärung zu bringen. Miller bestritt auch diese Anschuldigungen. Im Rahmen der öffentlichen Schlammschlacht wurden auch noch die Anschuldigungen zweier weiterer Frauen bekannt, die Miller gewalttätiger Angriffe bezichtigten, die jedoch bisher nicht bewiesen wurden. Nachdem Twitter Donald Trump nach dem Sturm auf das Kapitol am 6. Januar 2021 verbannt hatte, gründete Miller Mitte 2021 die

Twitter-ähnliche rechtsgerichtete Social-Media-Plattform Gettr, auf der besonders viele rassistische, antisemitische und terroristische Inhalte verbreitet werden.[227] [228] [229] [230]

Ein weiterer Favorit der Republikaner ist Herschel Walker, der als republikanischer Kandidat in Georgia für den Senat kandidiert. Der Afroamerikaner Walker ist ein ehemaliger Footballspieler. Das finden Republikaner schon einmal sehr männlich. Im Rahmen seiner Kampagne machte er sich insbesondere für die Rolle von Vätern im Leben ihrer Kinder stark. Väter, insbesondere afroamerikanische, die sich nicht um ihre Kinder kümmerten, kritisierte er lauthals. Solche Väter seien ein Riesenproblem. Die Vernachlässigung von Kindern durch ihre Väter verglich er mit Familientrennungen während der Sklaverei. Männer müssten sich manchmal von ihren Frauen trennen, aber deswegen dürfte man doch nicht sein Kind verlassen. Dann rühmte er sich damit, wie ein Vater für viele junge Menschen in seinem Heimatstaat Georgia gewesen zu sein. Schwarze Leistungssportler forderte er auf, nicht die Black-Lives-Matter-Bewegung zu unterstützen, sondern lieber eine Vaterfigur für Kinder zu werden, die im Leben benachteiligt seien. Auch das gefiel den Republikanern.

Dann stellte sich allerdings heraus, dass er nicht ein, nicht zwei, sondern gleich drei Kinder gezeugt hatte, mit denen er keinerlei Kontakt pflegte. So hatte er einen zehnjährigen Sohn, dessen Mutter ihn nach der Geburt auf Unterhalt verklagt hatte. Kurz danach stellte sich heraus, dass er auch noch einen zweiten »inoffiziellen« Sohn, nunmehr 13 Jahre alt, sowie eine mittlerweile erwachsene Tochter gezeugt hatte. Seinen ältesten, »offiziellen« Sohn Christian, 22, hatte er oft zum Gegenstand seiner Kampagne gemacht.

Walker hat es mit der Wahrheit in der Vergangenheit im Allgemeinen nicht immer sonderlich genau genommen. So deckte sich seine Kinderschar nicht mit seiner, in der populären *Howard Stern Show* gemachten Behauptung, dass er in seinem Leben nur mit zwei Frauen Geschlechtsverkehr gehabt hätte. Ferner hatte er fälschlicherweise behauptet, über einen Collegeabschluss zu verfügen, und nicht nur das, sondern auch noch zum 1 Prozent der besten Absolventen zu gehören. Seine Behauptung, bei der Polizei und beim FBI in Quantico gearbeitet zu haben, war ebenfalls unzutreffend. Dafür gab es aber eine Reihe von Polizeiberichten, gemäß denen mehrere Frauen Gewaltakte zur Anzeige gebracht hatten. Über seine Lügen hatte er auch noch gelogen, aber das würde hier zu weit führen.

In seiner 2008 erschienenen Autobiographie berichtete er, dass er mit »Dissociative Identity Disorder« diagnostiziert worden sei und mehrere Persönlichkeiten besäße. Das könnte möglicherweise einiges erklären, wenn diese Diagnose nicht durch seinen Therapeuten Dr. Jerry Mungadze erfolgt wäre. Denn abgesehen davon, dass dieser über keinen medizinischen Abschluss verfügt, behauptete er, dass »Dissociative Identity Disorder« durch satanische Dämonen verursacht würde. Mungadze wendet auch dubiose Diagnostik und Therapien an, wie unter anderem Konversionstherapie für Homosexuelle.[231] [232] [233] [234]

Ein Klassiker ist auch die Geschichte des übereifrigen Sonderermittlers und Moralapostels Ken Starr, der seinerzeit die Ermittlungen gegen Präsident Bill Clinton geführt hatte, bei denen es auch um dessen Affäre mit Monica Lewinsky gegangen war. In einem 2021 auf Medium veröffentlichten Beitrag berichtete seine ehemalige Beraterin Judi Hershman über ihre damalige Affäre mit Starr. Und nicht nur das. Dieser habe als Rechtsanwalt des verurteilten Kinderschänders und Menschenhändlers Jeffrey Epstein einen besonders günstigen Vergleich für diesen ausgehandelt, seine Beziehungen zu dessen Schutz spielen lassen und Druck auf das Justizministerium ausgeübt, den Fall einzustellen.[235] [236]

Der Schutz der Kinder

Der Schutz der Kinder ist Republikanern heilig, insbesondere wenn man diesen Schutz auch noch als politische Waffe gegen seine politischen Gegner einsetzen kann. Wie bereits in Kapitel 3 im Abschnitt »Alternative Fakten« erläutert, beschuldigen Republikaner mittlerweile jeden, der ihrer Agenda im Weg steht, der Pädophilie. So bezeichnete die vom Rang her dritthöchste Republikanerin im Kongress, Elise Stefanik, die Biden-Administration und die demokratischen Kongressabgeordneten in einem Tweet als pädophile Schmarotzer.[237] [238] Marjorie Taylor Greene, die QAnon-affine republikanische Abgeordnete aus Georgia, nannte drei ihrer republikanischen Kollegen, Mitt Romney, Susan Collins und Lisa Murkowksi,

Pädophilie-Befürworter, weil diese für die Berufung der Afroamerikanerin Ketanji Brown Jackson zur Richterin am Supreme Court gestimmt hatten. Brown hatte in ihrer bisherigen Laufbahn als Richterin nach Auffassung Greenes zu milde Strafen gegen Verbrecher im Zusammenhang mit Kinderpornographie verhängt.[239]

Auch um Verallgemeinerungen sind Republikaner nie verlegen. So ließ der bekannte republikanische Autor und Aktivist David Mamet auf Fox News verlauten, dass Lehrer generell zu Pädophilie neigten, besonders männliche, weil die triebgesteuert seien.[240] Der texanische Pastor Dillon Awes der Stedfast Baptist Church behauptete übrigens, dass alle Homosexuellen pädophil seien und durch einen Kopfschuss getötet werden sollten. Das stünde schon so in der Bibel.[241]

Pädophilie ist mittlerweile zu einem, wenn auch inoffiziellen, Programmpunkt im republikanischen Parteiprogramm geworden. Denn zahllose Republikaner instrumentalisieren den Vorwurf des Kindesmissbrauchs als Allzweckwaffe gegen die Demokraten. Während dieses Vorgehen vormals dem rechten Rand vorbehalten war, hat es nunmehr Eingang in den Mainstream gefunden. Ohne jegliche Beweise erheben Republikaner die schlimmsten Anschuldigungen, die man machen kann. Das Praktische daran ist, dass die Dämonisierung des politischen Gegners eine sachliche Auseinandersetzung mit dessen Argumenten überflüssig macht, denn ist jemand ein abgrundtief schlechter Mensch, dann ist alles, was dieser sagt und tut, automatisch schlecht. Immer mehr republikanische Politiker bedienen sich der QAnon-Verschwörungstheorie, deren Verbreitungskanäle effiziente Multiplikationsmechanismen sind. Dabei verschwimmen die Grenzen zwischen Realität und Fiktion, was jedem Betrachter die Möglichkeit einräumt, zu glauben, was er will.

Der Psychologieprofessor Jim Kline erklärt in diesem Zusammenhang, dass Ungewissheit der Nährboden für Verschwörungstheorien sei, denn soziale Umbrüche hätten das Potenzial, Hysterien auszulösen sowie kritisches und logisches Denken auszuschalten. QAnon-Autoren hätten sich gesellschaftliche Ängste zu Nutze gemacht und diese auf bestimmte »Übeltäter« gelenkt. Nach Auffassung vieler eher konservativ veranlagter Menschen hätten Globalisierung und Technologisierung zu einem Verfall der Gesellschaftsstruktur geführt und den Zusammenhalt von Familien geschwächt. Ihre Ängste bezögen sich vor allem auch auf den Verfall traditioneller Geschlechterrollen. Ab den siebziger Jahren seien immer mehr Frauen einer Erwerbstätigkeit nachgegangen, anstatt als Hausfrau zu Hause zu bleiben. Diese Entwicklung bedrohe das patriarchalisch organisierte Familienkonstrukt. Auf einmal hätten Frauen zusätzlich zur reproduktiven auch wirtschaftliche Freiheit gehabt. Kindertagesstätten seien für Kritiker zu einer Manifestation des Feminismus und einem Symbol der Zerrissenheit von Familien geworden.[242]

Das war aus dieser Sicht schon alles schlimm genug, aber dass in den letzten Jahren auch noch eine wachsende Akzeptanz von Homosexuellen und Transgender-Menschen hinzukam, die den traditionellen Familienbegriff immer weiter verwässerte, hat für die Konservativen das Fass zum Überlaufen gebracht. In ihren Augen war dies ein Sieg der Linken im Kampf um die kulturelle Vorherrschaft.

Zur Mobilisierung ihrer »Gegenrevolution« nutzen die Rechten neben der direkten Beschuldigung der Pädophilie auch die des »Grooming«. Der Ausdruck des »Grooming« bedeutet, dass sich pädophil veranlagte Erwachsene hinterrücks das Vertrauen von Kindern erschleichen, um sie auf den nachfolgenden sexuellen Missbrauch vorzubereiten. Wo Beschuldigungen der Pädophilie nicht greifen können, unterstellen die Republikaner den Demokraten das »Grooming«. So schürt der republikanische Gouverneur Floridas, Ron DeSantis, ganz bewusst die Ängste von Eltern durch die Behauptung, dass Kinder im Kindergarten und der Schule sexualisiert und indoktriniert würden. Fox fachte das Feuer der Empörung weiter an und stellte sicher, dass es sich in der Bevölkerung verbreitete. Um die Sexualisierung der Kinder zu verhindern, ließ er ein Gesetz verabschieden, das Diskussionen über sexuelle Orientierung und geschlechtliche Identität an Schulen bis zur dritten Klasse verbietet. Sofort brandeten Rechte das Gesetz lobend als ein kinderschützendes »Anti-Grooming«-Gesetz. Kritiker tauften das Verbot »Don't Say Gay«-Gesetz, »Sag nicht schwul«-Gesetz. Sie fürchten, dass das Gesetz der Diskriminierung und dem Mobbing von LGBTQ-Kindern und -Jugendlichen Vorschub leisten könnte.

Als Disney aufgrund von Protesten seiner Arbeitnehmer die Aufhebung des Gesetzes forderte, fielen die Fox-Moderatoren über das Unternehmen her und bezichtigten es, schon Kleinkinder zu sexualisieren. Disneys potenzielle Einführung von LGBTQ-Figuren verglich der Fox-Moderator Tucker Carlson mit dem Verhalten von Sexualstraftätern, denn normale Menschen sexualisierten keine Kinder. Auch die Fox-Moderatorin Laura Ingraham warf Disney »Grooming« vor.

Nach dem Motto Angriff ist die beste Verteidigung bauten die Ultrakonservativen mit ihren Argumenten so weit vor, dass jeder, der sich für die Rechte von LGBTQ-Menschen ausspricht, automatisch entweder selbst als Pädophiler anzusehen ist, zum Komplizen oder mindestens zum Sympathisanten wird. So werden die Kritiker der Konservativen in die Defensive gedrängt und mundtot gemacht, weil sich jeder Kritiker der Republikaner dem Verdacht aussetzt, selbst pädophil zu sein. Während Verschwörungstheorien meist nur eine überschaubare Elite als Täter stilisieren, können mittels der »Grooming«-Unterstellung direkt ganze Teile der Bevölkerung dämonisiert werden.

Natürlich sind Ängste vor Kindesmissbrauch berechtigt, wie der Jeffrey-Epstein-Skandal, die zahlreichen in Kirchen vorgefallenen Missbrauchsfälle und das generell gestiegene Ausmaß von Kindesmissbrauch zeigen. Aber den Konservativen geht es nicht um den Schutz von Kindern, sondern um die Ausweitung ihrer Macht. Der Ahndung von tatsächlichem Kindesmissbrauch erweisen sie damit keinen Dienst, denn mit dem ständigen haltlosen und inflationären Gebrauch des Begriffs unterminieren sie den Kampf gegen Kindesmissbrauch.

Und wenn Republikaner wahllos und unbegründet Demokraten mit dem Vorwurf des Kindesmissbrauchs verleumden, dann ist es nur fair hervorzuheben, dass die Zahl der von Republikanern begangenen Grooming- und Kindesmissbrauchstaten die von Demokraten begangenen deutlich übertrifft.

Der Trump-Verbündete Matt Gaetz soll im Rahmen von Menschenhandel regelmäßig Minderjährige gegen Geldzahlungen missbraucht haben. Obwohl die Beweislast erdrückend erscheint, tut sich in dem Fall augenscheinlich nichts. Das könnte auch daran liegen, dass Gaetz im Justizausschuss des Repräsentantenhauses sitzt, und damit in dem Gremium, das derzeit gegen ihn ermittelt. Kevin McCarthy, der Anführer der republikanischen Minderheit im Repräsentantenhaus, kündigte an, Gaetz in dem

Ausschuss zu belassen, es sei denn, es werde Anklage gegen ihn erhoben, weil auch für Gaetz die Unschuldsvermutung gelte.

Der ehemalige Trump-Berater George Nader wurde 2020 zu zehn Jahren Gefängnis wegen Kindesmissbrauch und Besitz von Kinderpornographie verurteilt. Er war in der Vergangenheit bereits mehrmals wegen Kindesmissbrauchs verurteilt worden.[243]

Im Midterm-Wahlkampf 2018 machte der republikanische Senatskandidat in Alabama, Roy Moore, Schlagzeilen. Er wurde glaubhaft beschuldigt, Mädchen im Alter von 14 und 16 Jahren missbraucht zu haben. Trump verteidigte Moore.

Der ehemalige republikanische Senator des Bundesstaates Oklahoma Ralph Shortey wurde 2018 wegen Kindesmissbrauch und Menschenhandel zu 15 Jahren Haft verurteilt.[244]

Im April 2020 wurde ein republikanischer Senatsmitarbeiter, Ruben Verastigui, zu zwölf Jahren Haft wegen der Beschaffung von Kinderpornographie verurteilt.[245]

Der republikanische Parteistratege Anton Lazzaro wurde 2021 wegen Missbrauch Minderjähriger angeklagt. [246]

2022 kündigte der am längsten amtierende Senator des Parlaments von North Dakota, der 79-jährige Ray Holmberg, seinen Rücktritt an, nachdem bekannt wurde, dass er Textnachrichten mit einem Mann ausgetauscht hatte, der wegen Kinderpornographie-Delikten in Untersuchungshaft sitzt. Holmberg behauptete, dass es lediglich um Handwerksarbeiten gegangen wäre. Die Textnachrichten seien jedoch leider alle spurlos verschwunden.[247]

Schlagzeilen hatte ebenfalls der ehemalige Abgeordnete Dennis Hastert gemacht, der der am längsten amtierende republikanische Sprecher des Repräsentantenhauses war. Er hatte zahlreiche minderjährige Jungen missbraucht und ihnen nachfolgend Schweigegeldzahlungen geleistet.

Auch der einflussreiche ultrakonservative, homosexuelle Influencer und Trump-Unterstützer Milo Yiannopoulos scheint mit Sex mit Minderjährigen eher weniger Probleme zu haben. In einem Video-Livestream sagte er, dass dieser ganze Kindesmissbrauchskram total übertrieben sei, die Altersgrenze für eine Zustimmung völlig willkürlich gewählt sei und die Minderjährigen unterdrücke. Nach einem öffentlichen Aufschrei legte

Yiannopoulos sein Amt als Herausgeber der rechtskonservativen Internetplattform Breitbart nieder.[248]

Eine der führenden Figuren der QAnon-Szene, Jim Watkins, ist für Kinderpornographie ebenfalls aufgeschlossen. Der Betreiber von 8chan ist ein auf den Philippinen ansässiger Internetforum-Unternehmer, der QAnon-Posts regelmäßig Vorschub leistet und ihre Verbreitung sicherstellt. Auf der 8chan-Plattform wurde wiederholt kinderpornographisches Material eingestellt. In bestimmten Kanälen, wie »Pink«, waren diese ganz besonders verbreitet. Auf Hinweise von Moderatoren, die versuchten, die Verbreitung dieser Inhalte zu stoppen, reagierte Watkins gar nicht oder nur zögernd.[249]

Nicht unerwähnt bleiben soll, dass Donald Trump wiederholt in die Umkleidekabinen der Kandidatinnen seiner Schönheitswettbewerbe eingedrungen ist. Zahlreiche Teilnehmerinnen waren minderjährig und beschwerten sich später. Trump selbst prahlte in einer Radiosendung damit, als Veranstalter einfach die Garderoben betreten zu können, um sich die Mädchen anzuschauen.

Laut dem Autor Michael Wolff plante Trump übrigens, die wegen Kindesmissbrauch zu 20 Jahren Haft verurteilte Ghislaine Maxwell zu begnadigen, weil er Angst davor hatte, dass sie etwas über ihn verraten könne. Ungeheuerlicherweise hatte er ihr während ihres Prozesses als Präsident öffentlich viel Glück gewünscht.[250]

Man könnte noch zahllose weitere Fälle aufzählen. Sie alle sind in Gerichtsakten und Medien verewigt. Republikaner scheinen zu projizieren: Jede Anschuldigung ist ein Geständnis. Und wenn Joe Biden nicht nur ein angeblicher Wahlbetrüger, sondern sogar ein Pädophiler ist, dann kommt es ja einem Akt der Notwehr gleich, sich seiner mit allen Mitteln, einschließlich Lügen, zu entledigen.

Der Schutz des Lebens

Für die Republikaner ist das Leben unantastbar. Das gilt allerdings nur bis zum Zeitpunkt der Geburt. Danach überlassen sie das Leben dem sozialdarwinistischen Überlebenskampf. So sind Republikaner gegen eine allgemeine Krankenversicherung, freie Schwangerschaftsvorsorgeuntersuchungen, sperren sich gegen Maßnahmen für erschwingliche Kindertagesstätten und torpedieren jegliche Einschränkungen des Waffenrechts ungeachtet der Schusswaffen-Massaker an Schulen. Für die Verhängung der Todesstrafe hegen sie typischerweise eine makabre Begeisterung.

Die *Roe v. Wade*-Entscheidung, mit der der Supreme Court das Recht auf Schwangerschaftsabbrüche gekippt hat, war ein politischer Triumph für die christlichen Republikaner. Vorher waren Abtreibungen bis zur Lebensfähigkeit des Fötus erlaubt. Wann Zellen zu einem menschlichen Wesen werden, ist in der Wissenschaft umstritten und wird in verschiedenen Religionen ganz unterschiedlich beurteilt.[251] Wissenschaftliche Erkenntnisse hatte der Supreme Court aber gar nicht erst zurate gezogen, denn für die rechten Richter war dies zuvörderst eine moralpolitische Frage. Deshalb soll es auch keine Ausnahmen in Fällen von Vergewaltigung und Inzest geben. Auf die Frage einer CNN-Moderatorin, ob ein zehnjähriges Mädchen, das von ihrem Vergewaltiger schwanger ist, dazu gezwungen werden solle, das Kind auszutragen, antwortete die republikanische Gouverneurin von South Dakota, Kristi Noem, dass man eine Tragödie nicht mit einer anderen perpetuieren könne. Der republikanische Gouverneur von Nebraska, Pete Ricketts, ist der Meinung, dass ein 13-jähriges Mädchen, das von seinem Vater vergewaltigt und geschwängert worden ist, das Kind austragen müsse. Flankierende Maßnahmen zur Unterstützung sozialer Notfälle oder Verschärfung der Pflichten von Vätern haben die Republikaner angesichts dieses Urteils übrigens nicht in Planung.

Um es ganz klar zu sagen: An dieser Stelle soll es nicht um eine ethische Bewertung von Schwangerschaftsabbrüchen gehen. Es gibt zahlreiche Gründe, diesen kritisch gegenüberzustehen. Entscheidend ist hier jedoch, dass Frauen diese Entscheidung in vielen Bundesstaaten und möglicherweise bald in den gesamten Vereinigten Staaten nicht mehr selbst vornehmen dürfen, sondern vom Staat gezwungen werden, Kinder auszutragen. Selbst wenn Mädchen im Kindesalter im Rahmen von Verbrechen geschwängert werden, haben die Eltern jetzt in einigen US-Bundesstaten keine Möglichkeit mehr, sich zusammen mit ihrem Kind für eine Abtreibung zu entscheiden. Im Gegenteil, im Falle einer Abtreibung kann das

Mädchen sogar wegen Mordes an ihrem Fötus und die Eltern der Beihilfe zum Mord angeklagt werden. Wohlhabende Republikanerinnen werden vermutlich Mittel und Wege finden, Abtreibungen vornehmen zu lassen, zur Not im Ausland. Frauen und Mädchen aus ärmeren Bevölkerungsschichten stehen diese Möglichkeiten nicht offen.

Da für nicht wenige religiöse Republikaner das Leben bereits *vor* der Empfängnis beginnt, sind schon Bemühungen im Gange, Verhütungsmittel zu verbieten, um den »Mord an Seelen« zu verhindern.[252]

Und wo wir schon über Moral sprechen: In 16 Bundesstaaten ist übrigens Sodomie, das heißt Sexualakte, die nicht der Fortpflanzung dienen, verboten.[253] [254] Dieses Verbot erstreckt sich auch auf verheiratete Paare. Der Generalstaatsanwalt von Texas, Ken Paxton, hat bereits seine Unterstützung für die Wiedereinführung eines solchen Verbots in Texas signalisiert.[255] Der texanische Senator Ted Cruz hatte in der Vergangenheit nichts Besseres zu tun, als sich vehement für das Verbot von »Sexspielzeug« einzusetzen. Wie die republikanischen Politiker, die sonst so militant gegen die Einmischung des Staates in Privatangelegenheiten sind, die Vorgänge in den Schlafzimmern ihrer Bürger kontrollieren wollen, bleibt ihr Geheimnis.

Wie bereits erläutert, ist es mit den christlichen Familienwerten der Republikaner in vielen Fällen nicht so weit her. Mit skandalösen Vorfällen bei gleichzeitig heuchlerischem und scheinheiligem Gebaren könnte man ganze Buchbände füllen. Donald Trump ist ein repräsentatives, leuchtendes Beispiel. Er ist mittlerweile bei seiner dritten Ehefrau angelangt, hat mit der jeweils letzten die vorherige betrogen, hat fünf Kinder von drei Frauen und hat seine gegenwärtige Frau kurz nach der Geburt des gemeinsamen Sohnes mit einer Pornodarstellerin betrogen, der er nachher Schweigegeld zahlte. Und dies war nur eine Affäre von vielen. Hinzu kommen die glaubhaften Anschuldigungen von 26 Frauen gegen Trump wegen sexueller Belästigung, bis hin zu Vergewaltigung. Er selbst hat – davon gibt es einen Tonmitschnitt – gegenüber einem Fernsehmoderator geäußert, dass man als Prominenter, druckfähig ausgedrückt, jeder Frau zwischen die Beine greifen könne.

Das »Ende der Männer«: Die Testosteronkrise

Die republikanische Renaissance der Männlichkeit

Eines der dringendsten Anliegen der Republikaner ist die Wiederherstellung der traditionellen Geschlechterrollen von Mann und Frau. Dazu gehört vor allem die Wiederherstellung weißer, männlicher Macht in der Gesellschaft. 60 Prozent der Republikaner sind der Auffassung, dass die Gesellschaft Männer dafür bestrafe, wenn sie sich wie Männer benähmen, und 63 Prozent finden, dass die Gesellschaft zu verweichlicht und feminin geworden sei.[256] So lautet denn auch ein bedeutsamer Punkt im Programm des republikanischen Senators Rick Scott für seine Partei: »Männer sind Männer und Frauen sind Frauen.«

Die Identitätskrise, in der sich konservative Männer befinden, nimmt zum Teil groteske Formen an. Einer der einflussreichsten Rechten, der Talkshow-Moderator Tucker Carlson von Fox News, ist geradezu besessen von diesem Thema. Er hat eine »Dokumentar-Serie« mit dem apokalyptischen Titel *The End of Men* herausgebracht. Bei der Vorstellung des Trailers erläuterte Carlson einleitend, dass eines der wichtigsten Themen unserer Zeit der totale Zusammenbruch der Testosteronspiegel bei amerikanischen Männern sei. Im Film sind zahlreiche leicht bekleidete, muskulöse Männer zu sehen, die miteinander ringen und kraftvollen Aktivitäten wie Holzhacken nachgehen. Vor dramatischer Also-sprach-Zarathustra-Musik warnt eine männliche Stimme, dass es sehr hart werde, wenn die Gesellschaft zusammenbreche. Dieser Zusammenbruch werde dann aber auch Männer hervorbringen, die hart gesotten seien und aufgrund ihrer Stärke überleben würden. Und nicht nur das, sie würden auch die Ordnung wieder herstellen. Gekrönt wird der Trailer durch eine Szene, in der ein nackter, weißer Mann in der Abenddämmerung mit gespreizten Beinen und ausgestreckten Armen vor einem Apparat steht, der rotes Licht auf seinen Intimbereich strahlt. Diese sogenannte »testicle tanning machine«, also Hoden-Sonnenbank, erhöhe den Testosteronspiegel und die Spermienproduktion. Mediziner haben diese Behauptung als abwegig verworfen.[257] Viktor Orbán wird im Film als starker Mann dargestellt, genauso wie die Männer, die das Kapitol am 6. Januar 2021 erstürmt haben.[258] Für die pseudowissenschaftlichen Erläuterungen ist Robert Kennedy Jr. zuständig, ein notorischer Verschwörungstheoretiker, der Coronaschutzmaßnahmen mit Methoden des NS-Regimes verglichen hat.

Der satirisch anmutende Clip löste eine Lawine höchst amüsanter Kommentare in den Sozialen Medien aus, beispielsweise dass die homoerotischen Bilder die perfekte Werbung für die Schwulen-Dating-App Grindr seien. Der republikanische Abgeordnete Adam Kinzinger tweetete, dass Carlson offenbar eine Vorliebe für Männer mit nacktem Oberkörper hege, was seine Begeisterung für Wladimir Putin erklären würde. Die faschistische Bildsprache und das faschistische Gedankengut in dem Video sind offensichtlich. Carlson gehört auch zu den Anhängern der »Great Replacement Theory« und fällt regelmäßig durch sexistische und frauenfeindliche Äußerungen auf.

Für eine Renaissance der Männlichkeit in Amerika setzt sich auch der republikanische Senator Josh Hawley aus Missouri ein. In einer Rede auf der National Conservatism Conference Ende 2021 lamentierte er, dass die Demokraten gezielt und mit alarmierendem Erfolg klassische Männlichkeit zerstören wollten. Männer würden weniger arbeiten, seltener heiraten und immer weniger Kinder bekommen. Darüber hinaus litten sie an Angstzuständen und Depressionen und würden in Alkohol und Drogen Zuflucht suchen. Die Demokraten diskreditierten traditionelle männliche Tugenden wie Wagemut, Unabhängigkeit und Durchsetzungsvermögen als toxisch. Dass die USA mittlerweile Vollbeschäftigung erreicht und neue sozialpolitische Maßnahmen zur Stärkung von Familien eingeführt haben, bleibt in Hawleys abwegiger Argumentation unbeachtet. Übrigens berichten Hawleys ehemalige Kommilitonen, dass dieser während seines Studiums an der Stanford University das Poster eines äußerst attraktiven und muskulösen Mannes mit nacktem Oberkörper über seinem Bett aufgehängt hatte. Irgendwie scheinen die Republikaner es mit nackten Oberkörpern zu haben.[259]

Der republikanische Abgeordnete Madison Cawthorn setzt sich ebenfalls für den Männlichkeitskult ein. Die Demokraten wollten junge Männer entmannen, so Cawthorn, um sie zu unterdrücken. In einem Video rief er Mütter dazu auf, ihre Söhne zu »Monstern« zu erziehen. Im Nachgang gelangten übrigens Fotos von Cawthorn in Damenunterwäsche und ein

Video, das ihn in einem homosexuellen Akt zeigt, an die Öffentlichkeit. So viel zu seiner klassischen Männlichkeit.

Wer glaubt, Nachhilfe in Männlichkeit zu benötigen, der kann »Männlichkeits-Unterricht« nehmen. Der Kurs des Gurus der Rechten, Jack Murphy, mit bürgerlichem Namen John Goldman, ist allerdings nicht unbedingt zu empfehlen, denn der schlägt zur Lösung der Männlichkeitsprobleme unter anderem die Vergewaltigung von Feministinnen vor.[260]

Auch beim Männlichkeitsunterricht des Pastors Jesse Lee Peterson, einem Star in der Mannosphäre-Bewegung, scheint Vorsicht angebracht zu sein. Dieser hat sich bereits in diversen Foren durch frauenfeindliche Kommentare hervorgetan und erklärt, dass es einer der größten Fehler Amerikas sei, Frauen das Wahlrecht gegeben zu haben. Gegen die LGBTQ-Bewegung scheint er große Abneigung zu hegen. Pride-Paraden, so Peterson, seien die Saat Satans. Bei seinen Hasstiraden schlug sich der Afroamerikaner auf die Seite von weißen Rechten und schreckte dabei nicht vor rassistischen Äußerungen zurück. Jungen Männern erteilte er Männlichkeitsunterricht. Zwei seiner Kollegen behaupteten kürzlich in Interviews mit *Church Militant*, einer rechtsradikalen katholischen Website, dass Peterson mit ihnen und anderen Mitgliedern der Kirche sexuelle Kontakte gepflegt habe.[261]

Mit den Werten, die die klassischen amerikanischen Helden in Film, Fernsehen und Literatur über die vergangenen Jahrzehnte verkörpert haben, hat das Leitbild der Republikaner kaum etwas gemein. Anständigkeit, Aufrichtigkeit, der Schutz von Schwächeren, die Übernahme von Verantwortung für Fehler – das war gestern. Heute zählen Aggression, Durchsetzungsfähigkeit und Rücksichtslosigkeit.

Es ist verblüffend, dass ausgerechnet Trump für die reaktionären Rechten der Inbegriff von Männlichkeit ist. Trump verfügt weder über Rückgrat noch über Integrität. Er wurde mit einem silbernen Löffel geboren, ist übergewichtig, unsportlich, hat sich vor dem Wehrdienst gedrückt, braucht endlos viel Zeit und Haarspray für seine kuriose Frisur und trägt dickes Make-up. Seine Frauen betrog er am laufenden Band und beruflich schlitterte er von einer Pleite in die nächste. Stets jammert er darüber, wie ungerecht er behandelt würde. Totalitären Herrschern gegenüber, wie Wladimir Putin, Kim Jong Un und dem saudischen Kronprinzen, gibt er sich unterwürfig.

Als opportunes Mittel zur Beeinflussung der öffentlichen Meinung kidnappen zunehmend mehr Republikaner die christliche Religion, auch um das gewünschte Männlichkeits-Narrativ zu formen. Kristin Du Mez ist Professorin an der Calvin-Universität und beschreibt in ihrem Buch *Jesus and John Wayne: How White Evangelicals Corrupted a Faith and Fractured a Nation* das vom weißen Evangelikalismus geprägte Männlichkeitsbild. Das patriarchalische Männlichkeitsbild ist demnach geprägt von Rücksichtslosigkeit und Kampf. Seine Wurzeln hat es im Kalten Krieg, in dem Prediger wie Billy Graham verkündeten, dass wir starke Männer bräuchten, um das Christentum, Familie und das Land zu verteidigen. Genau dafür habe Gott Männer mit Testosteron ausgestattet. Dieses Testosteron führe allerdings auch dazu, dass Männer einen aggressiven Sexualtrieb hätten. Es sei Aufgabe der Frauen, Männer nicht in Versuchung zu führen und ihre Reinheit zu schützen. Aufgrund dieser Doktrin wurde, so Du Mez, in zahlreichen Missbrauchsfällen die Schuld den Frauen und Mädchen gegeben. Über rechte Medien wie Talk-Radio, Fox News und Newsmax haben weiße evangelikale Christen mit diesen Werten große Teile der Gesellschaft nachhaltig beeinflusst.[262]

Das republikanische Frauenbild

Das republikanische Frauenbild ist schnell erklärt: Frauen sollen sich in ihre von Gott vorgegebene Rolle als Mutter und Hausfrau fügen und Männern gebührenden Respekt erweisen.

In einer republikanischen Vorwahldebatte 2015 stellte die Moderatorin Megyn Kelly in einer rhetorischen Frage an Trump fest, dass dieser Frauen unter anderem als »fette Schweine«, »Schlampen«, »ekelhafte Bestien« und »Köter« bezeichnet hatte. Knapp ein Jahr später gelangte der »Pussy grabbing«-Tonmitschnitt an die Öffentlichkeit, und die Anschuldigungen von dutzenden Frauen, die Trump glaubhaft der sexuellen Belästigung beschuldigten, kamen hinzu. Anstatt die Beschuldigungen zu bestreiten, wischte Trump diese gelassen mit der Andeutung vom Tisch, dass diese Frauen viel zu hässlich seien, als dass er sich mit ihnen abgegeben hätte. Die Renaissance von Versuchen, Frauen herabzuwürdigen und sexuelle Gewalt zu legitimieren, ist ein globales Phänomen. So behauptete der brasilianische Präsident Jair Bolsonaro, dass die Politikerin Maria do Rosário eine Vergewaltigung nicht wert sei, weil sie viel zu hässlich sei. Auch der Präsident der Philippinen, Rodrigo Duterte, tut sich regelmäßig durch frauenfeindliche Äußerungen hervor. Einmal »scherzte« er über die Gruppenvergewaltigung und den anschließenden Mord an einer australischen Missionarin, sie sei sehr hübsch gewesen und deswegen hätte er als Erster dran sein sollen, weil er zu der Zeit Bürgermeister der Stadt gewesen sei. Dass die meisten männlichen republikanischen Wähler kein Problem mit der Frauenfeindlichkeit Trumps hatten, bezeugt die Tatsache, dass 53 Prozent von ihnen (und 62 Prozent der weißen Männer) 2016 für ihn gestimmt haben.[263] Zweifelsohne war die Frauenfeindlichkeit unter Republikanern auch schon vor Trump weit verbreitet, aber er hat die Grenzen des Sagbaren noch einmal deutlich ausgeweitet und ihr Legitimation verliehen.

In einem Artikel in der *Financial Times* mit dem Titel »Sex, violence and the rise of populism« arbeitet Gideon Rachman die tief sitzende Wut der Männer heraus, die die Polarisierung noch weiter befeuert habe. Traditionelle Geschlechterrollen seien in Frage gestellt worden, was dazu geführt habe, dass viele Männer einen Macht- und Statusverlust befürchteten. Deshalb frohlockten sie insgeheim über die Tabubrüche von Donald Trump.[264]

Auch Wade Davis, Professor an der University of British Columbia und einer der bekanntesten Anthropologen der Welt, war überrascht über das extrem frauenfeindliche Feedback auf seinen Artikel in *Rolling Stone* über die Auswirkungen der Coronapandemie und den gesellschaftlichen Verfall Amerikas.[265] Davis führt dies auf die tiefgreifenden Veränderungen, die im Rahmen der Globalisierung in sehr kurzer Zeit erfolgt seien und die Arbeiterklasse zerstört hätten, zurück. Dies habe die Menschen zutiefst verunsichert. In der Frauenbewegung sähen die Männer nicht die Vorteile für ihre Töchter, sondern die Nachteile, die die Globalisierung gebracht habe.[266]

Mittlerweile gibt es ein ganzes Universum verschiedenster Gruppen von Männern, die sich unterdrückt wähnen und sich in der »Mannosphäre« (*manosphere*) zu einer Männerrechtsbewegung zusammengeschlossen haben. Der Politikwissenschaftler und Aktivist Warren Farrell wird gemeinhin als Vater dieser Bewegung angesehen. Die Splittergruppen, die sich überwiegend im Internet organisieren, sind unübersichtlich, aber dazu gehören Fathers' Manifesto, A Voice for Men, Register-Her.com, National Coalition for Men, Fathers 4 Justice, Red pill, Pickup Artists, Anti-Slut Defense, Incel, PUAHate, 4chan, 8chan, Subreddit, Honey Badger Brigade, Mangina, Social Justice Warrior und Men Going Their Own Way.[267]

Einige dieser Gruppierungen stellen aufgrund ihrer großen Frauenfeindlichkeit und ihres Extremismus eine zunehmende Gefahr für die Gesellschaft dar. Hierzu gehören insbesondere die Incels (*Involuntary celibate*), die laut eines Reports des Secret Service aus dem Frühjahr 2022 eine wachsende Terrorismusgefahr darstellen. Männer, die sich zu den Incels zählen, leben unfreiwillig keusch, weil es ihnen nicht gelingt, Beziehungen mit Frauen einzugehen. Obwohl weißen Männern in der Gesellschaft die Vorherrschaft zustünde, verfügten Frauen im Weltbild der Incels über zu viel Macht. Dieser empfundene Missstand führt zu Hass gegen Frauen, der sich häufig in Gewalt ausdrückt. Von Incels verübte Gewalttaten, wie Massaker an Schulen und frauenfeindlich motivierte Morde, haben die Aufmerksamkeit von Regierungsbehörden und Wissenschaftlern auf sich gezogen.

Ein Beispiel hierfür ist der Fall des 40-jährigen Scott Beierle, der 2018 in einem Yogastudio in Tallahassee, Florida, zwei Frauen und dann sich selbst erschoss. Im Rahmen der Untersuchungen traten schockierende Tatsachen zutage. Über einen langen Zeitraum hatte er im Internet frauenfeindliche, rassistische und homophobe Kommentare veröffentlicht und war sexueller Übergriffe beschuldigt worden. Laut dem Bericht zeigt das Verhaltensmuster von Beierle die besondere Bedrohung durch frauenfeindlichen Extremismus.[268]

Starke Frauen mögen republikanische Männer Trumpscher Prägung eher weniger, denn eine Frau, die gut ausgebildet und wirtschaftlich unabhängig ist, ist schwerer zu unterwerfen. Welches Frauenbild Republikaner haben, zeigt sich immer wieder an ihren unverhohlenen Äußerungen.

Lawrence Lockman, ehemals republikanisches Mitglied des Repräsentantenhauses von Maine und Mitglied der Anti-Abtreibungsgruppe »Pro Life Education Association«, fragte, warum ein Mann nicht seine physische Überlegenheit zu einer Vergewaltigung nutzen sollte, wenn die Frau das Recht auf Abtreibung habe. Zumindest verursache das Handeln des

Vergewaltigers in den meisten Fällen keinen Tod.[269] Der republikanische Politiker Clayton Williams sinnierte, dass Vergewaltigung wie das Wetter sei, wenn man nichts dran ändern könne, solle man sich einfach entspannen und es genießen![270] Später erklärte er diesen Spruch zum Witz und entschuldigte sich. Der republikanische Aktivist Carl Paladino ist davon überzeugt, dass die Frauen, die Donald Trump des sexuellen Missbrauchs beschuldigt haben, diesen wahrscheinlich genossen hätten.[271] Larry Elder, republikanischer Gouverneurskandidat in Kalifornien, der auch Trumps Wahldiebstahl-Lüge unterstützt, ist der Auffassung, dass kluge Frauen Belästigung am Arbeitsplatz hinnehmen.[272] 2020 hatte er in einer Kolumne zum Besten gegeben, dass Frauen weniger von Politik, Wirtschaft und dem Tagesgeschehen verstünden.[273] Der ehemalige republikanische Abgeordnete Todd Akin aus Missouri antwortete auf die Frage, ob Abtreibung in Fällen von Vergewaltigung gerechtfertigt sei, dass »echte Vergewaltigungen« selten zu einer Schwangerschaft führten, denn bei einer echten Vergewaltigung habe der weibliche Körper Mechanismen, eine Schwangerschaft zu verhindern. Auf welchen wissenschaftlichen Erkenntnissen diese abenteuerliche Behauptung beruhte, verriet Akin nicht. Richard Mourdock, ein früherer republikanischer Senatskandidat aus Indiana, ließ verlauten, dass er lange über das Thema nachgedacht habe und zu dem Ergebnis gelangt sei, dass das Leben ein Geschenk Gottes sei. Und wenn Leben in so einer schrecklichen Situation wie Vergewaltigung entstehe, dann gehöre das eben zu Gottes Plan. Auf die Frage, wie er zu Abtreibung stehe, insbesondere wenn die Schwangerschaft das Ergebnis von Vergewaltigung oder Inzest sei, antwortete der ehemalige US-Senator von Pennsylvania, Rick Santorum, gegenüber CNN, dass eine Vergewaltigung mit anschließender Schwangerschaft natürlich schon irgendwie ziemlich schlimm sei, aber dass menschliches Leben ein Geschenk sei und man aus einer schlimmen Situation das Beste machen müsse. Nachdem der Supreme Court das Recht auf Abtreibung gekippt hatte, twitterte der republikanische Senatskandidat J.D. Vance, wer glaube, dass Muttersein schlecht für Frauen sei, es aber für erstrebenswert halte, dass Frauen ihre Existenz in einer 90-Stunden-Woche in einem Großraumbüro bei der *New York Times* oder Goldman Sachs verbrächten, der habe sich für dumm verkaufen lassen.[274]

Der skandalträchtige Republikaner Matt Gaetz bezeichnet Frauen, die sich für ein Recht auf Schwangerschaftsabbrüche einsetzen, als überstudierte Frauen, die keinen haben, der sie liebt, und die mit ihren Katzen allein vor der Mikrowelle sitzen, weil sie keine Internet-Dates abbekommen.[275] Darüber hinaus tat er sich auf einer Veranstaltung im Juli 2022 in Florida mit folgenden Äußerungen hervor: »Habt Ihr diese Pro-Abtreibungs-, Pro-Mord-Kundgebungen gesehen? Diese Leute sind einfach widerlich. Warum haben die Frauen mit der geringsten Wahrscheinlichkeit, schwanger zu werden, am meisten Angst, keine Abtreibung zu bekommen? Niemand will Euch schwängern, wenn Ihr wie ein fetter Daumen aussieht. Diese Leute sind innerlich wie äußerlich ekelhaft. Die sind 1,60 meter groß und wiegen 160 Kilo, und dann sagen sie, gib mir meine Abtreibung oder ich gehe demonstrieren. Demonstrieren gehen? ... Die sehen so aus, als würde ihnen etwas Bewegung guttun. Die sollten eine Stunde am Tag rumlaufen, die Arme schwingen, ihren Kreislauf in Schwung bringen, und vielleicht mal einen Salat essen.« Auf Nachfrage wiederholte er seine Aussagen nachfolgend gegenüber einer Reporterin.[276] Wie bereits erwähnt, wird gegen Gaetz wegen Sex mit Minderjährigen und Förderung der Prostitution Minderjähriger ermittelt.

Meinungsfreiheit: Der Kampf um die kulturelle Hegemonie

Der Kampf um die Kulturelle Hegemonie an Schulen

Die exklusive private Mädchenschule Spence ist auf der Upper East Side in Manhattan, nahe der Fifth Avenue, in zwei prachtvollen Gebäuden untergebracht. Viele Töchter der reichsten und berühmtesten Familien der Stadt haben die 1892 gegründete Schule besucht. Bereits die Industriellengattin Madeleine Astor, die später das Titanic-Schiffsunglück überleben sollte, absolvierte die Schule, genauso wie die Schauspielerin Gwyneth Paltrow und Georgina Bloomberg, die Tochter des Milliardärs und ehemaligen Bürgermeisters von New York, Michael Bloomberg. Auch zahlreiche andere Milliardäre und Wall-Street-Titanen haben ihrem Nachwuchs hier eine Topausbildung ermöglicht. Sie gehören zu New Yorks schillernder Elite, die gesellschaftliche Anerkennung und erfolgreiche Einflussnahme gewohnt ist.

John Paulson und seine Frau Jenny zählten auch dazu, bevor Paulson seine Frau nach 20 Jahren Ehe für ein 30 Jahre jüngeres Instagram-Fitnessmodel verließ. Paulson hatte in der Finanzkrise von 2008 ein Vermögen von 4 Milliarden Dollar verdient und wurde später Wirtschaftsberater von Präsident Trump. Da waren die jeweils 60 000 Dollar, die er jährlich für seine beiden Töchter, Giselle und Danielle, für das Privileg einer Spence-Ausbildung hinblätterte, Peanuts.

2017 aber hatten er und seine Ex-Frau Jenny ein Hühnchen mit der Schulleitung zu rupfen. Ihrer Auffassung nach war der Lehrplan darauf ausgerichtet, weiße Menschen in einem negativen Licht darzustellen und antiweiße Ideologien zu verbreiten. Ein Unterrichtstext habe beispielsweise den weißen Lehrer als ein gemeines, hässliches, rothaariges Monster beschrieben und der weiße Vater habe seine Tochter vergewaltigt. In einer anderen Geschichte mit dem Titel »Wenn Reiche Arme heiraten« habe sich der Protagonist erstaunt darüber geäußert, dass Reiche auch nett sein könnten. Die Unterrichtsmaterialien suggerierten, dass Weiße nur aufgrund ihrer Hautfarbe erfolgreich seien. Damit würde die Schule Kindern aber nicht die Werte beibringen, die Voraussetzung für Erfolg seien. Nach Ansicht der Paulsons stelle dies eine Indoktrinierung dar, die weiße Kinder zu unberechtigten Schuldgefühlen erziehe, in schwarzen Kinder Ressentiments schüre und Anspruchsdenken kultiviere. Die meisten erfolgreichen Menschen, die der gehobenen Gesellschaftsschicht entstammten, verfügten über einen stabilen Familienhintergrund, leisteten harte Arbeit und trügen persönlich Verantwortung. Ihre Töchter brächten gute Leistungen, weil sie diszipliniert seien und hart arbeiteten. Diversität könne auch ohne Verhetzung gegen Weiße gefördert werden. Wenn die Schule ihren Kurs nicht ändere, würden sie ihre großzügigen Spenden einstellen. Seither geriet die Schule wegen ähnlicher Vorfälle immer wieder in das Kreuzfeuer empörter Eltern.

Aber damit ist Spence nicht allein, auch in anderen Schulen keimten ähnliche Kontroversen auf. Mittlerweile gibt es kaum mehr eine Schule in New York, in der nicht über *Wokeism* und politische Korrektheit gestritten wird. An der Grace Church School, einer Highschool, für die Eltern

57 000 Dollar pro Jahr aufbringen müssen, beschwerte sich der Lehrer Paul Rossi darüber, dass im Anti-Rassismus-Unterricht weiße Menschen allein für ihre Existenz dämonisiert würden. In vertraulichen Gesprächen habe ihm der Schuldirektor, George P. Davison zugestimmt. Der Vater Bion Bartning nahm seine Kinder aus Protest gegen die Lehrmethoden von der Riverdale Country School. Dort hätten sich die Kinder hinsichtlich ihrer Privilegierung oder Unterdrückung gemäß ihrer Hautfarbe einordnen sollen. Dazu wurden den Kindern sogar Farbpaletten gegeben, mithilfe derer sie ihre Hautfarbe identifizieren und damit den Grad ihrer Privilegierung bestimmen sollten.

Ryan Finlay ist Schüler an der prestigeträchtigen Horace-Mann-Schule in New York. Diese kostet 55 000 Dollar Schulgebühren im Jahr, weswegen die Schüler unter großem Leistungsdruck stehen. Finlay beschuldigte die »extrem linke Schulleitung«, den Schülern ihre Sichtweise aufzudrängen und konservative Perspektiven schlechtzumachen. Durch diesen moralischen Protektionismus hätten Studenten, die die gewünschte progressive Sichtweise verträten, einen impliziten Freifahrtschein der Schulleitung, die anderen Schüler mit abweichender Ansicht anzugreifen. Konservative Schüler würden sich selbst zensieren und aufpassen, was sie sagten, weil sie ansonsten negative Konsequenzen fürchteten. Sie müssten eine Risikoabwägung treffen, ob ihre Redefreiheit die Gefährdung ihrer akademischen Karriere wert sei.

Mittlerweile tobt im ganzen Land ein erbitterter Kulturkrieg, der immer größere Ausmaße annimmt. Dabei treten die fundamental verschiedenen Grundeinstellungen der Republikaner und Demokraten zutage. Eine von der American Historical Association in Zusammenarbeit mit der Fairleigh Dickinson University durchgeführte Umfrage hat ergeben, dass 70 Prozent der Demokraten der Ansicht sind, dass sich die Bevölkerung mit ihrer Vergangenheit kritisch auseinandersetzen sollte. Demgegenüber finden 84 Prozent der Republikaner, dass man die Errungenschaften der amerikanischen Geschichte feiern sollte.[277]

Der Moralische Protektionismus des Exzeptionalismus

2014 hat das National College Board eine Richtlinie erlassen, gemäß derer an Schulen eine kritische Auseinandersetzung mit der Geschichte Amerikas erfolgen soll. Die Republikaner lehnen eine solche kritische Auseinandersetzung ab, denn diese würde den Glauben an die »Exzeptionalität« der USA erschüttern, ihr Selbstverständnis unterminieren und zu einer Identitätskrise führen.

Mittlerweile fokussiert sich der Streit insbesondere auf den Unterricht über Rassismus und die sogenannte Critical Race Theory (kurz CRT). Diese Theorie entstammt der akademischen Forschung und ist ein Oberbegriff für eine Vielzahl einzelner Theorien und Texte, die sich mit dem Fortbestehen der enormen Ungleichheiten zwischen Schwarzen und Weißen in verschiedensten Lebensbereichen beschäftigen und sich dabei insbesondere auch auf die individuellen Erfahrungen einzelner Menschen stützen. Sie kommt zu dem Ergebnis, dass in der amerikanischen Gesellschaft struktureller Rassismus herrsche, wodurch Schwarze systematisch diskriminiert würden. Dies liege unter anderem an den gesellschaftlichen Institutionen, die von denjenigen geschaffen worden seien, die ihre eigenen Pfründe schützen wollten. Viele rassistische Praktiken bestünden trotz der Bemühungen, ihnen entgegenzuwirken, weiter fort. Selbst »neutrale« Praktiken könnten die Ungleichheit weiter verschärfen.

Ob die Critical Race Theory angesichts ihrer Komplexität für den Unterricht geeignet ist, ist strittig. De facto wird diese Theorie nicht an Schulen, sondern an Universitäten gelehrt. Reaktionäre Konservative haben das Schlagwort CRT im Kulturkampf jedoch geschickt aufgegriffen, indem sie behaupten, dass jedweder Unterricht über Rassismus antiweiße Indoktrinierung à la CRT sei.

Wie notwendig Aufklärung ist und wie rückständig zum Teil noch Schulmaterialien sind, zeigt eine Analyse der britischen Zeitung *Guardian*, gemäß der viele US-Privatschulen, insbesondere konservative und christlich geprägte, Schulbücher einsetzen, die eine verzerrte und falsche Darstellung der Rolle von Rassismus in der Geschichte geben. So werde Sklaverei häufig verharmlosend als »schwarze Immigration«[278] und afroamerikanische Sklaven als »Einwanderer«[279] oder Arbeiter bezeichnet. Ein Schulbuch in Virginia, das 20 Jahre in Gebrauch war, behauptete, dass »Negros« während der Sklavenzeit im Allgemeinen sehr zufrieden gewesen seien. Sie hätten ja schon hart in Afrika arbeiten müssen, deswegen hätte ihnen die Arbeit auf den Plantagen in Virginia nichts ausgemacht. Sie hätte ihnen sogar Spaß bereitet.[280] In der Great Hearts Monte Vista North Charter School in San Antonio, Texas, erhielten die Kinder eine Hausaufgabe mit dem Titel »Das Leben von Sklaven: eine ausgeglichene Sichtweise«, bei der sie die *Vor-* und Nachteile der Sklaverei aufzählen sollten. Ein Schulbuch über die Geschichte der Vereinigten Staaten, das bereits ein Jahrzehnt im Gebrauch war, hielt dazu an, die Institution der Sklaverei nicht zu übersimplifizieren. Obwohl es auch brutale Sklaveneigentümer gegeben habe, die ihre Sklaven getötet oder verstümmelt hätten, habe es durchaus auch wohlwollende und großzügige Eigentümer gegeben. Die meisten Sklaven seien zwar ausgepeitscht worden, aber viele seien durchaus verschont geblieben. Manche hätten sogar als Hauspersonal oder Handwerker gearbeitet, und seien gar nicht unglücklich darüber gewesen, denn sie hätten ja nichts anderes gekannt.[281]

Diese Darstellungen sind Beispiele für den Versuch der Konservativen, geschichtliches Unrecht zu relativieren. Am liebsten würden sie den Unterricht über Ereignisse in der amerikanischen Geschichte, auf die man nicht stolz sein kann, ganz verbieten lassen. In fast allen Bundesstaaten bombardieren die Republikaner daher die Parlamente mit Gesetzesentwürfen, um den vermeintlichen *Woke*-Unterricht über Rassismus, Sklaverei, LGBTQ, Völkermord an den nordamerikanischen Indigenen und andere historische und gesellschaftliche Themen zu verbieten. Wenn man die Gräueltaten der eigenen Geschichte aber nicht aufarbeitet, dann ebnet man den Weg zu ihrer Wiederholung.

Jason Stanley, Philosophieprofessor an der Yale University, ist auf Faschismus spezialisiert. In einem Artikel im *Economist* führt er aus, dass es für die Bestrebungen, die Critical Race Theory zu verbieten, vor allem drei Motive gebe: das öffentliche Schulsystem zu unterminieren, die rechtsradikale Indoktrinierung von Kindern voranzutreiben und Reichtum und Macht zu zementieren.[282] Übrigens sollte 2017 an einer Schule in Jefferson County, Idaho, sogar der Klassiker *1984* von George Orwell verboten werden, da er aufgrund der geschilderten Gewalt und sexualisierten

Sprache gegen die grundlegenden Ideale und Ziele der lokalen Institutionen verstoße.[283]

John McWhorter, Bestsellerautor des Buchs *Woke Racism: How a New Religion has Betrayed Black America* und selbst Afroamerikaner, mahnt zu Augenmaß. Seiner Auffassung nach ist politische Korrektheit geradezu zu einer Religion geworden. Die Privilegien der Weißen würden nicht mehr nur einfach als eine Tatsache betrachtet, sondern als etwas, das sich jede weiße Person, die erfolgreich ist, ständig vor Augen halten und dafür schuldig fühlen müsse. Nie würde sie sich davon freimachen können. Dies sei auch eine Art von Intoleranz, die schon Züge einer Strafverfolgung habe. Und wenn man sich nicht an die politische Korrektheit halte, dann sei man politisch tot. Im Hinblick auf CRT befürchtet er, dass auch Lehrer mit besten Absichten denken, ihren Schülern beibringen zu müssen, dass Hautfarbe eine kulturelle Eigenschaft sei und es sich bei Weißen um potenzielle Unterdrücker und bei Schwarzen um potenzielle Opfer handele. Während weiße kulturelle Eigenschaften dabei tendenziell schlecht seien, seien schwarze gut. Natürlich solle eine Schulausbildung die Geschichte der Sklaverei und das Thema Rassismus beinhalten. Aber McWhorter lehnt die Feindbilder ab, die dadurch geschaffen würden. Beispielsweise sollte der Gedanke, dass das ganze Fundament der Nation auf weißer Ausbeutung beruhe, am College und nicht in der Schule behandelt werden. Wenn zum Beispiel ein Kunstkurator im San Francisco Museum of Modern Art gefeuert werde, nur weil er den Begriff der »Umgekehrten Diskriminierung« benutzt habe, dann trage das nichts zum gesellschaftlichen Fortschritt bei. Das sei lediglich Sprachpolizei und das Zurschaustellen der eigenen Tugendhaftigkeit, anstatt konkret etwas zu ändern, um die Lebensumstände von Afroamerikanern zu verbessern.[284]

Bereits 42 Bundesstaaten haben Schritte gegen die Aufnahme der CRT in die Unterrichtspläne eingeleitet, zum Teil sogar mittels Gesetzesentwürfen. 17 Staaten haben solche Verbote bereits durchgesetzt, unter anderem Florida und Texas. Weil die Lehrverbote sehr weit gefasst sind, haben viele Lehrer Angst, das Thema Rassismus auch nur ansatzweise zu behandeln, weil sie befürchten, ihnen könnte die Lehre von CRT unterstellt werden. Und ein Verstoß gegen das Verbot, CRT zu lehren, kann weitreichende

Folgen haben. Politiker haben bereits angedroht, Schulen, die gegen dieses Verbot verstoßen, die Finanzmittel zu streichen.

Auch wer im Hinblick auf den von den Republikanern vorgeschobenen Kinderschutz nicht pariert, hat ernste wirtschaftliche Konsequenzen zu befürchten. Weil der Disney-Konzern sich gegen Gouverneur Ron DeSantis' »Don't Say Gay«-Gesetz, »Sag nicht schwul«-Gesetz ausgesprochen hatte, leitete dieser als Vergeltungsmaßnahme ein Gesetz in die Wege, um dem Disney-Konzern, dem größten Arbeitgeber Floridas und bedeutendem Parteispender, sein seit 55 Jahren bestehenden Sonderstatus zu entziehen. Gemäß diesem Sonderstatus treibt Disney über verschiedene Bezirke Steuern ein und gewährleistet dort die Grundversorgung der Bürger, wie beispielsweise durch die Bereitstellung der Feuerwehr, der Notärzte, der Zurverfügungstellung von Elektrizität, Müllabfuhr und Wasseraufbereitung. Was die Republikaner bei ihrer übereilten Aktion aber nicht bedacht hatten, war, dass die Beendigung dieses Status zur Folge hat, dass nun auf jeden Bürger dieser Bezirke eine deutlich höhere Steuerlast zukommt. Zudem hat Disney angekündigt, Arbeitsplätze nach Kalifornien verlegen zu wollen.

Identitätskampf: Die Bücherzensur

Republikanische Eltern sind der Auffassung, dass sie und nicht der Staat bestimmen sollten, was in Schulen gelehrt wird, insbesondere an den für sie sehr teuren Privatschulen. Nicht zuletzt deswegen versuchen die Republikaner zunehmend offensiver, Bücher mit von ihnen präferierten Inhalten auf den Lehrplan zu bringen und solche, die ihrer Ideologie widersprechen, verbieten zu lassen.

Ein Beispiel ist das mit dem Pulitzer-Preis ausgezeichnete Buch *Maus*, in dem der Autor Art Spiegelman seine Familiengeschichte autobiographisch aufarbeitet. Seine Eltern hatten das Konzentrations- und Vernichtungslager Auschwitz-Birkenau überlebt. Seine Mutter nahm sich nachfolgend das Leben. Ein Schulvorstand in Tennessee beschloss einstimmig, das Buch für den Schulunterricht zu verbieten, weil es Schimpfwörter, Nacktheit und die Darstellung von Gewalt und Selbstmord enthalte. Diese

Inhalte seien für 13-jährige Schüler ungeeignet, da sie sich dabei unwohl fühlen oder Schuldgefühle verspüren könnten. Ein Mitglied des Schulvorstands räumte ein, nicht das Buch, sondern nur über das Buch gelesen zu haben, ein anderer gab an, dass man so einem Zeug, wo Menschen gehängt und Kinder umgebracht würden, nicht auch noch Publikum geben sollte. Spiegelman sagte dazu, dass das Verbot wie aus einem Roman von George Orwell anmute. Natürlich seien das verstörende Bilder, aber es gehe schließlich um verstörende Geschichte.[285]

Parallel zu dem zunehmenden Antisemitismus in den USA gibt es Bestrebungen, die Darstellung des Holocausts zu verharmlosen. Gina Peddy, eine Direktorin des Carroll Schulbezirks in Texas, wies Lehrer in einem Weiterbildungsseminar an, wenn sie ein Buch über den Holocaust im Unterricht behandeln würden, müssten sie Schülern auch die Möglichkeit geben, sich aus Büchern zu informieren, die die gegensätzliche Perspektive darstellten. Clay Robison, ein Sprecher der Lehrergewerkschaft, sagte dazu, dass die Lehrer es höchst verwerflich fänden, wenn von ihnen verlangt würde, dass sie auch die Perspektive von Holocaust-Leugnern darstellen sollten, als ob deren Meinung mit den Tatsachen der Geschichte auf einer Stufe stünden. Dies sei absolut absurd.[286] Nach Bekanntwerden des Skandals machte die Schulverwaltung einen Rückzieher.

2021 kletterten Beschwerden gegen und Verbote von Büchern in Schul- und Stadtbibliotheken auf fast 1600. Die meisten Beschwerden richteten sich gegen Bücher, die von nicht-weißen Autoren und solchen aus der LGBTQ-Gemeinschaft verfasst worden sind. Sogar in Mathematikbüchern sehen Eltern Beispiele für Verunglimpfung Weißer im Zusammenhang mit Rassismus. 54 solcher Mathematikbücher sind in Florida 2022 bereits verboten worden.[287] Der Trend zu Bücherverboten nimmt weiter zu.

Dagegen formiert sich zunehmend Widerstand. Der von der amerikanischen Büchereivereinigung American Library Association ins Leben gerufenen »Unite Against Book Bans«-Kampagne gegen Bücherverbote haben sich mittlerweile 25 bedeutende Organisationen angeschlossen. Die Präsidentin der amerikanischen Lehrervereinigung, Randi Weingarten, engagiert sich ebenfalls im Kampf gegen Bücherverbote. Sie plädiert für einen ehrlichen Unterricht, in dem Kindern auch kontroverse und schwierige Themen altersgerecht beigebracht werden. Nach ihrer Auffassung könnten

Kinder nur dann zu gut informierten und engagierten Weltbürgern werden, wenn sie das Gute und Schlechte über ihre Nation erfahren würden.[288]

Wie schnell der Zugang zu Tausenden von Büchern unterbunden werden kann, zeigt die Abschaltung der Apps OverDrive und Epic. Bei Overdrive handelt es sich um eine kostenlose App, die von Schulen und Büchereien zur Verfügung gestellt wird und mittels derer Leser Zugang zu Tausenden E-books und Audiobooks erhalten. Epic funktioniert ähnlich und ist gegen eine geringe Gebühr erhältlich. In den USA gibt es noch zahlreiche andere Apps dieser Art. Overdrive und Epic waren bereits viele Jahre in Gebrauch und erfreuten sich bei Zehntausenden von Schülern und Bürgern größter Beliebtheit. Konservativ eingestellte Eltern fordern nun die Prüfung jedes einzelnen der Tausenden von Büchern, obwohl diese bereits durch Bibliothekare hinsichtlich der Eignung, Altersempfehlung und der Themen geprüft und getagged worden sind. Deborah Caldwell-Stone, Direktorin des Büros für intellektuelle Freiheit bei der American Library Association, bemerkt dazu, dass es beängstigend sei, dass nunmehr einfach Zensur per Knopfdruck durch Abschaltung der Apps ohne Prüfung der Behauptungen der Eltern durchgeführt werden könne, so dass unzählige Nutzer plötzlich den Zugang zu dem Lesestoff verlieren würden. Auch bei diesen Beschwerden stehen LGBTQ und die Darstellung sexueller Inhalte im Vordergrund.[289]

Je mehr Bücher im Rahmen der republikanischen Zensur verboten werden, desto größer wird die Bedrohung des freien Informationszugangs.

Woke: Die Gedanken- und Sprachpolizei

Die Standards bezüglich dessen, was insbesondere im Rahmen politischer Korrektheit noch geäußert werden darf, werden immer drakonischer. Die Zensur kommt sowohl von rechts als auch von links. Auch die Demokraten wollen dem öffentlichen Dialog Leitplanken ziehen, wenn auch völlig anderer Natur und aus anderen Beweggründen als die Republikaner. Sie möchten eine kritische und sensible Auseinandersetzung mit Diskriminierung und gesellschaftlichen Ungerechtigkeiten kultivieren. Da viele der den Zeitgeist prägenden Institutionen demokratisch geführt sind, wie beispielsweise die Medien, Hollywood, die Werbeindustrie, Universitäten, Museen und weite Teile des Silicon Valleys, erringen die Demokraten rasch die Deutungshoheit, auch wenn bestimmte Bemühungen oder Kampagnen wie das Gendern, wenn auch gut gemeint, aus entrückten, intellektuellen Elfenbeintürmen stammen. Dabei kommen dann zum Teil abstruse Konstruktionen zustande, wie beispielsweise die geschlechtsneutrale Wortschöpfung Latinx für Menschen hispanischer Abstammung, die diese überwiegend aber ablehnen und auch nicht nutzen. Die ehemalige First Lady, Michelle Obama, zog Kritik auf sich, nachdem sie einen Instagram-Post mit dem Begriff »womxn« absetzte, um ihre Unterstützung für das Recht auf Schwangerschaftsabbrüche zu demonstrieren.

Ein Minenfeld sind die LGBTQ-Rechte, die komplexe Herausforderungen darstellen können. Beispielsweise gab es Kontroversen über biologisch männliche Menschen, die sich als Frauen identifizieren und bei Sportwettkämpfen in der Mädchenriege antreten, obwohl sie von der Statur und Muskulatur trotz Hormonbehandlung Mädchen überlegen sind.

Dies war der Fall bei der 23-jährigen Schwimmerin Lia Thomas, die die Frauen-Meisterschaft für die University of Pennsylvania gewann. Eltern anderer Teilnehmerinnen empfanden ihre Teilnahme als unfair und forderten ihren Ausschluss.[290] Wiederholt haben sich auch Eltern von Schülerinnen darüber beschwert, dass biologische Jungen die Mädchen vorbehaltenen Bereiche, wie Toiletten oder Umkleidekabinen, nutzen dürfen. Nicht ganz unproblematisch ist auch die Unterbringung von Gefangenen. So hat 2022 ein Transgender zwei Frauen in einem Gefängnis in New Jersey geschwängert.[291]

Oft verfangen die von Liberalen vertretenen neuen Positionen und werden zu Trends. Diejenigen, die Gegenpositionen vertreten, sind in Sozialen Medien nicht selten einem Spießrutenlauf ausgesetzt und laufen Gefahr, gecancelt zu werden. Lehrer, Professoren und Unternehmenschefs fürchten bei Verstößen gegen herrschende Standards die Rache des Mobs. Auch berufliche Konsequenzen sind möglich. Dies hat Demokraten den Vorwurf eingebracht, dass es ihnen vornehmlich darum gehe, ihre eigene Tugendhaftigkeit zu demonstrieren und eine »Gedanken- und Sprachpolizei« zu etablieren. Die meisten Leute wollen sich nicht vorschreiben lassen, was sie zu fühlen, denken, sagen, schreiben und zu tun und zu lassen haben.

Aufgrund der fundamentalen Umwälzungen in den Vereinigten Staaten stellt sich die Frage, inwieweit die extreme politische Korrektheit tatsächlich noch hilfreich ist und wie sehr sie von existenziell wichtigen Themen, wie zum Beispiel der Beschneidung von Grundrechten durch den Supreme Court, ablenkt. Vielen Menschen sind die Einschränkungen der Meinungsfreiheit von rechts zu reaktionär und von links zu zahlreich und zu schnell. Neue Geschlechter, Gendersprache, das reihenweise Abmontieren von Denkmälern mit rassistischem Bezug, die Umbenennung von Schulen und Straßen – so viel Veränderung erzeugt Widerstand. Obwohl die Welt zunehmend komplexer und diffuser ist, wird im öffentlichen Diskurs militant alternativlose Anpassung gefordert.

Auch in dieser Hinsicht manifestiert sich die extreme Polarisierung zwischen Republikanern und Demokraten. Senator Daniel Patrick Moynihan konstatierte einmal, dass der zentrale Glaubenssatz der Konservativen sei, dass nicht die Politik, sondern die Kultur den Erfolg einer Gesellschaft bestimme. Liberale glaubten demgegenüber, dass Politik Kultur verändere und damit die Kultur vor sich selbst bewahren könne.[292]

Die Journalisten der Meinungsredaktion der *New York Times* hoben im Frühjahr 2022 in einem Leitartikel hervor, dass die Meinungsfreiheit das Fundament der demokratischen Selbstverwaltung sei. Wenn sich die Menschen frei fühlten, ihre Ansichten öffentlich zu äußern, könne der demokratische Prozess gegensätzliche Ideen aufgreifen und Lösungen erarbeiten. Ideen, die nicht mehr hinterfragt werden dürften, würden verkümmern, denn Kritik stärke Ideen. Und sie warnen: Wenn freie Rede unterdrückt werde oder Menschen anderer Meinung aus dem öffentlichen Diskurs ausgeschlossen würden, verliere eine Gesellschaft ihre Fähigkeit, Konflikte zu lösen, was in politischer Gewalt enden könne. Dieses gesellschaftliche Zum-Schweigen-Bringen, diese De-Pluralisierung Amerikas, sei schon seit einigen Jahren evident, aber sie zu konfrontieren löse noch mehr Ängste aus. Dies stelle für eine starke Nation und eine offene Gesellschaft eine Gefahr dar.[293]

Schusswaffen: Die terrorisierte Gesellschaft

Amerikaner: Die schwerstbewaffnete Zivilgesellschaft der Welt

Frühling ist die schönste Jahreszeit in New York. Entsprechend viele Touristen besuchen in die Stadt. An einem Abend im April 2022 drängten sich die Menschen nach zwei Jahren Pandemie wieder am Times Square. Bei schönem Wetter bewunderten sie die imposanten Gebäude, posierten für Fotos und frequentierten die Geschäfte. Auf einmal, gegen 19 Uhr, ertönte ein lauter Knall in der Dämmerung. Sofort brach Panik aus. Ohne zu wissen, was passiert war, stürmten die Menschen in alle Richtungen, nur weg vom Ort des vermeintlichen Knalls. Unmittelbar danach posteten Menschen das Geschehen auf den Sozialen Medien. Die Angst, die bei vielen sofort aufkam, war, dass schon wieder ein Attentäter mit einem Gewehr unterwegs war, um ein Blutbad anzurichten. Letztlich stellte sich heraus, dass lediglich ein defektes Kabel eine Explosion in einem Gulli verursacht hatte. An diesem Tag reagierten die Menschen allerdings besonders empfindlich, denn am Vortag hatte es am Morgen ein Schusswaffen-Massaker in einem U-Bahn-Waggon in Brooklyn gegeben. Ich saß bereits am Schreibtisch und hatte den Fernseher an-, aber auf stumm gestellt. Auf einmal nahm ich aus dem Augenwinkel die rote »Breaking News«-Bauchbinde wahr, die von Schüssen in der New Yorker U-Bahn berichtete. Das Ereignis, vor dem wir uns in den letzten Jahren in New York immer gefürchtet hatten, war eingetreten.

Solche Amokläufe gehören nunmehr zum Alltag der USA. Wann immer ein Gulli, ein Motorrad oder ein Auto knallt, verfallen die Menschen sofort in Alarmbereitschaft. New York City war bis zu diesem Morgen verschont geblieben, was nicht zuletzt an seinen strengen Waffengesetzen lag. Oft habe ich gedacht, wie viel Glück wir bisher hatten, noch nicht betroffen gewesen zu sein. Das Bewusstsein für die Gefahr einer potenziellen Massenerschießung ist allgegenwärtig. Ob Schulen, Gebetsstätten wie Kirchen, Synagogen und Moscheen oder Einkaufszentren – sie alle sind mit trauriger Regelmäßigkeit Tatorte von Schusswaffen-Attentaten. Auseinandersetzungen, die früher mit einem Stinkefinger, einer Beleidigung oder vielleicht auch einem Faustschlag erledigt gewesen wären, arten heute im Straßenverkehr, bei Nachbarschaftsstreitigkeiten oder in der Bar schnell in eine tödliche Schießerei aus.

In Amerika gibt es mittlerweile mehr Waffen als Menschen. Mit insgesamt 390 Millionen Schusswaffen ist die amerikanische Zivilbevölkerung schwerer bewaffnet als jede andere der Welt. Auf 100 Einwohner kommen 120,5 registrierte Waffen. Wie viele illegale Waffen noch zusätzlich im Umlauf sind, ist unbekannt. 2020 verzeichneten die USA über 45 000 Todesopfer durch Waffengewalt, die höchste Zahl seit Beginn der Aufzeichnungen.[294] Waffengewalt war 2020 auch die führende Todesursache von Kindern und Teenagern zwischen 1 und 19 Jahren, noch vor Autounfällen, Drogen und Krebs. Der Tod von über 4300 Kindern bedeutete einen 29-prozentigen Anstieg im Vergleich zu 2019.[295]

Laut Mark Berg, Professor für Kriminologie an der Universität von Iowa, sind die Amerikaner nicht gewalttätiger als Menschen anderer Kulturen, wie sich beispielsweise an Statistiken über Körperverletzungen ablesen lasse. Allein die Mordraten in den USA seien aufgrund der hohen Zahl verfügbarer Waffen wesentlich höher.[296]

Die Geschichte der Schusswaffen in Amerika

Die Geschichte der Schusswaffen in Amerika ist komplex. Die einflussreiche Waffenvereinigung, National Rifle Association (NRA), wurde 1871 gegründet. Nach dem Bürgerkrieg gab sie Männern Gelegenheit, die im Gefecht entstandene Gemeinschaft weiter zu pflegen und ihr Schusswaffentraining fortzusetzen. Die NRA setzte sich auch für Maßnahmen zur Verbesserung der Sicherheit von Waffen ein. Bis Mitte der sechziger Jahre war sie Einschränkungen des Waffenrechts gegenüber durchaus aufgeschlossen.

Zu dieser Zeit nahmen die Kriminalität, Unruhen und Proteste im Land zu. Die Demographie veränderte sich aufgrund zunehmender Einwanderung aus Afrika, dem Nahen und Mittleren Osten und Südostasien. Während es Waffenbesitzern zuvor in erster Linie um den Schießsport und die Jagd gegangen war, betrachteten sie Waffen nunmehr als Mittel der Selbstverteidigung.

James Fallows, ein Aussteiger aus der Waffenindustrie, berichtet in seinem Artikel »Why the AR-15 Is So Lethal«, dass in Waffenunternehmen früher ungeschriebene Regeln des Anstands gegolten hätten. Führungskräfte und Medien hätten fast wie Risikomanager agiert, vor allem auch um den Ruf der Unternehmen zu schützen. Gemäß den damals herrschenden Konventionen seien Sturmgewehre und taktische Ausrüstung in der Gesellschaft verpönt gewesen. Der Wendepunkt sei 1999 mit dem Amoklauf an der Columbine High School gekommen. Danach habe sich die NRA entschieden, wegen der Kontroverse in die Offensive zu gehen und den Kulturkrieg zu ihrem Geschäftsmodell zu machen.[297]

Nach den Terroranschlägen vom 11. September 2001 stieg die Nachfrage nach Waffen dramatisch. Die NRA machte sich die Angst und Wut der Bevölkerung zu Nutze und heizte sie durch gezielte Kampagnen weiter an. Die Gesetze der Bush-Ära, die Kriege im Irak und Afghanistan und zurückkehrende Soldaten sorgten bei der Waffenindustrie ebenfalls für klingelnde Kassen.

Äußerst günstig war für sie auch, dass die Bush-Regierung das Verbot von semiautomatischen Schusswaffen 2004 nicht verlängerte und 2005 zusammen mit dem republikanisch dominierten Kongress ein Gesetz erließ, das die Waffenindustrie von jeder Haftung freistellte.

Die Präsidentschaft Barack Obamas sorgte für einen weiteren Nachfrageschub. Verschwörungstheorien und Gerüchte über strengere Waffengesetze ließen die Waffenverkäufe von 10 Millionen auf 16 Millionen Stück pro Jahr steigen.[298] Der von Trump propagierte Rassismus, Verschwörungstheorien und die Covid-19-Pandemie kurbelten die Nachfrage nach Waffen noch einmal drastisch an.[299] Nach der Erstürmung des Kapitols durch Trump-Anhänger am 6. Januar 2021 stiegen die Waffenverkäufe allein in diesem Monat um 80 Prozent an, der dritthöchste Anstieg seit Beginn der Aufzeichnungen.[300]

Der ganz überwiegende Teil des Waffenbesitzes entfällt auf die republikanischen und unabhängigen Wähler. Nur 21 Prozent der demokratischen Wähler besitzen Schusswaffen.[301] Beunruhigender-, wenn auch nicht überraschenderweise sind 30 Prozent der Republikaner der Auffassung, dass wahre Patrioten zu Gewalt greifen müssten, um das Land zu retten. Unter denen, die sich hauptsächlich aus rechten Quellen informieren, sind es sogar 40 Prozent.[302]

Was die US-Verfassung tatsächlich über das Waffenrecht sagt

Die Rechten haben erfolgreich das Narrativ zementiert, dass das sogenannte Second Amendment, also der Zweite Zusatz zur Verfassung, das uneingeschränkte Recht jedes einzelnen Amerikaners auf Waffen gewährleiste. Häufig wird diese Auslegung nicht hinterfragt und unkritisch übernommen. Tatsache ist, dass der Wortlaut dieses Zweiten Zusatzes, der vor über 230 Jahren zur Verfassung hinzugefügt wurde, nicht eindeutig ist. Die Interpretation ist unter Rechtsgelehrten, Richtern, Rechtsanwälten, Politikern, Lobbyisten und Waffenträgern strittig.

Der Wortlaut besagt, dass gut regulierte Streitkräfte für die Sicherheit eines freien Staates notwendig sind und dass der Staat das Recht des Volkes, Waffen zu besitzen und zu tragen, nicht beeinträchtigen darf.

Zum einen wird also die Bewaffnung der bundesstaatlichen Truppen gewährleistet, während zum anderen das Recht des Einzelnen auf Waffen konstituiert wird.

Uneindeutig ist, in welchem Zusammenhang diese Elemente stehen. Selbst grammatikalische Analysen geben nur begrenzt Aufschluss.

Befürworter eines uneingeschränkten Waffenrechts, wie die NRA, entnehmen dem Wortlaut ein uneinschränkbares Waffenrecht des Einzelnen. Andere sehen in dem Wortlaut zuvörderst den Schutz des Waffenrechts für staatliche Streitkräfte. Tatsächlich stand ursprünglich das Recht der Bundesstaaten, Truppen zu unterhalten, im Vordergrund. 1939 bestätigte der Supreme Court, dass durch den Zweiten Verfassungszusatz die Souveränität der Einzelstaaten militärisch gewährleistet sein sollte. Männer waren gemäß einem Bundesgesetz von 1792 verpflichtet, sich eine Waffe und Munition für ihren Dienst im Militär zuzulegen. Diese Verpflichtung wurde bei regelmäßigen Musterungen überprüft. Eine historische Gesamtbetrachtung der Absicht des Gesetzgebers und des Sinns und Zwecks der Vorschrift sprechen dafür, dass das Waffenrecht des Einzelnen insofern gewährleistet sein sollte, als es für die Truppen notwendig war.

Nichtsdestotrotz entschied der Supreme Court 2008 in dem Fall *District of Columbia v. Heller* in einem wegweisenden Urteil, dass der Zweite Verfassungszusatz das Recht einer Person garantiert, eine Waffe zu besitzen. Das Verbot des Privatbesitzes von Handfeuerwaffen und der Verwendung von Langwaffen zur Selbstverteidigung erklärte das Gericht für verfassungswidrig.

2022 kippte der Supreme Court mit seiner mittlerweile deutlichen rechten Mehrheit ein über 100 Jahre altes Gesetz im Staat New York, gemäß dem das Tragen einer Waffe des Nachweises eines triftigen Grundes bedurfte. Nach Auffassung des Verfassungsgerichts verletzte diese Bedingung jedoch das verfassungsrechtlich gewährte Recht, Waffen in der Öffentlichkeit zu tragen.

Die Erschaffung des Mythos der Pionierzeit

Häufig begegnet mir das Vorurteil, dass die Waffenkultur der Pionierzeit noch tief in den Menschen verankert sei. Dies trifft jedoch nicht zu, wie die Historikerin und Professorin am Boston College Heather Cox Richardson bestätigt.

In den siebziger und achtziger Jahren des vergangenen Jahrhunderts habe es eine Gegenreaktion gegen zunehmende staatliche Regulierung, ein wachsendes soziales Netz, den Ausbau der Infrastruktur und die Bürgerrechtsbewegung gegeben. Diesen Stimmungswechsel in der Bevölkerung hätten sich die Republikaner und die NRA zu Nutze gemacht, indem sie den Mythos des amerikanischen Cowboys kultiviert hätten, den auch Ronald Reagan, ausstaffiert mit Cowboyhut und Cowboystiefeln, bedient habe. Die NRA habe sich dabei von einer Schießsport- zu einer Waffenrechtsvereinigung gewandelt. Dass Bild des bewaffneten Cowboys, der sich allein gegen ein Ergreifen der Regierung stellt, habe unterschwellig suggeriert, dass der Einzelne das Recht habe, so zu handeln, wie er möchte. Die Supreme-Court-Entscheidung *Citizens United v. FEC*, die es Unternehmen ermöglichte, den Wahlprozess mittels Spenden zu manipulieren, erlaubte der NRA, Geld in die republikanische Partei zu schleusen.

Die NRA vertrete heute nicht mehr die Interessen der Waffenbesitzer, sondern die der Waffen- und der Munitionsindustrie. Zugutekomme den Republikanern und der Waffenindustrie die originalistische Auslegung der Verfassung durch den Supreme Court. Demnach hat die Verfassung eine

Einschränkung des Waffenrechts nicht geregelt, und deswegen könne man eine solche jetzt auch nicht im Nachhinein konstruieren. Und so seien Waffen nicht nur ein politisches Thema geworden, sondern auch Teil der kulturellen und politischen Identität weißer, männlicher Nationalisten. Einzelne könnten sich bis an die Zähne bewaffnen, ohne dass jemand etwas dagegen unternehmen könne.

Das Bild des Cowboys sei das eines jungen Mannes, der unverheiratet sei, in einer Bromance-Welt lebe, in der es außer Ehefrauen und Müttern keine Frauen gebe. Auf die Regierung sei er nicht angewiesen. Seine Waffe nutze er zum Schutz vor Bösewichten, meist indigene Amerikaner oder Mexikaner. Dieses Bild sei fehlerhaft, denn historisch gesehen seien ein Drittel der Cowboys afroamerikanische Männer gewesen. Die Landwirtschaft sei von der Regierung stets stark subventioniert worden und Gewehre kämen in der Tierzucht eher weniger zur Anwendung, weil sie die Tiere verschrecken würden.

In dem propagierten Cowboy-Mythos seien Rassismus und Sexismus kodiert, Wertvorstellungen, die sich mit denen des evangelikalen Christentums deckten. Es handle sich um eine hierarchische Ordnungsvorstellung, in der Männer an der Spitze stünden und die Dominanz über Frauen und dunkelhäutige Menschen ausübten, und die Regierung könne nichts tun, um ihnen diese Dominanz streitig zu machen. Cox Richardson schlussfolgert, dass eine radikale, extremistische, waffenbesitzende Minderheit die Nation übernommen habe. Sie kontrolliere die Politik, wovon die uneingeschränkte Waffenfreiheit in Amerika zeuge.[303] [304]

Schusswaffen: Die Tyrannei der Minderheit

Die Aufgeschlossenheit der Republikaner für Gewalt, Schusswaffen und Tod liegt auch an der von ihnen favorisierten Ideologie des Sozialdarwinismus und ihrer religiösen Prägung, insbesondere der Dominion-Theologie, zu der wir später noch kommen werden. Aufschlussreich ist in diesem Zusammenhang die Bemerkung des bei Republikanern beliebten ehemaligen Fox-News-Moderators Bill O'Reilly, der zum Massaker bei dem Musikfestival in Las Vegas 2017, bei dem 60 Menschen getötet und 867 zum Teil schwerst verletzt wurden, lapidar bemerkte, dass dies eben der Preis sei, den man für Freiheit zahlen müsse.[305] Diese Äußerung ist an Skrupellosigkeit und Zynismus kaum zu übertreffen.

Konservative und Rechte legen sich vor allem auch wegen der auf Antisemitismus, Antifeminismus und Rechtsextremismus basierenden »Great Replacement Theory« Waffen zu. Viele in landwirtschaftlichen und verarmten Gegenden lebende »Verlierer« der postindustriellen Gesellschaft betrachten Waffen als identitätsstiftend. Diese verleihen ihnen nach ihrer Auffassung Freiheit, Eigenständigkeit und die Fähigkeit, ihr Schicksal selbst in die Hand zu nehmen. Waffen geben ihnen ein Gefühl des Stolzes, des Verantwortungsbewusstseins und der Fähigkeit, ihre Familie zu beschützen. So wie beispielsweise Jeff und Tamika aus Wilkes-Barre in Pennsylvania, die ich für meine n-tv-Dokumentation *Wie tickt Amerika?* interviewt habe. Obwohl die beiden am Existenzminimum lebten, hatten sie an ihren Waffen nicht gespart, ganze 13 an der Zahl. Auch seinem Sohn im Teenageralter hatte Jeff zwei Schusswaffen geschenkt, die dieser, wie er mir versicherte, gewissenhaft in einem Waffensafe aufbewahrte.

Republikaner, die mit Gewalt und Waffen werben, können mit den höchsten Wahlkampfspenden rechnen. Politikerinnen wie Marjorie Taylor Greene, Lauren Boebert und zahlreichen anderen ist dies mehr als bewusst. Und sie bedienen die Gewaltaffinität der Konservativen ohne jeden Skrupel.

Greene besitzt maximales Aggressionspotenzial und keinerlei Schamgefühl. In einem Wahlkampf-Spot bringt sie ein Auto, das für demokratischen Sozialismus stehen soll, mit einem großkalibrigen Scharfschützengewehr zur Explosion.[306] Die Symbolik suggeriert die unterschwellige Botschaft: Offensichtlich kann man mit Waffen keinen Sozialismus erschießen, aber die Menschen, die dafür verantwortlich sind, schon.

Der ehemalige Navy Seal und ehemalige republikanische Gouverneur von Missouri, Eric Greitens, der sich 2022 vergeblich um eine republikanische Kandidatur für den Senat beworben hat, schlägt in die gleiche Kerbe. Er veröffentlichte im Vorwahlkampf einen Spot im Stil eines Actionfilms, in dem er mit einer Gruppe schwer bewaffneter Paramilitärs in Schutzkleidung ein Wohnhaus stürmt, auf der Suche nach »Rhinos«, was hier nicht Rhinozerosse, sondern »Republicans In Name Only« (Republikaner nur dem Namen nach) bedeutet, ein Begriff, den Republikaner für ihrer Meinung nach verräterische Parteigenossen verwenden. Innerhalb weniger Stunden hatte der Spot Millionen von Abrufen zu verzeichnen. Wegen des Aufrufs zu Gewalt wurde er überwiegend verdammt, nicht zuletzt von Republikanern.[307] Seine Exfrau hatte den mental nicht ganz stabil wirkenden Greitens glaubhaft der häuslichen Gewalt gegen sie und die gemeinsamen Kleinkinder beschuldigt. Seine ehemalige Geliebte hatte er nachweislich mit Nacktfotos erpresst.

Eine weitere schillernde Figur ohne Skrupel ist der Pastor Jerone Davison aus Arizona, der sich dieses Jahr ebenfalls vergeblich um eine republikanische Kandidatur für das Repräsentantenhaus beworben hat. Der Afroamerikaner, dessen Leitspruch lautet »Make Rifles Great Again« (lasst uns Gewehren wieder zu alter Herrlichkeit verhelfen), hat ebenfalls einen Gewalt suggerierenden Wahlkampf-Spot veröffentlicht. Darin behauptet er, dass AR-15-Gewehre notwendig wären, um seine Familie und sich gegen *demokratische* Ku-Klux-Klan-Mitglieder zu verteidigen. Und dafür bräuchte man alle 30 Patronen im Magazin.[308]

Marjorie Taylor Greene ist übrigens nicht die einzige Republikanerin, die auf Saloon-Braut macht und dabei nicht davor zurückschreckt, ihre weiblichen Reize einzusetzen. In ihrem Wahlkampf-Spot tritt Michele Fiore in einem ein paar Nummern zu klein geratenen roten Kleid auf, das ihre üppige Oberweite kaum zu bändigen weiß. Lasziv zieht sie die Pistole aus ihrem Hüftgurt und jagt nacheinander drei Bierflaschen in die Luft. »Schluss mit der Impfpflicht, Schluss mit der Critical Race Theory und Schluss mit dem Wahlbetrug [der Demokraten]!« Das Video beendet sie mit den Worten: »Ich bin bereit für den Kampf.«[309]

Auch die Kongressabgeordnete Lauren Boebert aus Colorado posiert gern in verführerischen Posen mit Phallussymbolen in Form von großen Gewehren. Bis zur Beendigung ihres Pachtvertrags betrieb sie in Colorado ein Restaurant namens »Shooter's Grill« im »Waffenstil«.[310] Dort mussten die Kellner die Gäste mit geladenen Waffen bedienen, während diese dazu ermuntert wurden, das Restaurant bewaffnet zu frequentieren. Für Kongresssitzungen per Zoom wählt sie einen Hintergrund mit Sturmgewehren.

Die stellvertretende Gouverneurin von Idaho, die in der Vergangenheit vor allem durch lautstarke Kritik gegen Coronaschutzmaßnahmen auf sich aufmerksam gemacht hat, wirbt mit Bibel und Knarre für Freiheitsrechte.[311]

Auch ihre Kollegen verschonen die Republikaner nicht mit ihrem Waffenterror. Nach der Kapitol-Erstürmung vom 6. Januar 2021 wurde dort eine Sicherheitsschleuse mit Waffenscanner errichtet. Zahlreiche Republikaner haben mehrmals versucht, heimlich Pistolen ins Kapitol zu schmuggeln, und sich geweigert, den Waffenscanner zu passieren. Nicht zuletzt deswegen haben demokratische Kongressmitglieder erhöhten Personenschutz erhalten. Die Angst republikanischer Abgeordneter ging zum Teil so weit, dass sie sich nicht trauten, für Trumps Amtsenthebung zu stimmen, weil sie um ihre Sicherheit und die ihrer Familien fürchteten.[312] Kongressabgeordnete dürfen Waffen in ihren Büros aufbewahren und auf das Kapitolgelände mitbringen. Verboten sind sie jedoch in den Plenarsälen von Repräsentantenhaus und Senat und in angrenzenden Räumen.

Privat stellen die Republikaner ihre identitäre Waffen-Fetischisierung ebenfalls gern zur Schau. Wie der republikanische Abgeordnete Thomas Massie aus Kentucky und seine Familie, verschicken auch zahlreiche andere Republikaner Weihnachtskarten, auf denen die gesamte Familie, inklusive Kinder, mit Gewehren vor dem Weihnachtsbaum posiert. Verziert ist die Karte zur Krönung mit dem Weihnachtswunsch »Lieber Weihnachtsmann, bitte bring uns Munition«.[313] Diese Karte postete Massie übrigens nur wenige Tage nach dem Attentat an der Oxford High School in Detroit auf Social Media, bei dem vier Kinder durch einen bewaffneten Mitschüler getötet und sechs weitere schwer verletzt wurden.

Republikanische Politiker stacheln auch rhetorisch regelmäßig zu Gewalt auf. So verlangte der ehemalige Chef der republikanischen Partei in Oklahoma, John Bennett, dem Chefvirologen Dr. Anthony Fauci den Prozess zu machen und ihn vor ein Erschießungskommando zu stellen.[314] Fox News bläst ins gleiche Horn. Beispielsweise rief der Moderator Jesse Watters dazu auf, Dr. Fauci einen Todesschuss aus dem Hinterhalt zu verpassen. Nach öffentlicher Empörung, wollte er es dann natürlich nur symbolisch gemeint haben.[315]

Wettrüsten als Gewaltprävention

Ob die Ermordung von 26 Grundschülern und Schulmitarbeitern in der Sandy Hook Elementary School in Newtown, Connecticut, 2012, von 17 Teenagern und Schulmitarbeitern an der Stoneman Douglas High School in Parkland, Florida, 2018, oder von 19 Kindern und zwei Lehrerinnen an der Robb Elementary School in Uvalde, Texas, 2022 – je schrecklicher das Ereignis, desto besser ist es für die Waffenindustrie. Denn solche Massaker führen in einer Rückkopplungsschleife von Gewalt und Angst zu einem Wettrüsten als Mittel vermeintlicher Gewaltprävention.

Zu diesem Problem haben Michael Luca, Deepak Malhotra und Christopher Poliquin eine Studie mit dem Titel »The Impact of Mass Shootings on Gun Policy« im *Harvard Business Review* veröffentlicht. Gegenstand ihrer Untersuchung waren die politischen Auswirkungen von Massenerschießungen. Sie kamen zu dem Ergebnis, dass allein ein Schusswaffenmassaker im folgenden Jahr zu einem 15-prozentigen Anstieg der im betroffenen Bundesstaat eingebrachten Gesetzesentwürfe zu Fragen des Waffenbesitzes führt. Was bei diesen Gesetzesentwürfen herauskommt, hänge von der Partei ab, die in diesem Staat an der Macht sei. In republikanisch regierten Staaten nehmen in solchen Fällen die Gesetzesnovellen, die Waffengesetze lockern, um 75 Prozent zu. In demokratisch regierten Staaten haben Massenerschießungen hingegen keine nennenswerten Auswirkungen auf die Gesetzeslage, weder im Hinblick auf Lockerungen noch auf Verschärfungen der Vorschriften.[316]

Die Behauptung der Republikaner, dass der beste Schutz vor einem bösen Menschen mit einem Gewehr ein guter Mensch mit einem Gewehr sei, ist jedenfalls der Absurdität überführt. Dass diese simplistische, infantile und verdummende Argumentation nicht funktioniert, hat die Tatsache gezeigt, dass fast 400 Polizisten in bester Kampfausrüstung verschanzt hinter hochmodernen Schutzschildern in Uvalde über eine Stunde lang brauchten, um einen einzigen 18-jährigen Todesschützen zu konfrontieren, der gerade dabei war, Grundschüler zu massakrieren. Warum? Weil die Polizisten genau wussten, welchen Schaden ein AR-15-Sturmgewehr anrichtet und Angst hatten. Angesichts dieser Tatsache erscheint es noch absurder, dass die Republikaner weiterhin nicht von ihrem Ziel ablassen,

Lehrer mit Waffen auszurüsten. Diese verfügen häufig schon nicht über ausreichend Lehrmaterialien, sind meist unterbezahlt und sollen jetzt auch noch mit Halfter am Gürtel jederzeit schussbereit sein, um die ihnen anvertrauten Kinder gegen Attentäter zu verteidigen. Alternativ wurde unter Republikanern wieder die Forderung laut, nur eine einzige Eingangstür an Schulen zu nutzen und diese zu verschließen, wenn alle Kinder in der Schule seien. Dass dies bei Tausenden von Schülern auch angesichts anderer möglicher Notfälle wie Feuer keinerlei Sinn macht, ist offensichtlich. Und waffenstrotzende »Gefängnisse« für Kinder sind absurd, passen allerdings in die faschistische Vision der Republikaner.

Empathie ist von den republikanischen Politikern und Juristen jedenfalls nicht zu erwarten. Der Generalstaatsanwalt von Texas, Ken Paxton, meinte zu dem Attentat in Uvalde nur, dass dies natürlich sehr traurig für die Eltern sei. Es sei schwer, diese zu trösten, aber er sage ihnen: »Schaut mal, das war Gottes Plan. Das Leben ist für jeden kurz, egal wann es endet.« Der Gouverneur von Texas, Greg Abbott, schrieb vor ein paar Jahren auf Twitter, dass er sich für seinen Bundesstaat schäme, weil der lediglich auf Platz 2 der Waffenkäufe in den USA liege. Er forderte die Texaner dazu auf, noch mehr Waffenkäufe zu tätigen, um Kalifornien den ersten Platz streitig zu machen.

Der aussichtslose Kampf

James Fallows, der Aussteiger aus der Waffenindustrie, kämpft nun von außen gegen diese. Sein spezielles Anliegen ist die Eindämmung der hochgefährlichen AR-15-Gewehre, die in den USA von fast 500 Unternehmen hergestellt werden. Von den in den USA im Jahr verkauften 20 Millionen Waffen, sind etwa 4 Millionen AR-15-Gewehre. Unter den fast 400 Millionen in Amerika in Umlauf befindlichen Waffen, sind mindestens 20 Millionen AR-15s. Fallows hebt hervor, dass in den USA sogar AR-15-Gewehre für Kinder vermarktet werden, in verkleinerter Form. Für die sogenannten JR-15 wird mit Zeichentrickfiguren geworben. Hierbei handelt es sich aber nicht um Spielzeug, sondern um echte halbautomatische Gewehre, die Kinder handhaben können.

AR-15-Gewehre töten auf besonders grausame Art und Weise, weil ihre Projektile vor allem aufgrund der hohen Mündungsgeschwindigkeit einen viel größeren Schaden im menschlichen Gewebe anrichten als etwa Pistolenkugeln. Die Auswirkungen waren auch nach den Erschießungen von Kindern an der Schule in Uvalde zu sehen. Die Munition hatte ihnen zum Teil die Köpfe abgerissen und ihre Körper in kleinste Teile zerfetzt. Anfangs konnten manche nur anhand ihrer Kleidungsstücke identifiziert werden, weil sie so entstellt waren. Der Kinderarzt vor Ort äußerte sich extrem traumatisiert von dem Anblick. Die Schreie der Mütter werde er seinen Lebtag nicht mehr vergessen.[317]

Es wundert wenig, dass die AR-15 die Waffe der Wahl für rechtsextreme Gruppierungen wie die Oath Keepers ist. Fallows fordert die Wiederherstellung sozialer Normen, da Verantwortungsbewusstsein und Anstand die Grundlagen der Demokratie darstellten. Er setzt sich für eine sicherere Kultur des verantwortungsvollen Waffenbesitzes ein, ohne die bürgerlichen Freiheiten der Menschen zu beeinträchtigen. Im Hinblick auf die Tabakindustrie sei es ja auch gelungen, einschränkende Schutzvorschriften zu erlassen.[318] Gleiches kann man für die Auto- und Luftfahrtindustrie sagen.

Der militante Kurs der Politik und des Supreme Courts zugunsten der Waffenindustrie entspricht nicht dem Wunsch des Volkes. Rund 70 Prozent der Amerikaner sind für strengere Waffengesetze. Allein 2022 waren bereits Mitte des Jahres über 300 Schusswaffenmassaker verübt worden und die Lage verschlimmert sich weiter.

Es bleibt zu hoffen, dass irgendwann strengere Waffengesetze zum Schutz der Bevölkerung durchgesetzt werden können. Aber aufgrund der politischen Lage und des konservativ ausgerichteten Supreme Courts wird sich an der Terrorisierung der Bevölkerung voraussichtlich auf absehbare Zeit nichts ändern. Solange der Kulturkrieg anhält, solange wird sich auch das Waffenproblem der USA nicht verringern.

Radikale Christen: Der Kreuzzug

Der Religionskult

Im Oktober 2020 fand im Kapitol die Senatsanhörung der Juristin Amy Coney Barrett statt, die Präsident Donald Trump als neue Verfassungsrichterin vorgeschlagen hatte. In dem altehrwürdigen Saal des Hart-Office-Komplexes, ausgestattet mit schwerem blauem Teppich und Antiquitäten, nahm Barrett Platz auf dem für sie designierten mächtigen Lederstuhl. Eine Vielzahl von Scheinwerfern ließ ihr Gesicht für die Liveübertragung im Fernsehen erstrahlen. Barrett sieht aus, wie man sich eine amerikanische Juristin in der Fernsehserie *Law and Order* vorstellen würde: Sie ist Anfang 50, schlank und trägt mittelbraunes, schulterlanges Haar und dezentes Make-up. Gekleidet ist sie vornehmlich in adrette Kostüme und elegante Kleider. Die Fragen der Senatoren beantwortete sie souverän. Die verheiratete Mutter von sieben Kindern – fünf leiblichen und zwei adoptierten – hat eine Bilderbuchkarriere hingelegt, die in ihrer Berufung an den Supreme Court gipfelte. Was während ihrer Befragung allerdings nicht zur Sprache kam, war die Tatsache, dass Barrett Zeit ihres Lebens Mitglied in der Sekte »People of Praise« war. Diese christliche Gruppierung, deren Mitglieder überwiegend katholisch sind, begann sich in den sechziger Jahren zu formieren.

Aussteiger der Sekte berichten, dass die Anhänger glaubten, vom Heiligen Geist ermächtigt zu sein. Jesus Christus sei persönlich anwesend. Der Teufel beherrsche die Welt, aber Gott habe die »People of Praise« unter seinen besonderen Schutz gestellt. Mitgliedern wurde gedroht, dass Gott ihnen seinen Schutz entziehen würde, sollten sie die Gruppe jemals verlassen. Die rund 1700 Mitglieder der Sekte praktizieren Exorzismus und »sprechen in Zungen«, was bedeutet, dass sie ein Kauderwelsch an unverständlichen Lauten ausstoßen, die an Babysprache erinnern, meist mit geschlossenen Augen, wild gestikulierend, wie in Trance. In diesem Zustand, so behaupten sie, spreche Gott durch sie. Im Nachgang »übersetzen« sie dann, was er ihnen angeblich mitgeteilt hat. Die Sekte ist extrem patriarchalisch organisiert. Frauen müssen ihren Männern in Gehorsam dienen und ihnen ihr Gehalt aushändigen. Nur Männer können Positionen im

Vorstand besetzen. Schon Barretts Vater war in der Führungsriege tätig gewesen. Barrett selbst hat ausweislich eines gruppeninternen Dokuments 2010 als »Magd« *(handmaid)* gedient.

Aussteiger der »People of Praise« haben sich in einer Selbsthilfegruppe organisiert. Sie zeigten sich schockiert darüber, dass eine Juristin, die einer solch extremen Glaubensgruppe angehört, für ein Richteramt am Obersten Gerichtshof nominiert wurde. Inständig hatten sie vor ihrer Berufung gewarnt, jedoch vergeblich. In den letzten Tagen seiner Amtszeit ließ Präsident Trump sie noch hektisch bestätigen.

Barretts religiöser Hintergrund als solcher sollte nicht überraschen. Von den Republikanern von langer Hand eingefädelt, ist die Richterschaft des Supreme Courts nunmehr die religiöseste, die es seit dem Zweiten Weltkrieg gegeben hat. Alle vorsitzenden Richter des Supreme Courts sind ausnahmslos Christen. Darin manifestiert sich ein Trend, der sich in Amerika bereits seit längerer Zeit abzeichnet: Die zunehmende Besetzung von Schlüsselpositionen durch religiöse Christen.

Amerika ist zum Teil stark religiös geprägt. In Manhattan, wo ich wohne, gibt es zahllose Kirchen, Synagogen, Tempel, Moscheen und andere Glaubenshäuser. In meiner Nachbarschaft an der Upper East Side ist sogar eine deutsche Kirche beherbergt, die »Zion-St. Mark's Evangelical Lutheran Church«, über deren Tür die Worte »Deutsche Ev. Kirche v. Yorkville« eingemeißelt sind. Einige meiner Freunde, Kollegen und Kunden sind religiös, aber in persönlichen Gesprächen kommt das Thema Religion eher selten auf.

Die schleichende christliche Radikalisierung in den USA ist den meisten Amerikanern erst mit der Erstürmung des Kapitols bewusst geworden. Kreuze, Bibeln, Jesusschilder – den unbefangenen Beobachter überraschte die Vielzahl der christlichen Symbole. Diese mutete im Zusammenhang mit dem aggressiven und gewalttätigen Gebaren der Angreifer merkwürdig widersprüchlich an.

Seit dem Ende des Zweiten Weltkrieges hat sich der weiße Evangelikalismus in den Vereinigten Staaten immer weiter ausgebreitet und erstreckt sich nunmehr auch auf die Kultur und Politik. Die Evangelikalen haben ein riesiges kommerzielles Paralleluniversum aus christlichen Medien, Universitäten und Waren und Dienstleistungen errichtet. In den siebziger Jahren begann das Council for National Policy, führende Persönlichkeiten der religiösen Rechten, Kirchen und republikanischen Partei zusammenzuführen und die republikanische Agenda zu prägen. Darüber hinaus investierten rechte Christen Hunderte Millionen Dollar in die Finanzierung von rechten Medien, die die christliche Weltanschauung verbreiteten. Nach und nach erhielten immer größere Teile der Gesellschaft eine religiöse Prägung. Heute sind bis zu 24 Prozent der amerikanischen Bevölkerung Evangelikale. In der republikanischen Partei machen sie einen überproportional großen Teil aus.

Davon konnte man sich auch in Trumps Weißem Haus überzeugen. Gekonnt setzte der Showman christliche Religiosität ins Bild. Unvergessen die Bilder aus dem Oval Office, als Trump evangelikale Führer zum gemeinsamen Gebet empfing. Während er am »Resolute Desk« thronte, legten einige hinter ihm Stehende die Hände auf seine Schultern. Trump faltete brav die Hände, schloss seine Augen und senkte den Kopf, wohl wissend, dass diese religiöse Reality-Show bei seinen evangelikalen Anhängern großen Zuspruch ernten würde. In Wirklichkeit hat Trump für Evangelikale und ihre Rituale nur Verachtung übrig. Sein ehemaliger Berater, Rechtsanwalt Michael Cohen, erinnert sich in seinem Buch *Disloyal*, wie Trump ihn nach einer ähnlichen Begegnung mit Glaubensführern, die mit ihm gebetet und dabei ebenfalls ihre Hand aufgelegt hatten, ungläubig fragte, »Kannst Du diesen Bullshit fassen? Ist es nicht unglaublich, dass diese Leute an so einen Bullshit glauben?«.[319] Des Weiteren bezeichnete er Fernsehprediger wegen ihres Geschäftsmodells als Gauner. Dass Trump nicht wirklich bibelfest ist, hatte sich bereits in einem 2015 mit Bloomberg geführten Interview gezeigt. Auf die Frage nach seinem Lieblingsvers in seinem angeblichen »Lieblingsbuch«, der Bibel, konnte er keinen einzigen zitieren.[320] Aber Trump verstand intuitiv, wie die Führer der multimedialen Megakirchen operierten, und realisierte, dass ihre Unterstützung unverzichtbar war. Deshalb zelebrierte er seine falsche Frömmigkeit schamlos und gab den christlichen Fundamentalisten bereitwillig eine Bühne.

Zu diesen Fundamentalisten gehörte auch Paula White. Die hat, wenn man Trump Glauben schenken darf, »das gewisse Etwas.« Vermutlich deshalb machte er die etwas künstlich wirkende Blondine auch prompt zu seiner spirituellen Beraterin. Das Gute an der dreimal verheirateten White ist, dass sich jedermann ihres speziellen Drahts zu Gott bedienen kann. Für das nötige Kleingeld, versteht sich. Auf ihrer Homepage werden die Gläubigen dazu aufgefordert, ihr erstes Gehalt des Jahres oder zumindest einen Teil davon an sie zu überweisen, bequem online per Kreditkarte. Denn, so White, »alles Erste gehört Gott«. Im Gegenzug bedenke er die Spender mit seiner Gunst. Zum Beleg führt White mehrere Bibelstellen an, die auffordern, den Herrn dadurch zu ehren, dass man ihm die besten Früchte seiner Ernte überlässt. Diese Investition würde sich doppelt und dreifach auszahlen. Am lohnenswertesten sei eine Spende im Januar, weil man, so White, auf diese Weise Gottes Segen sozusagen direkt am Anfang für den Rest des Jahres aktivieren kann.[321]

White ist Vertreterin des sogenannten Prosperity Gospel, des Wohlstandsevangeliums, auch Erfolgstheologie genannt. Diesem Religionsverständnis liegt die kapitalistische Ideologie zugrunde. Demnach belohnt Gott fromme und tugendhafte Menschen mit materiellem Reichtum und Erfolg, während er Fehlverhalten ahndet. Diejenigen, die das meiste Geld verdienen, sind seine Favoriten. Um Gottes Wohlgefallen zu erlangen, sind Spenden unerlässlich. Gott will einen freien Markt, da dieser das moralische Gleichgewicht herstellt. Gott ist also gleichsam der Banker, Jesus das Produkt und die Gläubigen sind die Kunden. Zelebriert wird das Wohlstandsevangelium von charismatischen Fernsehpredigern in Megakirchen. Diese haben ein kommerzielles Ökosystem eingerichtet, mit dem sie leichtgläubigen Menschen das Geld aus der Tasche ziehen. Norman Vincent Peale, Selbsthilfeguru und Autor des Bestsellers *Die Kraft des Positiven Denkens*, ist ein weiterer Vertreter des Wohlstandsevangeliums. Er war Donald Trumps Pastor und hatte auf dessen Denken nachhaltigen Einfluss.

Auch persönliches Pech, Krankheit und Naturkatastrophen hängen von der Macht Gottes ab und sind auf das eigene Fehlverhalten zurückzuführen. Deshalb grenzten Covid-19-Impfungen an Blasphemie, denn wer an Gott glaubt, der habe keine Impfung nötig.[322] Der republikanische Senator Ron Johnson wetterte gegen Impfstoffe: »Wie kommen wir auf die Idee, dass wir etwas Besseres als der Herrgott selbst erschaffen könnten?«[323] Die meisten Fernsehprediger haben dazu aufgewiegelt, Impfungen zu verweigern. Einige von ihnen sind nachfolgend an einer Covid-19-Infektion gestorben, wie unter anderem der TV-Prediger Marcus Lamb, der Impfungen als Sünde gegen Gott bezeichnet hat.[324]

Im Grunde ist das Wohlstandsevangelium die religiöse Verkörperung des amerikanischen Traums. Eigenverantwortung und Materialismus als Religion – amerikanischer geht es nicht mehr. Das Wohlstandsevangelium ist übrigens auch zum Teil der Grund dafür, dass Amerikaner Wohlstand großzügiger gönnen und ihn auch bereitwilliger zur Schau stellen, weil dieser von Gott gewährt sei.

Für die Evangelikalen ist Trump von Gott auserwählt und als messianische Gestalt dazu bestimmt, vor dem Untergang der Welt noch einmal so viele Seelen wie möglich zu retten. Trump hat sich auch selbst bei einer Pressekonferenz am Weißen Haus mit einem dramatischen Blick zum Himmel und ausgestreckten Armen als »den Auserwählten« bezeichnet.[325] In den Augen seiner Anhänger gibt ihm sein gottgegebener Wohlstand recht.

Weil mittlerweile viele staatliche Stellen, wie das Verteidigungsministerium, die Air Force und Militärbasen, von fundamentalistischen Christen infiltriert sind und das Thema des Weltuntergangs in fast allen christlichen Gruppierungen eine Rolle spielt, soll nicht unerwähnt bleiben, dass Mike Pompeo, ehemals Chef der CIA und dann Außenminister unter Trump, Anhänger einer theologischen Strömung unter den Evangelikalen namens »Rapture« ist. Für die Anhänger der Rapture erfolgt die Erlösung durch Untergang, indem Christen nach der Apokalypse in den Himmel aufsteigen.

2015 sagte Pompeo auf einer Veranstaltung, dass Politik ein nicht enden wollender Kampf bis zum Weltuntergang sei, wonach die Christen auf Ewigkeit in den Himmel aufsteigen würden.[326] Wenn der Außenminister der Vereinigten Staaten jemand ist, der dem Untergang entgegenfiebert, weil er sich danach sehnt, in den Himmel aufzusteigen, dann könnte das Grund zur Besorgnis geben.

Christlicher Imperialismus – Die Christlichen Nationalisten

Bei einer Veranstaltung der Organisation Turning Point USA in Florida im Juni 2022 erklärte die rechtsradikale republikanische Abgeordnete Marjorie Taylor Greene aus Georgia: »Ich bin stolz darauf, Christin zu sein. Wir alle sollten christliche Nationalisten sein!« Kurze Zeit später beschwerte sie sich per Tweet, dass sie von der gottlosen Linken angegriffen werde, weil sie sich stolz zum christlichen Nationalismus bekannt habe. Nur zwei Tage später verhökerte sie »christliche Waren«, wie T-Shirts, auf denen geschrieben stand »Stolzer Christlicher Nationalist«, über Instagram. Besucher der Seite wurden aufgefordert, ihre Liebe für die großartige amerikanische Nation mit diesem Shirt, das exklusiv im offiziellen Marjorie-Taylor-Greene-Shop erhältlich ist, zu demonstrieren. Greene benutzt den Begriff »christlichen Nationalismus« plump und dreist als Kampfaufruf, Provokation, Branding und Geldmachmasche.

Übrigens, weil Greene sich stets als moralische Heilsbringerin aufspielt: Die Mutter dreier Kinder hatte vor nicht allzu langer Zeit eine Affäre mit einem »polyamourösen tantrischen Sex-Guru«, bevor sie eine weitere Affäre mit dem Manager ihres Sportstudios begann.[327] In den rechten Medien wurde dies natürlich nicht thematisiert.

Auch die republikanische Abgeordnete Lauren Boebert aus Colorado kehrt die christliche Nationalistin heraus und erklärt, dass die Trennung von Kirche und Staat Schwachsinn sei. Die Kirche solle den Staat regieren, nicht umgekehrt. Außerdem plädiert sie für einen »biblischen Staatsbürger-Test«, bei dem potenzielle Amerikaner als Voraussetzung für die Erlangung der US-Staatsbürgerschaft ihre Bibelkenntnis unter Beweis stellen müssen.[328]

Doug Mastriano, republikanischer Kandidat für die Gouverneurswahlen in Pennsylvania, führt seinen Wahlkampf mit dem Slogan, dass er Gott nach Pennsylvania zurückzubringen werde. Sein Wahlkampfberater Andrew Torba, der auch der Gründer des rechtsradikalen sozialen Netzwerks Gab ist, ließ laut der *Jerusalem Post* vermelden, dass zum amerikanischen Konservatismus nur Christen gehörten und keine Juden. Michael Peroutka, republikanischer Kandidat für das Amt des Generalstaatsanwalts von Maryland, ist der Auffassung, dass Recht und Politik auf einer biblischen Weltanschauung beruhen sollten. So sei beispielsweise die gleichgeschlechtliche Ehe illegal, weil sie gegen Gottes Gesetze verstoßen.

Auch der ehemalige Nationale Sicherheitsberater Präsident Trumps General a. D. Michael Flynn, der sich bei Trump für einen Militärputsch starkgemacht hatte und von diesem begnadigt worden war, hat sich für eine Staatsreligion in Amerika ausgesprochen. Auf einer »ReAwaken America«-

Veranstaltung verkündete er im Herbst 2021, »wenn wir eine Nation unter Gott sein wollen, dann können wir auch nur eine Religion haben«.[329]

Die rechte Organisation America First Legal (AFL), der auch zahlreiche ehemalige Mitarbeiter der Trump-Administration angehören, arbeitet ganz konkret an der Aufhebung der Trennung von Staat und Kirche. Sie hat den Supreme Court angerufen, mit dem Ziel, den einzelnen Bundesstaaten die Freiheit zu geben zu entscheiden, ob und wie sie die Trennung zwischen Kirche und Staat durchführen oder auch aufheben möchten. Die Gründerväter hätten diese gar nicht notwendigerweise vorgesehen. Dies würde Kirchen die Möglichkeit eröffnen, mit staatlichen Geldern gefördert zu werden und ihre Glaubenssätze in Lehrpläne an staatlichen Schulen zu integrieren.[330] AFLs nächstes Etappenziel ist die Wiedereinführung von Schulgebeten, die der Supreme Court 1962 für verfassungswidrig erklärt hatte.[331]

Lange schon hat die Bewegung des »Christian Nationalism«, also des weißen christlichen Nationalismus, unter der Oberfläche geschwelt. In letzter Zeit sind ihre Anhänger immer lautstarker hervorgetreten, vor allem, um Wähler zu mobilisieren. Ursprünglich stammt der Begriff aus der Wissenschaft. Mittlerweile bezeichnet er einen populistischen christlichen Glauben, nachdem den Weißen die politische und religiöse Vorherrschaft gebührt. Innerhalb des Spektrums christlicher Nationalisten gibt es verschiedene Nuancen, die von weißen Evangelikalen, die die Trennung zwischen Kirche und Staat aufheben wollen, bis hin zu solchen, die die dominionistische Perspektive vertreten, reichen.

Gemäß dem Dominionismus sind biblische Christen von Gott beauftragt, die Regierung zu übernehmen, um die Herrschaft über die Gesellschaft zu ergreifen. Dazu gehören die Bereiche Bildung, Religion, Familie, Wirtschaft, Politik, Kunst und Medien. Diese Herrschaft sei notwendig, um Gottes Königreich auf der ganzen Welt zu verbreiten und alle Nationen zum Christentum zu bekehren. Dabei ist wegen des nahenden Weltuntergangs allerdings Eile angesagt. Die Dominionisten stützen ihr Mandat auf die in Genesis 1:26–28 verliehene Autorität. Diese Autorität habe Adam zwar bei seinem Sündenfall verloren, aber Jesus habe sie durch seine Kreuzigung wiederhergestellt. Gott verleihe den Christen nun die Autorität, sich die gesamte Welt zu unterwerfen und darüber zu herrschen.

Die Gemeinsamkeiten zwischen Dominionismus und Nationalismus sind schwer zu verkennen.

Der amerikanische Exzeptionalismus beruht für die Dominionisten auf Gottes Willen, wonach Amerika als eine christliche Nation gegründet worden sei. Alle, die die biblischen Werte nicht respektierten und die moralische Ordnung beispielsweise durch die Einräumung von Frauenrechten und die Legalisierung von Abtreibung und gleichgeschlechtlichen Ehen bedrohten, seien Feinde, die es zu bekämpfen gelte, weil sie die weiße Mittelklasse bedrohten. Nur die Republikaner könnten den kulturellen Zusammenbruch noch verhindern.[332]

Bis vor nicht allzu langer Zeit galt der Dominionismus selbst unter den religiösen Rechten als eine Randgruppe. Die Anhängerschaft ist ein amorpher Zusammenschluss autonomer Untergruppierungen. Dominionisten geht es nicht um eine Anpassung des Systems, sondern um die Zerstörung moderner sozialer und politischer Strukturen, um sie durch neue christliche zu ersetzen. Denn Christus könne nur wiederkehren, wenn die Dominionisten die Weltherrschaft übernommen hätten, notfalls mit Gewalt.

Bei den christlichen Nationalisten handelt es sich also um eine umstürzlerische Bewegung mit dem Ziel der Machtübernahme durch die Aufhebung der Trennung zwischen Kirche und Staat. Durch das Kapern der christlichen Religion sind sie bestrebt, eine Autokratie über den Weg einer Theokratie zu etablieren. Zur Tarnung verkleiden sie ihre radikale Ideologie in ein religiöses Gewand. Die Zweckentfremdung der Religion ist ein hilfreiches Mittel, denn wer an den Glauben appelliert, der muss nicht schlüssig argumentieren und keine Beweise darbringen. Außerdem kann man Anfällige gut mit Religion ködern, manipulieren und mobilisieren, denn der Glaube, Teil von etwas Größerem zu sein, setzt bei den Anhängern Kräfte frei und erhöht ihre Bereitschaft, Opfer zu bringen.

Christlicher Extremismus: American Taliban

Viele Anhänger des christlichen Nationalismus sind der Meinung, dass kein Weg daran vorbei führt, den Umsturz durch den Einsatz von Gewalt zu erreichen. Diese extremistische Ausprägung war auch bei der

Erstürmung des Kapitols am 6. Januar 2021 zu beobachten. Philip Gorski, Professor an der Yale University, warnt vor einer Instrumentalisierung des christlichen Glaubens durch faschistische und rassistische Gruppen, die christliche Sprache als Deckmantel nutzen.[333]

Beim Christo-Faschismus handelt es sich um eine gefährliche Mischung aus christlichen Nationalisten, Milizgruppen und Waffenfetischisten, die durch die Anwendung von Gewalt ein neues System in ihrem Sinne gegen den Willen der Mehrheit der Bevölkerung errichten wollen. Was sie verbindet, ist ihr Misstrauen gegenüber dem Staat, den sie als Bedrohung wahrnehmen. Aufgrund dessen fühlen sie sich zur Selbstjustiz ermächtigt. Deshalb ist für sie auch Kyle Rittenhouse ein Held. Dieser war, wie erwähnt, zu Black-Lives-Matter-Protesten gereist, hatte zwei Menschen erschossen und war anschließend vor Gericht freigesprochen worden. Nach ihrer Ansicht hat Rittenhouse nur das getan, was die Regierung versäumt habe.

Tatsächlich gibt es Gemeinden, deren Mitglieder das Sturmgewehr AR-15 anbeten. Dazu gehören unter anderem die »Rod of Iron Ministries«, die sich auch gern mit rechtsradikalen Gruppierungen zusammentun. So haben sie beispielsweise 2022 das »Freedom Festival« in Greeley, Pennsylvania, gesponsert. Dort sprach auch der Anführer der Rod of Iron Ministries, Pastor Sean Moon, dessen Vater der bekannte Gründer der Sekte »Unification Church«, Sun Myung Moon, war, der schon vor Jahrzehnten gepredigt hatte, dass Demokratie satanisch ist und eine Theokratie errichtet werden sollte. Die Sprecherin der NRA, Dana Loesch, und Trumps ehemaliger Berater Steve Bannon schickten Videobotschaften.

Steven Hassan, Berater für psychische Gesundheit und Autor des Buches *The Cult of Trump*, ist ehemaliges Mitglied von Moons Unification Church.[334] Er warnt, dass es sich bei den schwer bewaffneten religiösen Fanatikern um ein Pulverfass handelt. Als Moonie sei er darauf abgerichtet gewesen, auf Kommando zu töten und zu sterben.[335] Die Tatsache, dass die Anhänger dieser Glaubensgemeinschaft für bewaffnete Auseinandersetzungen in den Straßen Amerikas trainieren, hält er für besorgniserregend.

Laut Samuel Perry, Co-Autor des Buches *Taking America Back for God: Christian Nationalism in the United States*, lehnen zwei Drittel derjenigen, die für eine Aufhebung der Trennung zwischen Kirche und Staat plädieren, jegliche Einschränkung des privaten Waffenbesitzes ab. Waffen gehörten für sie praktisch zur Religion. Je stärker die Identifikation mit christlichem Nationalismus, desto größer sei die Ablehnung von Demokratie und schärferen Waffengesetzen, aber auch die Neigung, an Verschwörungstheorien zu glauben.[336]

Trump: Ein Mann nach Gottes Ebenbild

Die bereits erwähnte Historikerin Kristin Du Mez erläutert in ihrem Buch *Jesus and John Wayne*, dass John Wayne, der in den siebziger Jahren als heldenhafter weißer Mann mit Gewalt für Ordnung sorgte, zu einer idealisierten Ikone der christlichen Männlichkeit geworden sei. Schusswaffen seien in Amerika Symbol für einen schroffen Individualismus, Cowboy-Gerechtigkeit und männliche Macht.

Dieses Männlichkeitsideal erklärt auch, warum selbst die konservativsten Christen so nachsichtig mit dem moralischen Fehlverhalten von Republikanern wie Donald Trump oder Herschel Walker umgehen. Laut Du Mez sehen sie in einer Vielzahl von Kindern den Ausdruck von Fortpflanzungskraft und männlicher Stärke. [337]

Als ich die beiden in bitterer Armut lebenden Frauen Cara Mia und Jill für meine n-tv-Reportage *Wie tickt Amerika?* in Pennsylvania interviewte, fragte ich sie auch, was sie von Donald Trump hielten. Noch bevor ich die Frage ausgesprochen hatte, hellten sich ihre Gesichter auf. Gemeinsam brachen sie in ein enthusiastisches »I love him« aus. Begeistert von ihren übereinstimmenden Antworten lachten sie und gaben sich High-Fives. Als Erklärung führten sie unter anderem seine Christlichkeit und Ehrbarkeit an. Auf meine ungläubige Nachfrage entgegneten sie, dass Gott Trump als sein Abbild erschaffen habe und bereits David in der Bibel untreu gewesen sei. Aber jeder könne seine Ehre wieder erlangen, wie Trump, der nunmehr von seiner tollen Familie umgeben sei.[338]

Wenn opportun, sind konservative Christen durchaus bereit, über die Verletzung von Familienwerten hinwegzuschauen. Weil Männer ihr Testosteron von Gott erhalten haben, muss man ihnen Untreue nachsehen. Trump ist in ihren Augen ein richtiger Mann, ein Versorger und

Beschützer. Ein Kerl, der sich nicht um affiges Gehabe wie Gendern kümmert, und nervigen intellektuellen Liberalen mal richtig die Meinung geigt, so wie sie es auch gerne einmal tun würden. Seine Aufrufe zu Gewalt gegen Gegner, finden sie gut. Insgeheim frohlocken sie mit einer gewissen Schadenfreude über das Spektakel und die Demütigung der anderen. Außerdem gibt ihnen Trumps Verhalten die Legitimation, ihre Gewaltfantasien auszuleben.

Trumps Lüge vom »Wahlbetrug« versetzt die Evangelikalen angesichts der von ihnen wahrgenommenen existenziellen Bedrohung in noch größere Kampfbereitschaft. 60 Prozent von ihnen glauben, dass Trump die Wahl 2020 »gestohlen« wurde. 26 Prozent sind sogar der Ansicht, dass wahre Patrioten zur Rettung des Landes auf Gewalt zurückgreifen müssten. Sie sehen Amerika in einem Existenzkampf, in dem Trump sie vor einer satanischen Welt retten müsse.

Christliche Werte wie Nächstenliebe, Vergebung und das Hinhalten der anderen Wange sind bei den konservativen Christen aus der Mode gekommen. Stattdessen kultivieren sie eine aggressive, antagonistische Haltung. So argumentierte auch Trumps Sohn Don Jr., dass »Gut« gegen »Böse« alle Mittel rechtfertige: »Die andere Wange hinzuhalten hat uns nichts gebracht.«[339] Dieses Gedankengut stimmt auch mit dem des QAnon-Kults überein, mit dem die christlichen Nationalisten Allianzen bilden. Auch QAnon-Anhänger betrachten die Welt als einen ewigen Kampf zwischen Gut und Böse und Trump als den Retter der Welt.

»Religion«, soll Voltaire bemerkt haben, »begann, als der erste Gauner auf den ersten Deppen traf.« Es bleibt zu hoffen, dass mehr und mehr Amerikaner den Betrug der religiösen Rechten erkennen werden. Aber nach Überzeugung der Historikerin Du Mez wird sich die evangelikale Bewegung voraussichtlich erst einmal weiter radikalisieren.[340]

KAPITEL 6

ENDGAME: DIE FEINDLICHE ÜBERNAHME DER DEMOKRATIE

Dystopie: »Komischer Scheiß«

Es ist ein dystopisches Szenario: Menschen, die in Armut dahinsiechen und Kriminalität, Gangs und Drogen ausgeliefert sind. Eine trostlose Umgebung mit heruntergekommenen Fabriken, die wie dunkle Grabsteine anmuten. Schmerz und Verzweiflung. Dies war das Bild, das der neu gewählte Präsident Donald Trump bei seiner Antrittsrede am 20. Januar 2017 an der Westseite des Kapitols in Washington, D.C., zeichnete. Es gipfelte in der Zusicherung, dass diese Apokalypse nun ein Ende hätte. Seine Rede war so verstörend, dass sie von nun an nur noch als »das amerikanische Blutbad« bezeichnet wurde, in Anlehnung an den von ihm in der Rede verwandten Begriff »American Carnage«. »Was war das denn für ein komischer Scheiß«, raunte George W. Bush seiner Sitznachbarin Hillary Clinton zu. Das von Trump ausgemalte Weltuntergangsszenario irritierte auch deswegen, weil Barak Obama ihm eine florierende Wirtschaft hinterlassen hatte.

Vier Jahre später, am 6. Januar 2021: Chaos, Zerstörung, Gewalt und Tod. Auf Aufforderung von Präsident Trump versammelten sich Tausende seiner Anhänger vor dem Kapitol. Viele von ihnen gehörten zu rechtsextremen Milizen, zur QAnon-Bewegung und radikalen christlichen Gruppierungen. In Kampfmontur rotteten sie sich zusammen, durchbrachen unter Schlachtrufen die Sicherheitsabsperrungen, prügelten auf Polizisten ein und verschafften sich gewaltsam Zutritt zum Kapitol.

Im Rückblick war Trumps düstere Antrittsrede keine Abrechnung mit dem Status quo, sondern seine Vision für Amerika. Ob der Januar 2021 tatsächlich das Ende Trumps und des Trumpismus eingeläutet hat, darf bezweifelt werden. Vielmehr ist zu befürchten, dass das Ende seiner Amtszeit erst der Anfang einer noch viel größeren Bewegung war.

Seltener waren die Amerikaner gespaltener als heute.[341] In seiner Antrittsrede am 20. Januar 2021 gelobte Präsident Biden, das amerikanische Volk zu vereinen: »Wir müssen aufhören, unsere politischen Gegner wie Feinde zu behandeln. Wir sind nicht verfeindet, wir sind alle Amerikaner«, so Biden. Zu seiner Kandidatur hatten Biden nach seinen Angaben insbesondere die rassistischen und gewalttätigen Ausschreitungen 2017, im ersten Amtsjahr Trumps, in Charlottesville, Virginia, mit drei Toten und vielen Verletzten bewogen.

In ihrem Buch *This Will Not Pass* zitieren die *New York Times*-Reporter Jonathan Martin und Alexander Burns Joe Biden mit den Worten: »Ich hoffe, dass meine Präsidentschaft gut ausgeht. Falls dies nicht der Fall sein sollte, bin ich mir nicht sicher, dass unser Land bestehen wird.«[342] Historiker und andere Wissenschaftler teilen Präsident Bidens Befürchtungen, wie sich bei einem Treffen Anfang August 2022 im Weißen Haus zeigte. Während draußen historische Unwetter tobten, zeichneten sie ein beängstigendes Bild der prekären Lage, in der sich die Demokratie in den USA und weltweit befindet. Dabei warnten sie mit Abraham Lincolns Worten, dass eine gespaltene Gesellschaft keinen Bestand haben kann.[343]

Republikaner: Radikal rechts

Noch nie gab es in der Geschichte der USA einen Präsidenten, der ungehindert so viele Gesetze und Normen gebrochen, das Land zutiefst gespalten und ihm so viel Schaden zugefügt hat, wie Donald Trump. Allerdings wäre dies niemals möglich gewesen, ohne die Wegbereitung und geradezu sklavische Unterstützung der Republikaner. Sie haben jegliche Bemühungen, Trump zur Verantwortung zu ziehen, behindert und setzen alles auf diese Trumpfkarte, obwohl er bei der Zwischenwahl 2018 die Mehrheit im Repräsentantenhaus und 2020 dann die Präsidentschaftswahl verloren hat.

Wie konnte es so weit kommen? Trump ist nicht ursächlich für die Missstände, sondern ein Symptom von Entwicklungen, für die die Republikaner unter dem Mythos der »Reagan-Partei« bereits vor Jahrzehnten den Grundstein gelegt haben. Trump hat mit seinem unfehlbaren politischen Instinkt das sich daraus ergebende Einfallstor geortet, ist zum Republikaner konvertiert und hat die Partei anschließend gehijacked.

Der Hauptdrahtzieher der republikanischen Zeitenwende war Newt Gingrich, der den politischen Diskurs in eine Art moderne Kriegsführung verwandelt hat. Gingrich verkörpert den Anfang vom Ende des Anstands. Intelligent, geschickt, manipulativ, hat er Scheinheiligkeit, Lüge, Verleumdung und Schlammschlachten unter Republikanern gesellschaftsfähig gemacht. Mit seinem Wahlkampfmanifest »Vertrag mit Amerika« von 1994 hat er eine Liste von zehn Gesetzen verfasst, zu deren Umsetzung sich die Republikaner für den Fall der Wiedererlangung der Macht verpflichteten. Ganz die Propagandaexperten realisierten sie, dass es weniger auf Inhalt als auf die Verpackung ankommt. Und so perfektionierten sie die Manipulation durch Framing, also die Beeinflussung des Denkens durch die von ihnen geschickt gewählte Terminologie. Gingrich prägte zur Erringung der Ideendominanz zahlreiche effektive Schlüsselbegriffe, wie »korrupt«, »krank«, »kriminell«, mit denen er die Demokraten herabwürdigte und sich im Gegenzug in der Öffentlichkeit das Image des Patrioten mit moralischer Integrität zulegte, ungeachtet der Tatsache, dass er mittlerweile bereits zum dritten Mal verheiratet ist, seine Ehefrauen jahrelang betrogen hatte und bei seiner zweiten Ehefrau, die ihm die erbetene offene Beziehung verweigert hatte, die Scheidung einreichte, kurz nachdem bei dieser Multiple Sklerose festgestellt wurde.

Für ihre rhetorische Kriegsführung heuerten die Republikaner Strategen wie Frank Luntz an, der für die erfolgreichen Narrative der Republikaner in den letzten drei Jahrzehnten federführend verantwortlich gewesen ist. Seine bekannteste Wortkreation: »Todessteuer« für »Erbschaftssteuer,« mit dem Ziel, die Einführung einer Erbschaftssteuer zu verhindern. Umfragen haben ergeben, dass durch Framing deutlich höhere Zustimmungswerte für eine politische Position erlangt werden können. Ist der Vorsprung eines Narrativs einmal gesichert, ist er von der anderen Seite praktisch nicht mehr einzuholen. Die Reduzierung komplexer Ideen auf

Trigger-Schlagwörter ist ein Symptom unserer Fortschrittsüberforderung. Tiefergehende Debatten werden dadurch vereitelt.

Gingrich kultivierte auch den Trend zu Verschwörungstheorien. Auf ihn geht die Verleumdungskampagne zurück, dass Hillary Clinton in Wahrheit für den nachgewiesenen Selbstmord ihres damaligen Mitarbeiters Vince Foster verantwortlich gewesen sei. Über die nachfolgenden Jahrzehnte machten immer wildere Verschwörungstheorien über die Clintons die Runde. Ich erinnere mich noch an meine Aufenthalte als Teenager in Tucson, Arizona, das in Teilen erzkonservativ war. Dort gaben die Freunde meiner Eltern – Ärzte, Rechtsanwälte und renommierte Geschäftsleute – die hanebüchensten Geschichten zum Besten, beispielsweise dass Hillary Clinton nicht nur Foster ermordet habe, sondern auch noch hinter zahlreichen anderen Todesfällen steckte. Selbst als Teenager erschienen mir diese Geschichten völlig abwegig und ich konnte kaum glauben, dass erfolgreiche Erwachsene solche abstrusen Theorien verbreiteten.

Newt Gingrich war nicht der Einzige, der die republikanische Partei korrumpierte. Zu den Rädelsführern gehörten und gehören auch der ehemalige Präsidentschaftskandidat Pat Buchanan, der Trumps Talking-Points vorwegnahm, Karl Rove, Präsident George W. Bushs Stratege, Sarah Palin, Mitch McConnell und Kevin McCarthy, neben zahlreichen anderen. Evangelikale Prediger wie Pat Robertson und Jerry Falwell erwiesen sich ebenfalls als äußerst hilfreich. Verantwortlich für die effiziente Verbreitung der republikanischen Propaganda über die letzten Jahrzehnte ist das rechte Medienuniversum gewesen, angeführt von Rush Limbaugh, Rupert Murdoch, Roger Ailes, Andrew Breitbart, Sean Hannity und Tucker Carlson. Rechte Agitatoren und Strategen wie Steve Bannon, Roger Stone, Paul Manafort und Rudy Giuliani taten das Ihre dazu.

Ein wichtiges Ideengerüst lieferte der libertäre Träger des Wirtschaftsnobelpreises James McGill Buchanan. Zu dessen Entsetzen hatte der Supreme Court 1954 im Fall *Brown v. Board of Education* die Verfassungswidrigkeit von nach Rassen getrennten Schulen beschieden. In den nachfolgenden Jahrzehnten entwarf Buchanan die Vision eines Amerikas, in dem eine Regierung praktisch nicht mehr existierte und keinerlei Verpflichtung der öffentlichen Hand bestand, der Bevölkerung Bildung, Gesundheits- und Altersfürsorge sowie Sozialleistungen zur Verfügung zu stellen. Seine Vision ist zu einer Blaupause für rechte Kräfte geworden, die versuchen, sich auf Kosten der Demokratie zu bereichern.

In dem Artikel »What Is the Far Right's Endgame?« der Autorin Rebecca Onion in *Slate*, kommt die Historikerin der Duke University, Nancy MacLean, zu Wort, die eine Biographie über James Buchanan mit dem Titel *Democracy in Chains* verfasst hat.

Sie erläutert, dass Buchanan seinen beachtlichen Einfluss hinter den Kulissen ausgeübt hat, insbesondere auch über die 1947 von Friedrich Hayek ins Leben gerufene Mont Pelerin Society. Zu dieser Gesellschaft haben auch Milton Friedman, Ludwig von Mises und vor allem der einflussreiche Milliardär und Geldgeber Charles Koch gehört. Während sich Friedman und Hayek für freie Märkte eingesetzt hatten, konzentrierte sich Buchanan darauf, gegen die Regierung vorzugehen. Politiker standen seiner Auffassung nach nicht im Dienst der Allgemeinheit, sondern gingen zwecks Wiederwahl rein eigennützig ihren Interessen nach, vor allem mit kostspieligen Versprechen, für die sie nicht selbst aufkommen müssten. Und so würden sie allein deswegen Behörden erweitern, um ihre Macht zu vergrößern. Buchanan ging es darum, das gesamte System zu ändern. In seiner Arbeit »Die Grenzen der Freiheit« kam er zu dem Schluss, dass Nicht-Reiche seinen Vorschlägen niemals folgen würden. Deshalb wäre Despotismus die einzige Lösung. Buchanan hatte in den siebziger Jahren auch die Pinochet-Junta in Chile im Hinblick auf die Gestaltung ihrer Verfassung beraten, und zwar dergestalt, dass die Mehrheit der Bevölkerung ihren Willen im politischen System nicht mehr durchsetzen konnte.

Der Milliardär Charles Koch ist ein zutiefst ideologisch geprägter Fanatiker mit messianischen Zügen, der sich selbst mit Martin Luther und seine Bemühungen mit der protestantischen Reformation verglichen hat. Er hat eine völlig neue Vision von Gesellschaft und Regierung, die nicht demokratischen Vorstellungen entspricht. Koch hat Buchanans Center an der George Mason University und weitere seiner Unterfangen finanziert. Besonders sagt ihm Buchanans Idee zu, eine Flut von politischen Änderungen auf einmal vorzunehmen, damit sich die Menschen kaum mehr dagegen wehren können.

Buchanans Lehre ist rassistisch geprägt und hat auf die Wahrung der Vormachtstellung der Weißen gezielt, um die Macht des Kapitals zu sichern. Deshalb hätten Buchanan und Konsorten am liebsten Afroamerikaner aus dem politischen Prozess ausgeschlossen, aber genauso auch junge Menschen und, wenn sie gekonnt hätten, auch Frauen, weil diese sich typischerweise für eine bessere Sozialversorgung und stärkere Regulierung einsetzten.

Nach Auffassung von Professorin MacLean ging und geht es Zeitgenossen wie Buchanan und Koch um mehr als nur Geld und Steuervorteile. Es gehe ihnen um ihr Weltbild, in welchem sie das Recht zur Vorherrschaft über andere hätten. Sie lenkten Macht in einem noch nie da gewesenen Ausmaß auf Republikaner um, mittels Wählerunterdrückung, der Zerschlagung von Gewerkschaften und Ähnlichem. Laut MacLean haben wir es mit einem Phänomen zu tun, für das wir noch nicht einmal das passende Vokabular hätten, um es zu begreifen. Charles Koch und andere einflussreiche Geldgeber seien dem demokratischen System gegenüber zutiefst feindlich eingestellt und ihrem Sieg bereits sehr nah. Ihre Ideen machten sie auf Dauer zu einer Minderheit, und würden sie ihre Absichten ehrlich auf den Tisch legen, kämen sie damit nicht durch. Deshalb könnten sie nur auf unehrliche Weise vorgehen. Das wiederum gebe der Mehrheit der Menschen, die anständig und sich einiger seien, als man gemeinhin denkt, große Macht.[344]

Die strategischen, langfristigen und geeinten Bemühungen der Republikaner gipfelten 2016 in Trumps Wahl zum Präsidenten. Und hier laufen auch die Fäden der bisherigen Ausführungen in diesem Buch zusammen: die Alles-ist-möglich-Kultur, die Bereitschaft, sich seine eigene Realität zu erschaffen, die amerikanische Erfolgskultur, der Narzissmus und die extreme Religiosität – all dies hat den Kult um Donald Trump möglich gemacht.

Auch Donald Trump selbst ist der Inbegriff der amerikanischen Kultur, nämlich des Nihilismus, Materialismus und Narzissmus. Die Tatsache, dass seine Präsidentschaft sich zu einem erheblichen Teil dem einflussreichen Reality-TV verdankt, ist die ultimative Manifestation dieser Kultur.

Dr. Bandy X. Lee, eine forensische Psychiaterin und Präsidentin der World Mental Health Coalition, die von Anbeginn mit zahlreichen anderen Experten vor Trump gewarnt hatte, veröffentlichte drei Tage nach der Kapitol-Erstürmung einen dringenden Appell, Donald Trump unverzüglich gemäß dem 25. Zusatzartikel zur Verfassung aus dem Amt zu entfernen.

Dr. Lee erklärt die fanatische Anhängerschaft Trumps unter anderem mit zwei emotionalen Triebkräften »Narzisstische Symbiose« und »Massenpsychose«. Narzisstische Symbiose beziehe sich auf den Drang des Führers nach Bewunderung, um sein mangelndes Selbstwertgefühl auszugleichen, weswegen er grandiose Allmacht projizieren würde. Seine Anhänger würden sich nach einer Vaterfigur sehnen.

Eine »Massenpsychose« bezeichnet die »Ansteckungskraft« von Symptomen, die über gewöhnliche Gruppenpsychologie hinausgehen. Wenn eine hochsymptomatische Person eine einflussreiche Position bekleidet, könnten sich die Symptome der Person durch emotionale Bindungen in der Bevölkerung ausbreiten, bestehende Pathologien verstärken und Wahnvorstellungen, Paranoia und Gewaltbereitschaft hervorrufen – selbst bei zuvor gesunden Menschen.[345] Die genaue Einordnung dieses Phänomens ist unter Wissenschaftlern strittig, aber dass das Verhalten von Gruppen das Verhalten Einzelner beeinflussen kann, wie beispielsweise in Sekten und bei Gruppenselbstmorden, ist bekannt. Zumindest kann diese Erklärung als eine hilfreiche Metapher zum Verständnis dienen.[346]

Die Republikaner sind im Wesentlichen weiß und hauptsächlich in Kleinstädten und eher ländlichen Gebieten ansässig. Mittlerweile stellen sie eine antidemokratische Minderheitspartei dar, die sich nicht mehr an traditionellen Werten orientiert und die weniger auf politische Maßnahmen als auf identitäre Stimmungsmache fokussiert ist. Ein großer Teil von ihnen hält Gewalt zur Erreichung ihrer politischen Ziele für legitim. Aus diesem Grunde schrecken sie auch nicht davor zurück, mit rechtsradikalen Gruppen zu kooperieren und diese für sich einzusetzen. Zwar sind nicht alle Mitglieder der republikanischen Partei extremistisch, aber mittlerweile der überwiegende Teil. Alle halbwegs Gemäßigten haben sich von der Partei abgewandt oder sind von ihr fallen gelassen worden, und so machen die Extremisten jetzt das Wesen der Partei aus. Das Regieren wird schwierig, wenn in einem Zweiparteiensystem eine Partei lediglich darauf ausgerichtet ist, die andere zu sabotieren, zu lügen und zu betrügen, Gewalt zu schüren und demokratische Institutionen zu unterminieren, um eine autokratische Regierung zu installieren. Wie sollen die Demokraten, die die

Mehrheit der Wähler abbilden und sich für die Rechte einer ethnisch diversen Bevölkerung und von Minderheiten einsetzen, unter solchen Bedingungen mit Republikanern kooperieren und Kompromisse finden. Selbst republikanische Kongressabgeordnete werden von ihren eigenen Parteigenossen mit Morddrohungen überzogen, wenn sie es wagen, für Gesetze zu stimmen, für die die Demokraten Zuspruch bei der Bevölkerung finden. Das Klima ist vergiftet und das Vertrauen dahin.

Die größte »Supermacht« der Republikaner ist ihre Schamlosigkeit. Es gibt kein Korrektiv, keine Norm, nichts, was sie zurückhalten könnte. Möglich ist dies, weil sie kein Rückgrat besitzen und sich von Ehrlichkeit, Anstand und Ehre abgewandt haben. Nichts ist ihnen heilig, und skrupellos lügen sie, was das Zeug hält. Stolz und Scham sind ihnen völlig abhandengekommen. Keine Demütigung durch Trump ist groß genug, dass sie sie davon abhalten könnte, bei Trump zu Kreuze zu kriechen und seinen Ring zu küssen. Ihre Fraktionschefs in Senat und Repräsentantenhaus, Mitch McConnell und Kevin McCarthy, sowie Senator Lindsey Graham haben sich hier ganz besonders hervorgetan. Trauriger Höhepunkt: die Kapitol-Erstürmung und ihr Nachspiel. Hatten sich die erwähnten Republikaner danach noch empört gezeigt, spurten sie bald wieder und stellten sich trotz der vernichtenden Erkenntnisse des Untersuchungsausschusses zum 6. Januar 2021 voll und ganz hinter Trump. Die Republikaner haben einen Trumpenstein erschaffen, dem sie wie einem Kultführer huldigen, sodass sie mittlerweile selbst wiederum zu Trumps Frankenstein verkommen sind.

Die Russland-Connection

Als ich das erste Mal davon hörte, dachte ich, es handele sich um einen Scherz. Der 4. Juli, der amerikanische Unabhängigkeitstag, ist den Amerikanern heilig. Es gibt Paraden, Grillfeste und Feuerwerk. Die Menschen nehmen weite Reisen auf sich, um den Nationalfeiertag mit ihren Familien und Freunden zu begehen. Deshalb konnte ich auch nicht so recht glauben, dass eine Gruppe republikanischer Abgeordneter den amerikanischen Unabhängigkeitstag ausgerechnet in Moskau gefeiert hatte. Die amerikanischen Volksvertreter posierten mit den russischen Repräsentanten für Propagandafotos, und Senator Richard C. Shelby erklärte gegenüber dem Duma-Sprecher Wjatscheslaw Wolodin, dass er nicht gekommen sei, um Russland zu kritisieren, sondern weil er um bessere Beziehungen bemüht sei. Demgegenüber gaben sich die Russen herablassend. Duma-Mitglied Wjatscheslaw Nikonow äußerte sich verächtlich. Das russische Staatsfernsehen machte sich über die Amerikaner lustig. Und ein russischer Militärexperte befand, dass die Russen den Amerikanern überlegen seien und diese die Russen bräuchten und nicht umgekehrt.

Seit Jahren schon versucht Wladimir Putin kontinuierlich und recht erfolgreich, westliche Demokratien zu destabilisieren. Diese Destabilisierungsversuche lanciert er nicht nur von außen. Er hat auch Kollaborateure, die das Fundament der Demokratie von innen zersetzen, und in Amerika ist das in erster Linie die »Putin-Fraktion« der Republikaner. War die GOP, die Grand Old Party, während des Kalten Krieges noch der größte Gegner der Sowjetunion, so begann nach dessen Ende eine wundersame Wandlung. Insbesondere nachdem Wladimir Putin das Ruder übernommen hatte, zeigten sich die Republikaner der russischen Regierung gegenüber mit der Zeit immer aufgeschlossener. Gemeinsamkeiten wie Nationalismus, konservatives Christentum und erzkonservative gesellschaftliche Werte verbinden. Republikaner bewundern Putin aufgrund seines autokratischen Regierungsstils, seiner Allianz mit der Kirche und seiner unnachgiebig konservativen Gesellschaftspolitik. Seine Durchsetzungskraft und Skrupellosigkeit imponieren ihnen. Die den Republikanern verbundenen Evangelikalen schätzen Putin wegen seiner Allianz mit der russisch-orthodoxen Kirche, da sie diese als Schutzwall gegen die zunehmende westliche Gottlosigkeit betrachten.

Schockierenderweise sind ganze 62 Prozent der Republikaner der Auffassung, dass Putin ein besserer Regierungschef als Joe Biden ist.[347] Wenn Trump-Anhänger danach gefragt werden, wen sie lieber als Regierungschef hätten, Putin oder Biden, kommt wie aus der Pistole geschossen: »Putin natürlich«![348] Ein beachtlicher Teil der republikanischen Abgeordneten hält in der Regel zu Putin und arbeitet in diesem Zusammenhang häufig gegen die Interessen des eigenen Landes. So haben sie sich hinter Donald Trump gestellt, als es während dessen Präsidentschaft darum ging,

Militärhilfe für die Ukraine nur unter der Bedingung zu gewähren, dass diese belastendes Material über Joe Bidens Sohn Hunter fabrizierte. 31 republikanische Senatoren stimmten im Frühjahr 2022 gegen ein milliardenschweres Hilfspaket für die Ukraine.[349] Ein Gesetz zur Stärkung der Sicherheit von Wahlprozessen, was auch vor einer Einflussnahme Russlands schützen sollte, haben sie hingegen torpediert.

Trump ist bekanntermaßen Putins ergebenster Fan. So bezeichnete er dessen Vorgehen in der Ukraine noch am 23. Februar 2022 als »genial«. »Wie klug ist das denn? Da könnten wir uns eine Scheibe von abschneiden«, so Trump.[350] Drei Tage später sagte er auf einer CPAC-Konferenz, Putin sei »klug«, die NATO »nicht so schlau«, und die US-Politiker seien »dumm«.[351] Bezüglich Putins Expansionsstrebens fabulierte er: »Die hatten mal ein Land, man konnte sehen, dass es ein Land war, wo viel Liebe herrschte. Putin will sein Land vergrößern, damit es wieder die Sowjetunion wird, aber wahrscheinlich unter anderem Namen.« Und ja, im englischen Original klang es genauso unsinnig.[352] Ende März 2022 – der Ukrainekrieg befand sich bereits in vollem Gange – bat Trump Putin öffentlich um belastendes Material über Präsident Bidens Sohn Hunter.[353] Zur gleichen Zeit forderte das russische Staatsfernsehen die Amerikaner zum Sturz der Biden-Administration auf und versicherte seinem »Partner Trump«, ihm wieder zur Präsidentschaft zu verhelfen.[354] Kein Wunder, dass Trump behauptet, dass es leichter sei, mit Russland oder Nordkorea zurechtzukommen als mit den USA.[355] Trump machte sich gegen den Widerstand der anderen G7 Mitglieder auch für die Wiedereingliederung Russlands in die Gruppe stark, aus der – damals noch die G8 – Russland 2014 wegen seiner völkerrechtswidrigen Annexion der Krim ausgeschlossen worden war.[356]

Trump war Putins effektivster Handlanger. Erst einmal verschaffte Trump sich Handlungsfreiheiten, indem er nach seiner Machtübernahme 2017 Leitungsstellen in den Ministerien und Behörden einfach nicht besetzte. Auf die Idee, dass man viel leichter durchregieren kann, wenn man den Staatsapparat aushungert, war vorher noch niemand gekommen. Dann heuerte er überwiegend unqualifizierte Mitarbeiter an, wie Christopher Hagan. Den Pool-Boy, der zuvor in einem Country-Club in Westchester hauptsächlich mit der Vergabe von Handtüchern betraut war, bedachte er mit einer Position im Landwirtschaftsministerium.[357] Auch der Lkw-Fahrer Nick Brusky wurde mit einem Pöstchen im Landwirtschaftsministerium für seine Verdienste im Trump-Wahlkampf belohnt, ungeachtet der Tatsache, dass dafür mindestens ein Masterabschluss erforderlich war. Lynne Patton, Eric Trumps Hochzeitsplanerin, ergatterte einen Posten als Regionalchefin des Ministeriums für Wohnungsbau- und Stadtentwicklung. Den Manager seines Golfclubs »Trump National Golf Club Westchester« Dan Scavino machte Trump zu seinem Social-Media-Manager.

Den institutionellen Strukturen und Kontrollmechanismen entzog sich Trump durch impulsive Entscheidungen nach Gutdünken, ohne die normalerweise erforderlichen Prozesse einzuhalten. Gleich nach seiner Amtseinführung begann Trump damit, die Weltordnung im Sinne Putins umzubauen, durch den Versuch, die amerikanische Demokratie zu entkernen, aus der NATO, der Welthandelsorganisation und den Vereinten Nationen auszutreten sowie die Europäische Union, demokratische Institutionen und die Nachrichtendienste zu unterminieren.

Trump ist mit seiner unterwürfigen Haltung nicht allein. Auch Mike Pompeo, unter Trump zunächst CIA-Direktor und dann Außenminister, macht aus seiner Bewunderung für Putin keinen Hehl. 2020 ließ er verlauten, dass die Ukraine die Amerikaner einen Scheißdreck kümmere.[358] Am 23. Februar 2022, einen Tag vor dem Einmarsch der Russen in die Ukraine, schwärmte Pompeo voller Bewunderung: »Ich habe größten Respekt vor Putin. Er ist so kompetent und geschickt. Ein so eleganter und kultivierter Verhandlungspartner!«[359]

Zum Putin-Flügel der republikanischen Partei gehören unter anderen die Senatoren Rand Paul aus Kentucky, Ron Johnson aus Wisconsin und Ted Cruz aus Texas sowie die Repräsentantenhaus-Mitglieder Paul Gosar und Andy Biggs aus Arizona, Marjorie Taylor Greene aus Georgia, Lauren Boebert aus Colorado, Matt Gaetz aus Florida, Chip Roy aus Texas, Glenn Grothman aus Wisconsin, Dan Bishop aus North Carolina, Thomas Massie aus Kentucky und Madison Cawthorn aus North Carolina. Dieser hatte kürzlich noch verlauten lassen, dass es idiotisch wäre, wenn sich die USA mit Russland anlegten, da Russland die USA aufgrund seiner militärischen Überlegenheit sofort plattmachen würde. »Zu glauben, wir könnten gegen Russland vorgehen – die haben Hyperschallraketen geschaffen, während wir in einem Sandkasten und in Höhlen waren«, so Cawthorn unter Anspielung auf die amerikanischen Kriege im Irak und Afghanistan.[360] Ted Cruz hatte ein Video geretweeted, in dem das russische Militär als männlich und heldenhaft dargestellt wurde, das amerikanische dagegen als verweichlicht und schwach. Hinzugefügt hatte er den Kommentar: »Tja, vielleicht ist ein wokes, entmanntes Militär doch nicht die beste Idee.«[361] Zu den ehemaligen Abgeordneten, die Putin ergeben sind, gehört vor allem Dana Rohrabacher aus Kalifornien, der russische Interessen ganz besonders unverblümt vertreten hatte. Hier alle Russland-Verbindungen der Republikaner zu erläutern, würde zu weit führen. Aber um es mit Nancy Pelosis Worten zu sagen: »Alle Wege führen zu Putin.«[362]

Im konservativen Medien-Ökosystem werden russische Talking-Points identisch wiederholt.[363] Insbesondere Fox-News-Moderator Tucker Carlson macht sich extrem schamlos für die Interessen Russlands stark. Nützlich ist dies für das russisches Staatsfernsehen, das die pro-russische Fox-Propaganda in Endlosschleife mit Untertiteln ausstrahlt.[364] Andere Outlets wie Newsmax, Breitbart und OAN verbreiten ebenfalls fleißig russische Desinformation.[365]

Auch konservative Influencer huldigen Putin. Die Medienfigur Nick Fuentes, der sich im konservativen Umfeld eine große Followerschaft aufgebaut hat, ist unverhohlen rechtsradikal und ein Leugner des Holocausts. Das hielt die republikanischen Abgeordneten Paul Gosar und Marjorie Taylor Greene allerdings nicht davon ab, auf seiner Konferenz zu sprechen.[366] Dort lobte Fuentes überschwänglich Putin und kritisierte Vergleiche zwischen diesem und Hitler, »als ob das etwas Negatives wäre«. Zustimmend verfiel das republikanische Publikum in »Putin, Putin«-Rufe.

Und so bilden die rechtsextremen amerikanischen und russischen Nationalisten eine internationale Koalition gegen die liberale Werteordnung und arbeiten an der Unterminierung westlicher Allianzen und Institutionen. Als Verbindungsbrücken dienen hierbei insbesondere Kooperationen führender Evangelikaler, die Waffenlobby NRA, Putin-affine Republikaner und europäische politische Figuren wie Viktor Orbán, Matteo Salvini und Sebastian Kurz.

Milizen

»Stand back, stand by«, »wartet und haltet Euch bereit«, so lautete der Aufruf Donald Trumps an die Proud Boys während der ersten Präsidentschaftsdebatte 2020. Dieses Statement mutete damals schon wie der Teil eines laufenden Dialogs an. Die Proud Boys waren vermutlich nicht die einzige Miliz, mit der sich das Trump-Camp abstimmte, und bereitgehalten haben sie sich. Am 6. Januar 2021 standen sie parat, Donald Trumps Aufrufen zu folgen und für ihn das Kapitol zu erstürmen, um die Zertifizierung des Wahlergebnisses der Präsidentschaftswahl zu verhindern. Aber beteiligt waren nicht nur die Proud Boys, sondern auch zahlreiche andere Milizen und Gruppierungen. Laut einer Studie des Southern Poverty Law Centers gab es im Jahr 2020 ganze 566 extremistische Gruppierungen in den USA.[367]

Die Zahl rechter Milizen ist in den letzten Jahren geradezu explodiert. Im Einzelnen sind die Milizen sehr unterschiedlich. Es gibt sowohl solche des rechten als auch des linken Spektrums, solche die rassistisch motiviert sind und andere, deren Ziel eine größere Diversität und Integration von Minderheiten ist. Nach übereinstimmenden Angaben der Geheimdienste stellen die weitaus größte terroristische Gefahr die rechtsextremen Milizen dar. Was die verschiedenen rechten Milizen gemeinsam haben, ist der Widerstand gegen den Staat, die Vorliebe für schwere Bewaffnung und der Hang zu Verschwörungstheorien. Auslöser für die Gründung solcher regierungsfeindlicher Milizen waren jeweils gewaltsame Konfrontationen mit staatlichen Organen.

Die Erschießung der Frau und des Sohnes des rechtsradikalen Farmers Randy Weaver im Zuge seiner Verhaftung durch Bundesbeamte in Ruby Ridge, Idaho, 1992 verstärkte ein schon bestehendes Misstrauen gegenüber dem Staat.

Die Auseinandersetzung zwischen Bundesbeamten und Mitgliedern der Davidianer-Sekte auf einer Ranch in Waco, Texas, vertiefte dieses Misstrauen noch. Nach 51 Tagen eskalierte die Belagerung. Als die Beamten angriffen, legten die Sektenmitglieder ein Feuer, bei dem 76 von ihnen umkamen.

Auch die Auseinandersetzung der Regierung mit dem Rancher Cliven Bundy 2014 rief die Milizen auf den Plan. Dieser hatte seine Rinder jahrelang auf staatlichem Land grasen lassen. Obwohl die Eigentumsverhältnisse bereits gerichtlich geklärt waren, beharrte Bundy auf seiner Behauptung, dass das Land ihm gehöre, allerdings ohne Beweise vorlegen zu können. Als er sich weigerte, sowohl die aufgelaufene Weidegebühr von über 1 Million Dollar zu zahlen als auch sein Vieh von dem Land abzuziehen, kassierten die Behörden kurzerhand 400 seiner Rinder als Pfand. Daraufhin reisten Hunderte Regierungsgegner nach Bunkerville, um Bundy im Kampf gegen die »tyrannische« Regierung zu unterstützen, darunter auch zahlreiche schwer bewaffnete Milizen. Um eine Eskalation zu vermeiden, gaben die Behörden nach einer Woche Standoff schließlich nach und ließen die Rinder wieder frei. Für seine Unnachgiebigkeit wurde Bundy von vielen paranoiden Anhängern von Milizen als Held und Freiheitskämpfer gefeiert. Nach zahlreichen rassistischen Äußerungen, wie, dass »Negros« es als Sklaven besser gehabt hätten, sahen sich viele seiner Bewunderer dazu genötigt, von ihm abzurücken.

Zu den bekanntesten Milizen gehören die 2016 ins Leben gerufenen, bereits erwähnten Proud Boys, eine Gruppierung, deren Mitglieder ausschließlich Männer sind. Im Zentrum ihrer Ideologie steht die »Great Replacement Theory« und das konservative Familienbild, gemäß dem Männer wieder traditionell männlich sein und Frauen die ihnen zugedachte Rolle als Hausfrau und Mutter spielen sollen. Die Proud Boys waren neben der Kapitol-Erstürmung auch an der rechtsextremen Demonstration in Charlottesville beteiligt. Aufgrund Ersterer sind ihr Anführer Enrique Tarrio sowie vier weitere Mitglieder wegen Verschwörung zum Aufstand angeklagt.

Potenziell gefährlicher als die Proud Boys sind die »Oath Keepers«, was so viel bedeutet wie die »Verfassungstreuen«. Diese paramilitärische Organisation wurde 2009 in Nevada von dem an der Yale-Universität ausgebildeten Juristen und ehemaligen Fallschirmjäger Elmer Stewart Rhodes gegründet. Sie soll bis zu 35 000 Mitglieder zählen, die sich aus Angehörigen des Militärs, der Polizei und staatlicher Notfalldienste, wie beispielsweise der Feuerwehr, rekrutieren. Die Mitglieder der Oath Keepers betrachten sich als Widerstandsbewegung gegen staatliche Tyrannei und fühlen sich dazu berufen, die Verfassung gegen alle inneren und äußeren Feinde zu verteidigen. Jegliche Einschränkungen des Waffenbesitzes lehnen sie ab.

Die »Three Percenters« sind den Oath Keepers sehr ähnlich. Auch bei ihnen handelt es sich um eine lose rechtsradikale Gruppierung, deren Hauptanliegen der bewaffnete Widerstand gegen die Regierung und gegen jegliche Einschränkungen des Waffenrechts sind. Ihre Mitglieder waren ebenfalls an den gewalttätigen Auseinandersetzungen in Charlottesville und an der Erstürmung des Kapitols beteiligt, weswegen gegen sechs ihrer Mitglieder Klage erhoben worden ist. Ihr Anführer war an der Planung der Entführung Gretchen Whitmers, der demokratischen Gouverneurin von Michigan, beteiligt.

Die »Boogaloo-Bewegung« ist ebenfalls eine lose rechtsextreme Gruppierung, deren meist männliche Mitglieder sich auf einen zweiten Bürgerkrieg vorbereiten, um die Regierung zu stürzen.

Bürgerkrieg

Ich erinnere mich noch gut an eine Begebenheit am NYSE, der New Yorker Börse, im Nachgang zur großen Finanzkrise von 2008. Als es zu Unruhen kam, versicherte mir ein Kameramann, der eines meiner Interviews filmte, scherzhaft, dass ich keine Angst zu haben bräuchte. Er habe Waffen und würde mich beschützen. Waffen? Ich war erstaunt, da ich wusste, dass er in der Battery Park City im Finanzdistrikt an der Südspitze Manhattans wohnte, wo Waffen verboten sind. Als ich nachfragte, antwortete er mir augenzwinkernd, glaubst Du, ich habe die legal? Die Tatsache, dass ein schicker Städter in einem Apartmentgebäude Waffen aufbewahrte, beunruhigte mich etwas. Wenn dieser sympathische, zivilisierte Mensch schon Waffen im dicht besiedelten Manhattan besaß, wer dann noch?

Wie rasch Unruhen ausarten können, haben die »Black Lives Matter«-Proteste im Zusammenhang mit der Ermordung von George Floyd im Juni 2020 gezeigt, auch in Manhattan. Das Polizeiaufgebot wurde prophylaktisch erhöht und Geschäfte hatten sich verbarrikadiert. Verhindern konnten diese Maßnahmen die gewalttätigen Ausschreitungen jedoch nicht. Selbst in meiner Gegend, der Upper East Side, die ich sicher gewähnt hatte, fanden nur wenige Blöcke von meinem Apartmentgebäude auf der Madison Avenue Ausschreitungen und Plünderungen statt. Innerhalb weniger Tage wurden Hunderte Geschäfte in New York City geplündert. Heerscharen von Polizisten in Kampfmontur liefen auf und Hubschrauber dröhnten unaufhörlich über der Stadt. Der Bürgermeister sah sich sogar genötigt, eine Ausgangssperre zu erlassen. Es war die Erste seit dem Zweiten Weltkrieg, abgesehen von Maßnahmen während der Coronapandemie.

Die Finanzeliten fürchten schon seit langem Ausschreitungen und haben im Hinblick auf einen potenziellen Bürgerkrieg bereits Vorkehrungen getroffen, um sich und ihre Familien rechtzeitig abzuseilen, durch den Kauf von Inseln sowie Wald und Farmland, vorzugsweise mit Landebahnen für Privatflugzeuge. In seinem Buch *Survival of the Richest: Escape Fantasies of the Tech Billionaires* porträtiert Douglas Rushkoff die Vorbereitungen der Tech-Elite auf den erwarteten Zusammenbruch der Zivilisation.[368] Eine ihrer Hauptsorgen ist dabei ein Bürgerkrieg. Auch in meinem Umkreis in New York kommt das Thema immer wieder hoch, so surreal es scheinen mag.

Amerika blickt auf eine lange Geschichte der politischen Gewalt zurück, angefangen mit dem Völkermord an der indigenen Bevölkerung über die Sklaverei und die Ermordung von vier Präsidenten bis hin zu über 45 000 Opfern von Schusswaffen-Gewalt pro Jahr in der Gegenwart.[369] Gewalt ist ein fester Bestandteil der amerikanischen Kultur. Der zivile Zugang zu tödlichen Waffen hat den gewaltsamen Tod normalisiert, die Bevölkerung desensibilisiert und damit dem Leben gesellschaftlich einen geringeren Wert verliehen. Das kollektive Misstrauen der Bevölkerung und der psychologische Terror fördern die Verbreitung fundamentalistischer und kultischer Ideologien. Diese Umstände haben die Bevölkerung konditioniert und ideale Bedingungen für den Ausbruch bürgerkriegsähnlicher Gewalt und eine Entwicklung in Richtung einer Autokratie geschaffen.[370]

Die radikalen Rechten und private Milizen haben das Thema Bürgerkrieg schon seit langer Zeit für sich entdeckt. Sie träumen vom Umsturz und sehnen einen Bürgerkrieg geradezu herbei, als Wegbereiter zu einem neuen, besseren System. Meinungsumfragen zeigen denn auch, dass immer mehr Amerikaner Bürgerkrieg für eine durchaus opportune Lösung ihrer Probleme halten. Viele sehen in einem gewaltsamen Umsturz das einzige Mittel, eine nicht-weiße Regierung zu verhindern. Und daraus machen die Republikaner keinen Hehl. Der republikanische Abgeordnete von North Carolina Madison Cawthorn sagte: »Wenn die Demokraten unser Wahlsystem weiterhin manipulieren und uns Wahlen stehlen, dann wird das zu Blutvergießen führen.« Auch er sei bereit, zu Waffen zu greifen.[371]

Immer wieder von Republikanern zwecks Aufwiegelung gern hervorgeholt wird das Thema »Nationale Scheidung«, was die Abspaltung der republikanischen von den demokratischen Bundesstaaten bedeutet und ein Codewort für Bürgerkrieg ist. Diese Abspaltung wird auch von der republikanischen Abgeordneten Marjorie Taylor Greene propagiert.[372] Das veranlasste den demokratischen Abgeordneten Ruben Gallego klarzustellen, dass es keine »Nationale Scheidung« geben werde. Entweder man sei für Bürgerkrieg oder nicht. Man sollte es einfach zugeben, wenn man für Bürgerkrieg sei, und sich offiziell als Verräter outen.[373]

Auch ein enger Vertrauter Trumps, der in der rechten Szene extrem einflussreiche Radiomoderator Rush Limbaugh, behauptete, dass sich eine Abspaltung der konservativen von den demokratischen Staaten abzeichne. Ein friedliches Miteinander sei unmöglich.[374] Kurz vor dessen Tod 2020 hatte Präsident Trump ihm während seiner Rede zur Lage der Nation die Freiheitsmedaille verliehen, die höchste zivile Auszeichnung der USA.[375] Limbaugh hatte sich regelmäßig durch rassistische, frauenfeindliche und homophobe Äußerungen hervorgetan und seit Jahrzehnten federführend und äußerst erfolgreich an der Spaltung der amerikanischen Bevölkerung gearbeitet.

Die Befürworter liberaler Werte und eines friedlichen Nebeneinanderlebens tun sich schwer damit zu verstehen, dass es einen bestimmten Anteil in der Bevölkerung gibt, der fundamental andere Werte als der Rest der Gesellschaft vertritt. Nicht alle teilen das Ideal des friedlichen Zusammenlebens einer bürgerlichen Gesellschaft und den Konsens unserer freiheitlichen, demokratischen Grundordnung. Sie sehen in Intoleranz eine Tugend, definieren sich durch Abgrenzung von anderen, insbesondere Minderheiten, finden Erfüllung im Widerstand, haben eine tolerante Haltung gegenüber Gewalt und wollen sich aggressiv über andere hinwegsetzen. Typischerweise hegen sie einen übersteigerten Nationalstolz, sind für Abschottung und gegen Freihandel.

Auch wenn es zutiefst menschlich ist, ein solches Denken nicht nachvollziehen zu können, wäre ein großer Fehler, von sich auf andere zu schließen und die Augen davor zu verschließen, dass diese Menschen andere ethische Standards haben, gesellschaftliche Normen verachten und dazu tendieren, sich über Gesetze hinwegzusetzen. Mittlerweile ist das Undenkbare, eine Eskalation der Gewalt, denkbar geworden, selbst wenn es nicht das wahrscheinlichste Szenario sein mag. Aufgrund ihres Glaubens an die Exzeptionalität ihrer Nation und an die Mustergültigkeit ihrer Demokratie haben viele Amerikaner die Gefahr einer Demokratie-Rezession und damit den Ernst der Lage verkannt.

Auch die meisten Menschen in anderen Ländern, die Bürgerkriege letztendlich erleben mussten, hätten sich vorher nie vorstellen können, dass sich ein solcher Krieg in ihrem Land hätte ereignen können. Sogar bis kurz vor Kriegsbeginn haben sie sich typischerweise oft den Tatsachen verweigert, bis es zu spät war.[376] Dass Menschen das Undenkbare für nicht möglich halten, haben auch die vergeblichen Warnungen der USA hinsichtlich eines bevorstehenden Angriffs Russlands auf die Ukraine Anfang 2022 gezeigt.

Warum sind Menschen einem Krieg, gar einem Bürgerkrieg, gegenüber überhaupt aufgeschlossen, wenn sie ansonsten ein eigentlich ganz gutes Leben haben? Hierzu erläutert Chris Hedges in seinem Buch *War Is a Force that Gives Us Meaning*, dass viele Menschen bereitwillig in einen Krieg eintreten, weil dieser ihnen einen Sinn im Leben gebe, insbesondere wenn dieses von Oberflächlichkeit geprägt sei. Das Gefühl, Teil einer größeren Mission zu sein, Bedeutung und Anerkennung in einer Gemeinschaft mit einem gemeinsamen Ziel zu erlangen, sei sehr verlockend. Gleichzeitig versetze Krieg uns in einen Zustand, in dem unsere kritische Selbstbetrachtung aussetze. Auf einmal erscheine alles so klar und verständlich, wenn sich das Geschehen in einfache Kategorien von Gut und Böse unterteilen lasse. Das aus Krieg resultierende Leiden rationalisierten und rechtfertigten wir dann als notwendiges Übel.[377]

Ein Bürgerkrieg würde heutzutage sehr viel anders aussehen als der Mitte des 19. Jahrhunderts in den USA. Anstelle zweier gegeneinander kämpfender Armeen würden voraussichtlich lose, über das Internet koordinierte militante Gruppen in einem partisanenähnlichen Krieg terroristische Akte, Bombenattentate und politisch motivierte Hinrichtungen durchführen.

So sieht dies auch die Politikwissenschaftlerin Barbara Walter, die an der University of California in San Diego lehrt und sich seit drei Jahrzehnten auf Bürgerkriege spezialisiert hat. Sie ist Verfasserin des Buches *How Civil Wars Start* und hat in der Vergangenheit für ein Beratungsgremium der CIA gearbeitet, das sich mit politischer Instabilität befasst. Dort hat sie auch an Modellen zur Vorhersage politischer Gewalt geforscht. Laut Walter formieren sich Bürgerkriege nach vorhersehbaren Mustern. Häufig brächen sie in sogenannten Anokratien aus, also Regierungsformen, die weder vollständig demokratisch noch ganz autokratisch, sondern ein Zwischending sind. Eskalierende politische Polarisierung, die eher auf Identität als auf Ideologie basiere, sei ein klares Warnzeichen. Walter geht davon aus, dass zu den Strategien Aufständischer auch bürgerkriegsähnliche Kriegsführung und Einschüchterungstaktiken gehören könnten, die den Bürgern suggerieren, dass der Staat nicht mehr ihre Sicherheit gewährleisten kann. Sie rechnet mit Angriffen auf Gebäude der Bundesregierung, Synagogen und öffentliche Orte mit Menschenansammlungen. Darüber hinaus hält sie es für möglich, dass Milizen in Zusammenarbeit mit Polizeibehörden kleine weiße Ethnostaaten einrichten.[378]

Larry Jacobs, Direktor des Center for the Study of Politics and Governance an der University of Minnesota, befürchtet keine endemische politische Gewalt. Falls Gewalt allerdings eskalieren sollte, erwartet er eine ähnliche Situation wie im Konflikt in Nordirland, in dem eine kleine Gruppe hochmotivierter und schwer bewaffneter Menschen ausreichte, um bürgerkriegsähnliche Zustände hervorzurufen.[379] Das Ausmaß von Terrorangriffen hinge dann davon ab, inwieweit es dem FBI gelänge, diese Gruppierungen erfolgreich zu infiltrieren. Die Tatsache, dass Waffen in den USA so leicht verfügbar sind, erhöhe das Risiko gewaltsamer Auseinandersetzungen.[380]

Die Expertin für Bürgerkrieg Walter deutet den Plan der Miliz »Wolverine Watchmen«, die demokratische Gouverneurin von Michigan, Gretchen Whitmer, 2020 aus Rache wegen der von ihr erlassenen Coronaschutzmaßnahmen zu entführen, als ein Anzeichen für das, was den USA noch bevorstehen könnte. Bürgerkriege der Gegenwart begännen mit dieser Art von Bürgerwehren und Selbstjustiz.[381] Präsident Trumps öffentlich Angriffe auf Whitmer hätten die Miliz noch weiter angestachelt. Zum Glück habe das FBI den Anschlag vereiteln können. Sollten sich Komplotte dieser Art jedoch häufen und die Gewalt zunehmen, dann würde es zwangsläufig Opfer geben. Politische Feinde, moderate Republikaner und Richter, die nicht spurten, würden zu potenziellen Zielen für Attentate.

Die Prognose des kanadischen Autors Stephen Marche fällt noch düsterer aus. In seinem Buch *The Next Civil War: Dispatches from the American Future* schreibt er, dass laut wissenschaftlichen Erkenntnissen »signifikante bewaffnete Konflikte« bei 1000 Todesopfern pro Jahr vorlägen und sich die USA nach diesem Maßstab bereits in Richtung Bürgerkrieg bewegten.[382] Das Land sei nur »einen spektakulären Gewaltakt von einer nationalen Krise entfernt«, und sehe seinem Ende entgegen. Die einzige Frage sei, auf welchem Wege es dorthin gelangen werde.[383]

In einem Kommentar zu Marches Buch warnt der irische Journalist Fintan O'Toole im *Atlantic* vor Sich-selbst-erfüllenden-Prognosen. Der Nordirland-Konflikt sei dadurch befeuert worden, dass jede Seite dachte, dass die jeweils andere Angriffe vorbereite.[384]

Die Autoren des 2018 veröffentlichten Buches *How Democracies Die*,[385] Steven Levitsky und Daniel Ziblatt, glauben nicht, dass die USA schnurstracks in Richtung eines faschistischen Regimes marschieren, aber gehen von Konflikten zwischen autoritärer Gewalt befürwortenden Minderheitsgruppierungen und Episoden signifikanter Gewalt aus, die auch Bombenanschläge und politische Morde beinhalten können, wie bereits 2020 geschehen.[386]

Josh Kertzer, Politikwissenschaftler an der Harvard University, ließ demgegenüber verlauten, dass er viele Wissenschaftler kenne, die auf Bürgerkriege spezialisiert seien und die wenigsten von ihnen seien der Auffassung, dass sich die Vereinigten Staaten an der Schwelle eines Bürgerkrieges befänden.[387]

Bezeichnenderweise hat das »International Institute for Democracy and Electoral Assistance« in Stockholm die USA kürzlich als eine rückläufige Demokratie eingestuft.[388] Professorin Walter macht darauf aufmerksam, dass Bürgerkriege weniger von den Armen und Unterdrückten initiiert werden, sondern von vormals herrschenden Gesellschaftsgruppen, die ihre Felle davonschwimmen sehen. Sie stünden auf dem Standpunkt, dass ihr Land ihnen gehöre, und sehen ihren Widerstand als gerechtfertigt an, weil das System für sie nicht mehr funktioniert.[389] Sie hält das Risiko einer Autokratie wie in Ungarn für wahrscheinlicher als das einer ungezügelten Gewalteskalation.[390] Nach Ansicht der Experten wird ein Bürgerkrieg in den USA voraussichtlich nicht von der Linken gestartet werden. Die Linksradikalen seien nur insofern relevant, als dass sie die Mobilisierung der Rechtsradikalen vorantrieben.[391]

Apropos Initiierung: Eine Eskalation physischer Gewalt kann auch im Rahmen von sogenanntem stochastischem Terrorismus entstehen. Dabei geht die Gewalt nicht nur von denjenigen aus, die sie ausüben, sondern insbesondere auch von denen, die dazu durch die Dämonisierung einer Person oder Gruppe anstiften. Die Gewalttaten sind dabei durch die Anstiftung statistisch wahrscheinlich, aber im Einzelnen nicht vorhersehbar. Stochastischer Terrorismus wird heutzutage insbesondere über Massenkommunikationsmittel ausgeübt.[392] Paradebeispiel für stochastischen Terrorismus ist Donald Trump, der immer wieder, mal mehr, mal weniger subtil zu Gewalttaten aufgerufen hat. Nicht umsonst sind unter seiner Präsidentschaft die Hassverbrechen auf Rekordhöhen gestiegen. Seine Hetze gegen das FBI, gegen ihm nicht wohlgesonnene Richter und politische Gegner hat bereits zu Gewalt und Toten geführt. Auch die Verbreitung von Verschwörungstheorien wie beispielsweise der »Great Replacement Theory« über Fox News, Social Media und Message-Boards hat nachweislich Todesfälle zur Folge gehabt, wie unter anderem in dem Fall des 18-jährigen Amokläufers Payton S. Gendron, der im Mai 2022 in Buffalo, New York, in einem Supermarkt zehn Afroamerikaner erschossen und drei weitere Personen verletzt hat. Nach dem von ihm online gestellten Manifestes hat vor allem diese Theorie dazu beigetragen, ihn zu seiner Tat zu motivieren. Stochastischer Terrorismus ist in einem kultartigen Umfeld mit einer skrupellosen Führerfigur und einer ergebenen Anhängerschaft ein gefährlich wirksames Mittel, Gewalt in der Bevölkerung anzuzetteln und zu eskalieren. Ob überhaupt ausreichend Amerikaner über das Schwingen großer Reden hinaus den Antrieb hätten, sich ohne Klimaanlage, Aufzüge und Fernbedienung in eine unbequeme Kriegssituation zu begeben, steht auf einem ganz anderen Blatt. Die der Gewalt Zugeneigten konnten nicht einmal das Tragen von Masken verkraften. Bei den meisten Radikalen, die Bürgerkrieg lautstark propagieren, handelt es sich im Zweifel um großmäulige »Tastenkrieger«, die bequem vom Sofa aus ihre Hassfantasien im Internet ausleben. Darüber hinaus fällt auf, dass der größte Teil derjenigen, die in voller Kampfmontur und schwer bewaffnet auflaufen, häufig die Übergewichtigsten und Unsportlichsten sind, die von keiner Polizei und keinem Militär angenommen würden.

Derweil bereitet sich Kanada schon einmal auf Chaos beim Nachbarn vor. Zu Silvester 2021 warnte Thomas Homer-Dixon, ein Wissenschaftler, der auf die Erforschung gewaltsamer Konflikte spezialisiert ist, die kanadische Regierung in einem Artikel in der Zeitung *The Globe and Mail*. Darin riet er ihr dringend, sich auf eine Implosion Amerikas vorzubereiten. Bis zum Jahre 2025 könne die amerikanische Demokratie zusammenbrechen, was extreme innenpolitische Instabilität einschließlich ziviler Gewalt zur Folge haben könnte. Bis spätestens 2030 könne das Land von einer rechtsradikalen Diktatur regiert werden.[393]

Kurz darauf fragte John Ibbitson in der *The Globe and Mail*: »Wenn die USA im Rahmen der nächsten Wahl in Gewalt verfällt und in eine Autokratie taumelt, soll Kanada dann eingreifen?«[394]

Dass Kanada amerikanische Craziness auf dem Radar hat, sollte angesichts von Äußerungen wie der der einflussreichen republikanischen Influencerin Candace Owens nicht erstaunen, die zu einer US-amerikanischen Invasion Kanadas aufgerufen hat, um das Land zu befreien, wie Russland es mit der Ukraine getan habe. Die republikanische Abgeordnete Lauren Boebert stimmte ihr voll und ganz zu und fügte gleich noch die USA als ein weiteres Land hinzu, dass wie die Ukraine befreit werden müsse.[395]

Am Jahrestag der Kapitol-Erstürmung vom 6. Januar 2021 verkündete Präsident Biden im Januar 2022 in der imposanten National Statuary Hall des Kapitols: »Ich werde niemandem erlauben, ein Schwert an die Kehle unsere Demokratie zu setzen. Wir müssen uns jetzt entscheiden, was für eine Nation wir sein wollen. Wollen wir eine Nation sein, die politische Gewalt als Norm akzeptiert?«[396] Biden hob hervor, dass die Präsidentschaftswahlen von 2020 mit einer Rekordwahlbeteiligung von über 150 Millionen Wählern trotz der Pandemie eine große Bewährungsprobe der Demokratie gewesen seien. Die Bevölkerung sowie die Medien hätten sich mit Trumps Wahllügen jedoch kritisch auseinandergesetzt, und die Gerichte hätten sich in diesem Zusammenhang als robuste Teile des Justizsystems bewährt.

Putsch

»General-Warnung«

In einem aufsehenerregenden Artikel in der *Washington Post* warnten drei pensionierte Generäle im Dezember 2021 eindringlich davor, dass sich bei einer erneuten Präsidentschaftskandidatur Donald Trumps Teile der Armee, Luftwaffe und Marine auf dessen Seite stellen könnten. Bei der Kapitol-Erstürmung am 6. Januar 2021 hätten verstörend viele Angehörige der Streitkräfte und Veteranen an den gewaltsamen Ausschreitungen teilgenommen. 10 Prozent der nachfolgend Angeklagten hätten einen militärischen Hintergrund. Darüber hinaus wiesen sie darauf hin, dass 124 pensionierte Militärführer als Mitglieder der Gruppe Flag Officers for America einen Brief veröffentlicht hatten, in dem diese Trumps Wahlbetrugsbehauptungen unterstützt hätten. Der Brigadegeneral Thomas Mancino, der Kommandeur der Oklahoma National Guard, habe kürzlich eine Covid-19-Impfung verweigert, obwohl diese für alle Mitglieder der Nationalgarde verpflichtend vorgeschrieben worden war. Mancino rechtfertigte dies mit der unzutreffenden Behauptung, dass nicht Biden, sondern der republikanische Gouverneur von Oklahoma sein Oberbefehlshaber sei.

Darüber hinaus führten sie aus, dass Trumps letzter, kommissarischer Verteidigungsminister, Christopher C. Miller, im Kongress ausgesagt habe, dass er dem Kapitol im Januar 2021 absichtlich militärischen Schutz vorenthalten habe. General Mark A. Milley, Vorsitzender des Vereinigten Generalstabs der Streitkräfte, habe noch hektisch versucht sicherzustellen, dass die Kommandoketten für Nuklearwaffen illegalen Befehlen standhalten würden.[397]

Die drei Generäle schrieben, dass ihnen bei dem Gedanken, dass ein Putschversuch beim nächsten Mal erfolgreich sein könnte, Angst und Bange werde. Denn falls Trump wieder ein legitimes Wahlergebnis als

Betrug darstellen sollte, dann könne eine Situation entstehen, in der sowohl Biden als auch Trump dem Militär Befehle geben könnten. Dies könne zu einem Zusammenbruch der militärischen Strukturen führen. Sollten sich die Militärs auf verschiedene Seiten schlagen, könnte dies einen Bürgerkrieg zur Folge haben. Deshalb rieten sie den Streitkräften, sich schon jetzt dringend auf gewalttätige Aufstände vorzubereiten.

Spitzenmilitärs hatten sich bereits gegen Ende der Trump-Administration Sorgen wegen eines möglichen gewaltsamen Putsches gemacht.[398] In ihrem Buch *I Alone Can Fix It: Donald J. Trump's Catastrophic Final Year,* berichten die Pulitzer-Preis gekrönten Journalisten der *Washington Post,* Carol Leonnig und Philip Rucker, dass General Mark Milley befürchtete, dass Trump das Militär einsetzen würde, um im Amt zu bleiben. Aus diesem Grunde schmiedeten Milley und seine Kollegen Pläne zur Verhinderung eines Putsches. Sie vereinbarten, dass sie im Falle illegaler Befehle gemeinsam den Dienst quittieren würden. Milley habe gesagt, dass Trump zwar einen Putsch versuchen könne, damit aber auf keinen fu***ng Fall durchkommen werde: »Das schaffen sie nicht ohne das Militär. Dafür bräuchten sie die CIA und das FBI. Wir sind diejenigen, die die Waffen haben.« Milley fürchtete, dass Trump bewusst Unruhen in der Bevölkerung schüren würde, um den »Insurrection Act« aktivieren, und dann das Militär auf die Straße schicken zu können.

Alarmiert waren die Militärs insbesondere angesichts der Platzierung von Trump-Loyalisten in Pentagon-Positionen, der kurzfristigen Entlassung des Verteidigungsministers Mark Esper und des Rücktritts des Generalstaatsanwalts William Barr. Nach Espers Entlassung sah General Milley sich genötigt, Kontakt mit Militärkommandeuren auf der ganzen Welt aufzunehmen, um ihnen zu versichern, dass das US-Militär stabil sei.[399] Außenminister Mike Pompeo soll Milley gegenüber gesagt haben, »Dir ist schon klar, dass jetzt die Irren das Kommando übernommen haben.« Auch die Sprecherin des Repräsentantenhauses Nancy Pelosi konsultierte Milley, weil sie Angst hatte, dass der »verrückte«, »gefährliche« und »irre« Trump in den letzten Tagen seiner Präsidentschaft noch den Einsatz von Atombomben befehlen könnte. Milley versicherte ihr, dass Trump nicht einfach in die Kommandoprozesse eingreifen könne und die Streitkräfte nur legalen Befehlen folgen würden.[400]

Für Milley war Trump der klassische autoritäre Führer, mit Parallelen zu Adolf Hitler. »Das ist unser Reichstagsmoment«, warnte er. Die »Million MAGA March«-Proteste verglich er mit den »Braunhemden« der SA der Nazis. Trump bestritt nachfolgend, einen Putsch geplant zu haben, und legte nach: »Sorry, aber wenn ich schon einen Putsch geplant hätte, dann bestimmt nicht mit einem General wie Mark Milley.«

Die Berichte ehemaliger Mitarbeiter in Trumps Weißen Haus zeigen, wie nah Trump einem erfolgreichen Putsch gekommen ist. Mit einer durchdachten Strategie, besserer Vorbereitung und rechtzeitiger Besetzung von Schlüsselpositionen mit Loyalisten hätte er ihn voraussichtlich durchziehen können. Tatsächlich hat Trump alles Mögliche versucht, um im Amt zu bleiben, aber sein Vorgehen war unausgegoren und stümperhaft. Im Wesentlichen bestand seine Strategie darin, Spaghetti an die Wand zu schmeißen und zu sehen, was hängenbleibt. Dementsprechend chaotisch ging es hinter den Kulissen zu.

Trumps Putschversuch: Eine Pleite

Vier Tage nach der US-Präsidentschaftswahl 2020 prognostizierten die Nachrichtensender einen Wahlsieg Joe Bidens. Unverzüglich schritt Trump zur Tat und drängte Kommunal-, Bundesstaats- und Bundespolitiker dazu, die Wahlergebnisse zu diskreditieren. Die meisten von ihnen verwarfen sein Ansinnen aufgrund offensichtlicher Verfassungswidrigkeit.

Diese Zurückweisung hielt Trump allerdings nicht davon ab, weitere Versuche zu unternehmen. Im Gegenteil. Er wähnte sich quasi als »Eigentümer« des gesamten Staatsapparats und hatte das Justizministerium stets als seine Anwaltskanzlei und Generalstaatsanwalt Bill Barr als seinen Anwalt betrachtet. Auch hatte er gern damit geprahlt, dass seine Macht qua Verfassung unbegrenzt sei. Also dachte er sich: Warum weise ich nicht einfach das Justizministerium an, die Wahl für ungültig zu erklären? Auf Trumps Drängen gab Bill Barr daraufhin den Bundesstaatsanwälten die Anweisung, Ermittlungen wegen Wahlbetrugs aufzunehmen. Dabei räumte er ihnen ungewöhnlich großes Ermessen ein. Üblicherweise finden derartige Untersuchungen erst nach der

Zertifizierung des Wahlergebnisses statt, um den Eindruck der Wahlbeeinflussung zu vermeiden. Die Staatsanwälte kritisierten Barrs Anweisung, und der ranghöchste, für Wahldelikte zuständige Staatsanwalt quittierte aus Protest den Dienst.

Als Barr den Medien Anfang Dezember mitteilte, dass das Justizministerium keines Wahlbetrugs fündig geworden war, bekam Trump einen Tobsuchtsanfall. Barr war stets Trumps treuer Handlanger gewesen. Aber dieser Plan war selbst Barr zu gefährlich. Deshalb ließ er sich nicht beirren und bezeichnete Trumps Betrugsbehauptungen als »Unsinn« und dessen Anwälte als eine »Clown-Show«. Mitte Dezember, als sich die Wahlmänner in den Bundesstaaten trafen, warf auch Barr das Handtuch.

Weil Trump realisierte, dass er mit Barr nicht weiterkam, bestellte er als Nächstes den kommissarischen Justizminister Jeffrey Rosen ins Weiße Haus und verlangte von ihm, angebliche Wahl-Ungereimtheiten in Pennsylvania, Michigan und Georgia zu untersuchen. Darüber hinaus sollte Rosen einen Special Counsel ernennen, der auf Grundlage von Trumps Verschwörungstheorien wegen Wahlbetrugs ermitteln sollte. Rosen weigerte sich jedoch, ohne das Bestehen eines Anfangsverdachts Ermittlungen aufzunehmen.

Nunmehr völlig aufgebracht, traf Trump sich abends im Oval Office mit einer schrägen Crew von »Putsch-Beratern«, darunter sein ehemaliger Nationaler Sicherheitsberater General a.D. und Verschwörungstheoretiker Michael Flynn, seine psychisch labile Anwältin Sidney Powell, eine weitere Anwältin, Emily Newman, und der ehemalige Chef von Overstock.com, Patrick Byrne, der eine aufsehenerregende Affäre mit der russischen Spionin Maria Butina gehabt hatte. Hinzu kamen die offiziellen Berater des Präsidenten. Während die dubiosen Gäste Trump drängten, das Kriegsrecht auszurufen und die Wahlmaschinen mittels einer Verordnung durch das Militär beschlagnahmen zu lassen, hielten Trumps irritierte White-House-Berater dagegen. Trump fand jedoch Gefallen an den abenteuerlichen Vorschlägen und zog sie ernsthaft in Betracht, ausweislich eines Dekrets, das später gefunden wurde. Dieses ermächtigte den Verteidigungsminister dazu, Wahlmaschinen durch das Militär beschlagnahmen zu lassen. Allerdings hatte Trump das Dokument nicht unterzeichnet, vermutlich weil ihm signalisiert worden war, dass das Militär dabei nicht mitspielen würde. Im Rahmen des späteren Ermittlungsausschusses zum 6. Januar übergab Trumps letzter Stabschef Mark Meadows eine E-Mail, die Bezug nahm auf eine PowerPoint-Präsentation, nach der Trump den Nationalen Notstand ausrufen sollte, damit Vizepräsident Pence die Zertifizierung der Wahlergebnisse herauszögern konnte.[401] Schlussendlich artete das chaotische Meeting in eine Schlammschlacht zwischen Trumps eklektischer Gruppe externer und seinen internen Beratern aus, mit Geschrei, Flüchen und wilden Beschimpfungen.[402]

Dass das Justizministerium nicht nach seiner Pfeife tanzen wollte, ließ Trump keine Ruhe. Täglich malträtierte er Rosen und den stellvertretenden kommissarischen Justizminister Donoghue mit Anrufen, um sie dazu zu bewegen, die Wahl für korrumpiert zu erklären. »Den Rest überlassen Sie mir«, so Trump. Jedoch hatten weder Rosen noch Donoghue Lust, sich strafbar zu machen, und ließen Trump abblitzen.

Daraufhin platzte Trump endgültig der Kragen. Wenn die Chefs des Justizministeriums nicht parieren wollten, dann würde er eben einen neuen Chef bestellen. Rudy Giuliani hatte auch schon einen heißen Tipp parat: Jeffrey Clark. Der war als Staatsanwalt zwar zuständig für Umweltangelegenheiten, aber das war unerheblich, weil er schließlich nur Trumps Befehl, das Wahlergebnis zu kippen, ausführen sollte. Clark hatte bereits versucht, sich nützlich zu machen, indem er ein Dokument entworfen hatte, gemäß dem Staatsanwälte in den Bundesstaaten begründete Zweifel am Wahlergebnis äußern und die Aufstellung neuer Pro-Trump-Wahlmänner vorschlagen sollten. Allerdings stellte sich auch dieser Versuch als Rohrkrepierer heraus, weil Rosen und Donoghue sich weigerten, das Dokument zu unterzeichnen. Als die beiden Wind von Trumps Plan bekamen, Rosen gegen einen Handlanger auszutauschen, informierten sie Trump darüber, dass sich in diesem Fall die Beamten des Justizministeriums leider gezwungen sähen, en masse zurückzutreten.[403]

Währenddessen erhoben Trumpisten im ganzen Land über 60 Klagen, mit dem Ziel, das Wahlergebnis für ungültig erklären zu lassen, was Trump sehr gut gefiel. Was ihm weniger gut gefiel, war, dass kein einziges dieser Verfahren Erfolg hatte. Letztendlich sollte sich herausstellen, dass die Fehlerquote bei der Stimmenabgabe lediglich 0,0063 Prozent betrug.

Auf PR und Messaging legte Trump größten Wert. Deshalb fackelte er auch nicht lange, als der Chef für Cybersecurity beim Department of Homeland Security, Chris Krebs, die Frechheit besaß, die Ordnungsmäßigkeit der Wahlen öffentlich zu bestätigen. Krebs durfte umgehend seine Sachen packen.

Weil sein Druck auf das Justizministerium bisher erfolglos geblieben war, konzentrierte Trump sich als Nächstes auf die Verhinderung der Zertifizierung der Wahlergebnisse auf Bundesstaatsebene. Unter anderem versuchte er, Politiker in Pennsylvania dazu zu bringen, die gewählten demokratischen Wahlmänner – Biden hatte in Pennsylvania mit etwas über 1 Prozentpunkt Vorsprung gewonnen – durch republikanische Wahlleute zu ersetzen. Auch hier biss er jedoch auf Granit.

Als Nächstes musste Lindsey Graham ran. Vermutlich auf Veranlassung Trumps rief er den republikanischen Innenminister von Georgia, Brad Raffensperger, an, mit dem Anliegen, Wahlzettel aus bestimmten Gemeinden von der Zählung auszuschließen. Raffensperger dachte nicht im Traum daran und wies Graham ab.

Plötzlich erschien wie aus dem Nichts ein neuer Rechtsanwalt auf der Bildfläche, John Eastman. Dieser legte äußerst große juristische Kreativität an den Tag, mit der er einen Weg aufzeigte, wie Pence das Wahlergebnis doch noch kippen könnte. Dieser sollte dafür sorgen, dass die Wahl des Präsidenten dem Kongress zufallen würde. Aufgrund der knappen Mehrheit der Republikaner, seien die Erfolgsaussichten gut. Endlich ein Hoffnungsschimmer – Trump war begeistert.

In der Zwischenzeit nötigten Trumps Mitarbeiter das Justizministerium immer wieder, imaginären Wahlbetrugstheorien nachzugehen. Die Trumpisten wie Michael Flynn, Sidney Powell, Rudy Giuliani, der verwirrte Kissen-Unternehmer, »*pillow man*« Mike Lindell und der hochrangige Justizbeamte Jeffrey Clark übertrafen sich gegenseitig mit den abstrusesten Verschwörungstheorien. Dabei war ihnen keine Story zu peinlich. So behauptete Clark, dass Beweise dafür vorlägen, dass Hacker aus China über das Internet mittels Smart-Thermometern in die Wahlmaschinen eingedrungen wären. Gemäß einer anderen Fantasiegeschichte, die insbesondere von Rudy Giuliani und der Anwältin Sidney Powell gepuscht wurde, handle es sich bei dem amerikanischen Wahlmaschinen-Hersteller

Dominion um eine sehr gefährliche Firma, deren Eigentümer radikal links und fanatische Trump-Gegner seien. Die Software der Maschinen komme von einer Firma, die von Hugo Chávez gegründet worden sei und immer noch im Eigentum zweier seiner Verbündeten stehe. Diese hätten auch enge Beziehungen zu China. Nach einem weiteren Märchen, auch »Italygate« genannt, hätten Biden-Unterstützer bei der CIA italienische Militärsatelliten dazu genutzt, die Wahlmaschinen zu manipulieren. Als Beweis diente der Brief eines Italieners und ein YouTube-Video eines ehemaligen Nachrichtendienstmitarbeiters, Brad Johnson, von dem sich später herausstellte, dass er mit Rudy Giuliani zusammengearbeitet hatte. Trumps Stabschef, Mark Meadows, fand diese Geschichte allerdings so überzeugend, dass er sich erneut an Rosen wandte. Der hatte mittlerweile genug davon, sich mit diesen abwegigen Theorien herumschlagen zu müssen, für die keinerlei Beweise vorlagen. Und so handelte sich auch Meadows einen Korb ein.

Noch am 4. Januar tauschte Trump einen Bundesstaatsanwalt in Atlanta gegen einen Loyalisten aus. Rosen versuchte er dazu zu drängen, Klage beim Supreme Court einzulegen. Erneut weigerte Rosen sich mit dem Argument, dass es dafür keine rechtliche Grundlage gebe.

Letztendlich gelangte Trump angesichts all seiner vergeblichen Bemühungen zu dem Schluss, dass die praktischste Lösung wäre, wenn Pence ihn einfach zum Gewinner erklären würde. Trump hatte bereits kontinuierlich vor und hinter den Kulissen Druck auf den Vizepräsidenten ausgeübt, das Wahlergebnis für ungültig zu erklären. Der dem Präsidenten normalerweise völlig ergebene Pence schwankte zunächst und beriet sich dann mit dem ehemaligen Vizepräsidenten Dan Quayle. Dieser überzeugte Pence von der Illegalität eines solchen Vorgehens. Als Trump erfuhr, dass Pence seinem Vorschlag gegenüber wenig aufgeschlossen war, fiel auch Pence bei ihm in Ungnade.

Angesichts des Countdowns zur Zertifizierung des Wahlergebnisses geriet Trump zunehmend ins Schwitzen. Wenn Pence sich weigerte, das Wahlergebnis zu kippen, dann blieb nur eine Möglichkeit: seine Anhänger zu einem bewaffneten Aufstand aufzurufen, mit dem Ziel, das Kapitol einzunehmen und so faktisch die Zertifizierung zu verhindern. In Tweets und Ansprachen schwor Trump seine Anhänger auf den Putsch ein. Der von Trump kurzfristig neu berufene kommissarische Verteidigungsminister Miller wies die Nationalgarde von Washington, D.C., kurz vor der Kapitol-Erstürmung an, keine Schutzausrüstung und Helme zu tragen, ihre Waffen nicht zum Einsatz zu bringen und Eindringlinge nicht festzunehmen.[404] Tatsächlich folgten Zehntausende Anhänger Trumps Aufrufen und erstürmten das Kapitol am 6. Januar 2021. Gewaltsam drangen sie bis in den Plenarsaal des Senats vor. Nach mehreren Stunden gelang es den Sicherheitsbehörden, den Aufstand zu beenden. Letztendlich zertifizierte Pence das Wahlergebnis ordnungsgemäß und ebnete Biden damit den Weg zur Präsidentschaft.

Trumps Nichte, Mary Trump, Psychologin und Autorin des Buches *Too Much and Never Enough: How My Family Created the World's Most Dangerous Man,* ist davon überzeugt, dass Trump mit seinem Aufruf zum Sturm auf das Kapitol in Verbindung mit seiner öffentlichen Hetze gegen Pence bereit war, dessen Tod in Kauf zu nehmen. Nicht umsonst hatten seine Anhänger bereits funktionstüchtige Galgen aufgebaut und danach lautstark gefordert, Pence zu hängen. Mary Trump ist der Auffassung, dass Trump zunehmend verzweifelt war und deshalb auch vor den radikalsten Mitteln nicht zurückgeschreckt wäre. Der Tod seines Vizepräsidenten hätte ihm dabei insoweit in die Karten gespielt, als ihm dies die Ausrufung des Kriegsrechts erlaubt hätte.[405] Nicht umsonst weigerte sich Pence nach dem Sturm auf das Kapitol trotz akuter Lebensgefahr, in eine Limousine des Secret Service zu steigen. Er befürchtete, dass die Agenten ihn zumindest vorübergehend beiseiteschaffen würden, um ihn von der Zertifizierung des Wahlergebnisses abzuhalten.[406] In einem Interview fragte ein Journalist Trump später, ob er die Rufe »Erhängt Mike Pence« gehört habe. Trump antwortete, »Tja, die haben eben gesunden Menschenverstand. Wenn man weiß, dass die Wahl gestohlen ist. Außerdem ist Pence sehr fit, sehr fit.«[407]

General Milley ist davon überzeugt, dass es sich bei der Kapitol-Erstürmung des 6. Januars um einen geplanten, koordinierten, synchronisierten Angriff mit dem Ziel, die rechtmäßig gewählte Regierung zu stürzen, handelte. »Das war ein Putschversuch und nichts weniger als Hochverrat. Trump arbeitet mit Sicherheit immer noch an seinem ›Reichstag moment‹«, so Milley.[408]

Der nächste Putsch

Noch am Abend nach der brutalen Kapitol-Erstürmung haben 147 Republikaner dafür gestimmt, das Votum des Wahlmännerkollegiums für Biden abzulehnen und dessen Sieg damit zu kippen.[409] Ohne die Kapitol-Erstürmung wären es noch mehr gewesen, aber angesichts der Gewalttaten waren einigen der Abgeordneten inzwischen doch noch Skrupel gekommen, Trumps Wahllüge zu unterstützen.

Die Ereignisse des 6. Januars haben die Nation traumatisiert. Auch wenn viele Amerikaner es nicht wahrhaben wollen, arbeiten die Republikaner bereits an ihrem nächsten Coup, sozusagen in Zeitlupe und zum Teil in aller Öffentlichkeit.

In der Risikoanalyse wird ein Event wie ein Putsch als ein »low probability, high impact event« bezeichnet, was bedeutet, dass es eine geringe Wahrscheinlichkeit hat, die Auswirkungen aber, falls es doch eintritt, katastrophal sind. Wegen der potenziell dramatischen Konsequenzen, sollte man das Risiko ernst nehmen und bei Szenario-Analysen berücksichtigen. Die Republikaner haben Trumps Putschbemühungen aufmerksam analysiert und ihre Lehren daraus gezogen. Sie bereiten nun strategisch einen Coup von langer Hand vor und verfolgen dabei verschiedene Strategien.

Der juristische Putsch

Eine Strategie, an der Republikaner konzentriert arbeiten, ist es, Schwachstellen in bestehenden Gesetzen auszunutzen, die deshalb dringend behoben werden müssen.

Um die nächste Wahlniederlage in einen Wahlsieg zu verwandeln, sind die Republikaner nicht mehr auf plumpe Mafia-Methoden und Verschwörungstheorien angewiesen. Beim nächsten Mal werden respektable Rechtsanwälte renommierter Kanzleien in maßgeschneiderten Anzügen schlüssige Schriftsätze vorlegen, die auf der »Doktrin der unabhängigen Bundesstaatsparlamente« (Independent State Legislature Doctrine) basieren. Aufgrund dieser, von den Republikanern frei erfundenen Doktrin, obliege die Schaffung der Regeln zur Wahldurchführung zuvörderst den

Bundesstaatsparlamenten und dürfe nicht durch die Gouverneure oder die bundesstaatliche Gerichtsbarkeit kontrolliert werden. Die Anwendung dieser Theorie würde die Gewaltenteilung de facto außer Kraft setzen.

Den Republikanern käme diese Theorie sehr zupass, weil sie in vielen Bundesstaatsparlamenten durch »Gerrrymandering«, also die Einteilung von Wahlkreisen nach parteipolitischen Gesichtspunkten, zementierte Mehrheiten haben, die nur schwer zu kippen sind. Auf diese Weise könnten zum Beispiel Bundesstaatsparlamente mit republikanischer Mehrheit im Falle eines knappen Wahlsiegs des demokratischen Präsidentschaftskandidaten einfach behaupten, dass Behörden oder Gerichte regelwidrig in ihre Befugnisse eingegriffen hätten, und mit dieser Begründung die Wahlleute selbst aussuchen – selbstredend nur solche, die dem republikanischen Kandidaten zugeneigt sind. In letzter Konsequenz könnte ein Disput dem Supreme Court zufallen, und der würde aufgrund der republikanischen Mehrheit seiner Richter im Zweifel zugunsten der Republikaner entscheiden.

Der konservative Chef der einflussreichen Federalist Society, die hinter der Benennung fast aller Supreme-Court-Richter in jüngster Vergangenheit steht, Leonard Leo, hat im Namen seines »Honest Elections Project«, was soviel bedeutet wie »Projekt zur Ehrlichkeit von Wahlen«, dieses Argument bereits beim Supreme Court vorgebracht.

Der Wahlrechtsexperte Nate Persily bezeichnet die »Doktrin der unabhängigen Bundesstaatsparlamente« als abwegig und völlig undemokratisch. Jedoch verleihe ihr das Gewand einer juristischen »Doktrin« fälschlicherweise den Anschein von Seriosität.[410]

Diese scheinbare Seriosität könnte die Hemmschwelle für rechte Politiker und Richter senken, legitime Wahlergebnisse zu kippen. Mindestens vier der neun Richter am Supreme Court haben alarmierenderweise signalisiert, dieser Doktrin offen gegenüberzustehen.

Eine Entscheidung zu dieser Doktrin ist bereits beim Supreme Court anhängig. In dem schon erwähnten Fall *Moore v. Harper* obliegt dem Supreme Court die Entscheidung darüber, ob die republikanisch dominierte Legislative im Bundesstaat North Carolina befugt war, Wahlbezirksgrenzen auf der Grundlage parteipolitischer Interessen neu zu ziehen, ohne jeglicher Kontrolle durch die Justiz des Bundestaates zu unterliegen. Republikaner behaupten, dass Gerichte der einzelnen Bundesstaaten aufgrund der Doktrin keinerlei Befugnis besäßen, mit Bundeswahlen in Verbindung stehende Angelegenheiten zu prüfen. Demnach wären die Gerichte nicht mehr dafür zuständig, Fälle, in denen es um behauptete undemokratische Entscheidungen und Wahlgesetze im Zusammenhang mit Bundeswahlen oder die Einteilung von Wahlkreisen für das US-Repräsentantenhaus geht, zu hören und das Vorgehen des Bundesstaatsparlaments gegebenenfalls für verfassungswidrig zu erklären. Auch ein Gouverneur wäre nicht mehr berechtigt, ein Veto gegen neue Wahlgesetze einzulegen. Damit wären demokratische Kontrollmechanismen außer Kraft gesetzt und Bundesstaatsparlamente könnten alles in ihrem Belieben stehende tun, um die Wahlen zu manipulieren.

Da sich gegenwärtig 30 Bundesstaatsparlamente in republikanischer Hand befinden, könnte die Anerkennung dieser Doktrin den Republikanern 2024 relativ leicht zu einem Sieg verhelfen, auch in hart umkämpften Staaten, die für gewöhnlich über den Ausgang einer Präsidentschaftswahl entscheiden. Die »Doktrin der unabhängigen Bundesstaatsparlamente« ist also nichts weniger als ein Frontalangriff auf die amerikanische Demokratie, mit dem Ziel einer Machtkonzentration in den Händen einiger weniger und der Entrechtung des Volkes. In den Augen von James Hawdon, Direktor des »Center for Peace Studies and Violence Prevention« an der Virginia Tech University, wäre eine erneute Wahlanfechtung 2024 fatal, weil sich das Land insgesamt immer mehr in Richtung Gewalt bewege.[411]

Es gibt noch eine weitere Zeitbombe in Form eines Schlupflochs in Gesetzen aus dem 19. Jahrhundert, die die US-Präsidentschaftswahlen regeln und die einen legalen Putsch ermöglichen könnten.

Gemäß Artikel 2, Abschnitt 1, Absatz 5 der Verfassung hat der Kongress das Recht zu bestimmen, wann Präsidentschaftswahlen abgehalten werden. Eine Vorschrift in dem »Presidential Election Day Act«, ein Gesetz aus dem Jahr 1845, die später in den Electoral Count Act (ECA) aus dem Jahr 1887 übernommen wurde, befugt die Gesetzgeber der Bundesstaaten dazu, Wahlleute nach ihrem Ermessen auszuwählen, falls die Wähler am Wahltag »keine Wahl getroffen« haben. Liegen Behauptungen von Wahlbetrug vor, kann das Bundesstaatsparlament entscheiden, dass die Wähler »keine *wirksame* Wahl getroffen haben«, und Wahlleute selbst auswählen.

Ein überparteiliches Gremium, geleitet von der republikanischen Senatorin Susan Collins aus Maine und dem demokratischen Senator Joe Manchin aus West Virginia, hat ein dringend notwendiges Reformgesetz mit dem Namen Electoral Count Reform Act (ECRA) auf den Weg gebracht, um den veralteten Electoral Count Act von 1887 zu modernisieren und Schlupflöcher zu stopfen. Das Gesetz muss rechtzeitig, also vor den Präsidentschaftswahlen 2024, verabschiedet werden. Ob eine ausreichende Anzahl von republikanischen Senatoren hierzu ihre Zustimmung geben wird, ist jedoch noch völlig offen.

Der wahltechnische Putsch

Ein weiterer effektiver Weg für die Republikaner, die Wahl für sich zu entscheiden, ist, Wähler der Demokraten von der Wahl abzuhalten, ihre Stimmzettel nicht anzunehmen oder mitzuzählen oder das Gewicht ihrer Stimmen durch die Einteilung von Wahlkreisen nach parteipolitischen Gesichtspunkten zu verringern. Bisher ist es den Republikanern bereits gelungen, das Stimmrecht in 19 Bundesstaaten einzuschränken.

Schon seit Jahrzehnten arbeiten die Republikaner daran, die Stimmen von Wählern bestimmter Ethnien und Einkommensklassen, die überwiegend demokratisch wählen, zu unterdrücken. Dabei kommt ihnen das Wahlrecht entgegen, den Wahlen finden nicht am Wochenende, sondern an Werktagen statt. Viele Menschen können es sich schlichtweg nicht leisten, einen Tag frei zu nehmen, um wählen zu gehen. Weiterhin ist Voraussetzung für die Wahlteilnahme die Registrierung in einer Wahlliste. Für die Registrierung benötigt man einen Ausweis, als der in den USA der Führerschein gilt, weil es keine Personalausweise gibt. Einen Führerschein bekommt man aber nur, wenn man einen festen Wohnsitz nachweisen kann. Nicht wenige Menschen, wie Wanderarbeiter, Obdachlose und indigene Amerikaner, können einen solchen aber nicht nachweisen. Letztere verfügen nur über Postfächer, weil es in ihren Reservaten keine Straßennahmen gibt. Eine weitere Voraussetzung für die Erlangung eines Führerscheins ist die Vorlage einer Geburtsurkunde. Viele Menschen ärmerer Bevölkerungsschichten und Minderheiten fehlt eine solche und es fällt ihnen schwer, sie zu beschaffen, weil sie sich nicht frei nehmen können oder weil sie weit entfernt von der nächsten Behörde wohnen. Darüber hinaus wird zehntausenden Wählern die Registrierung verweigert, weil kleinste formelle Details in ihren Ausweisen nicht mit den Listen übereinstimmen, wie beispielsweise eine einzige Leerstelle oder ein Buchstabendreher.

Der politische Putsch

Die Republikaner sind nihilistisch und ihr Wahlprogramm besteht im Wesentlichen aus der Sabotage der Demokraten, der Spaltung der Bevölkerung und der Perpetuierung der Lüge vom Wahldiebstahl 2020. Und Besserung ist nicht in Sicht. Mindestens 23 Unterstützer von Trumps Wahlbetrugsbehauptung kandidieren in den Bundesstaaten für das Amt des Innenministers, womit ihnen potenziell die Aufsicht über die Wahlen in 19 Bundesstaaten obliegen würde. Weitere Republikaner besetzen zunehmend mehr lokale Machtpositionen, um Einfluss auf die Wahlen zu nehmen. Wahlbeamte, die Trumps Wahllüge nicht unterstützen, werden rausgeekelt und durch Unterstützer ersetzt.

Alarmierend ist auch, dass immer mehr QAnon-Anhänger mit dem Rückhalt der Republikaner in Machtpositionen gewählt werden, denn die arbeiten ganz besonders fleißig an der Demontage der Demokratie.[412] Trump ermuntert und bedient sich der QAnon-Anhänger, die ihn geradezu um eine Diktatur anflehen.[413] So hat er beispielsweise einen QAnon-Anhänger namens Mark Finchem, der sich für das Amt des Innenministers von Arizona bewirbt, unterstützt. Finchem ist Teil einer Koalition von Republikanern, die MAGA-Loyalisten die Verantwortung für Wahlen übertragen will.[414] Auch der Bürgermeister der Stadt Sequim, William Armacost, der öffentlich wildeste QAnon-Thesen verbreitet, konnte sich auf Trumps Unterstützung verlassen.[415] 2022 haben bisher 15 QAnon-Kandidaten wichtige Vorwahlen gewonnen. Damit ist ihr Erfolg zwar noch überschaubar, aber ihre gefährlichen Verschwörungstheorien schwelen weiterhin unter der Oberfläche.[416]

Ein Putschversuch könnte unter anderem mittels Betrugs stattfinden. Beispielsweise hatten einige unbefugte republikanische Abgeordnete auf

Bundesstaatsebene bei der Wahl 2020 in dem sogenannten »fake electors scheme« in betrügerischer Absicht versucht, »alternative« Wahlergebnisse zugunsten Trumps zu melden.[417]

Der gewaltsame Putsch

AR-15 Gewehre, Pistolen, Speerspitzen an Fahnenstangen, Pfefferspray, Messer und Schlagstöcke – all dies waren Waffen, die bei den an der Kapitol-Erstürmung Beteiligten gefunden wurden. Da das Tragen von Schusswaffen in Washington, D.C., illegal ist, hatten viele ihre Waffen zu Hause gelassen, aus Angst vor einer Konfiszierung. Trotzdem wurden noch zahllose Waffen an den Metalldetektoren, die an den Zugangsbereichen zum Kapitol aufgestellt waren, einbehalten. Deswegen machten nicht wenige einen Rückzieher und demonstrierten außerhalb des Kapitolgeländes. Andere hatten Waffen und Munition in Hotels, auf Booten und an anderen Plätzen in der Umgebung gelagert, mit der Absicht, diese mit dem Ausbruch des Chaos einzuschmuggeln. Zum Teil hatten sich Bewaffnete sogar auf Bäumen versteckt.[418] Ein Zeuge berichtete dem Untersuchungsausschuss zur Kapitol-Erstürmung, dass die Proud Boys vorhatten, Mike Pence und Nancy Pelosi zu töten. Sie schafften es, bis auf wenige Meter zu ihnen vorzudringen. Die Bilanz der Gewalt des Mobs umfasste fünf Tote und 140 zum Teil schwer verletzte Polizeibeamte.

Trump ist es gelungen, 70 Prozent der Republikaner davon zu überzeugen, dass Bidens Wahlsieg illegitim sei. Seine Lüge vom Wahlbetrug ist für sie mittlerweile das Evangelium. Der überwiegende Teil von ihnen billigt den Sturm auf das Kapitol sozusagen als »Notwehr«. Seine Anhänger sind bereit, mit allen Mitteln gegen die vermeintliche Tyrannei der Demokraten zu kämpfen. Der französische Philosoph Voltaire sagte einmal: »Diejenigen, die Sie dazu bringen können, Absurditäten zu glauben, können Sie dazu bringen, Gräueltaten zu begehen.«

Robert A. Pape ist Professor für Politikwissenschaft an der University of Chicago und auf politische Gewalt spezialisiert. Er hat die Profile von 400 festgenommenen Teilnehmern der Kapitol-Erstürmung ausgewertet. Dabei ist er zu der Erkenntnis gelangt, dass diese überwiegend weiß, männlich und älter waren. Zwei Drittel der Festgenommenen seien über 34 Jahre alt und viele von ihnen in ihren Vierzigern und Fünfzigern gewesen. Die meisten hätten Jobs und Familie. Bei 45 Prozent von ihnen habe es sich CEOs, Geschäftsinhaber, Ärzte, Anwälte, Buchhalter und mittlere Führungskräfte gehandelt. Nur 7 Prozent der Festgenommenen seien arbeitslos gewesen. Die Teilnehmer aus den Reihen der rechtsextremistischen Milizen wie Proud Boys, Oath Keepers und Three Percenters seien mit rund 10 Prozent in der Minderheit gewesen. Pape kam zu dem Schluss, dass 4 Prozent aller amerikanischen Erwachsenen, also rund 10 Millionen Menschen, davon überzeugt sind, dass Trump die Wahl 2020 gestohlen wurde, *und* bereit sind, dagegen notfalls mit Gewalt vorzugehen. Was sie verbindet, ist ihr Glaube an die »Great Replacement Theory«, also die Angst, wirtschaftlich, kulturell und politisch von dunkelhäutigen Minderheiten verdrängt zu werden.[419]

Wichtig ist zu realisieren, dass die Wahl in den Augen der Trump-Anhänger in jedem Fall gestohlen ist, selbst wenn sie nicht wirklich an den von Trump behaupteten Wahlbetrug glauben, weil Menschen, die nicht weiß und nicht christlich sind, für sie keine vollwertigen Amerikaner sind. Deshalb finden sie, dass es diesen Menschen nicht zusteht zu wählen. Jedenfalls sollten ihre Stimmen nicht zählen, und um das zu erreichen, ist ihnen jedes Mittel recht, ob Lug, Trug oder Gewalt.

Die Gewalt fängt bereits auf der lokalen Ebene an, wo schwerbewaffnete Menschen vor Wahllokalen drangsalieren und einschüchtern. Viele Wähler schrecken vor potenziellen Konflikten mit den furchterregenden Männern in Militärmontur zurück. Der ehemals in Michigan zur Senatorenwahl stehende Mike Detmer forderte die Bürger auf, mit Gewehren zu Wahllokalen zu kommen. »Wenn wir die Wahl nicht gewinnen können, dann müssen wir bereit sein, unsere Gewehre zu laden«, das heißt schießen. »Also, wenn Ihr fragt, was können wir machen: Kommt bewaffnet!«[420] Auch in den Landesparlamenten laufen immer wieder Bewaffnete auf.

Anlässlich der Präsidentschaftswahl von 2020 hatte Donald Trump seine Anhänger aufgerufen, sich für die »Armee für Trump« einzuschreiben und die Wahllokale »zu bewachen«, also demokratische Wähler einzuschüchtern und von der Wahl abzuhalten. Donald Trump Jr. goss noch weiter Öl ins Feuer: »Alle kampftüchtigen Männer und Frauen müssen der

Armee für Trump beitreten, um die ›Operation: Wahlsicherheit für Trump‹ auszufechten.«

Es bleibt zu hoffen, dass der Sturm auf das Kapitol keine Generalprobe für das nächste Mal war.

KAPITEL 7

DIE ZUKUNFT DER AUSSERGEWÖHNLICHEN NATION

Ein Experiment namens Amerika

»Europa hat in diesem Jahrhundert größtes Interesse an den gesellschaftlichen und politischen Institutionen der Vereinigten Staaten bekundet und viel darüber spekuliert. Man hat uns als ein großes Experiment betrachtet, nicht nur im Hinblick auf unser eigenes Wohlergehen, sondern auch auf das der gesamten Menschheit. ... Ist das demokratische Prinzip der Gleichberechtigung, des allgemeinen Wahlrechts und der Mehrheitsregierung über weite Teile des Landes in der Praxis tatsächlich durchführbar?«

»The American Experiment«, *New York Daily Tribune*, 27. November 1860[421]

Die Entstehungsgeschichte Amerikas erklärt vieles. Der von der *New York Daily Tribune* 1860 geprägte Begriff des »amerikanischen Experiments« bezieht sich auf ein Land, das sich aus dem Nichts erschaffen und sich eine demokratische Regierung gegeben hat, oder genauer gesagt die Regierungsform einer konstitutionellen föderalen Republik. Das Land der unbegrenzten Möglichkeiten ist seit jeher eine innovative und transformative Kraft in der Welt gewesen und hat es geschafft, zur größten Supermacht der Welt aufzusteigen. Diese Errungenschaft sollte allerdings nicht darüber hinwegtäuschen, dass Amerika seinen Idealen von Beginn an nie ganz gerecht geworden ist. Es hat sich fortlaufend erneuert, mit Fort- und

Rückschritten, und ist gewachsen an Herausforderungen wie dem Bürgerkrieg und der Sklaverei. Mittlerweile hat es jedoch einen historischen Wendepunkt erreicht, an dem nichts weniger auf dem Spiel steht als seine Gründungsidee, nämlich die »Regierung des Volkes durch das Volk und für das Volk«, wie Abraham Lincoln die demokratische Idee in seiner berühmten Rede von Gettysburg 1863 charakterisiert hat. Denn die Republikaner – die heute nicht mehr die Partei Abraham Lincolns sind – arbeiten mit Hochdruck an der feindlichen Übernahme der Demokratie, um eine Autokratie zu etablieren. Die Schlacht der Gegenwart findet nicht mehr zwischen »links« und »rechts«, sondern zwischen Verfechtern der Demokratie und denen der Autokratie statt.

Scheitert das amerikanische Experiment? Ob das Imperium Romanum, die Mongolenherrschaft, das Osmanische Reich oder das britische Weltreich – bisher hat keine Großmacht, kein Wirtschaftssystem und keine Währung dauerhaft Bestand gehabt.

Zweifelsohne befindet sich Amerika in einer existenziellen Identitätskrise. Aufgrund seiner ethnischen, kulturellen und religiösen Vielfalt kann es nur auf dem Fundament gemeinsamer Werte und Ideale bestehen. Dieses Fundament haben die Republikaner seit Jahrzehnten erfolgreich torpediert. Angesichts der Missstände und zahlreichen schockierenden Ereignisse der jüngsten Vergangenheit haben viele Amerika bereits abgeschrieben.

Und wie schätzen die Amerikaner ihr Land selbst ein? Gemäß einer vom Pew Research Center zum 4. Juli 2022 veröffentlichten Studie betrachten 52 Prozent der Amerikaner die USA immer noch als eine der großartigsten Nationen der Welt. Immerhin 23 Prozent von ihnen sind der Meinung, dass sie allen anderen Ländern der Welt überlegen sind. Demgegenüber finden 23 Prozent, dass andere Länder sich besser schlagen. Etwa zwei Drittel gaben unabhängig von Parteizugehörigkeit an, Vertrauen in die Zukunft der Vereinigten Staaten zu haben. Dabei lag der Anteil unter den Demokraten mit 74 Prozent höher als der unter den Republikanern mit 62 Prozent. Allerdings ist insgesamt eine Mehrheit von 58 Prozent unzufrieden mit dem Zustand der amerikanischen Demokratie.[422]

Die Erosion der Demokratie ist zunächst graduell und unter Trump dann immer schneller und dramatischer verlaufen. In einem in Anlehnung an mein Buch *$uper-hubs: Wie die Finanzelite und ihre Netzwerke die Welt regieren* Anfang 2017 veröffentlichten Artikel[423] habe ich die amerikanische Demokratie als ein komplexes, sich selbst organisierendes System analysiert. Komplexe Systeme scheitern selten, weil sie gemeinhin anpassungsfähig sind und sich selbst korrigieren. Geraten sie in Schieflage, dann schalten sich Korrekturmechanismen ein, die das Gleichgewicht wiederherstellen. Werden demokratische Korrekturmechanismen jedoch deaktiviert, dann zerstört sich ein demokratisches System mit der Zeit selbst. Wie dargelegt, haben die Republikaner bereits seit langer Zeit versucht, derartige demokratische Korrekturmechanismen auf verschiedenste Weise zu unterwandern und außer Kraft zu setzen. Gleichzeitig haben sie durch Propaganda, Desinformation und Waffenkult in den vergangenen Jahrzehnten ein der Autokratie förderliches Umfeld kultiviert. Als Trump das Zepter ergriff, wandten er und seine republikanischen Kohorten das Drehbuch der Autokraten nach allen Regeln der Kunst an.

Dabei konnte Trump nach der amerikanischen Journalistin russischer Herkunft Masha Gessen, die ein Buch zu diesem Thema mit dem Titel *Surviving Autocracy* geschrieben hat, auf einer vierhundertjährigen Geschichte weißer Vorherrschaft sowie einer zwanzigjährigen Mobilisierung der amerikanischen Gesellschaft gegen Muslime, Einwanderer und Minderheiten aufbauen. Ein Historiker des 21. Jahrhunderts werde vermutlich einmal den 11. September 2001 als den Reichstagsmoment identifizieren. Trump sei eine logische Konsequenz der amerikanischen Geschichte.[424]

Und er betrat zu einem idealen Zeitpunkt die politische Bühne, in dem die Welt vielschichtiger und ungewisser war als jemals zuvor, denn besonders empfänglich für autoritäre Führer sind Menschen, die sich von Komplexität überfordert fühlen, stellt die Journalistin und Historikerin Anne Applebaum fest. Dieser Instinkt habe nichts mit links- oder rechtsradikal zu tun, sondern sei rein antipluralistisch. Es handele sich um eine Geisteshaltung und nicht um eine Ideologie, schreibt sie in ihrem Buch *Twilight of Democracy: The Seductive Lure of Authoritarianism.*[425] Anhänger diktatorischer Herrscher glaubten ihnen, weil sie *an* sie glauben, erläutert Ruth Ben-Ghiat, Historikerin an der New York University, in ihrem Buch *Strongmen: Mussolini to the Present.*[426]

Trump ging systematisch vor. Bereits während seines Wahlkampfs 2015 legte er durch seine Rhetorik und sein dominantes Verhalten den Grundstein für den Führerkult um seine Person. Stets verhielt er sich, als sei seine Macht unbegrenzt und äußerte dies auch. 2019 gab er zum Besten: »Ich hab' als Präsident unbegrenzte Macht zu tun, was immer ich will, ich hab' nämlich den Artikel II [der Verfassung].«[427] 2020 proklamierte er im Zusammenhang mit der Coronapandemie: »Meine Macht ist unbegrenzt![428]« Diese Behauptungen sind offensichtlich unzutreffend, da auch das Verhalten des Präsidenten der Vereinigten Staaten geltendem Recht, und sein Amt der Gewaltenkontrolle, unterliegt.

Im Trump-Kult war alles darauf angelegt, ihn zu erfreuen und allmächtig erscheinen zu lassen, wie Trump und seine Gefolgschaft eindrücklich bei ihrem ersten Kabinettstreffen 2017 demonstrierten. Versammelt an einem überdimensionalen, ovalen Mahagonitisch, waren alle Kabinettsmitglieder, angefangen beim Vier-Sterne-General Jim Mattis, über den früheren ExxonMobil-CEO Rex Tillerson bis hin zu Reince Priebus, dazu angehalten, sich Trump gegenüber durch überzogene Huldigungen zu demütigen, in einem grotesken Spektakel, das an das totalitäre Nordkorea erinnerte.[429] Aber nicht nur die Regierungsmitglieder hatten dem Führer zu huldigen, sondern auch das Volk. Ganz unverhohlen äußerte Trump, dass das amerikanische Volk ihn genauso behandeln solle, wie das nordkoreanische Volk seinem Herrscher Kim Jong Un gegenübertrete.[430]

In Orwellscher Manier leugneten und verdrehten Trump und seine Handlanger die Wahrheit, projizierten ihr eigenes Fehlverhalten unverfroren auf ihre Gegner und unterminierten die Glaubwürdigkeit der Medien. Dabei bedienten sie sich gern der »Power-Lüge«, also des dreisten, offensichtlichen Lügens ohne bestimmten Zweck, sondern rein als Mittel der Machtdemonstration. Hierzu führt Jason Stanley, der Philosoph an der Yale University, aus, dass faschistische Führer Wahrheit durch Macht ersetzen und letztendlich ohne Konsequenzen lügen können.[431] Damit veranschaulichen sie ihre vermeintliche Kontrolle über die Realität. Stanley weist darauf hin, dass faschistische Politik rationale Debatten durch Angst und Wut ersetzt, sodass beim Publikum ein Gefühl der Destabilisierung zurückbleibt.[432]

Der Kulturkrieg ist eines der schärfsten Schwerter der Autokraten. Trump hat die Gesellschaft mit Unterstützung der Republikaner in eine hierarchische Rangordnung gespalten: die weißen konservativen Christen an der Spitze, alle anderen darunter. Damit rechtfertigte er den Anspruch auf die eigene Vorherrschaft und die Unterdrückung aller anderen Menschen, die nicht weiß, nicht konservativ und nicht christlichen Glaubens sind. Minderheiten, wie dunkelhäutige Menschen, Moslems, Juden und Einwanderer, verleumdete Trump und suggerierte Gewalt gegen sie oder rief direkt dazu auf. Mittlerweile praktizieren fast alle Republikaner diesen Ansatz und setzen darauf, dass bei ihren Anhängern der Hass auf »Andersartige« tiefer sitzt als das Bedürfnis nach gesellschaftlichem Zusammenhalt und Förderung des Gemeinwohls. Durch entmenschlichende Sprache, wie beispielsweise durch die Suggestion, dass Einwanderer Ungeziefer seien, das das Land heimsuche, haben sie bei ihren Anhängern die Empathie ausgeschaltet und Brutalität gegenüber den »anderen« legitimiert.[433]

Die Behandlung unliebsamer Vergangenheit, wie der Sklaverei, des Rassismus und des Antisemitismus, an den Schulen soll allenfalls verklärt erfolgen, wenn nicht ganz verboten werden. Hierzu meint Stanley, dass das Auslöschen der wahren Vergangenheit die Vision einer ethnisch reinen, tugendhaften Vergangenheitsnation legitimiere. Präsident Trump habe den Versuch, die Vergangenheit realitätsgetreu darzustellen, als Schikanierung weißer Amerikaner dafür hingestellt, dass diese ihr »Erbe« feierten.[434]

Des Weiteren machten Trump und seine Gefolgschaft sich daran, so ziemlich jedes Tabu zu verletzen und Normen zu brechen. Gleichzeitig unterminierten sie demokratische Regeln, zunächst im Verborgenen und im Laufe der Zeit immer offener.

Strukturelle Kontrollmechanismen höhlten sie effizient aus, denn Checks und Balances sind, wie sich gezeigt hat, nur so gut, wie die Menschen, die dahinter stehen. Was viele unterschätzt haben, war die Anzahl der opportunistischen, machthungrigen und gierigen Menschen, die bereit waren, illegale und ethisch fragwürdige Anweisungen auszuführen oder solchen Anweisungen in vorauseilendem Gehorsam zuvorzukommen.

Einflussreiche Positionen wurden nicht mehr aufgrund von Kompetenz und Expertise, sondern nur noch aufgrund von Loyalität vergeben. Willige Wegbereiter wurden mit Einfluss und finanziellem Gewinn belohnt. Nichts war heilig, alles hatte seinen Preis, alles stand zum Verkauf.

Angefangen mit Hillary Clinton, diskreditierten sie systematisch ihre politischen Gegner und sprachen ihnen die Legitimation ab.

Ob Polizeigewalt, Massenmord durch Schusswaffen oder über eine Million Tote durch unterlassene Hilfeleistung in der Coronapandemie, Menschenleben haben in dieser Ideologie geringen Wert.

Maßnahmen der Sozialfürsorge haben sie abgebaut, denn diese widersprechen dem von ihnen vertretenen »Naturgesetz« des Sozialdarwinismus. Menschen, die unfähig sind, sich selbst zu helfen, muss man nicht auch noch subventionieren, so ihre Auffassung.

Den Zugang zu Bildung haben sie erschwert oder unmöglich gemacht, um uninformierte, leicht manipulierbare Bevölkerungsschichten zu schaffen.

Durch die Einflussnahme auf die Judikative und deren personeller Besetzung, insbesondere des Supreme Courts, haben sie Freiheitsrechte von Gegnern und Medien effizient beschnitten. Mittels Instrumentalisierung des Justizministeriums haben sie Schuldige beschützt und versucht, Unschuldige zu verfolgen. Letztendlich dient ihnen der Supreme Court dazu, Grundrechte auszuhöhlen und die Weichen in Richtung Autokratie zu stellen.

Der amerikanische Theologe, Philosoph und Politikwissenschaftler Reinhold Niebuhr konstatierte 1944, dass die Neigung des Menschen zur Gerechtigkeit Demokratie möglich, aber seine Neigung zur Ungerechtigkeit Demokratie notwendig mache.[435] Wie in diesem Buch dargelegt, herrschen in den USA tiefe strukturelle Probleme, angefangen vom Wahlrecht bis hin zum Supreme Court. Eine oberflächliche Kurskorrektur ist hier nicht ausreichend. Die USA müssen einen völlig neuen Kurs beschreiten. Aber wie bereits Winston Churchill sagte, »Man kann immer davon ausgehen, dass die Amerikaner das Richtige tun – nachdem sie alles andere ausprobiert haben«.

Mit Vollspaß in die Idiokratie

In den über zwei Jahrzehnten, in denen ich in den USA lebe, habe ich mich angesichts der politischen Unaufgeklärtheit und Apathie bei gleichzeitiger hedonistischer Dekadenz häufig an das Konzept »Brot und Spiele« erinnert gefühlt, das dem römischen Dichter Juvenal zugeschrieben wird.

Danach zeichnet sich die Politik nicht durch die Sorge für das Gemeinwohl aus, sondern durch Manipulation der Bevölkerung mittels Zerstreuung und der Befriedigung von Grundbedürfnissen.

Der Journalist David Corn merkt dazu in seinem Artikel »Amusing Ourselves to Autocracy« in *Mother Jones* an, dass das Ausmaß der Krise, in der sich die Demokratie der USA befinde, noch gar nicht bei der Bevölkerung angekommen sei. Sie sei so abgelenkt vom Trump-Spektakel und der Banalisierung ernster Themen, dass sie das Ganze im Wesentlichen als eine fortwährende Unterhaltungsshow wahrnehme. Der öffentliche Diskurs verkomme zum reinen Entertainment und das Volk würde zum Publikum degradiert. Damit sehe die amerikanische Kultur ihrem Ende entgegen.[436]

Der Medientheoretiker Neil Postman hat in seinem Buch *Wir amüsieren uns zu Tode* in weiser Voraussicht bereits vor fast vier Jahrzehnten und damit vor dem Internetzeitalter für die USA ein Huxleysches Szenario vorhergesagt. Eine Kultur könne auf zweierlei Weisen zugrunde gerichtet werden: In der Orwellschen Variante werde die Kultur zu einem Gefängnis, während sie in der Huxleyschen zu einem Varietétheater verkomme.

George Orwell warnte in seinem Klassiker *1984* vor Unterdrückung. Er sorgte sich um Bücherverbote, Informationssanktionierung, Zensur, die Vorenthaltung der Wahrheit durch die Regierung und die Freiheitsberaubung der Kultur. Weiterhin befürchtete er, dass Menschen mittels Bestrafung kontrolliert würden. Demgegenüber verwies Aldous Huxley in seinem Buch *Brave New World Revisited*[437] darauf, dass dies voraussichtlich gar nicht notwendig sein würde, weil die Menschheit bereits allein durch Zerstreuung kontrolliert werden würde. Es bedürfe keines Big Brothers, um die Menschen ihrer Autonomie zu berauben. Seiner Auffassung nach würden sich diese aufgrund von Technologien, die sie ihrer Fähigkeit zum freien Denken berauben, freiwillig in die Unterdrückung fügen und diese sogar bevorzugen. Die Vorenthaltung von Büchern sei irrelevant, weil sowieso niemand mehr lesen wolle. Im Unterschied zu Orwell befürchtete Huxley, dass eine völlige Informationsüberflutung zu Passivität und Egoismus führen werde. Die Wahrheit werde in einem Meer von Irrelevanz untergehen und die Kultur in völlige Trivialität abdriften. Diejenigen, die vor Tyrannei warnten, unterschätzten den unendlichen Hunger der Menschen nach Unterhaltung, so Huxley. Laut Huxley ist im Technologiezeitalter geistige Verkümmerung also eher durch Verführung als durch Unterdrückung zu befürchten. Big Brother überwacht uns nicht, sondern wir geben uns ihm freiwillig hin.[438]

Leider könnte sich herausstellen, dass sowohl Orwell als auch Huxley recht hatten.

Bereits 1980 lamentierte der Biochemiker und Autor Isaac Asimov, dass es in den Vereinigten Staaten schon immer einen Kult der Ignoranz gegeben habe. Diese Art des Anti-Intellektualismus habe sich wie ein roter Faden durch das gesamte politische und kulturelle Leben gezogen, basierend auf der falschen Vorstellung, dass Demokratie bedeute, dass »mein Unwissen genauso ins Gewicht fällt wie dein Wissen«.[439]

Eugene Robinson stellte 2021 in der *Washington Post* die Frage, wie dumm eine Nation sein und trotzdem überleben kann. »Wie konnte es sein, dass wir in so einem besorgniserregenden Ausmaß verdummt sind?«, fragte er. »Wann sind so viele unserer Mitbürger zu völligen Nihilisten geworden, die sich jeglicher objektiver Realität verweigern? T.S. Eliot hat geschrieben, dass die Welt voraussichtlich nicht mit einem großen Knall, sondern mit einem Winseln enden würde, aber ich fürchte, dass sich unser Niedergang in Heulen und selbstzerstörerische Idiotie manifestieren wird«, so Robinson.[440]

Die Unverzichtbare Nation

Weltweit nehmen Ultranationalismus und religiöser Fanatismus zu. Viele Menschen betrachten ihr Land aus einer ganz anderen Perspektive, als es das jeweilige Establishment tut. Das zeigte nicht nur die Erstürmung des Kapitols in Washington, D.C., am 6. Januar 2021. Auch in anderen Teilen der Welt gab es ähnliche Aufstände.

So versammelten sich an einem sonnigen Tag Ende August 2020 fast 40 000 Menschen in Berlin, um gegen die Coronabeschränkungen und die »Maskensklaverei« zu protestieren. Rund 3000 von ihnen gehörten der rechtsextremen Szene an und trugen Fahnen und andere

Abzeichen des ehemaligen Kaiserreichs. Als die Sonne unterging, versuchten mehrere hundert von ihnen, den Reichstag zu stürmen. Der gewalttätige Mob war der Polizei zahlenmäßig weit überlegen und riss Sicherheitsbarrieren nieder, schrie antidemokratische Parolen und schaffte es fast bis zum Eingang des Gebäudes. Dieser Übernahmeversuch des Symbols der heutigen Demokratie weckte Erinnerungen an eine dunkle Vergangenheit.

2021 wurde in Frankreich der Rechtsextreme Rémy Daillet wegen einer Verschwörung zum Sturz der französischen Regierung des Terrorismus angeklagt. Innerhalb weniger Monate hatte er es geschafft, eine Gruppe von mehreren hundert Mitgliedern für die »Opération Azur« zusammenzutrommeln, darunter Armeeoffiziere, Polizisten, Rechtsanwälte und Ärzte. Sie hatten bereits Vorbereitungen getroffen, unter Einsatz von Schusswaffen und Sprengstoff den Elysée-Palast, das Parlament, Ministerien und einen Rundfunksender zu besetzen.[441]

Davon unabhängig drohten im April 2021, zum 60. Jahrestag eines gescheiterten Staatsstreichs in Frankreich, 1000 Militärangehörige, darunter etwa 20 pensionierte Generäle, in einem offenen Brief eine militärische Machtübernahme an, um einen »tödlichen Bürgerkrieg« angesichts der Ausbreitung des Islamismus zu vermeiden.[442] Seit den Gelbwesten-Krawallen in Paris 2018 und 2019 nimmt die französische Regierung solche Gefahren ernster.

Auch Italien ist von Unruhen, Streiks, Protesten und alarmierender Gewalt nicht verschont geblieben, hauptsächlich angetrieben von der neofaschistischen Gruppe Forza Nuova. Im Oktober 2021 marschierten etwa 10 000 Menschen aus Protest gegen die strengen Coronamaßnahmen durch Rom. Hunderte von ihnen hatten geplant, den Präsidentenpalast und andere demokratische Institutionen zu stürmen. Von der Polizei davon abgehalten, wüteten sie stattdessen in den Büros einer großen Gewerkschaft, die die Maßnahmen der Regierung unterstützt hatte.[443]

Auch in anderen europäischen Ländern gibt es zahlreiche Beispiele für schwelende Unruhen. Die dahinterstehenden Gruppen bestehen bei weitem nicht nur aus Rechtsextremisten. Diese machen bisher noch die Minderheit aus, übernehmen allerdings häufig die Führung und bringen verschiedenste Systemkritiker zusammen, darunter wütende Geschäftsinhaber, verärgerte Eltern, Impfgegner und Verschwörungstheoretiker.

Sie eint das Misstrauen gegenüber Eliten, Institutionen, liberalen Werten und der Wissenschaft. Diese Spannungen sind Ausdruck einer weit verbreiteten Unzufriedenheit und weisen alle ein ähnliches Muster auf. Mittlerweile hat sich weltweit eine Demokratie-Rezession eingestellt, und die Autokratie ist auf dem Vormarsch, ob in Russland, Ungarn, Polen, Indien, Thailand, Mexiko oder der Türkei.

In den neunziger Jahren sah das noch ganz anders aus. Amerika hatte im Kalten Krieg gegen den Ostblock obsiegt. Mithin gab es keine nennenswerten ideologischen Wettbewerber mehr. Und so verkündete der Politikwissenschaftler Francis Fukuyama bereits das »Ende der Geschichte«. Amerika hatte sich als Ordnungsmacht bewährt, und fortan würde sich die gesamte Welt in eine liberale Demokratie nach amerikanischem Vorbild entwickeln, so die Annahme. Die Amerikaner fühlten sich in ihrem Exzeptionalismus bestätigt. Bereits die damaligen Präsidenten George H. W. Bush und Bill Clinton bezeichneten die USA als die »unverzichtbare Nation«, um Amerikas Rolle in der Welt nach dem Kalten Krieg zu charakterisieren. Zugeschrieben wird der Begriff aber Clintons Außenministerin Madeleine Albright. Er bezieht sich auf Amerikas Rolle in der Welt als die einzige Nation, die die Gestaltungsmacht, den Gestaltungswillen und die Machtressourcen besitzt, um eine multilaterale, liberale Weltordnung und globale Sicherheit zu garantieren, die Pax Americana.

Und tatsächlich geht ein Großteil der nach dem Zweiten Weltkrieg geschaffenen institutionellen und sicherheitspolitischen Architektur auf die Initiative der USA zurück, wie die NATO, die Vereinten Nationen, der Internationale Währungsfonds, die Weltbank und die Welthandelsorganisation.

Allerdings kommt die Wahrnehmung der USA sehr auf die Perspektive an, aus der man sie betrachtet. Aus europäischer Sicht erscheint Amerika aufgrund der geschichtlichen Entwicklungen seit dem Zweiten Weltkrieg als wohlmeinender Hegemon, während das Land in Teilen des Nahen und Mittleren Ostens, Afrikas oder Asiens eher als Imperialmacht wahrgenommen wird, die unter dem Deckmantel vorgeblicher moralischer Überlegenheit militärische Gewalt anwendet.

Angesichts des Machtstrebens von Russland und China erscheint Amerikas ordnungspolitische Funktion notwendiger denn je, denn eine freiheitliche Weltordnung etabliert und erhält sich nicht von selbst. Die

Historikerin Ben-Ghiat stellt fest, dass wir in einem Zeitalter der diktatorischen Herrscher leben, die, wie Wladimir Putin, im Gewand der »Männlichkeit« die Demokratie unterminieren oder gar zerstören, um ihre Machtfülle zu vergrößern und sich skrupellos zu bereichern.[444] Ohne eine Ordnungsmacht herrscht Anarchie und das Recht des Stärkeren. Typischerweise setzt sich ein Raubtierkapitalismus durch, in dem stärkere Nationen schwächere überfallen, um sie auszubeuten. Der Frieden schwindet und mit ihm Wohlstand und Innovation. Die »Ansteckungsgefahr« durch extremistische, faschistische Bewegungen für andere Länder steigt, insbesondere angesichts der globalen Vernetzung durch das Internet. Die Welt wird zum Pulverfass.

Die Wichtigkeit der amerikanischen Führungsrolle hat sich auch im Ukrainekrieg wieder gezeigt. Präsident Biden hat aufgrund zuverlässiger Geheimdienstinformationen die Sachlage zutreffend eingeschätzt und die Ukraine sowie die Alliierten frühzeitig und wiederholt gewarnt, auch wenn seine Warnungen ignoriert und kritisiert wurden. Weiterhin verabschiedete die US-Regierung rasch monumentale Hilfspakete für die Ukraine, schickte schwere Waffen und andere Unterstützung, ohne viel Aufhebens darum zu machen. Erst nach viel Druck und sehr viel später hat sich Deutschland überwunden, mehr als nur Schutzhelme zu schicken.

Mittlerweile leben wir in einer sehr viel gefährlicheren Welt, als dies zu Zeiten des Kalten Krieges der Fall war. Der war zwar auch gefährlich, aber es herrschte zumindest Stabilität. Damit ist es auf absehbare Zeit erst einmal vorbei. General Mark Milley warnte Kadetten an der Elite-Militärakademie West Point in einer Rede 2022 vor dem zunehmenden Risiko globaler Konflikte, insbesondere zwischen Großmächten. Die USA stünden mit China und Russland zwei Weltmächten gegenüber, die über beträchtliche militärische Fähigkeiten verfügten und beabsichtigten, die regelbasierte Ordnung zu ihrem Vorteil zu verändern. Russlands Invasion der Ukraine habe der Welt gezeigt, dass eine Aggression, der nicht entgegengewirkt werde, Angreifer nur ermutige.[445]

In der *Financial Times* hatte Putin bereits 2019 verlauten lassen, dass sich liberale Ideen überlebt und keinen Rückhalt mehr in der Bevölkerung hätten. Liberale könnten nicht einfach alles allen anderen vorschreiben, so wie sie das über die letzten Jahrzehnte getan hätten. Jeder solle nach seiner Fasson glücklich werden, aber man dürfe nicht zulassen, dass der Liberalismus Millionen von Menschen ihrer Kultur, Traditionen und Familienwerte beraube.[446] Nun erwägen China und Russland eine engere Kooperation und die Aufteilung der Welt in Einflusssphären.

Um nicht in den Faschismus schlafzuwandeln, ist es unerlässlich, dass wir diese Gefahr realisieren und ihr ins Auge blicken, denn das größte Problem ist eigentlich ein ganz banales: Wir weigern uns zu glauben, was wir nicht glauben möchten, auch wenn wir mit deutlichen Warnungen konfrontiert werden. Der Ukrainekrieg verdeutlicht diese psychologische Herausforderung. Das Land war bereits seit längerer Zeit von mehr als 150 000 russischen Soldaten eingekreist, da bestanden Experten immer noch darauf, dass Russland niemals in die Ukraine einfallen würde. Analysten, die schlüssige Warnungen aussprachen, wurden als alarmistisch kritisiert. Die Menschen wollten daran glauben, dass die Institutionen und Abkommen, die uns über Jahrzehnte Frieden beschert hatten, auch weiterhin respektiert würden.

Ähnlich verhält es sich mit dem schleichenden Wachstum des Faschismus. Auch diesbezüglich gab es seit langer Zeit reichlich Vorankündigungen. Putin, Trump und zahlreiche andere Autokraten hatten angekündigt, wie sie verfahren würden. Aber die meisten Menschen wollten es nicht wahrhaben oder konnten es sich ganz einfach nicht vorstellen. Aufklärung, Information und Vertrauen sind die besten Waffen gegen Faschismus. Viele US-Bürger sind jedoch politikverdrossen, vom Medienspektakel abgelenkt oder durch Fake News in Filterblasen fehlinformiert. Aufgrund mangelnder politischer Bildung verfügen viele Menschen nicht über die Fähigkeit, Fakten von falschen Informationen zu unterscheiden, einzuordnen und zu bewerten. Die Lesekompetenz von rund der Hälfte der US-Bevölkerung ist nicht höher als die eines Schülers der 6. Klasse.

Auch aufgrund des auf dem Exzeptionalismus beruhenden Überlegenheitsgefühls haben sich viele Amerikaner immun gewähnt vor autokratischen Entwicklungen, die sich bereits in vielen Teilen der Welt abgezeichnet hatten. Weil es bis zum Sturm auf das Kapitol im Januar 2021 kein singuläres Schockereignis gegeben hatte, haben sie diese schleichende Entwicklung kaum oder erst spät realisiert. In ihrem Buch *How Democracies*

Die legen die Autoren Steven Levitsky und Daniel Ziblatt dar, dass die meisten autokratischen Bewegungen nach dem Ende des Kalten Krieges nicht durch Militärs mit einem Coup, dem Ausrufen des Kriegsrechts oder dem Aussetzen der Verfassung begonnen wurden, sondern an der Wahlurne ihren Anfang nahmen, wie beispielsweise in Venezuela, Georgien, Ungarn, Nicaragua, Peru, auf den Philippinen, in Polen, Russland, Sri Lanka, der Türkei und in der Ukraine geschehen.[447]

Europa sieht sich angesichts der Neuordnung der Welt vor einem Dilemma und muss sich vorsehen, nicht zwischen die Fronten zu geraten. Die USA sind für Deutschland neben China der größte Absatzmarkt. Eine politische und wirtschaftliche Entkopplung von Amerika könnte für die deutsche Wirtschaft und Gesellschaft katastrophale Folgen haben. Eine Umfrage des American Council on Germany und der Atlantik-Brücke von Mitte 2022 zur deutsch-amerikanischen Partnerschaft gibt jedoch Hoffnung. 69 Prozent der amerikanischen Befragten und 72 Prozent der Deutschen halten die transatlantische Partnerschaft für stark. 73 Prozent der Amerikaner und 72 Prozent der Deutschen betrachten eine starke Partnerschaft als unerlässlich für die Stabilität der Welt. Das amerikanische Vorgehen im Hinblick auf den Ukrainekrieg hat das Vertrauen von 62 Prozent der Deutschen in die USA gesteigert.[448]

Demokratischer Verfall kann verlaufen wie der von Ernest Hemingway in seinem Roman *The Sun Also Rises* beschriebene Bankrott: »Erst allmählich, und dann plötzlich ganz schnell.« Und weil es keine naturgegebene Freiheitsordnung gibt, müssen die Demokratien dieser Welt die Bedrohung durch die Autokratien erst nehmen und sich gemeinsam gegen sie verteidigen.

Amerika stehen in den nächsten Jahren schwierige Zeiten bevor und möglicherweise wird es erst einmal schlimmer, bevor es besser wird. Aber trotz aller Risiken, Gefahren und Bedrohungen durch antidemokratische Kräfte habe ich grundsätzlich Vertrauen in die Amerikaner und möchte an die Zukunft Amerikas glauben. Demokratisch eingestellte und humanistischen Werten verpflichtete Menschen machen immer noch die Mehrheit der Bevölkerung aus. Sie haben Tiefgang, sind sozial eingestellt und haben ihr Land zu einer Ausnahmenation mit Strahlkraft gemacht. Ihre Verpflichtung gegenüber dem Gemeinwohl zeigt sich auch an den Rekordspenden von Privatbürgern, dem hohen Grad ihres selbstlosen ehrenamtlichen Engagements und ihrem unermüdlichen politischen Aktivismus. Ob dieses politische Engagement ein ausreichend starkes Bollwerk gegen die Demokratie-Demontage der Republikaner ist, wird sich zeigen. Aber ich bin zuversichtlich, dass die Mehrheit der Amerikaner der extremistischen Minderheit zumindest nicht kampflos das Feld überlassen wird.

Deutschland und Amerika blicken auf eine lange Geschichte zurück, in der sie in gegenseitigem Vertrauen und in Freundschaft miteinander kooperiert haben. Angesichts ihrer gemeinsamen Werte, überlappender Interessen und der geopolitischen Bedrohungen werden die beiden Nationen hoffentlich auch in Zukunft verbunden bleiben und gemeinsam für ihre Werte einstehen.

Schließen möchte ich mit Worten von Präsident Joe Biden, der Amerika vom Rande des Abgrunds wieder auf den Pfad der Tugend geführt hat. Zum Unabhängigkeitstag der Vereinigten Staaten hielt er am 4. Juli 2022 an einem strahlenden Sonnentag eine mitreißende Rede auf der South Lawn des Weißen Hauses.

»Wir sind in der Vergangenheit auf die Probe gestellt worden und werden auch heute wieder auf die Probe gestellt. Aber wir haben uns stets bewährt, weil wir immer an den Idealen festgehalten haben, die unsere Nation ausmachen. Wir sind das einzige Land der Welt, das auf der Grundlage einer Idee gegründet worden ist, nicht aufgrund geographischer Lage, einer Bevölkerungszugehörigkeit oder einer Religion. Oftmals ist das amerikanische Projekt seinen Idealen und Ansprüchen nicht gerecht geworden, aber wir stehen alle gemeinsam dafür ein und werden nicht zulassen, dass sich die Bestrebungen einzelner auf Kosten des Gemeinwohls aller durchsetzen. An diesem Tag erinnern wir uns daran, dass weder unsere Demokratie noch unsere Art zu leben garantiert sind. Wir müssen für sie kämpfen, sie verteidigen und sie uns immer wieder durch demokratische Teilhabe verdienen. Wir befinden uns in einem fortwährenden Kampf um die Seele Amerikas, genauso wie über die letzten 200 Jahre. Und ich versichere Ihnen, dass wir es schaffen werden.

Dieser Tag erinnert uns daran, was uns vor so langer Zeit zusammengebracht hat, was uns verbindet und wonach wir streben. Wir werden alles in unserer Macht stehende tun, um sicherzustellen, dass die Idee Amerikas sowie Freiheit, Gerechtigkeit und Gleichheit trotz unserer Unterschiede nicht nur weiterbestehen werden, sondern dass sie wie das Sonnenlicht die Zukunft der Welt erhellen.«[449]

Das ist eine Vision Amerikas, für die es sich zu kämpfen lohnt.

ANMERKUNGEN

Kapitel 1
Amerika – Die wohlmeinende Führungsmacht

1 »Americans Ignore Army Ban on Fraternizing As ›They Feel Sorry‹ for Cologne Civilians; As the Americans Smash the Germans Back in Drive Through the Rhineland«, *The New York Times*, 9.3.1945, https://www.nytimes.com/1945/03/09/archives/americans-ignore-army-ban-on-fraternizing-as-they-feel-sorry-for.html. Zuletzt aufgerufen am 16.8.2022.

2 »›The Germans Are Bad, Very Bad‹«, *Spiegel*, 26.5.2017, https://www.spiegel.de/international/world/trump-in-brussels-the-germans-are-bad-very-bad-a-1149330.html. Zuletzt aufgerufen am 16.8.2022; »Trump und die deutschen Autobauer«, DW, 26.5.2017, https://www.dw.com/de/trump-und-die-deutschen-autobauer/a-39004346. Zuletzt aufgerufen am 16.8.2022; »Trump insists ›trade wars are good, and easy to win‹ after vowing new tariffs«, *The Washington Post*, 2.3.2018, https://www.washingtonpost.com/news/business/wp/2018/03/02/trump-insists-trade-wars-are-good-and-easy-to-win-after-vowing-new-tariffs. Zuletzt aufgerufen am 16.8.2022.

3 »Trump insists ›trade wars are good, and easy to win‹ after vowing new tariffs«, *The Washington Post*, 2.3.2018, https://www.washingtonpost.com/news/business/wp/2018/03/02/trump-insists-trade-wars-are-good-and-easy-to-win-after-vowing-new-tariffs/?utm_term=.9995a436d1eb. Bei Minute: 1:25–1:32. Zuletzt aufgerufen am 30.8.2022.

4 »›Wir Europäer müssen unser Schicksal in unsere eigene Hand nehmen‹«, *Handelsblatt*, 28.5.2017, https://www.handelsblatt.com/politik/deutschland/angela-merkel-wir-europaeer-muessen-unser-schicksal-in-unsere-eigene-hand-nehmen/19861340.html. Zuletzt aufgerufen am 16.8.2022.

Kapitel 2
Die amerikanische Ideologie

5 Wilsey, John D.: *American Exceptionalism and Civil Religion: Reassessing the History of an Idea*. Kindle Location 37. InterVarsity Press, 2015. Kindle Edition.

6 »The Myth of American Exceptionalism«, Foreign Policy, 11.10.2011, https://foreignpolicy.com/2011/10/11/the-myth-of-american-exceptionalism/. Zuletzt aufgerufen am 16.8.2022.

7 »How Trump Is Making Us Rethink American Exceptionalism«, *Politico*, 7.1.2018, https://www.politico.com/magazine/story/2018/01/07/trump-american-exceptionalism-history-216253/. Zuletzt aufgerufen am 16.8.2022.

8 »The Two Sides of American Exceptionalism«, China US Focus, 5.9.2018, https://www.chinausfocus.com/foreign-policy/the-two-sides-of-american-exceptionalism. Zuletzt aufgerufen am 16.8.2022.

9 »How Trump Is Making Us Rethink American Exceptionalism«, *Politico,* 7.1.2018, https://www.politico.com/magazine/story/2018/01/07/trump-american-exceptionalism-history-216253/. Zuletzt aufgerufen am 16.8.2022.

10 »Trump Said He Doesn't Believe in American Exceptionalism; May Not Have Understood the Question«, *Slate,* 7.6.2016, https://slate.com/news-and-politics/2016/06/donald-trump-said-not-a-fan-of-american-exceptionalism-in-2015-interview.html. Zuletzt aufgerufen am 16.8.2022;

11 »How Trump Is Making Us Rethink American Exceptionalism«, Politico, 7.1.2018, https://www.politico.com/magazine/story/2018/01/07/trump-american-exceptionalismhistory-216253/. Zuletzt aufgerufen am 16.8.2022.

12 »Whither the ›City Upon a Hill‹? Donald Trump, America First, and American Exceptionalism«, Texas National Security Review, Dezember 2019, https://tnsr.org/2019/12/whither-the-city-upon-a-hill-donald-trump-america-first-and-american-exceptionalism/. Zuletzt aufgerufen am 16.8.2022.

13 »America is a nation of narcissists, according to two new studies«, *The Washington Post,* 3.7.2018, https://www.washingtonpost.com/news/speaking-of-science/wp/2018/07/03/america-is-a-nation-of-narcissists-according-to-two-new-studies/. Zuletzt aufgerufen am 16.8.2022.

14 Gelfand, Michele: *Rule Makers, Rule Breakers:* How Tight and Loose Cultures Wire Our World, Kindle Location 3, Scribner 2018. Kindle Edition.

15 »20th Anniversary Conference – Saturday sessions«, The Center on Capitalism and Society, YouTube, Minute 44, 6.11.2021, https://t.co/8rDp9iqRKt. Zuletzt aufgerufen am 16.8.2022.

16 Zu Deutsch: *Die Epidemie des Narzissmus.*

17 Dennis Shen: »A rise in narcissism could be one of the main causes of America's political and economic crises«, LSE Phelan US Centre, 28.6.2017, https://blogs.lse.ac.uk/usappblog/2017/06/28/a-rise-in-narcissism-a-root-of-americas-crisis/. Zuletzt aufgerufen am 16.8.2022.

18 »The Cult of Selfishness Is Killing America«, *The New York Times,* 27.7.2020, https://www.nytimes.com/2020/07/27/opinion/us-republicans-coronavirus.html. Zuletzt aufgerufen am 16.8.2022.

19 Dennis Shen: »A rise in narcissism could be one of the main causes of America's political and economic crises«, LSE Phelan US Centre, 28.6.2017, https://blogs.lse.ac.uk/usappblog/2017/06/28/a-rise-in-narcissism-a-root-of-americas-crisis/. Zuletzt aufgerufen am 16.8.2022.

20 Zu Deutsch: *Der Aufstieg der Meritokratie.*

21 »It takes $1.7 million to get your kid into an elite college, according to rich people«, *Business Insider,* 1.12.2017, https://www.businessinsider.com/how-much-rich-families-spend-on-education-2017-11. Zuletzt aufgerufen am 16.8.2022.

22 Zu Deutsch: *Gebildet.* Auf Deutsch erschienen unter dem Titel *Befreit: Wie Bildung mir die Welt erschloss.* Köln, 2018.

23 »I Am Not Proof of the American Dream«, *The New York Times,* 2.2.2022, https://www.nytimes.com/2022/02/02/opinion/tara-westover-educated-student-debt.html. Zuletzt aufgerufen am 16.8.2022.

24 Daniel Markovits: *The Meritocracy Trap: How America's Foundational Myth Feeds Inequality, Dismantles the Middle Class, and Devours the Elite.* Kindle Location ix–x. Penguin Publishing Group, 2020. Zu Deutsch: *Die Meritokratie-Falle.*

25 Robert B. Reich: *The System: Who Rigged It, How We Fix It.* Kindle Location 8–9. Knopf Doubleday Publishing Group, 2020. Kindle Edition. Zu Deutsch: *Das System.*

26 »Just 21 Percent of Republicans Say Biden ›Probably‹ or ›Definitely‹ Won in 2020: Poll«, Newsweek, 30.12.2021, https://www.newsweek.com/just-21-percent-republicans-say-biden-probably-definitely-won-2020-poll-1664390. Zuletzt aufgerufen am 9.9.2022.

Kapitel 3
USA: Die Realitäts-Manufaktur

27 Andersen, Kurt: *Evil Geniuses: The Unmaking of America: A Recent History*. Kindle Location 1,060. New York: Random House Publishing Group, 2020. Kindle Edition.

28 Andersen, Kurt: *Fantasyland: How America Went Haywire: A 500-Year History*. Kindle Location 59, 72. New York: Random House Publishing Group, 2017. Kindle Edition.

29 »Trump Endorses Dr. Oz, Citing His Popularity on TV and Nice Thing He Said About Trump's Health «, *Vanity Fair*, 10.4.2022, https://www.vanityfair.com/news/2022/04/trump-endorses-dr-oz. Zuletzt aufgerufen am 16.8.2022.

30 »Fraud Endorses Quack«, *RollingStone*, 10.4.2022, https://www.rollingstone.com/politics/politics-news/donald-trump-endorsement-mehmet-oz-pennsylvania-senate-1335478/. Zuletzt aufgerufen am 16.8.2022.

31 Postman, Neil: *Amusing Ourselves to Death*, Kindle Location 297. Penguin Publishing Group, 2005. Kindle Edition.

32 Postman, Neil: *Amusing Ourselves to Death*, Kindle Location 356. Penguin Publishing Group, 2005. Kindle Edition.

33 Postman, Neil: *Amusing Ourselves to Death*, Kindle Location 1165. Penguin Publishing Group, 2005. Kindle Edition.

34 Postman, Neil: *Amusing Ourselves to Death*, Kindle Location 1166–1175. Penguin Publishing Group, 2005. Kindle Edition

35 »A Secretive Hedge Fund Is Gutting Newsrooms«, *The Atlantic*, 14.10.2021, https://www.theatlantic.com/magazine/archive/2021/11/alden-global-capital-killing-americas-newspapers/620171/. Zuletzt aufgerufen am 16.8.2022.

36 »›Mad Men‹ and the Era that Changed Advertising«, *The New York Times*, 3.4.2015, https://www.nytimes.com/2015/04/04/business/media/mad-men-and-the-era-that-changed-advertising.html. Zuletzt aufgerufen am 16.8.2022.

37 »U.S. Overdose Deaths In 2021 Increased Half as Much as in 2020 – But Are Still Up 15%«, CDC, 11.5.2022, https://www.cdc.gov/nchs/pressroom/nchs_press_releases/2022/202205.htm. Zuletzt aufgerufen am 30.8.2022.

38 »Revolt of the Masses«, *The New York Times*, 28.6.2016, https://www.nytimes.com/2016/06/28/opinion/revolt-of-the-masses.html. Zuletzt aufgerufen am 16.8.2022.

39 »Denial of Evolution Is a Form of White Supremacy«, Scientific American, 5.7.2021, https://www.scientificamerican.com/article/denial-of-evolution-is-a-form-of-white-supremacy/. Zuletzt aufgerufen am 16.8.2022.

40 Konnikova, Maria: *The Confidence Game: The Psychology of the Con and Why We Fall for It Every Time*. Kindle Location 43. New York: Canongate Books, 2016. Kindle Edition.

41 »The Case Against Reality«, *The Atlantic*, https://www.theatlantic.com/science/archive/2016/04/the-illusion-of-reality/479559/. Zuletzt aufgerufen am 16.8.2022.

42 Tweet von Forbes, Twitter, 9.6.2021, https://t.co/dDqEGSdMXp. Zuletzt aufgerufen am 16.8.2022.

43 Tweet von Bee, Twitter, 12.8.2021, https://t.co/4z3ZgzhkpN. Zuletzt aufgerufen am 16.8.2022.

44 »Marjorie Taylor Greene Accuses Jewish Space Lasers of Trying to Shoot Down Santa«, *The New Yorker*, 25.12.2021, https://www.newyorker.com/humor/borowitz-report/marjorie-taylor-greene-accuses-jewish-space-lasers-of-trying-to-shoot-down-santa. Zuletzt aufgerufen am 30.8.2022.

45 »Scoop: Trump suggested nuking hurricanes to stop them from hitting U.S.«, Axios, 26.8.2019, https://www.axios.com/2019/08/25/trump-nuclear-bombs-hurricanes?utm_source=twitter&utm_medium=twsocialshare&utm_campaign=organic. Zuletzt aufgerufen am 30.8.2022.

46 »Is Silicon Valley's quest for immortality a fate worse than death?«, *The Guardian*, 23.2.2019, https://www.theguardian.com/technology/2019/feb/22/silicon-valley-immortality-blood-infusion-gene-therapy. Zuletzt aufgerufen am 16.8.2022.

47 »The Men Who Want to Live Forever«, *The New York Times*, 25.1.2018, https://www.nytimes.com/2018/01/25/opinion/sunday/silicon-valley-immortality.html. Zuletzt aufgerufen am 16.8.2022.

48 Rose, Todd: *Collective Illusions : Conformity, Complicity, and the Science of Why We Make Bad Decisions.* Kindle Location 68. London: Hachette Books, 2022. Kindle Edition.

49 »The Self-Improvement Industry Is Estimated to Grow to $13.2 billion by 2022«, brandsmind, 27.6.2019, https://brandminds.live/the-self-improvement-industry-is-estimated-to-grow-to-13-2-billion-by-2022/. Zuletzt aufgerufen am 30.8.2022.

50 Carnegie, Dale: *How To Win Friends and Influence People.* Simon & Schuster. Kindle Edition; auf Deutsch erschienen unter dem Titel: *Wie man Freunde gewinnt: Die Kunst, beliebt und einflussreich zu werden.*

51 Zu Deutsch: *Die Kraft des Positiven Denkens.*

52 Zu Deutsch: *Grit: Die neue Formel zum Erfolg.*

53 Zu Deutsch: *Geben und Nehmen.*

54 Zu Deutsch: *Ohne Worte alles sagen.*

55 Zu Deutsch: *Still: Die Kraft der Introvertierten.*

56 Cain, Susan: *Quiet: The Power of Introverts in a World That Can't Stop Talking.* Kindle Location 20-29, Crown/Archetype. Kindle Edition.

57 »How ›Keeping Up With the Kardashians‹ Changed Everything«, *The New York Times*, 9.9.2020, https://www.nytimes.com/2020/09/09/style/kardashians-ending-takeaways.html. Zuletzt aufgerufen am 16.8.2022.

58 »The Rise of the Social Media Fembot«, *The New York Times*, 2.4.2018, https://www.nytimes.com/2018/02/04/arts/fembot-poppy-lil-miquela-kylie-jenner.html. Zuletzt aufgerufen am 16.8.2022.

59 »How social media distorts the truth about everything we know«, *New York Post*, 5.3.2022, https://nypost.com/2022/03/05/how-social-media-distorts-the-truth-about-everything-we-know/. Zuletzt aufgerufen am 16.8.2022.

60 »Maybe She Had So Much Money She Just Lost Track of It. Somebody had to foot the bill for Anna Delvey's fabulous new life. The city was full of marks.«, The Cut, 8.2.2022, https://www.thecut.com/article/how-anna-delvey-tricked-new-york.html. Zuletzt aufgerufen am 16.8.2022.

61 »Faith, Certainty and the Presidency of George W. Bush«, *The New York Times*, 17.10.2004, https://www.nytimes.com/2004/10/17/magazine/faith-certainty-and-the-presidency-of-george-w-bush.html. Zuletzt aufgerufen am 16.8.2022.

62 Andersen, Kurt: *Fantasyland : How America Went Haywire: A 500-Year History.* Kindle Location 136. New York: Random House Publishing Group, 2017. Kindle Edition.

63 »Trump is averaging more than 50 false or misleading claims a day«, Washington Post, 22.10.2020, https://www.washingtonpost.com/politics/2020/10/22/president-trump-is-averaging-more-than-50-false-or-misleading-claims-day/. Zuletzt aufgerufen am 12.9.2022.

64 »The Birx Dilemma is a Lesson for the ages«, *The Washington Post*, 30.3.2021, https://www.washingtonpost.com/opinions/2021/03/30/deborah-birxs-dilemma-is-lesson-ages/. Zuletzt aufgerufen am 30.8.2022.

65 »Accidental Poisonings Increased After President Trump's Disinfectant Comments«, *Time*, 12.5.2020, https://time.com/5835244/accidental-poisonings-trump/. Zuletzt aufgerufen am 16.8.2022.

66 »Fact check: Trump dangerously suggests sunlight and ingesting disinfectants could help cure coronavirus«, CNN Politics, 24.4.2020, https://www.cnn.com/2020/04/23/politics/fact-check-coronavirus-briefing-april-23/index.html. Zuletzt aufgerufen am 16.8.2022.

67 »Trump says he shares his famed uncle's science genius. A friend says the uncle ›would have been horrified‹«, *The Washington Post*, 4.5.2020, https://www.washingtonpost.com/politics/trump-says-he-shares-his-famed-uncles-science-genius-a-friend-says-the-uncle-would-have-been-horrified/2020/05/03/76f58726-898e-11ea-9759-6d20ba0f2c0e_story.html. Zuletzt aufgerufen am 18.8.2022.

68 Woodward, Bob: *Rage*. Kindle Location XVIII, Simon & Schuster 2020. Kindle Edition.

69 »Team Trump Pushes CDC to Revise Down Its COVID Death Counts«, *Daily Beast*, 13.5.2020, https://t.co/hnsUbc5za5. Zuletzt aufgerufen am 18.8.2022.

70 »Coronavirus data has already disappeared after Trump administration shifted control from CDC«, CNBC, 16.7.2020, https://www.cnbc.com/2020/07/16/us-coronavirus-data-has-already-disappeared-after-trump-administration-shifted-control-from-cdc-to-hhs.html. Zuletzt aufgerufen am 18.8.2022.

71 Trump, Donald J.; Schwartz, Tony: *Trump: The Art of the Deal*. Kindle Location 58. Random House Publishing Group 2016. Kindle Edition.

72 »›Emperor has no clothes‹: man who helped make Trump myth says façade has fallen«, The Guardian, 4.10.2020, https://www.theguardian.com/us-news/2020/oct/04/donald-trump-tony-schwartz-interview-art-of-the-deal. Zuletzt aufgerufen am 18.8.2022; »Donald Trump's Ghostwriter tells all«, *The New Yorker*, 18.7.2016, https://www.newyorker.com/magazine/2016/07/25/donald-trumps-ghostwriter-tells-all. Zuletzt aufgerufen am 18.8.2022.

73 O'Brien, Timothy L.: *TrumpNation: The Art of Being the Donald*. Kindle Location 88. Open Road Media 2015. Kindle Edition.

74 »US: Trump's company accused of misleading banks, tax officials«, DW, 19.1.2022, https://www.dw.com/en/us-trumps-company-accused-of-misleading-banks-tax-officials/a-60487976. Zuletzt aufgerufen am 18.8.2022; » Trump on Trump: Testimony Offers Glimpse of How He Values His Empire«, *The Wall Street Journal*, 18.5.2009, https://www.wsj.com/articles/SB124261067783429043. Zuletzt aufgerufen am 30.8.2022.

75 »Rudy: Trump Might Commit Perjury Because ›Truth Is Relative‹«, *New York*, 23.5.2018, https://nymag.com/intelligencer/2018/05/rudy-trump-might-commit-perjury-because-truth-is-relative.html. Zuletzt aufgerufen am 18.8.2022.

76 »Giuliani told Arizona official ›We just don't have the evidence‹ of voter fraud«, *The Guardian*, 21.6.2022, https://www.theguardian.com/us-news/2022/jun/21/giuliani-no-evidence-voter-fraud-arizona-jan-6-commitee. Zuletzt aufgerufen am 18.8.2022.

77 »The Terrorizing of Lady Ruby Was Part of Trump's Plan«, *Slate*, 23.6.2022, https://slate.com/news-and-politics/2022/06/trump-plan-jan-six-lady-ruby-freeman.html. Zuletzt aufgerufen am 18.8.2022.

78 »New Mexico county weighs defying order certify election results, bowing to court order«, *The Washington Post*, 17.6.2022, https://www.washingtonpost.com/politics/2022/06/17/new-mexico-county-weighs-defying-order-certify-election-results/. Zuletzt aufgerufen am 18.8.2022.

79 »Taking Trump Seriously, Not Literally«, *The Atlantic*, https://www.theatlantic.com/politics/archive/2016/09/trump-makes-his-case-in-pittsburgh/501335/. Zuletzt aufgerufen am 18.8.2022.

80 »The post-truth world of the Trump administration is scarier than you think«, *The Washington Post*, 4.12.2016, https://www.washingtonpost.com/lifestyle/style/the-post-truth-world-of-the-trump-administration-is-scarier-than-you-think/2016/12/02/ebda952a-b897-11e6-b994-f45a208f7a73_story.html. Zuletzt aufgerufen am 18.8.2022.

81 Stanley, Jason: *How Fascism Works : The Politics of Us and Them*. Kindle Location 57. New York: Random House Publishing Group, 2018.

82 »Column: Why journalists are failing the public with ›both-siderism‹ in political coverage«, *Los Angeles Times*, 15.10.2021, https://t.co/vaJQAZsPdI. Zuletzt aufgerufen am 18.8.2022; Gessen, Masha: Surviving Autocracy. New York: Penguin, 2020.

83 »David Brooks: Americans today ›are easy prey for fact-free magical thinking‹ from ›demagogues who blame immigrants‹ for all their ills«, *Salon*, 29.6.2016, https://www.salon.com/2016/06/29/david_brooks_americans_today_are_easy_prey_for_fact_free_magical_thinking_from_demagogues_who_blame_immigrants_for_all_their_ills/. Zuletzt aufgerufen am 18.8.2022.

84 Andersen, Kurt: *Fantasyland : How America Went Haywire: A 500-Year History*. Kindle Location 49. New York: Random House Publishing Group, 2017.

85 Rose, Todd: *Collective Illusions*. Kindle Locatoon 242. Hachette Books. Kindle Edition.

86 »Scientists prove that truth is no match for fiction on Twitter«, *The Guardian*, 8.3.2018, https://www.theguardian.com/technology/2018/mar/08/scientists-truth-fiction-twitter-bots. Zuletzt augerufen am 18.8.2022.

87 »Thursday, Aug. 25 Scoreboard: Tucker Carlson Is Most-Watched on Cable News«, TVNewser, 26.8.2022, https://www.adweek.com/tvnewser/thursday-aug-25-scoreboard-tucker-carlson-is-most-watched-on-cable-news/513200/. Zuletzt aufgerufen am 30.8.2022; »Tucker Carlson Hast Most-Watched Show in Cable News As Fox Leads Basic Cable For 17 Straight Weeks«, *Forbes*, 15.6.2021, https://www.forbes.com/sites/markjoyella/2021/06/15/tucker-carlson-has-most-watched-show-in-cable-news-as-fox-leads-basic-cable-for-17-straight-weeks/. Zuletzt aufgerufen am 30.8.2022.

88 »First amendment bails out Tucker Carlson«, *The Washington Post*, 24.9.2020, https://www.washingtonpost.com/opinions/2020/09/24/first-amendment-bails-out-tucker-carlson/. Zuletzt aufgerufen am 18.8.2022.

89 »You Literally Can't Believe The Facts Tucker Carlson Tells You. So Say Fox's Lawyers«, npr, 29.9.2020, https://www.npr.org/2020/09/29/917747123/you-literally-cant-believe-the-facts-tucker-carlson-tells-you-so-say-fox-s-lawye. Zuletzt aufgerufen am 18.8.2022.

90 »Tucker Carlson Says He Tries Not to Lie on Air, But Admits: ›I Lie, If I'm Really Cornered or Something‹«, Media ite, 13.9.2021, https://www.mediaite.com/tv/tucker-carlson-says-he-tries-not-to-lie-on-air-but-admits-i-lie-if-im-really-cornered-or-something/. Zuletzt aufgerufen am 18.8.2022.

91 »President Trump Responds on Pennsylvania's 2020 Election«, wsj, 27.10.2021, https://www.wsj.com/articles/president-donald-trump-2020-election-fraud-pennsylvania-ballots-11635280347. Zuletzt aufgerufen am 18.8.2022.

92 »The Definitive Ranking of The Wealthiest Americans In 2021«, *Forbes*, 2021, https://www.forbes.com/forbes-400/. Zuletzt aufgerufen am 18.8.2022.

93 Tweet von Eric Feigl-Ding, Twitter, 14.1.2022, https://t.co/AoVSNGLuTf. Zuletzt aufgerufen am 18.8.2022.

94 Tweet von The Good Liars, Twitter, 12.4.2022, https://t.co/hlDZEvK8GK. Zuletzt aufgerufen am 18.8.2022.

95 »California dad killed his kids over QAnon and ›serpent DNA‹ conspiracy theories, feds claim«, nbc news, 12.8.2021, https://www.nbcnews.com/news/us-news/california-dad-killed-his-kids-over-qanon-serpent-dna-conspiracy-n1276611. Zuletzt aufgerufen am 18.8.2022.

96 Tweet von Ron Filipkowski, Twitter, 22.9.2021, https://t.co/NySXgSvzl6. Zuletzt aufgerufen am 18.8.2022.

97 Tweet von Ron Filipkowski, Twitter, 12.9.2021, https://t.co/MeHoljNZ6i. Zuletzt aufgerufen am 18.8.2022.

98 »Does Ginni Thomas' Cult Past Explain Her Interest in QAnon and 2020 Election Conspiracy Theories?«, Inside Edition, 5.3.2022, https://www.insideedition.com/does-ginni-thomas-cult-past-explain-her-interest-in-qanon-and-2020-election-conspiracy-theories. Zuletzt aufgerufen am 18.8.2022.

99 »Marjorie Taylor Greene Supported Clinton Child Murder Conspiracy Theory Before Running for Congress«, Newsweek, 26.1.2021, https://t.co/b5BlYvhUZe. Zuletzt aufgerufen am 18.8.2022.

100 »Advocacy Group push for Marjorie Taylor Greene's resignation over report that she spread falsehoods about school shootings«, *The Washington Post*, 22.1.2021, https://www.washingtonpost.com/nation/2021/01/22/marjorie-taylor-greene-parkland-sandyhook/. Zuletzt aufgerufen am 18.8.2022.

101 »Advocacy Group push for Marjorie Taylor Greene's resignation over report that she spread falsehoods about school shootings«, The Washington Post, 22.1.2021, https://www.washingtonpost.com/nation/2021/01/22/marjorie-taylor-greene-parkland-sandyhook/. Zuletzt aufgerufen am 18.8.2022.

102 Tweet von Aaron Rupar, Twitter, 31.1.2021, https://t.co/9NJ3uNQlBo. Zuletzt aufgerufen am 18.8.2022.

103 Tweet von MeidasTouch, Twitter, 24.1.2021, https://t.co/TzamPavq5o. Zuletzt aufgerufen am 18.8.2022.

104 »Trump in Nevada: ›I Love the Poorly Educated‹«, Associated Press, YouTube, 24.2.2016, https://www.youtube.com/watch?v=Vpdt7omPoao. Zuletzt aufgerufen am 30.8.2022.

105 »Betsy DeVos Cites Grizzly Bears During Guns-in-Schools Debate«, nbc news, 18.1.2017, https://www.nbcnews.com/news/us-news/betsy-devos-schools-might-need-guns-due-potential-grizzlies-n708261. Zuletzt aufgerufen am 18.8.2022.

106 »Why Republicans have long wanted to shut Education Department«, *Chicago Tribune*, 21.6.2018, https://www.chicagotribune.com/nation-world/ct-republicans-shut-education-department-20180620-story.html. Zuletzt aufgerufen am 18.8.2022.

107 »Der amerikanische Ausnahmestatus«, Deutschlandfunk, 20.8.2013, https://www.deutschlandfunk.de/der-amerikanische-ausnahmestatus-100.html. Zuletzt aufgerufen am 18.8.2022.

Kapitel 4 Der amerikanische Traum: Ausgeträumt?

108 »Ukrainian children fleeing war without their parents«, CNN, 10.3.2022, YouTube, https://www.youtube.com/watch?v=v5aMyjeYuLI. Zuletzt aufgerufen am 18.8.2022.

109 »Nearly Half of US Adults Say American Dream Is Dead as Inflation Tops Financial Security Fear List«, *The Epoch Times*, 24.5.2022, https://www.theepochtimes.com/nearly-half-of-us-adults-say-american-dream-is-dead-as-inflation-tops-financial-security-fear-list_4486514.html. Zuletzt aufgerufen am 18.8.2022.

110 »Is the American dream really dead?«, *The Guardian*, 20.6.2017, https://www.theguardian.com/inequality/2017/jun/20/is-the-american-dream-really-dead. Zuletzt aufgerufen am 18.8.2022.

111 »College-Educated Workers Help Unionize Places Like Starbucks«, *The New York Times*, 28.4.2022, https://www.nytimes.com/2022/04/28/business/college-workers-starbucks-amazon-unions.html. Zuletzt aufgerufen am 18.8.2022.

112 Stiglitz, Joseph E.: *The Price of Inequality: How Today's Divided Society Endangers Our Future.* New York: W. W. Norton & Company, 2013.

113 Foroohar, Rana: *Makers and Takers: How Wall Street Destroyed Main Street*, Kindle Location 15. The Crown Publishing Group 2015. Kindle Edition.

114 »The death spiral of an American family«, The Washington Post, 20.3.2022, https://www.washingtonpost.com/nation/2022/03/20/intergenerational-wealth-middle-class-spiral/. Zuletzt aufgerufen am 18.8.2022.

115 »Ayn Rand: Why is she popular?«, BBC News, 17.8.2012, https://www.bbc.com/news/magazine-19280545. Zuletzt aufgerufen am 31.8.2022.

116 »China's Covid Victory Over America Turns Out to Be Pyrrhic«, *Bloomberg*, 23.1.2022, https://www.bloomberg.com/opinion/articles/2022-01-23/niall-ferguson-china-s-covid-victory-over-america-is-pyrrhic. Zuletzt aufgerufen am 18.8.2022.

117 Press, University: *Caste: A Brief History*. Kindle Location 14. Printed in the United States of America: Independently Published, 2020. Kindle Edition.

118 »›We want them infected‹: Trump appointee demanded ›herd immunity‹ strategy, emails reveal«, *Politico*, 16.12.2020, https://www.politico.com/news/2020/12/16/trump-appointee-demanded-herd-immunity-strategy-446408. Zuletzt aufgerufen am 18.8.2022.

119 »GOP Texas Lieutenant Governor Says We Need to Take Risk to Get Back to Work: ›There Are More Important Things Than Living‹«, *newsweek*, 21.4.2020, https://t.co/qtOBXg3nUY. Zuletzt aufgerufen am 18.8.2022.

120 »Older people would rather die than let Covid-19 harm US economy – Texas official«, *The Guardian*, 24.3.2020, https://www.theguardian.com/world/2020/mar/24/older-people-would-rather-die-than-let-covid-19-lockdown-harm-us-economy-texas-official-dan-patrick. Zuletzt aufgerufen am 18.8.2022; »A viral plea to let grandparents sacrifice themselves captures a truth about Trump«, *The Washington Post*, 24.3.2020, https://www.washingtonpost.com/opinions/2020/03/24/viral-on-air-plea-captures-an-essential-truth-about-trump/. Zuletzt aufgerufen am 18.8.2022.

121 »Activist turned scientist Gregg Gonsalves on Trump's ›genocide‹ and Deborah Birx's ›horrific‹ game«, *Salon*, 28.5.2020, https://www.salon.com/2020/05/28/activist-turned-scientist-gregg-gonsalves-on-trumps-genocide-and-deborah-birxs-horrific-game/. Zuletzt aufgerufen am 18.8.2022.

122 »Texas weather: Deadly winter storm sweeps Texas and US southern states«, BBC, 17.2.2021, https://t.co/PWLkaTZUUl. Zuletzt aufgerufen am 18.8.2022.

123 »Unbelievable: Texas knew for years its power grid was at risk but did little about it«, *Raw Story*, 17.2.2021, https://t.co/K3LbT1phLk. Zuletzt aufgerufen am 18.8.2022.

124 »Rick Perry calls on Texans to endure frigid temps without heat to ›keep the feds out of their business‹«, Raw Story, 17.2.2021, https://t.co/pCME8bw1Lx. Zuletzt aufgerufen am 18.8.2022.

125 »Texas snow: Mayor quits after ›only strong will survive‹ post«, BBC, 17.2.2021, https://t.co/5R3MN6gxGl. Zuletzt aufgerufen am 18.8.2022.

126 Tweet von Justin Baragona, Twitter, 13.8.2021, https://t.co/iDM55bYGNe. Zuletzt aufgerufen am 18.8.2022.

127 Tweet von Lauren Boebert, Twitter, 17.4.2021, https://t.co/GBlAIsuhNl. Zuletzt aufgerufen am 18.8.2022.

128 Tweet von Acyn, Twitter, 25.8.2021, https://t.co/Xcy5BVBKSZ. Zuletzt aufgerufen am 18.8.2022

129 Tweet von Marco Rubio, Twitter, 30.9.2021, https://t.co/1cozMN3Nzs. Zuletzt aufgerufen am 18.8.2022.

130 »Elon Musk Smoking Joe Rogan's Weed Somehow Ended Up Costing Taxpayers $5 Million«, Gizmodo, 16.10.2019, https://gizmodo.com/elon-musk-smoking-joe-rogans-weed-somehow-ended-up-cost-1839116211. Zuletzt aufgerufen am 18.8.2022.

131 Tweet von Elon Musk, Twitter, 10.6.2022, https://twitter.com/elonmusk/status/1535140554765488128?lang=en. Zuletzt aufgerufen am 18.8.2022.

132 »Tesla board members reportedly concerned about Elon Musk's use of Ambien«, CNBC, 17.8.2018, https://www.cnbc.com/2018/08/17/tesla-board-members-reportedly-concerned-about-elon-musks-use-of-ambien.html. Zuletzt aufgerufen am 18.8.2022; »Musk's contentious history on Twitter, in tweets«, *Politico*, 26.4.2022, https://www.politico.com/news/2022/04/26/musks-contentious-history-on-twitter-in-tweets-00027902. Zuletzt aufgerufen am 18.8.2022.

133 »The Anti-Democratic Worldview of Steve Bannon and Peter Thiel«, *Politico Magazine*, 30.11.2016, https://www.politico.com/magazine/story/2016/11/donald-trump-steve-bannon-peter-thiel-214490/. Zuletzt aufgerufen am 18.8.2022.

134 David O. Sacks; Peter A. Thiel: *The Diversity Myth. Multiculturalism and Political Intolerance on Campus*. Independent Institute, 1998.

135 »Cato Unbound Update«, Cato Institute, 29.4.2009, https://www.cato.org/blog/cato-unbound-update. Zuletzt aufgerufen am 18.8.2022; »America's billionaire class is funding anti-democratic forces«, *The Guardian*, 23.5.2022, https://www.theguardian.com/commentisfree/2022/may/23/americas-billionaire-class-is-funding-anti-democratic-forces. Zuletzt aufgerufen am 18.8.2022.

136 »What Does Peter Thiel Want?«, *The American Prospect*, 22.7.2021, https://prospect.org/power/what-does-peter-thiel-want/. Zuletzt aufgerufen am 18.8.2022.

137 »The Second Amendment is not about duck hunting.«, Blake Masters for Senate, YouTube, 13.11.2021, https://www.youtube.com/watch?v=s588GF_UfGw. Zuletzt aufgerufen am 31.8.2022.

138 Vance, J.D.: *Hillbilly Elegy: A Memoir of a Family and Culture in Crisis*, Kindle Location 176. HarperCollins, 2018. Kindle Edition.

139 »J.D. Vance compared Trump to Hitler in unearthed message to former roommate«, MSNBC, 19.4.2022, https://www.msnbc.com/the-reidout/reidout-blog/jd-vance-trump-hitler-rcna24981. Zuletzt aufgerufen am 18.8.2022.

140 Tweet von J.D. Vance, Twitter, 26.6.2022, https://twitter.com/JDVance1/status/1541113407650336768. Zuletzt aufgerufen am 18.8.2022.

141 »Peter Thiel's Origin Story«, *New York*, 20.9.2021, https://nymag.com/intelligencer/article/peter-thiel-silicon-valley-contrarian-max-chafkin.html. Zuletzt aufgerufen am 18.8.2022. Auf Deutsch ist das Buch erschienen unter dem Titel: *Peter Thiel – Facebook, PayPal, Palantir*. München: FinanzBuch Verlag, 2021.

142 »Competition Is for Losers«, *The Wall Street Journal*, 12.9.2014, https://www.wsj.com/articles/peter-thiel-competition-is-for-losers-1410535536. Zuletzt aufgerufen am 18.8.2022.

143 »Floating Cities, No Longer Science Fiction, Begin to Take Shape«, *The New York Times*, 13.11.2017, https://www.nytimes.com/2017/11/13/business/dealbook/seasteading-floating-cities.html. Zuletzt aufgerufen am 18.8.2022; »Seasteading – a vanity project for the rich or the future of humanity?«, *The Guardian*, 24.6.2020, https://www.theguardian.com/environment/2020/jun/24/seasteading-a-vanity-project-for-the-rich-or-the-future-of-humanity. Zuletzt aufgerufen am 18.8.2022.

144 »Amazon apologizes for denying that its drivers pee in bottles«, CBS News, 5.4.2021, https://www.cbsnews.com/news/amazon-drivers-peeing-in-bottles-union-vote-worker-complaints/. Zuletzt aufgerufen am 30.8.2022.

145 »Inside Amazon's Employment Machine«, *The New York Times*, 15.6.2021, https://www.nytimes.com/interactive/2021/06/15/us/amazon-workers.html. Zuletzt aufgerufen am 31.8.2022.

146 »The Secret Shame of Middle-Class Americans«, *The Atlantic*, 15.5.2016, https://www.theatlantic.com/magazine/archive/2016/05/my-secret-shame/476415/. Zuletzt aufgerufen am 30.8.2022.

147 Nomaden der Arbeit: Überleben in den USA im 21. Jahrhundert

148 »I work full-time at Home Depot but I'm homeless and live in my car«, *New York Post*, 31.1.2022, https://nypost.com/2022/01/31/i-work-full-time-at-home-depot-but-im-homeless-and-live-in-my-car/. Zuletzt aufgerufen am 30.8.2022.

149 »›This is not me‹«, *The Washington Post*, 22.3.2019, https://www.washingtonpost.com/news/local/wp/2019/03/22/feature/homeless-living-in-a-tent-blocks-from-the-u-s-capitol-and-working-full-time/. Zuletzt aufgerufen am 31.8.2022.

150 Zu Deutsch: *Der große Ausbruch: Von Armut und Wohlstand der Nationen.*

151 Zu Deutsch: *Tod aus Verzweiflung: Der Untergang der amerikanischen Arbeiterklasse und das Ende des amerikanischen Traums.*

152 »Why Americans Are Dying from Despair«, *The New Yorker*, 23.3.2020, https://www.newyorker.com/magazine/2020/03/23/why-americans-are-dying-from-despair. Zuletzt aufgerufen am 30.8.2022.

153 »At What Point Does a Billionaire's Greed Hurt the Rest of Us?«, Institute für New Economic Thinking, 21.3.2022, https://www.ineteconomics.org/perspectives/blog/at-what-point-does-a-billionaires-greed-hurt-the-rest-of-us. Zuletzt aufgerufen am 31.8.2022.

154 »An Usual $1.6 Billion Donation Bolsters Conervatives«, New York Times, 22.8.2022, https://www.nytimes.com/2022/08/22/us/politics/republican-dark-money.html. Zuletzt aufgerufen am 8.9.2022.

155 »Is Ginni Thomas a Threat to the Supreme Court?«, *The New Yorker*, 21.1.2022, https://www.newyorker.com/magazine/2022/01/31/is-ginni-thomas-a-threat-to-the-supreme-court. Zuletzt aufgerufen am 30.8.2022.

156 »On Roe, Alito cites a judge who treated women as witches and property«, *The Washington Post*, 9.5.2022, https://www.washingtonpost.com/opinions/2022/05/09/alito-roe-sir-matthew-hale-misogynist/. Zuletzt aufgerufen am 30.8.2022.

157 »That 13th century-law treatise Alito uses? Here's what else it says.«, *The Washington Post*, 9.5.2022, «https://www.washingtonpost.com/opinions/2022/05/09/alito-13th-century-law-roe-opinion-snl/. Zuletzt aufgerufen am 30.8.2022.

158 »She was jailed for losing a pregnancy. Her nightmare could become more common«, *The Guardian*, 4.6.2022, https://www.theguardian.com/us-news/2022/jun/03/california-stillborn-prosecution-roe-v-wade. Zuletzt aufgerufen am 30.8.2022.

159 »She was jailed for losing a pregnancy. Her nightmare could become more common«, *The Guardian*, 4.6.2022, https://www.theguardian.com/us-news/2022/jun/03/california-stillborn-prosecution-roe-v-wade. Zuletzt aufgerufen am 30.8.2022.

160 »Senator Says Legalizing Interracial Marriage Was a Mistake, Backtracks Unconvincingly«, *Slate*, 22.3.2022, https://slate.com/news-and-politics/2022/03/republican-sen-mike-braun-says-supreme-court-should-not-have-struck-down-state-laws-banning-interracial-marriage-then-backtracks-unconvincingly.html. Zuletzt aufgerufen am 31.8.2022.

161 »Three North Carolina police officers fired after audit uncovered racist video«, CBS Evening News, YouTube, 26.6.2020, Minute 0.00-0.49, https://www.youtube.com/watch?v=3h-UJCSN8rE. Zuletzt aufgerufen am 30.8.2022.

162 Sjursen, Daniel A.: *A True History of the United States* (Sunlight Editions). Kindle Location 6, Steerforth Press, Kindle Edition.

163 »How American Racism Influenced Hitler«, *The New Yorker*, 23.4.2018, https://www.newyorker.com/magazine/2018/04/30/how-american-racism-influenced-hitler. Zuletzt aufgerufen am 30.8.2022.

164 »Fatal police shootings of unarmed Black people in US more than 3 times as high as in Whites«, BMJ, 27.10.2020, https://www.bmj.com/company/newsroom/fatal-police-shootings-of-unarmed-black-people-in-us-more-than-3-times-as-high-as-in-whites/. Zuletzt aufgerufen am 30.8.2022.

165 »Man who spent 36 years in prison for stealing $50 from a bakery is now set to be freed«, abc news, 29.8.2019, https://abcnews.go.com/US/man-spent-36-years-prison-stealing-50-bakery/story?id=65264675. Zuletzt aufgerufen am 30.8.2022.

166 »Ethan Couch, ›Affluenza Teen‹ Who Killed 4 While Driving Drunk, Is Freed«, *The New York Times*, 4.2.2018, https://www.nytimes.com/2018/04/02/us/ethan-couch-affluenza-jail.html. Zuletzt aufgerufen am 30.8.2022.

167 »Charlie Kirk Calls Kyle Rittenhouse Acquittal ›a Win for Biblical Values‹«, *Newsweek*, 22.12.2021, https://t.co/PXUqLfJe1V. Zuletzt aufgerufen am 30.8.2022.

168 »Trump Officials Were Told to Be Sympathetic to Alleged Protest Shooter Kyle Rittenhouse, Says Report«, *The Daily Beast*, 1.10.2020, https://www.thedailybeast.com/trump-officials-

were-told-to-be-sympathetic-to-alleged-kenosha-protest-shooter-kyle-rittenhouse-says-report. Zuletzt aufgerufen am 30.8.2022.

169 »America's incarceration rate falls to lowest level since 1995«, Pew Research Center, 16.8.2021, https://www.pewresearch.org/fact-tank/2021/08/16/americas-incarceration-rate-lowest-since-1995/. Zuletzt aufgerufen am 31.8.2022.

170 »The costs of inequality: A goal of justice, a reality of unfairness«, *The Harvard Gazette*, 29.2.2016, https://news.harvard.edu/gazette/story/2016/02/the-costs-of-inequality-a-goal-of-justice-a-reality-of-unfairness/. Zuletzt aufgerufen am 30.8.2022.

171 »Prison labor is modern slavery. I've been sent to solitary for speaking out«, *The Guardian*, 23.8.2018, https://www.theguardian.com/commentisfree/2018/aug/23/prisoner-speak-out-american-slave-labor-strike. Zuletzt aufgerufen am 30.8.2022.

172 »American Slavery, Reinvented«, *The Atlantic*, 21.9.2015, https://www.theatlantic.com/business/archive/2015/09/prison-labor-in-america/406177/. Zuletzt aufgerufen am 30.8.2022.

173 »These GOP lawnmakers say it' okay for imprisoned immigrates to work for a $1 a day«, *The Washington Post*, 16.3.2018, https://www.washingtonpost.com/news/wonk/wp/2018/03/16/republican-congressmen-defend-1-a-day-wage-for-immigrant-detainees-who-work-in-private-prisons/. Zuletzt aufgerufen am 30.8.2022.

174 »Why are for-profit US prisons subjecting detainees to forced labor?«, *The Guardian*, 17.5.2018, https://www.theguardian.com/commentisfree/2018/may/17/us-private-prisons-forced-labour-detainees-modern-slavery. Zuletzt aufgerufen am 30.8.2022.

175 »How Private Prisons Are Profiting Under the Trump Administration«, CAP, 30.8.2019, https://www.americanprogress.org/article/private-prisons-profiting-trump-administration/. Zuletzt aufgerufen am 30.8.2022.

176 »Biden vowed to close federal private prisons, but prison companies are finding loopholest o keep them open«, CNN Politics, 12.11.2021, https://edition.cnn.com/2021/11/12/politics/biden-private-prisons-immigration-detention-centers-invs/index.html. Zuletzt aufgerufen am 31.8.2022.

177 »›E Pluribus Unum‹ Is a Cruel Image«, *The Washington Post*, 13.7.2020, https://www.washingtonpost.com/business/e-pluribus-unum-is-a-cruel-mirage/2020/07/13/823c7eca-c500-11ea-a825-8722004e4150_story.html. Zuletzt aufgerufen am 30.8.2022.

178 Zu Deutsch: *Kaste: Die Ursprünge unserer Unzufriedenheit.*

179 Wilkerson, Isabel: *Caste.* Kindle Location 70. Random House Publishing Group, Kindle Edition.

180 »Donald Trump: ›I'm the least racist person‹«, CNN, YouTube, 10.12.2015, https://www.youtube.com/watch?v=XRDmWPAtHiA, Minute 2:02-2:09. Zuletzt aufgerufen am 30.8.2022.

181 »Trump Will Not Apologize for Calling For Death Penalty Over Central Park Five«, *The New York Times*, 18.6.2019, https://www.nytimes.com/2019/06/18/nyregion/central-park-five-trump.html. Zuletzt aufgerufen am 31.8.2022.

182 »In a state with one of the largest Somali communities, Trump claims Biden ›will turn Minnesota into a refugee camp‹ before attacking Rep. Omar again«, *Business Insider*, 1.10.2020, https://t.co/FVOsHZCihJ. Zuletzt aufgerufen am 30.8.2022.

183 »U.S. Army Soldier Pleads Guilty To Attempting To Murder Fellow Service Members In Deadly Ambush«, United States Department of Justice, 24.6.2022, https://www.justice.gov/usao-sdny/pr/us-army-soldier-pleads-guilty-attempting-murder-fellow-service-members-deadly-ambush. Zuletzt aufgerufen am 31.8.2022.

184 »Trump and racism: What do the data say?«, Brookings, 14.8.2019, https://www.brookings.edu/blog/fixgov/2019/08/14/trump-and-racism-what-do-the-data-say/. Zuletzt aufgerufen am 30.8.2022.

185 »Hate Crimes Under Trump Surged Nearly 20 Percent Says FBI Report«, *Newsweek*, 16.11.2020, https://www.newsweek.com/hate-crimes-under-trump-surged-nearly-20-percent-says-fbi-report-1547870. Zuletzt aufgerufen am 30.8.2022.

186 »Sen. Tom Cotton Calls Slavery ›The Necessary Evil Upon Which The Nation Was Built‹«, Media ite, 26.7.2020, https://www.mediaite.com/politics/sen-tom-cotton-calls-slavery-the-necessary-evil-upon-which-the-nation-was-built/. Zuletzt aufgerufen am 30.8.2022.

187 »Texas Lt. Gov. Dan Patrick blames Covid surge on ›African Americans who have not been vaccinated‹«, nbc news, 20.8.2021, https://t.co/Dj9XoqdFtN. Zuletzt aufgerufen am 30.8.2022.

188 Tweet von MeidasTouch, Twitter, 20.1.2022, https://t.co/ipxbEwuBpJ. Zuletzt aufgerufen am 30.8.2022.

189 »Rep. Miller thanks Trump for ›victory for white life,‹ campaign says she misread remarks«, nbc news, 26.6.2022, https://www.nbcnews.com/politics/politics-news/rep-miller-thanks-trump-victory-white-life-campaign-says-misread-remar-rcna35359. Zuletzt aufgerufen am 30.8.2022.

190 »Illinois Congresswoman Says ›Hitler Was Right on One Thing‹«, nbc chicago, 6.1.2021, https://www.nbcchicago.com/news/local/chicago-politics/illinois-congresswoman-says-hitler-was-right-on-one-thing/2409325/. Zuletzt aufgerufen am 30.8.2022.

191 Tweet von Secretary Pompeo, Twitter, 19.1.2021, https://t.co/TA6PthJb6w. Zuletzt aufgerufen am 30.8.2022.

192 »GOP congressional candidate Carl Paladino said Black Americans are ›held hungry and dumb‹ and ›conditioned‹ to vote for Democrats«, CNN Politics, 17.6.2022, https://www.cnn.com/2022/06/17/politics/carl-paladino-black-americans-democrats/index.html. Zuletzt aufgerufen am 30.8.2022.

193 »Stefanik echoed racist theory allegedly espoused by Buffalo suspect«, *The Washington Post*, 16.5.2022, https://www.washingtonpost.com/politics/2022/05/15/stefanik-buffalo-replacement/. Zuletzt aufgerufen am 30.8.2022.

194 »Horrific allegations of racism prompt California lawsuit against Tesla«, *Los Angeles Times*, 11.2.2022, https://t.co/vsY9G30GCT. Zuletzt aufgerufen am 30.8.2022.

195 Tweet von PatriotTakes, Twitter, 30.1.2022, https://t.co/ujtvRkqOI4. Zuletzt aufgerufen am 30.8.2022.

196 Tweet von PatriotTakes, Twitter, 30.1.2022, https://t.co/NMrh5Z7Fu5. Zuletzt aufgerufen am 30.8.2022.

197 Tweet von PatriotTakes, Twitter, 30.1.2022, https://t.co/XkRZ9vMZkG. Zuletzt aufgerufen am 30.8.2022.

198 »Is antisemitism a form of racism?«, anne frank house, o. D., https://www.annefrank.org/en/topics/antisemitism/antisemitism-form-racism/. Zuletzt aufgerufen am 31.8.2022.

199 » Gab CEO Andrew Torba on Jews: We're ›done‹ being ›told what we're allowed to do in our own country by a 2% minority‹«, *MediaMatters*, 27.7.2022, https://www.mediamatters.org/gab/doug-mastriano-consultant-and-gab-ceo-andrew-torba-were-done-being-told-what-were-allowed-do. Zuletzt aufgerufen am 31.8.2022.

200 Tweet von Sandra Navidi, Twitter, 11.1.2022, https://t.co/DV9aecp2tz. Zuletzt aufgerufen am 31.8.2022; »Contesting American Identity | Glenn Loury & Amy Wax | The Glenn Show«, The Glenn Show, YouTube, 24.12.2021, https://t.co/yEBZKrF91h. Zuletzt aufgerufen am 31.8.2022

201 »The Accidental Economist«, International Monetary Fund, Dezember 2020, https://www.imf.org/en/Publications/fandd/issues/2020/12/profile-of-economist-lisa-cook-michigan-state-university. Zuletzt aufgerufen am 31.8.2022.

Kapitel 5
Polarisierung: Der Kulturkampf

202 »The CEO of the world's largest hedge fund says populism is now No. 1 market concern«, CNBC, 18.1.2017, https://www.cnbc.com/2017/01/18/populism-is-number-one-market-concern-ceo-of-largest-hedge-fund.html. Zuletzt aufgerufen am 1.9.2022.

203 »Why the Past 10 Years of American Life Have Been Uniquely Stupid«, *The Atlantic*, 11.4.2022, https://www.theatlantic.com/magazine/archive/2022/05/social-media-democracy-trust-babel/629369/. Zuletzt aufgerufen am 1.9.2022.

204 »Populism was not sparked by the financial crisis«, *Financial Times*, 29.8.2018, https://www.ft.com/content/5a129e5e-ab6f-11e8-94bd-cba20d67390c. Zuletzt aufgerufen am 1.9.2022.

205 Chua, Amy: *Political Tribes: Group Instinct and the Fate of Nations*. New York: Penguin, 2018.

206 Klein, Ezra: *Why We're Polarized*. Avid Reader Press/Simon & Schuster, 2021.

207 »Killing Of Georgia Cashier Is Latest In A String Of Fatal Shootings Over Mask-Wearing—Here Are The Rest«, *Forbes*, 15.6.2021, https://www.forbes.com/sites/jemimamcevoy/2021/06/15/killing-of-georgia-cashier-is-latest-in-a-string-of-fatal-shootings-over-mask-wearing-here-are-the-rest/. Zuletzt aufgerufen am 1.9.2022; »Thrown groceries and broken glass: Oakland market staff ›verbally and physically assaulted‹ after reinstating mask policy«, *San Francisco Chronicle*, 2.8.2021, https://www.sfchronicle.com/food/article/Thrown-watermelons-and-broken-glass-Oakland-16358035.php. Zuletzt aufgerufen am 1.9.2022.

208 »Local health officials report threats, vandalism and harassment during the pandemic, study finds«, *The Washington Post*, 17.3.2022, https://www.washingtonpost.com/health/2022/03/17/public-health-official-harassment/. Zuletzt aufgerufen am 1.9.2022.

209 »A Hospital Gives Its Staff Panic Buttons After Assaults By Patients Triple«, npr, 30.9.2021, https://t.co/BBBbNZu1F7. Zuletzt aufgerufen am 1.9.2022.

210 Tweet von Aaron Rupar, Twitter, 29.10.2021, https://t.co/1YpZTRs6KB. Zuletzt aufgerufen am 1.9.2022.

211 »Very Sane Fox Contributor Likens Anthony Fauci to Sadistic Holocaust Doctor Who Experimented on Jews«, *Vanityfair*, 30.11.2021, https://t.co/COqTOwmF4m. Zuletzt aufgerufen am 1.9.2022.

212 »Fauci fires back at Rand Paul, accusing him of using attacks for ›political gain‹«, *The Washington Post*, 11.1.2022, https://www.washingtonpost.com/nation/2022/01/11/fauci-paul-death-threat/. Zuletzt aufgerufen am 1.9.2022.

213 Tweet von Brinley Hineman, Twitter, 11.8.2021, https://t.co/Yc3H4WBnjC. Zuletzt aufgerufen am 1.9.2022; »›We Will Find You‹: Angry Parents Harass Doctors After Chaotic School Board Meeting for Promoting Masks«, Media ite, 11.8.2021, https://t.co/823YnBMirt. Zuletzt aufgerufen am 1.9.2022.

214 »Arizona father held after threat to zip-tie school principal over Covid rules«, *The Guardian*, 4.9.2021, https://www.theguardian.com/us-news/2021/sep/04/arizona-father-zip-tie-citizens-arrest-school-principal-covid. Zuletzt aufgerufen am 2.9.2022.

215 »Unfriendly skies: 2,500 unruly U.S. airline passengers reported in 2021«, Reuters, 24.5.2021, https://t.co/X6PA1YaeSn. Zuletzt aufgerufen am 1.9.2022.; Tweet von chris evans, Twitter, 27.5.2021, https://t.co/rHaG8GTAoZ. Zuletzt aufgerufen am 1.9.2022.; Tweet von Laurie Garrett, Twitter, 28.10.2021, https://t.co/ZrcnFeO9Eo. Zuletzt aufgerufen am 1.9.2022.

216 »U.S. Bought Almost 20 Million Guns Last Year — Second-Highest Year On Record«, *Forbes*, 5.1.2022, https://www.forbes.com/sites/joewalsh/2022/01/05/us-bought-almost-20-million-guns-last-year---second-highest-year-on-record/?sh=597b7b0e13bb. Zuletzt aufgerufen am 2.9.2022.

[217] »On the Frailty of Civilization«, *RollingStone*, 11.11.2020, https://www.rollingstone.com/culture/culture-features/wade-davis-interview-unraveling-of-america-magdalena-1088622/. Zuletzt aufgerufen am 1.9.2022.

[218] »1. The Republican coalition«, Pew Research Center, 9.11.2021, https://www.pewresearch.org/politics/2021/11/09/the-republican-coalition/. Zuletzt aufgerufen am 1.9.2022.

[219] »Ending Roe vs. Wade opens the door to a nationwide abortion ban. But how likely is it?«, abc news, 2.7.2022, https://abcnews.go.com/Politics/ending-roe-wade-opens-door-nationwide-abortion-ban/story?id=85947362. Zuletzt aufgerufen am 1.9.2022.

[220] »Here's how the deficit performed under Republican and Democratic presidents, from Reagan to Trump«, PolitiFact, 29.7.2019, https://www.politifact.com/factchecks/2019/jul/29/tweets/republican-presidents-democrats-contribute-deficit/. Zuletzt aufgerufen am 1.9.2022.

[221] »Return on Statehood: How Much Value Every State Gets From the Federal Government«, *moneygeek*, 11.2.2022, https://www.moneygeek.com/living/states-most-reliant-federal-government/. Zuletzt aufgerufen am 1.9.2022.

[222] »Republicans shamelessly take credit for Covid relief they voted against«, *Vox*, 15.3.2021, https://www.vox.com/2021/3/15/22331722/american-rescue-plan-salazar-wicker. Zuletzt aufgerufen am 1.9.2022.

[223] »Members of Congress Profited From COVID Bailout While Small Businesses Were Shut Out«, *Sludge*, 24.12.2020, https://readsludge.com/2020/12/24/members-of-congress-profited-from-covid-bailout-while-small-businesses-were-shut-out/. Zuletzt aufgerufen am 1.9.2022.

[224] »Long-Concealed Records Show Trumps Chronic Losses And Years Of Tax Avoidance«, *The New York Times*, 27.9.2020, https://www.nytimes.com/interactive/2020/09/27/us/donald-trump-taxes.html. Zuletzt aufgerufen am 1.9.2022.

[225] »Republicans More Likely To Cheat on Spouses Than Democrats, Married Dating Site Survey Suggests«, *Newsweek*, 11.4.2018, https://www.newsweek.com/republicans-more-likely-cheat-spouses-democrats-882482. Zuletzt aufgerufen am 1.9.2022.

[226] »How Republican and Democratic sex scandals differ«, *The Washington Post*, 10.4.2014, https://www.washingtonpost.com/news/wonk/wp/2014/04/10/how-republican-and-democratic-sex-scandals-differ/. Zuletzt aufgerufen am 1.9.2022.

[227] »The Trump Administration's First Sex Scandal Has Now Produced a Child«, *Vanity Fair*, 10.8.2017, https://www.vanityfair.com/style/2017/08/former-white-house-staffers-aj-delgado-jason-miller-had-a-baby. Zuletzt aufgerufen am 2.9.2022.

[228] »EXCLUSIVE: My Trump campaign lover wanted to abort baby we conceived when his wife was pregnant and said Kellyanne Conway had ›shriveled up fun bags‹, claims his ex in bitter court case which he calls ›harassment‹«, Mail Online, 24.4.2018, https://www.dailymail.co.uk/news/article-5648681/Trump-officials-ex-wanted-love-child-aborted-said-Kellyanne-Conway-shriveled-fun-bags.html. Zuletzt aufgerufen am 2.9.2022.

[229] »Former Trump Aide Jason Miller Accused of Secretly Administering Abortion Pill«, *Newsweek*, 22.8.2018, https://www.newsweek.com/former-trump-aide-administered-abortion-pill-1134501. Zuletzt aufgerufen am 2.9.2022.

[230] »Trump Campaign Aide Jason Miller Exits CNN Analyst Job After Accusations«, yahoo!news, 23.9.2018, https://www.yahoo.com/news/trump-campaign-aide-jason-miller-001309013.html. Zuletzt aufgerufen am 2.9.2022.

[231] »Herschel Walker, Critic of Absentee Fathers, Has a Second Son He Doesn't See«, *The New York Times*, 14.6.2022, https://www.nytimes.com/2022/06/14/us/politics/herschel-walker-son.html. Zuletzt aufgerufen am 2.9.2022.

[232] »Herschel Walker, Critic of Absentee Dads, Has Yet ANOTHER Secret Son—and a Daughter«, *Daily Beast*, 16.6.2022, https://www.thedailybeast.com/herschel-walker-critic-of-absentee-dads-admits-to-yet-another-secret-son. Zuletzt aufgerufen am 2.9.2022.

[233] »Herschel Walker says he didn't try to hide his other three children«, *The Washington Post*, 18.6.2022, https://www.washingtonpost.com/politics/2022/06/17/herschel-walker-secret-children/. Zuletzt aufgerufen am 2.9.2022.

234 »Herschel Walker Acknowledges Two More Children He Hadn't Mentioned«, *The New York Times*, 16.6.2022, https://www.nytimes.com/2022/06/16/us/politics/herschel-walker-children.html. Zuletzt aufgerufen am 2.9.2022.

235 »Ken Starr, Brett Kavanaugh, Jeffrey Epstein and Me«, Medium, 12.7.2021, https://medium.com/@judihershman/ken-starr-brett-kavanaugh-jeffrey-epstein-and-me-ba2dbf77b0da. Zuletzt aufgerufen am 1.9.2022.

236 »Ken Starr and Jeffrey Epstein—A Timeline of Their Relationship«, *Newsweek*, 14.7.2021, https://www.newsweek.com/ken-starr-jeffrey-epstein-timeline-relationship-1609592. Zuletzt aufgerufen am 1.9.2022.

237 Tweet von Elise Stefanik, Twitter, 13.5.2022, https://twitter.com/EliseStefanik/status/1525187193702055940. Zuletzt aufgerufen am 1.9.2022.

238 »Adam Kinzinger Blasts Stefanik Over ›Pedo‹ Tweet: ›Politics Is Failing‹«, *Newsweek*, 14.5.2022, https://www.newsweek.com/adam-kinzinger-blasts-stefanik-over-pedo-tweet-politics-failing-1706684. Zuletzt aufgerufen am 1.9.2022.

239 »Marjorie Taylor Greene says GOP colleagues Romney, Collins and Murkowksi are ›pro-pedophile‹ for voting to confirm Ketanji Brown Jackson to SCOTUS because of her soft-on-crime child porn sentencing«, *MailOnline*, 5.4.2022, https://www.dailymail.co.uk/news/article-10688915/Majorie-Taylor-Greene-says-Republican-colleagues-Romney-Collins-Murkowksi-pro-pedophile.html. Zuletzt aufgerufen am 1.9.2022.

240 Tweet von Madeline Peltz, Twitter, 11.4.2022, https://t.co/IBkHvfK6HF. Zuletzt aufgerufen am 1.9.2022.

241 »Texas pastor says gay people should be ›shot in the back of the head‹ in shocking sermon«, nbc news, 9.6.2022, https://www.nbcnews.com/nbc-out/out-news/texas-pastor-says-gay-people-shot-back-head-shocking-sermon-rcna32748. Zuletzt aufgerufen am 1.9.2022.

242 »Why Are Right-Wing Conspiracies so Obsessed With Pedophilia?«, *Mother Jones*, Juli/August 2019, https://www.motherjones.com/politics/2019/07/why-are-right-wing-conspiracies-so-obsessed-with-pedophilia/. Zuletzt aufgerufen am 1.9.2022.

243 »George Nader sentenced to 10 years in prison for child sex charges«, *The Washington Post*, 26.6.2020, https://www.washingtonpost.com/local/legal-issues/george-nader-sentenced-to-10-years-in-prison-for-child-sex-charges/2020/06/26/d8b2c2e4-b6f7-11ea-a8da-693df3d7674a_story.html. Zuletzt aufgerufen am 1.9.2022.

244 »Former Oklahoma state senator sentenced to 15 years on child sex trafficking charge«, nbc news, 18.9.2018, https://www.nbcnews.com/news/us-news/former-oklahoma-state-senator-sentenced-15-years-child-sex-trafficking-n910516. Zuletzt aufgerufen am 1.9.2022.

245 »Ex-GOP Senate staffer sentenced to more than 12 years in child porn case«, 8.4.2022, The Hill, https://thehill.com/homenews/3262400-ex-gop-senate-staffer-sentenced-to-more-than-12-years-in-child-porn-case/. Zuletzt aufgerufen am 1.9.2022.

246 Tweet von MeidasTouch, Twitter, 12.8.2021, https://t.co/mWZ65sSNzk. Zuletzt aufgerufen am 1.9.2022.

247 »North Dakota lawmaker quits after texts with child porn suspect are exposed«, *New York Post*, 26.4.2022, https://nypost.com/2022/04/26/north-dakota-lawmaker-ray-holmberg-quits-after-texting-with-child-porn-suspect/. Zuletzt aufgerufen am 1.9.2022.

248 »After Comments On Pedophilia, Breitbart Editor Milo Yiannopoulos Resigns«, npr, 21.2.2017, https://t.co/4kfsiwAOCH. Zuletzt aufgerufen am 1.9.2022.

249 »QAnon's chief enabler ran a website where he brushed off concerns about pedophilic content«, *Mother Jones*, 16.5.2022, https://www.motherjones.com/politics/2022/05/qanon-jim-watkins-pink-pedophilic-links/. Zuletzt aufgerufen am 1.9.2022.

250 Wolff, Michael: *Landslide*. Kindle Location 268. Henry Holt and Co. 2021. Kindle Edition.

251 »How the Supreme Court recalibrated the abortion debate in just 3 words«, CNN, 17.7.2022, https://www.cnn.com/2022/07/17/us/abortion-religion-dobbs-roe/index.html. Zuletzt aufgerufen am 1.9.2022.

[252] Tweet von MeidasTouch, Twitter, 10.4.2022, https://t.co/4LoMNIXQdp. Zuletzt aufgerufen am 2.9.2022.

[253] »These States Still Have Laws Banning Sodomy in 2022«, Out, o. D., https://www.out.com/news/2022/7/12/these-states-still-have-laws-banning-sodomy-2022. Zuletzt aufgerufen am 2.9.2022.

[254] »Sodomy Laws by State 2022«, World Population Review, o. D., https://worldpopulationreview.com/state-rankings/sodomy-laws-by-state. Zuletzt aufgerufen am 2.9.2022.

[255] »Texas AG says he defend sodomy law if Supreme Court revisits ruling«, *The Washington Post*, 29.6.2022, https://www.washingtonpost.com/politics/2022/06/29/texas-sodomy-supreme-court-lawrence-paxton-lgbtq/. Zuletzt aufgerufen am 2.9.2022.

[256] »The GOP: An unending display of toxic masculinity«, *The Washington Post*, 7.3.2022, https://www.washingtonpost.com/opinions/2022/03/07/republicans-trump-toxic-masculinity/. Zuletzt aufgerufen am 1.9.2022.

[257] »Tucker Carlson's Testicle Tanning ›Very Misleading,‹ Health Experts Say«, *Newsweek*, 19.4.2022, https://www.newsweek.com/tucker-carlson-testicle-tanning-misleading-health-experts-1698978. Zuletzt aufgerufen am 2.9.2022.

[258] »Season Two: The End of Men«, Tucker Carlson, 18.4.2022, https://tuckercarlson.com/tco-season-2-preview-2/. Zuletzt aufgerufen am 1.9.2022; »Tucker Carlson Originals«, Fox News, https://video.twimg.com/ext_tw_video/1515130390201184257/pu/vid/640x360/goslfjULVOjGI_79.mp4?tag=14. Zuletzt aufgerufen am 1.9.2022.

[259] »Josh Hawley's Bizarre Obsession With Masculinity Is the Most Pathetic Front Yet in the GOP's Culture War«, *RollingStone*, 8.11.2021, https://www.rollingstone.com/politics/politics-news/josh-hawley-masculinity-obsession-1254776/. Zuletzt aufgerufen am 1.9.2022.

[260] »Queer As Volk«, *The American Conservative*, 29.12.2021, https://t.co/PlloudBLZC. Zuletzt aufgerufen am 1.9.2022.

[261] »Jesse Lee Peterson: Why this conservative's gay sex scandal is different«, Los Angeles blade, 14.7.2022, https://www.losangelesblade.com/2022/07/14/jesse-lee-peterson-why-this-conservatives-gay-sex-scandal -is-different/. Zuletzt aufgerufen am 1.9.2022.

[262] Kobes Du Mez, Kristin: *Jesus and John Wayne: How White Evangelicals Corrupted a Faith and Fractured a Nation*. Kindle Location 1. Liveright 2020. Kindle Edition.

[263] »Sex, violence and the rise of populism«, *Financial Times*, 1.10.2018, https://www.ft.com/content/dfcfc632-c552-11e8-8670-c5353379f7c2. Zuletzt aufgerufen am 1.9.2022.

[264] »Sex, violence and the rise of populism«, *Financial Times*, 1.10.2018, https://www.ft.com/content/dfcfc632-c552-11e8-8670-c5353379f7c2. Zuletzt aufgerufen am 1.9.2022.

[265] »The Unraveling of America«, *RollingStone*, 6.8.2020, https://www.rollingstone.com/politics/political-commentary/covid-19-end-of-american-era-wade-davis-1038206/. Zuletzt aufgerufen am 2.9.2022.

[266] »On the Frailty of Civilization«, *RollingStone*, 11.11.2020, https://www.rollingstone.com/culture/culture-features/wade-davis-interview-unraveling-of-america-magdalena-1088622/. Zuletzt aufgerufen am 1.9.2022.

[267] »Welcome to the Manosphere: A Brief Guide to the Controversial Men's Rights Movement«, *Mother Jones*, Januar/Februar 2015, https://www.motherjones.com/politics/2015/01/manosphere-mens-rights-movement-terms/. Zuletzt aufgerufen am 1.9.2022.

[268] »Threat assessment experts highlight danger posed by ›involuntarily celibate‹ men«, CNN Politics, 15.3.2022, https://www.cnn.com/2022/03/15/politics/tallahassee-hot-yoga-shooting-misogynistic-extremism-report/index.html. Zuletzt aufgerufen am 1.9.2022.

[269] Tweet von MeidasTouch, Twitter, 20.3.2022, https://t.co/ycWyWC6MoQ. Zuletzt aufgerufen am 1.9.2022; »Did Republicans Actually Say These Things About Rape?«, Snopes, 27.2.2014, https://www.snopes.com/fact-check/personal-foul/. Zuletzt aufgerufen am 1.9.2022.

[270] »Texas Candidate's Comment About Rape Causes a Furor«, *The New York Times*, 26.3.1990, https://www.nytimes.com/1990/03/26/us/texas-candidate-s-comment-about-rape-causes-a-furor.html

271 »Hitler-praising GOP candidate said Trump accuser ›probably enjoyed‹ being assaulted by him«, Raw Story, 17.6.2022, https://www.rawstory.com/carl-paladino/. Zuletzt aufgerufen am 1.9.2022.

272 »Exclusive: Recall candidate Larry Elder once said it's ›smart‹ for women to tolerate crude workplace behavior by men«, *San Francisco Chronicle*, 19.8.2021, https://www.sfchronicle.com/politics/article/Exclusive-Recall-candidate-Larry-Elder-once-said-16399125.php. Zuletzt aufgerufen am 1.9.2022.

273 »California recall: Larry Elder responds to his past controversial comments about women«, abc7, 19.8.2021, https://abc7.com/larry-elder-california-recall-election-gavin-newsom-women-comments/10960411/. Zuletzt aufgerufen am 1.9.2022.

274 Tweet von J.D. Vance, Twitter, 26.6.2022, https://twitter.com/JDVance1/status/1541113407650336768. Zuletzt aufgerufen am 1.9.2022.

275 Tweet von Sandra Navidi, Twitter, 4.5.2022, https://twitter.com/SandraNavidi/status/1521960695079870465. Zuletzt aufgerufen am 1.9.2022.

276 »Matt Gaetz Takes Jibe At Abortion Advocates' Appearance: ›Just Disgusting‹«, Newsweek, YouTube, 25.7.2022, https://www.youtube.com/watch?v=qFO15cI-hls. Zuletzt aufgerufen am 1.9.2022; »Matt Gaetz, Under Investigation for Sex With a Minor, Says Women Who Support Abortion Rights Are Too Fat and Ugly to Get Pregnant«, *Vanity Fair*, 25.7.2022, https://www.vanityfair.com/news/2022/07/matt-gaetz-women-who-support-abortion. Zuletzt aufgerufen am 1.9.2022.

277 »The Split in How Americans Think About Our Collective Past Is Real—But There's a Way Out of the ›History Wars‹«, *Time*, 29.4.2021, https://time.com/5972867/history-wars-survey/. Zuletzt aufgerufen am 1.9.2022.

278 »The rightwing US textbooks that teach slavery as ›black immigration‹«, *The Guardian*, 12.8.2021, https://www.theguardian.com/education/2021/aug/12/right-wing-textbooks-teach-slavery-black-immigration. Zuletzt aufgerufen am 1.9.2022.

279 »Why Calling Slaves ›Workers‹ Is More Than An Editing Error«, npr, 23.10.2015, https://www.npr.org/sections/ed/2015/10/23/450826208/why-calling-slaves-workers-is-more-than-an-editing-error. Zuletzt aufgerufen am 1.9.2022.

280 »›Happy Slaves‹ Described In 7th Grade Virginia Textbook Used for 20 Yrs.«, Civil Rights Heritage Museum, 16.4.2018, https://civilrightsheritage.com/2018/04/16/happy-slaves-described-in-7th-grade-virginia-textbook-used-for-20-yrs/. Zuletzt aufgerufen am 1.9.2022.

281 »For 10 years, students in Texas have used a history textbook that says not all slaves were unhappy«, Quartz, 11.5.2018, https://qz.com/1273998/for-10-years-students-from-texas-have-been-using-a-history-textbook-that-says-not-all-slaves-were-unhappy/. Zuletzt aufgerufen am 1.9.2022.

282 »Banning critical race theory in schools is unjustified, argues Jason Stanley«, *The Economist*, 14.7.2022, https://www.economist.com/by-invitation/2022/07/14/banning-critical-race-theory-in-schools-is-unjustified-argues-jason-stanley. Zuletzt aufgerufen am 2.9.2022.

283 »Jefferson County administrators consider banning classic novel«, East Idahoe News, 21.9.2017, https://www.idahoednews.org/news/jefferson-county-administrators-consider-banning-classic-novel/. Zuletzt aufgerufen am 2.9.2022.

284 »›Woke Racism‹: John McWhorter argues against what he calls a religion of anti-racism«, npr, 6.11.2021, https://www.npr.org/2021/11/05/1052650979/mcwhorters-new-book-woke-racism-attacks-leading-thinkers-on-race. Zuletzt aufgerufen am 2.9.2022; »The anti-antiracist«, Vox, 2.11.2021, https://www.vox.com/vox-conversations-podcast/2021/11/2/22728801/vox-conversations-john-mcwhorter-woke-racism. Zuletzt aufgerufen am 2.9.2022.

285 »Banned by Tennessee School Board, ›Maus‹ Soars to the Top of Bestseller Charts«, Smithsonian, 2.2.2022, https://www.smithsonianmag.com/smart-news/maus-becomes-bestseller-after-tennessee-school-ban-180979499/. Zuletzt aufgerufen am 2.9.2022.

[286] »Southlake school leader tells teachers to balance Holocaust books with ›opposing‹ views«, nbc news, 14.10.2021, https://www.nbcnews.com/news/us-news/southlake-texas-holocaust-books-schools-rcna2965. Zuletzt aufgerufen am 2.9.2022.

[287] »Florida rejects dozens of math textbooks over critical race theory, Common Core standards«, *USA Today News*, 18.4.2022, https://eu.usatoday.com/story/news/education/2022/04/18/florida-education-rejects-math-books-race-theory/7354137001/. Zuletzt aufgerufen am 2.9.2022.

[288] »More Than 25 Organizations Join ALA's ›Unite Against Book Bans‹ Campaign«, *Publishersweekly*, 11.5.2022, https://www.publishersweekly.com/pw/by-topic/industry-news/libraries/article/89264-more-than-25-organizations-join-ala-s-unite-against-book-bans-campaign.html. Zuletzt aufgerufen am 2.9.2022.

[289] »Some parents now want e-reader apps banned – and they're getting results«, yahoo!, 12.5.2022, https://www.yahoo.com/now/parents-now-want-e-reader-130015346.html. Zuletzt aufgerufen am 2.9.2022.

[290] »EXCLUSIVE: ›The integrity of women's sports is at stake.‹ Distressed parents of UPenn swimmers pen letter demanding the NCAA change rules that permit trans Lia Thomas to dominate national college competition«, *Mail Online*, 15.12.2021, https://www.dailymail.co.uk/news/article-10314225/UPenn-parents-pen-poignant-letter-demanding-NCAA-change-rules-trans-swimmer-Lia-Thomas.html. Zuletzt aufgerufen am 2.9.2022.

[291] »N.J. trans prisoner who impregnated 2 inmates transferred to men's facility«, nbc news, 19.7.2022, https://www.nbcnews.com/nbc-out/out-news/nj-trans-prisoner-impregnated-2-inmates-transferred-mens-facility-rcna38947. Zuletzt aufgerufen am 2.9.2022.

[292] Zakaria, Fareed: *The Post-American World*. Kindle Location 834. Norton. Kindle Edition.

[293] »America Has a Free Speech Problem«, *The New York Times*, 18.3.2022, https://www.nytimes.com/2022/03/18/opinion/cancel-culture-free-speech-poll.html. Zuletzt aufgerufen am 2.9.2022.

[294] »What the data says about gun deaths in the U.S.«, Pew Research Center, 3.2.2022, https://www.pewresearch.org/fact-tank/2022/02/03/what-the-data-says-about-gun-deaths-in-the-u-s/. Zuletzt aufgerufen am 2.9.2022.

[295] »In a first, firearms were leading cause of death for U.S. children and teens in 2020«, nbc news, 22.4.2022, https://www.nbcnews.com/health/health-news/guns-leading-cause-death-children-teens-rcna25443. Zuletzt aufgerufen am 2.9.2022.

[296] »Explainer: More guns than people: Why tighter U.S. firearms laws are unlikely«, Reuters, 14.4.2021, https://www.reuters.com/world/us/more-guns-than-people-why-tighter-us-firearms-laws-are-unlikely-2021-04-14/. Zuletzt aufgerufen am 2.9.2022.

[297] »Why the AR-15 Is So Lethal«, *The Atlantic*, 7.11.2017. Zuletzt aufgerufen am 2.9.2022.

[298] »›An Armed Society is a Polite Society‹«, nbc news, 8.11.2011, https://www.nbcnews.com/id/wbna30067468. Zuletzt aufgerufen am 2.9.2022.

[299] »As the coronavirus pandemic grows, gun sales are surging in many states«, *Los Angeles Times*, 16.3.2020, https://t.co/530ZW9ewcK. Zuletzt aufgerufen am 2.9.2022.

[300] »Fearing violence and political uncertainty, Americans are buying millions more firearms«, *The Washington Post*, 3.2.2021, https://www.washingtonpost.com/business/2021/02/03/gun-sales-january-background-checks/. Zuletzt aufgerufen am 2.9.2022.

[301] »Percentage of population in the United States owning at least one gun in 2021, by political party affiliation«, Statista, 1.12.2021, https://www.statista.com/statistics/249775/percentage-of-population-in-the-us-owning-a-gun-by-party-affiliation/. Zuletzt aufgerufen am 2.9.2022.

[302] »Menace Enters the Republican Mainstream«, *The New York Times*, 12.11.2021, https://www.nytimes.com/2021/11/12/us/politics/republican-violent-rhetoric.html. Zuletzt aufgerufen am 2.9.2022.

[303] »Heather Cox Richardson: U.S. Politics ›A Tyranny of the Minority‹ | Amanpour and Company«, Amanpour and Company, YouTube, 27.5.2022, https://www.youtube.com/watch?v=AoMvvKuw20Q. Zuletzt aufgerufen am 2.9.2022.

304 »Letters from an American«, 26.5.2022, https://heathercoxrichardson.substack.com/p/may-26-2022. Zuletzt aufgerufen am 2.9.2022.

305 »Bill O'Reilly: Las Vegas shooting ›the price of freedom‹«, The Hill, 2.10.2017, https://thehill.com/homenews/media/353503-bill-oreilly-las-vegas-shooting-the-price-of-freedom/. Zuletzt aufgerufen am 2.9.2022.

306 »Win Marjorie Taylor Greene's 50 Cal Rifle!«, Marjorie Taylor Greene for Congress, YouTube, 16.9.2021, https://www.youtube.com/watch?v=6WurKgebhaU. Zuletzt aufgerufen am 2.9.2022.

307 »Eric Greitens political ad with gun«, KMIZ ABC 17 News, YouTube, 20.6.2022, https://www.youtube.com/watch?v=bZZ2Y6fAq80. Zuletzt aufgerufen am 2.9.2022.

308 »Jerone Davison Vs Dem KKK«, Political CUSTARD, YouTube, 9.7.2022, https://www.youtube.com/shorts/dl_9eZJn4Io. Zuletzt aufgerufen am 2.9.2022.

309 »Michele Fiore for Governor of Nevada«, Andrew Keeler, YouTube, 10.3.2022, https://www.youtube.com/watch?v=CWrM_mGF9AQ. Zuletzt aufgerufen am 2.9.2022.

310 »Lauren Boebert's Gun-Themed Restaurant, Shooters Grill, Closes«, *The New York Times*, 14.7.2022, https://www.nytimes.com/2022/07/14/us/politics/lauren-boebert-restaurant-shooters-grill-closed.html. Zuletzt aufgerufen am 2.9.2022.

311 Tweet von Daniel Walters, Twitter, 27.10.2020, https://t.co/NKaxCwA8Tf. Zuletzt aufgerufen am 2.9.2022.

312 »Democrat: GOP colleagues say they're ›afraid for their lives‹ if they vote to impeach Trump«, The Hill, 13.1.2021, https://thehill.com/homenews/house/534034-democrat-gop-colleagues-say-theyre-afraid-for-their-lives-if-they-vote-to/. Zuletzt aufgerufen am 2.9.2022.

313 Tweet von Thomas Massie, Twitter, 4.12.2021, https://twitter.com/RepThomasMassie/status/1467197523127422979. Zuletzt aufgerufen am 2.9.2022.

314 »Oklahoma GOP chairman: ›We should put Anthony Fauci in front of a firing squad‹«, Dead State, 26.4.2022, https://deadstate.org/oklahoma-gop-chairman-we-should-put-anthony-fauci-in-front-of-a-firing-squad/. Zuletzt aufgerufen am 2.9.2022.

315 Tweet von TENACIOUS TEAH, Twitter, 21.12.2021, https://twitter.com/TeahCartel/sta. Zuletzt aufgerufen am 2.9.2022; Tweet von Sandra Navidi, Twitter, 22.12.2021, https://t.co/S2ISNUUq3. Zuletzt aufgerufen am 2.9.2022; Tweet von TENACIOUS TEAH, Twitter, 21.12.2021, https://t.co/k904wXUtTK. Zuletzt aufgerufen am 2.9.2022.

316 »The Impact of Mass Shootings on Gun Policy«, Harvard Business School, Januar 2020, https://www.hbs.edu/faculty/Pages/item.aspx?num=57005. Zuletzt aufgerufen am 2.9.2022.

317 »An Uvalde pediatrician says he will ›never forget what I saw‹ after the shooting«, *The New York Times*, 8.6.2022, https://www.nytimes.com/2022/06/08/us/uvalde-pediatrician-shooting.html. Zuletzt aufgerufen am 2.9.2022.

318 »Why the AR-15 Is So Lethal«, *The Atlantic*, 7.11.2017, https://www.theatlantic.com/politics/archive/2017/11/why-the-ar-15-is-so-lethal/545162/. Zuletzt aufgerufen am 2.9.2022.

319 Cohen, Michael: *Disloyal: A Memoir: The True Story of the Former Personal Attorney to President Donald J. Trump*. Kindle Location 119. Skyhorse. Kindle Edition.

320 »Donald Trump unable to name one verse from ›favourite book‹ The Bible«, Kris Griffiths, YouTube, 22.8.2019, https://www.youtube.com/watch?v=ERUngQUCsyE. Zuletzt aufgerufen am 2.9.2022.

321 »GIVE YOUR FIRST FRUITS OFFERING«, Paula White, o. D., https://paulawhite.netviewshop.com/firstfruits. Zuletzt aufgerufen am 2.9.2022.

322 Tweet von USA TODAY Opinion, Twitter, 30.8.2021, https://t.co/3THYAcFvcD. Zuletzt aufgerufen am 2.9.2022.

323 »Ron Johnson escalates attack on vaccines: ›Why do we think that we can create something better than God?‹«, *Raw Story*, 4.1.2022, https://t.co/5dgH3uAG2p. Zuletzt aufgerufen am 2.9.2022.

324 Tweet von Ron Filipkowski, Twitter, 1.12.2021, https://t.co/YVEN8PLh1z. Zuletzt aufgerufen am 2.9.2022.

325 »Trump: ›I Am The Chosen One‹«, *HuffPost,* YouTube, 31.8.2019, https://www.youtube.com/watch?v=_JsAQj36gCU. Zuletzt aufgerufen am 2.9.2022.

326 »Mike Pompeo, Trump's pick for secretary of state, talks about politics as a battle of good and evil«, Vox, 15.3.2018, https://www.vox.com/identities/2018/3/15/17117298/mike-pompeotrump-secretary-of-state-politics-battle-evangelical-holy-war-christian. Zuletzt aufgerufen am 2.9.2022.

327 »EXCLUSIVE: Embattled QAnon congresswoman Marjorie Taylor Greene ›openly cheated‹ on her husband of 25 years with a polyamorous tantric sex guru and then moved on to another affair with the manager at her gym«, *Mail Online*, 11.2.2021, https://www.dailymail.co.uk/news/article-9246917/Marjorie-Taylor-Green-openly-cheated-husband-men-gym.html. Zuletzt aufgerufen am 2.9.2022.

328 »Lauren Boebert Wants ›Biblical Citizenship‹ Test«, Jim Heath Channel, YouTube, 7.8.2022, https://www.youtube.com/watch?v=dXiGLCa3gig. Zuletzt aufgerufen am 2.9.2022.

329 »WATCH: ›Christo-fascist‹ Mike Flynn makes ›terrifying‹ and ›dangerous‹ call for ›one religion‹ in the U.S.«, *Raw Story*, 13.11.2021, https://www.rawstory.com/michael-flynn-2655547552/. Zuletzt aufgerufen am 2.9.2022.

330 »These Former Trump Officials Want Your State To Have An Established Church - Americans United«, Americans United, 29.6.2022, https://www.au.org/the-latest/articles/trump-officials-established-churches/. Zuletzt aufgerufen am 2.9.2022.

331 »Trumpists Call on Supreme Court to Let States ›Establish Religion Within Their Borders‹«, *RollingStone*, 28.6.2022, https://www.rollingstone.com/politics/politics-news/america-first-legal-trump-establishment-cause-church-state-1375776/. Zuletzt aufgerufen am 2.9.2022.

332 »The Dangerous Distortions of Dominion Theology - ETHOS Institute for Public Christianity«, ethos Institute, 21.9.2020, https://ethosinstitute.sg/distortions-of-dominion-theology/. Zuletzt aufgerufen am 2.9.2022.

333 »An ›imposter Christianity‹ is threatening American democracy«, CNN, 24.7.2022, https://edition.cnn.com/2022/07/24/us/white-christian-nationalism-blake-cec/index.html. Zuletzt aufgerufen am 2.9.2022.

334 Hassan, Steven: *The Cult of Trump: A Leading Cult Expert Explains How the President Uses Mind Control.* Free Press. Kindle Edition.

335 »›This is a powder keg‹: AR-15-loving church aligning itself with the far right as it grows«, *Raw Story*, 30.10.2021, https://t.co/R3fHjVpEop. Zuletzt aufgerufen am 2.9.2022.

336 »An ›imposter Christianity‹ is threatening American democracy«, CNN, 24.7.2022, https://edition.cnn.com/2022/07/24/us/white-christian-nationalism-blake-cec/index.html. Zuletzt aufgerufen am 2.9.2022; »›Christian Nationalism‹ Used to Be Taboo. Now It's All the Rage.«, *Slate*, 5.8.2022, https://slate.com/news-and-politics/2022/08/christian-nationalist-identity-marjorie-taylor-greene.html. Zuletzt aufgerufen am 2.9.2022.

337 »The secret of why evangelicals love Herschel Walker (and Donald Trump)«, CNN Politics, 22.6.2022, https://edition.cnn.com/2022/06/22/politics/herschel-walker-donald-trump-evangelicals-republicans/index.html. Zuletzt aufgerufen am 2.9.2022.

338 Tweet von Sandra Navidi, Twitter, 31.10.2018, https://twitter.com/search?q=%20love%20Trump%20(from%3Asandranavidi)&src=typed_query&f=top. Zuletzt aufgerufen am 2.9.2022.

339 »Bush-Era Official Tears into Donald Trump Jr. For Arguing 'Teachings of Jesus Have ›Gotten us Nothing‹«, Microsoft Start, 27.12.2021, https://t.co/yowJVxRRUC. Zuletzt aufgerufen am 2.9.2022.

340 Kobes Du Mez, Kristin: *Jesus and John Wayne: How White Evangelicals Corrupted a Faith and Fractured a Nation.* Kindle Location 1. Liveright. Kindle Edition.

Kapitel 6
Endgame: Die Feindliche Übernahme der Demokratie

341 »America Is Exceptional in Its Political Divide«, PEW, 29.3.2021, https://www.pewtrusts.org/en/trust/archive/winter-2021/america-is-exceptional-in-its-political-divide. Zuletzt aufgerufen am 2.9.2022.

342 »Is America heading for civil war?«, *Financial Times*, 31.5.2022, https://www.ft.com/content/9c237473-603d-4196-8a32-0f135c900612. Zuletzt aufgerufen am 2.9.2022.

343 »Historians privately warn Biden that America's democracy is teetering«, *The Washington Post*, 10.8.022, https://www.washingtonpost.com/politics/2022/08/10/biden-us-historians-democracy-threat/. Zuletzt aufgerufen am 2.9.2022.

344 »What Is the Far Right's Endgame? A Society That Suppresses the Majority.«, *Slate*, 22.6.2017, https://slate.com/human-interest/2017/06/james-mcgill-buchanans-terrifying-vision-of-society-is-the-intellectual-basis-of-the-far-right.html. Zuletzt aufgerufen am 2.9.2022.

345 Tweet von HL Mencken's Ghost, Twitter, 1.1.2022, https://twitter.com/HLMenckensGhost/status/1477338560579710978. Zuletzt aufgerufen am 2.9.2022.

346 »The ›Shared Psychosis‹ of Donald Trump and His Loyalists«, Scientific American, 11.1.2021, https://www.scientificamerican.com/article/the-shared-psychosis-of-donald-trump-and-his-loyalists/. Zuletzt aufgerufen am 2.9.2022.

347 »Poll: As Ukraine tensions escalate, 62% of Republicans say Putin is a ›stronger leader‹ than Biden «, yahoo!news, 25.1.2022, https://news.yahoo.com/poll-as-ukraine-tensions-escalate-62-percent-of-republicans-say-putin-is-a-stronger-leader-than-biden-192437439.html. Zuletzt aufgerufen am 5.9.2022.

348 Tweet von The Good Liars, Twitter, 4.4.2022, https://t.co/r01X58ccIl. Zuletzt aufgerufen am 2.9.2022.

349 Tweet von Jan Cooper, Twitter, 18.4.2022, https://twitter.com/joncoopertweets/status/1516009164748775425. Zuletzt aufgerufen am 2.9.2022.

350 »Trump calls Putin ›genius‹ and ›savvy‹ for Ukraine invasion«, *Politico*, YouTube, 23.2.2022, https://www.youtube.com/watch?v=gNxvSxaGeDE. Zuletzt aufgerufen am 2.9.2022; » Trump calls Putin ›genius‹ and ›savvy‹ for Ukraine invasion«, *Politico*, 23.2.2022, https://www.politico.com/news/2022/02/23/trump-putin-ukraine-invasion-00010923. Zuletzt aufgerufen am 2.9.2022.

351 Tweet von Acyn, Twitter, 27.2.2022, https://t.co/sRw2lhYTJ4. Zuletzt aufgerufen am 2.9.2022.

352 Tweet von PatriotTakes, Twitter, 15.3.2022, https://t.co/XcfPe1000Y. Zuletzt aufgerufen am 5.9.2022; »Trump Says ›Lot of Love‹ Behind Putin Wanting to ›Make His Country Larger‹«, *newsweek*, 13.3.2022, https://www.newsweek.com/trump-says-lot-love-behind-putin-wanting-make-his-country-larger-1687555. Zuletzt aufgerufen am 5.9.2022.

353 »Trump calls on Putin to release dirt on Hunter Biden«, *Politico*, 29.3.2022, https://t.co/4B02qTvP3O. Zuletzt aufgerufen am 2.9.2022.

354 Tweet von Julia Davis, Twitter, 30.3.2022, https://t.co/g2IQDVmiBv. Zuletzt aufgerufen am 2.9.2022.

355 Tweet von Aaron Rupar, Twitter, 2.11.2020, https://t.co/tSmzGIuCJH. Zuletzt aufgerufen am 2.9.2022.

356 »Trump Postpones G7 Summit and Calls for Russia to Attend«, *The New York Times*, 5.5.2021, https://www.nytimes.com/2020/05/30/us/politics/trump-g7-russia.html. Zuletzt aufgerufen am 2.9.2022.

[357] »Milbank: Take a look at the resumes of Trump's ›best people‹«, HeraldNet, 3.11.2017, https://www.heraldnet.com/opinion/milbank-take-a-look-at-the-resumes-of-trumps-best-people/. Zuletzt aufgerufen am 2.9.2022.

[358] Tweet von David Corn, Twitter, 27.2.2022, https://t.co/8vykoQ15Nk. Zuletzt aufgerufen am 2.9.2022.

[359] Tweet von The Recount, Twitter, 23.2.2022, https://twitter.com/therecount/status/1496456711145758722. Zuletzt aufgerufen am 2.9.2022.

[360] Tweet von Samia Ali Salama, Twitter, 27.12.2021, https://t.co/bcCqVs4HpQ. Zuletzt aufgerufen am 5.9.2022.

[361] Tweet von Ted Cruz, Twitter, 20.5.2021, https://twitter.com/tedcruz/status/1395394254969753601. Zuletzt aufgerufen am 2.9.2022.

[362] »Pelosi on Trump: ›With him, all roads lead to Putin‹«, *Politico*, 28.6.2020, https://www.politico.eu/article/nancy-pelosi-on-donald-trump-with-him-all-roads-lead-to-russia-vladimir-putin/. Zuletzt aufgerufen am 2.9.2022.

[363] Tweet von Candace Owens, Twitter, 22.2.2022, https://t.co/qwWAypIxV3. Zuletzt aufgerufen am 2.9.2022.

[364] Tweet von John Kruzel, Twitter, 24.2.2022, https://t.co/lSE5X3KCpx. Zuletzt aufgerufen am 2.9.2022.

[365] Tweet von Ron Filipkowski, Twitter, 8.12.2021, https://t.co/PgZt7aqpQy. Zuletzt aufgerufen am 2.9.2022.

[366] Tweet von The Republican Accountability Project, Twitter, 26.2.2022, https://t.co/H3LyGO1QIR. Zuletzt aufgerufen am 2.9.2022.

[367] »New SPLC Analysis: 566 antigovernment extremist groups pose threat to national security«, SPLC Southern Poverty Law Center, 9.2.2021, https://www.splcenter.org/news/2021/02/09/new-splc-analysis-566-antigovernment-extremist-groups-pose-threat-national-security. Zuletzt aufgerufen am 2.9.2022.

[368] Rushkoff, Douglas. Survival of the Richest: Escape Fantasies of the Tech Billionaires. W. W. Norton & Company. Kindle Edition.

[369] »Is the US really heading for a second civil war?«, *The Guardian*, 9.1.2022, https://www.theguardian.com/us-news/2022/jan/09/is-the-us-really-heading-for-a-second-civil-war. Zuletzt aufgerufen am 2.9.2022.

[370] »Is the US really heading for a second civil war?«, *The Guardian*, 9.1.2022, https://www.theguardian.com/us-news/2022/jan/09/is-the-us-really-heading-for-a-second-civil-war. Zuletzt aufgerufen am 2.9.2022.

[371] »Rep. Madison Cawthorn falsely suggests elections are ›rigged,‹ says there will be ›bloodshed‹ if system continues on its path«, *The Washington Post*, 31.8.2021, https://www.washingtonpost.com/politics/rep-madison-cawthorn-says-there-will-be-bloodshed-if-us-elections-continue-to-be-rigged/2021/08/30/297a9fa2-09c8-11ec-aea1-42a8138f132a_story.html. Zuletzt aufgerufen am 2.9.2022.

[372] Tweet von MeidasTouch, Twitter, 29.12.2021, https://t.co/XVwXw6RbVx. Zuletzt aufgerufen am 2.9.2022.

[373] »AZ Congressman Calls Marjorie Taylor Greene a ›Traitor‹ for Suggesting ›National Divorce‹«, *Newsweek*, 29.12.2021, https://www.newsweek.com/az-congressman-calls-marjorie-taylor-greene-traitor-suggesting-national-divorce-1664168. Zuletzt aufgerufen am 2.9.2022.

[374] Tweet von Frank Figliuzzi, Twitter, 10.12.2020, https://t.co/COcwA74DbV. Zuletzt aufgerufen am 2.9.2022.

[375] »Trump giving Rush Limbaugh the Medal of Freedom was controversial — and fitting«, nbc news, 7.2.2020, https://www.nbcnews.com/think/opinion/trump-giving-rush-limbaugh-medal-freedom-was-controversial-fitting-ncna1132121. Zuletzt aufgerufen am 2.9.2022.

376 »Is the US really heading for a second civil war?«, *The Guardian*, 9.1.2020, https://www.theguardian.com/us-news/2022/jan/09/is-the-us-really-heading-for-a-second-civil-war. Zuletzt aufgerufen am 2.9.2022.

377 Hedges, Chris: *War Is a Force that Gives Us Meaning*. Kindle Location 3. PublicAffairs. Kindle Edition.

378 »Is the US really heading for a second civil war?«, *The Guardian*, 9.1.2020, https://www.theguardian.com/us-news/2022/jan/09/is-the-us-really-heading-for-a-second-civil-war. Zuletzt aufgerufen am 2.9.2022.

379 »Is the US really heading for a second civil war?«, *The Guardian*, 9.1.2020, https://www.theguardian.com/us-news/2022/jan/09/is-the-us-really-heading-for-a-second-civil-war. Zuletzt aufgerufen am 2.9.2022.

380 »Is the US really heading for a second civil war?«, *The Guardian*, 9.1.2020, https://www.theguardian.com/us-news/2022/jan/09/is-the-us-really-heading-for-a-second-civil-war. Zuletzt aufgerufen am 2.9.2022.

381 »Are We Really Facing a Second Civil War?«, *The New York Times*, 6.1.2022, https://www.nytimes.com/2022/01/06/opinion/america-civil-war.html. Zuletzt aufgerufen am 2.9.2022.

382 »Are We Really Facing a Second Civil War?«, *The New York Times*, 6.1.2022, https://www.nytimes.com/2022/01/06/opinion/america-civil-war.html. Zuletzt aufgerufen am 2.9.2022.

383 »Is America heading for civil war?«, *Financial Times*, 30.5.2022, https://www.ft.com/content/9c237473-603d-4196-8a32-0f135c900612. Zuletzt aufgerufen am 2.9.2022.

384 »Are We Really Facing a Second Civil War?«, *The New York Times*, 6.1.2022, https://www.nytimes.com/2022/01/06/opinion/america-civil-war.html. Zuletzt aufgerufen am 2.9.2022.

385 Levitsky, Steven; Ziblatt, Daniel: *How Democracies Die*. Kindle Location 19. Crown/Archetype. Kindle Edition.

386 »Is A Civil War Ahead?«, *The New Yorker*, 5.1.2022, https://www.newyorker.com/news/daily-comment/is-a-civil-war-ahead. Zuletzt aufgerufen am 2.9.2022.

387 Tweet von Josh Kertzer, Twitter, 3.1.2022, https://twitter.com/jkertzer/status/1478118881201901568. Zuletzt aufgerufen am 2.9.2022.

388 »Is A Civil War Ahead?«, *The New Yorker*, 5.1.2022, https://www.newyorker.com/news/daily-comment/is-a-civil-war-ahead. Zuletzt aufgerufen am 2.9.2022.

389 »Is the US really heading for a second civil war?«, *The Guardian*, 9.1.2020, https://www.theguardian.com/us-news/2022/jan/09/is-the-us-really-heading-for-a-second-civil-war. Zuletzt aufgerufen am 2.9.2022.

390 »Are We Really Facing a Second Civil War?«, *The New York Times*, 6.1.2022, https://www.nytimes.com/2022/01/06/opinion/america-civil-war.html. Zuletzt aufgerufen am 2.9.2022.

391 »Are We Really Facing a Second Civil War?«, *The New York Times*, 6.1.2022, https://www.nytimes.com/2022/01/06/opinion/america-civil-war.html. Zuletzt aufgerufen am 2.9.2022.

392 »The Terrorizing of Lady Ruby Was Part of Trump's Plan«, *Slate*, 23.6.2022, https://slate.com/news-and-politics/2022/06/trump-plan-jan-six-lady-ruby-freeman.html. Zuletzt aufgerufen am 2.9.2022; » The Buffalo Shooter Isn't a ›Lone Wolf.‹ He's a Mainstream Republican«, *RollingStone*, 15.5.2022, https://www.rollingstone.com/politics/political-commentary/buffalo-shooter-white-supremacist-great-replacement-donald-trump-1353509/. Zuletzt aufgerufen am 2.9.2022.

393 »The American polity is cracked, and might collapse. Canada must prepare«, The Globe And Mail, 31.12.2021, https://www.theglobeandmail.com/opinion/article-the-american-polity-is-cracked-and-might-collapse-canada-must-prepare/. Zuletzt aufgerufen am 2.9.2022.

394 »If the next presidential election reveals the U.S. hurtling toward possible violence and autocracy, should Canada try to intervene?«, Globe and Mail, 02.1.2022, https://www.theglobeandmail.com/politics/article-if-the-next-presidential-election-reveals-the-us-hurtling-toward/. Zuletzt aufgerufen am 12.9.2022.

395 »Rep. Lauren Boebert says, like Ukraine, Canada and U.S. ›need freedom and need to be liberated‹«, *The Washington Post*, 28.2.2022, https://t.co/FVak6zD9P2. Zuletzt aufgerufen am 2.9.2022.

396 »Is the US really heading for a second civil war?«, *The Guardian*, 9.1.2022, https://www.theguardian.com/us-news/2022/jan/09/is-the-us-really-heading-for-a-second-civil-war. Zuletzt aufgerufen am 2.9.2022.

397 »3 retired generals: The military must prepare now for a 2024 insurrection«, *The Washington Post*, 17.12.2021, https://www.washingtonpost.com/opinions/2021/12/17/eaton-taguba-anderson-generals-military/. Zuletzt aufgerufen am 2.9.2022.

398 »Red Flags«, *The Washington Post*, 31.10.2021, https://t.co/tWrTxNCpH8. Zuletzt aufgerufen am 2.9.2022.

399 Tweet von Barbara Starr, Twitter, 9.11.2020, https://t.co/ZxapKTKaw2. Zuletzt aufgerufen am 2.9.2022.

400 »›They're not going to f**king succeed‹: Top generals feared Trump would attempt a coup after election, according to new book«, CNN Politics, 15.7.2021, https://edition.cnn.com/2021/07/14/politics/donald-trump-election-coup-new-book-excerpt/index.html. Zuletzt aufgerufen am 2.9.2022.

401 Tweet von Hugo Lowell, Twitter, 9.12.2021, https://t.co/T404BBQio3. Zuletzt aufgerufen am 2.9.2022.

402 »Trump Oval Office Meeting Sidney Powell«, *Axios*, 2.2.2021, https://www.axios.com/2021/02/02/trump-oval-office-meeting-sidney-powell. Zuletzt aufgerufen am 2.9.2022.

403 »Report: US-Justizministerium stand wegen Trump fast vor Revolte«, *Handelsblatt*, 7.10.2021, https://t.co/rKhSLgFVFE. Zuletzt aufgerufen am 2.9.2022.

404 Tweet von Brian Tyler Cohen, Twitter, 31.1.2021, https://t.co/qoZy97POZi. Zuletzt aufgerufen am 2.9.2022.

405 »Trump ›Handed Down Death Sentence To Mike Pence‹ To Stay In Power: Mary Trump«, *Huffpost*, 18.6.2022, https://www.huffpost.com/entry/mary-donald-trump-mike-pence-death-sentence-insurrection_n_62ad51b9e4b06169ca990f35. Zuletzt aufgerufen am 2.9.2022.

406 »Mike Pence refused to get in car amid 6 January riots fearing Secret Service ›conspiracy‹, reports claim«, yahoo! News, 16.7.2021, https://t.co/PmZ7KKnLXA. Zuletzt aufgerufen am 2.9.2022.

407 Tweet von Poli Alert, 12.11.2021, https://t.co/u1MxOYMYoG. Zuletzt aufgerufen am 2.9.2022.

408 Woodward, Bob; Costa, Robert: *Peril* (pp. XVIII-XIX).

409 »The 147 Republicans Who Voted to Overturn Election Results«, *The New York Times*, 7.1.2021, https://www.nytimes.com/interactive/2021/01/07/us/elections/electoral-college-biden-objectors.html. Zuletzt aufgerufen am 2.9.2022.

410 »Will the Independent State Legislature doctrine literally mean the end of democracy?«, Salon, 9.3.2022, https://www.salon.com/2022/03/09/will-the-independent-state-legislature-doctrine-literally-mean-the-end-of-democracy/. Zuletzt aufgerufen am 5.9.2022.

411 »Is the US really heading for a second civil war?«, *The Guardian*, 9.1.2022, https://www.theguardian.com/us-news/2022/jan/09/is-the-us-really-heading-for-a-second-civil-war. Zuletzt aufgerufen am 5.9.2022.

412 »A Trump-loving insurrectionist and a convicted stalker are among 36 QAnon supporters running for Congress in 2022«, *Business Insider*, 27.1.2021, https://www.businessinsider.com/the-36-qanon-supporters-running-congress-in-the-2022-midterms-2021-6; https://t.co/BAi3PoMoYg. Zuletzt aufgerufen am 5.9.2022.

413 »15 QAnon-linked candidates have won key primaries in 2022. The GOP and its leaders are embracing them.«, *Grid*, 28.7.2022, https://www.grid.news/story/politics/2022/07/28/15-qanon-linked-candidates-have-won-key-primaries-in-2022-the-gop-and-its-leaders-are-embracing-them/. Zuletzt aufgerufen am 5.9.2022; »As Trump meets with QAnon influencers, the conspiracy's adherents beg for dictatorship«, nbc news, 22.12.2020, https://t.co/pGSsVy58JF. Zuletzt aufgerufen am 5.9.2022.

414 »Trump just endorsed a QAnon supporter for Arizona secretary of state. He's part of a GOP coalition that wants to put MAGA loyalists in charge of elections.«, *Business Insider*, 20.7.2022, https://www.businessinsider.com/trump-endorses-qanon-supported-for-arizona-secretary-of-state-2022-7. Zuletzt aufgerufen am 5.9.2022.

415 Tweet von Matthew Randazzo V, Twitter, 30.1.2021, https://t.co/jWEAS9WOvb. Zuletzt aufgerufen am 5.9.2022.

416 »QAnon Candidates Aren't Thriving but Some of Their Ideas Are«, *The New York Times*, 25.7.2022, https://www.nytimes.com/2022/07/25/technology/qanon-midterms.html. Zuletzt aufgerufen am 5.9.2022.

417 »'Dangerous precedent': Jan. 6 committee trains its sights on false pro-Trump electors«, Politico, 21.1.2022, https://www.politico.com/news/2022/01/21/january-6-committee-precedent-pro-trump-electors-527528. Zuletzt aufgerufen am 12.9.2022.

418 https://www.usatoday.com/story/news/politics/2022/06/28/cassidy-hutchinson-testimony-trump-jan-6-hearing/7756050001/?gnt-cfr=1. Zuletzt aufgerufen am 12.9.2022.

419 »What an analysis of 377 Americans arrested or charged in the Capitol insurrection tells us«, *The Washington Post*, 6.4.2021, https://www.washingtonpost.com/opinions/2021/04/06/capitol-insurrection-arrests-cpost-analysis/. Zuletzt aufgerufen am 5.9.2022.

420 Tweet von Shannon Watts, Twitter, 30.1.2022, https://t.co/YvXSJxQpip. Zuletzt aufgerufen am 5.9.2022.

Kapitel 7
Die Zukunft der Außergewöhnlichen Nation

421 »The American Experiment«, *New-York Daily Tribune*, 27.11.1860, zitiert nach American Historical Association, https://www.historians.org/teaching-and-learning/teaching-resources-for-historians/sixteen-months-to-sumter/newspaper-index/new-york-daily-tribune/the-american-experiment. Zuletzt aufgerufen am 5.9.2022.

422 »On July Fourth, how Americans see their country and their democracy«, Pew Research Center, 30.6.2022, https://www.pewresearch.org/fact-tank/2022/06/30/how-americans-see-their-country-and-their-democracy/. Zuletzt aufgerufen am 5.9.2022.

423 »How Trumpocracy Corrupts Democracy«, Project Syndicate, 21.2.2017, https://www.project-syndicate.org/commentary/trump-threat-to-us-democracy-by-sandra-navidi-2017-02. Zuletzt aufgerufen am 5.9.2022.

424 Gessen, Masha: *Surviving Autocracy*. Kindle Location 14. Penguin Publishing Group. Kindle Edition.

425 Applebaum, Anne: *Twilight of Democracy*. Kindle Location 16. Knopf Doubleday Publishing Group. Kindle Edition.

426 Ben-Ghiat, Ruth: *Strongmen: Mussolini to the Present*. Kindle Location 9. W. W. Norton & Company. Kindle Edition.

427 »While bemoaning Mueller probe, Trump falsely says the Constitution gives him ›the right to do whatever I want‹«, *The Washington Post*, 23.7.2019, https://www.washingtonpost.com/politics/2019/07/23/trump-falsely-tells-auditorium-full-teens-constitution-gives-him-right-do-whatever-i-want/. Zuletzt aufgerufen am 5.9.2022.

428 »Trump says his ›authority is total‹. Constitutional experts ›have no idea‹ where he got that.«, *The Washington Post*, 14.4.2020, https://www.washingtonpost.com/nation/2020/04/14/trump-power-constitution-coronavirus/. Zuletzt aufgerufen am 5.9.2022.

429 »Trump's Cabinet, With a Prod, Extols the ›Blessing‹ of Serving Him«, *The New York Times*, 12.6.2017, https://www.nytimes.com/2017/06/12/us/politics/trump-boasts-of-record-setting-pace-of-activity.html. Zuletzt aufgerufen am 5.9.2022.

430 »Trump loves how North Koreans treat Kim Jong Un: ›I want my people to do the same‹«, *Vox*, 15.6.2018, https://www.vox.com/policy-and-politics/2018/6/15/17467644/trump-kim-summit-fox-news. Zuletzt aufgerufen am 5.9.2022.

431 Stanley, Jason: *How Fascism Works*. Kindle Location 747, 989. Random House Publishing Group. Kindle Edition.

432 Stanley, Jason: *How Fascism Works*. Kindle Location 743. Random House Publishing Group. Kindle Edition.

433 »›A precursor to genocide‹: Language expert explores the dark history of Trump's dehumanizing immigration rants«, *Raw Story*, 19.6.2018, https://www.rawstory.com/2018/06/precursor-genocide-language-expert-explores-dark-history-trumps-dehumanizing-immigration-rants/#.Wylv7PIPqpU.twitter. Zuletzt aufgerufen am 5.9.2022.

434 Stanley, Jason: *How Fascism Works*. Kindle Location 282, 287. Random House Publishing Group. Kindle Edition.

435 »Zitat von Reinhold Niebuhr«, gute zitate, o. D., https://gutezitate.com/zitat/204647. Zuletzt aufgerufen am 5.9.2022.

436 »Amusing Ourselves to Autocracy«, *Mother Jones*, 25.4.2022, https://www.motherjones.com/politics/2022/04/rudy-giuliani-masked-singer-big-lie-autocracy/. Zuletzt aufgerufen am 5.9.2022.

437 Zu Deutsch: *Wiedersehen mit der Schönen neuen Welt*.

438 Postman, Neil: *Amusing Ourselves to Death*. Kindle Location xxi, Penguin Publishing Group. Kindle Edition.

439 »Isaac Asimov Laments the ›Cult of Ignorance‹ in the United States (1980)«, Open Culture, 12.10.2016, https://www.openculture.com/2016/10/isaac-asimov-laments-the-cult-of-ignorance-in-the-united-states.html. Zuletzt aufgerufen am 5.9.2022.

440 »How dumb can a nation get and still survive?«, *The Washington Post*, 7.10.2021, https://www.washingtonpost.com/opinions/2021/10/07/reconciliation-vaccines-election-america-dumb/. Zuletzt aufgerufen am 5.9.2022.

441 »›Opération Azur‹: ce que l'on sait du projet de coup d'Etat de Rémy Daillet«, franceinfo, 28.10.2021, https://www.francetvinfo.fr/faits-divers/enlevements/enlevement-de-mia/operation-azur-remy-daillet-soupconne-d-avoir-prepare-un-coup-d-etat-ce-que-l-on-sait-de-son-projet_4824479.html. Zuletzt aufgerufen am 5.9.2022.

442 »Anger as ex-generals warn of ›deadly civil war‹ in France«, BBC, 27.4.2021, https://www.bbc.com/news/world-europe-56899765. Zuletzt aufgerufen am 5.9.2022.

443 »Thousands march in Rome to protest workplace vaccine rule«, AP News, 9.10.2021, https://apnews.com/article/coronavirus-pandemic-business-italy-mario-draghi-health-436d20f53f526a11b746c262ccf84315. Zuletzt aufgerufen am 5.9.2022.

444 Ben-Ghiat, Ruth: *Strongmen: Mussolini to the Present*. Kindle Location 4. W. W. Norton & Company. Kindle Edition.

445 »Gen. Milley warns West Point graduates of ›increasing‹ risk of global war, ›robotic tanks‹«, *Fox News*, 21.5.2022, https://www.foxnews.com/politics/gen-milley-west-point-commencement-2022-increasing-risk-war. Zuletzt aufgerufen am 5.9.2022.

446 »Vladimir Putins says liberalism has ›become obsolete‹«, *Financial Times*, 28.6.2019, Https://www.ft.com/content/670039ec-98f3-11e9-9573-ee5cbb98ed36. Zuletzt aufgerufen am 5.9.2022.

447 Levitsky, Steven; Ziblatt, Daniel: *How Democracies Die*. Kindle Location 5. Crown/Archetype. Kindle Edition.

448 Atlantik-Brücke, o. D., https://www.atlantik-bruecke.org/. Zuletzt aufgerufen am 5.9.2022.

449 »Remarks by President Biden to Military Families on Independence Day«, The White House, 4.7.2022, https://www.whitehouse.gov/briefing-room/speeches-remarks/2022/07/04/remarks-by-president-biden-to-military-families-on-independence-day/. Zuletzt aufgerufen am 5.9.2022.

BIBLIOGRAPHIE

Andersen, Kurt: *Evil Geniuses: The Unmaking of America: A Recent History.* New York: Random House Publishing Group, 2020.

Andersen, Kurt: *Fantasyland: How America Went Haywire: A 500-Year History.* New York: Random House Publishing Group, 2017. Auf Deutsch erschienen unter dem Titel: *Fantasyland: 500 Jahre Realitätsverlust – Die Geschichte Amerikas neu erzählt.* München: Goldmann Verlag, 2018.

Applebaum, Anne: *Twilight of Democracy. The Seductive Lure of Authoritarianism.* New York: Knopf Doubleday Publishing Group, 2020.

Ben-Ghiat, Ruth: *Strongmen: Mussolini to the Present.* New York: W. W. Norton & Company, 2020.

Cain, Susan: *Quiet: The Power of Introverts in a World That Can't Stop Talking. New York:* Crown/Archetype, 2012. Auf Deutsch erschienen unter dem Titel: *Still: Die Bedeutung von Introvertierten in einer lauten Welt.* München: Riemann Verlag, 2013.

Carnegie, Dale: *How To Win Friends and Influence People.* New York: Simon & Schuster, 2012; auf Deutsch erschienen unter dem Titel: *Wie man Freunde gewinnt: Die Kunst, beliebt und einflussreich zu werden.* Frankfurt am Main: Fischer Taschenbuch, 2013.

Cohen, Michael: *Disloyal: A Memoir: The True Story of the Former Personal Attorney to President Donald J. Trump.* New York: Simon and Schuster, 2020.

Chua, Amy. *Political Tribes: Group Instinct and the Fate of Nations* (p. 1). Penguin Publishing Group. Kindle Edition

Foroohar, Rana: *Makers and Takers: How Wall Street Destroyed Main Street.* New York: The Crown Publishing Group, 2015. Auf Deutsch erschienen unter dem Titel: *Makers and Takers: der Aufstieg des Finanzwesens und der Absturz der Realwirtschaft.* Kulmbach: Plassen Verlag, 2017.

Gelfand, Michele: *Rule Makers, Rule Breakers:* How Tight and Loose Cultures Wire Our World. New York: Scribner, 2018.

Gessen, Masha: *Surviving Autocracy*. London: Granta Books, 2020.

Hassan, Steven: *The Cult of Trump: A Leading Cult Expert Explains How the President Uses Mind Control*. New York: Simon and Schuster, 2020.

Hedges, Chris: *War Is a Force that Gives Us Meaning*. London: Hachette UK, 2014.

Klein, Ezra. *Why We're Polarized*. Avid Reader Press / Simon & Schuster. Kindle Edition.

Kobes Du Mez, Kristin: *Jesus and John Wayne: How White Evangelicals Corrupted a Faith and Fractured a Nation*. Liveright, 2020.

Konnikova, Maria: *The Confidence Game: The Psychology of the Con and Why We Fall for It Every Time*. New York: Penguin, 2016. Auf Deutsch erschienen unter dem Titel: *Täuschend echt und glatt gelogen: Die Kunst des Betrugs*. Nagel & Kimche, 2017.

Levitsky, Steven; Ziblatt, Daniel: *How Democracies Die*. New York: Crown, 2018. Auf Deutsch erschienen unter dem Titel: *Wie Demokratien sterben: Und was wir dagegen tun können*. München: DVA, 2018.

Markovits, Daniel: *The Meritocracy Trap: How America's Foundational Myth Feeds Inequality, Dismantles the Middle Class, and Devours the Elite*. Penguin Publishing Group, 2020.

O'Brien, Timothy L.: *TrumpNation: The Art of Being the Donald*. Open Road Media 2015.

Press, University: *Caste: A Brief History*. Printed in the United States of America: Independently Published, 2020.

Postman, Neil: *Amusing Ourselves to Death*. New York: Penguin Publishing Group, 2005.

Robert B. Reich: *The System: Who Rigged It, How We Fix It*. New York: Knopf Doubleday Publishing Group, 2020.

Rose, Todd: *Collective Illusions: Conformity, Complicity, and the Science of Why We Make Bad Decisions*. London: Hachette Books, 2022.

Rushkoff, Douglas. *Survival of the Richest: Escape Fantasies of the Tech Billionaires*. W. W. Norton & Company. Kindle Edition.

Sjursen, Daniel A.: *A True History of the United States* (Sunlight Editions). New Hampshire: Steerforth Press, 2021.

Stanley, Jason: *How Fascism Works: The Politics of Us and Them*. New York: Random House Publishing Group, 2018.

Stiglitz, Joseph E.: *The Price of Inequality: How Today's Divided Society Endangers Our Future.* New York: W. W. Norton & Company, 2013.

Trump, Donald J.; Schwartz, Tony: *Trump: The Art of the Deal.* New York: Random House Publishing Group 2016.

Vance, J. D.: *Hillbilly Elegy: A Memoir of a Family and Culture in Crisis.* New York: HarperCollins, 2018. Auf Deutsch erschienen unter dem Titel: *Hillbilly-Elegie: Die Geschichte meiner Familie und einer Gesellschaft in der Krise.* Berlin: Ullstein Buchverlage, 2017.

Wilkerson, Isabel: *Caste.* New York: Random House Publishing Group, 2020.

Wilsey, John D.: *American Exceptionalism and Civil Religion: Reassessing the History of an Idea.* Downers Grove: InterVarsity Press, 2015.

Wolff, Michael: *Landslide. The Final Days of the Trump Presidency.* New York: Henry Holt and Company, 2021. Auf Deutsch erschienen unter dem Titel: *77 Tage: Amerika am Abgrund: Das Ende von Trumps Amtszeit.* Reinbek bei Hamburg: Rowohlt Verlag GmbH, 2021.

Woodward, Bob: *Rage.* New York: Simon & Schuster, 2020. Auf Deutsch erschienen unter dem Titel: *Wut.* M: Carl Hanser Verlag GmbH Co KG, 2020.

Woodward, Bob; Costa, Robert. *Peril.* Simon & Schuster. Kindle Edition.

Zakaria, Fareed: *The Post-American World.* London: W. W. Norton, 2011.

$uper-hubs

Sandra Navidi

Super-hubs sind die am besten vernetzten Knotenpunkte innerhalb des Finanznetzwerks. Ihre persönlichen Beziehungen und globalen Netzwerke verleihen ihnen finanzielle, wirtschaftliche und politische »Super-Macht«. Mit ihren Entscheidungen bewegen sie täglich Billionen auf den Finanzmärkten und haben somit direkten Einfluss auf Industrien, Arbeitsplätze, Wechselkurse, Rohstoffe oder sogar den Preis unserer Lebensmittel.

Als Insiderin der Hochfinanz nimmt Sandra Navidi Sie mit hinter die Kulissen dieses Mikrokosmos der Macht: zum Weltwirtschaftsforum in Davos, zum Internationalen Währungsfonds, zu Thinktanks, Benefizgalas und glamourösen Partys. Sie beleuchtet die Menschen, die hinter abstrakten Institutionen und Billionen an Kapital stehen, ihr Erfolgsgeheimnis, ihre privilegierte Existenz und die Auswirkungen auf unser Finanzsystem und damit auch auf die Zukunft unserer Wirtschaft und Gesellschaft. Erstmals überhaupt gibt Sandra Navidi damit einen Einblick in die sonst hermetisch abgeriegelte Machtelite.

320 Seiten | Hardcover | 19,99 € (D) | 20,60 € (A) | ISBN 978-3-89879-959-1

Das Future-Proof-Mindset

Sandra Navidi

Digitalisierung, Globalisierung, Pandemien – unsere Welt befindet sich in einem fundamentalen Umbruch. Allein in den nächsten Jahren werden bis zu 50 Prozent der Arbeitsplätze aufgrund von Automatisierung wegfallen. Der überwiegende Teil der neu entstehenden Arbeitsplätze wird völlig neue Fähigkeiten erfordern. Diese rasch fortschreitenden Veränderungen bedrohen die Existenzgrundlage von Millionen von Menschen. Doch was bedeuten sie für jeden von uns? Welche Jobs werden in Zukunft gefragt, welche Fähigkeiten relevant sein und wie können Sie sich persönlich am besten darauf einstellen?

»Das Future-Proof-Mindset« bietet eine für jeden umsetzbare Schritt-für-Schritt-Anleitung für eine erfolgreiche Navigation in dieser ungewissen Welt. Mit konkreten Strategien zeichnet Sandra Navidi auf, wie Sie sich am besten positionieren, um sich zukunftssicher, zu machen. Es bietet eine Anleitung, wie Sie sich selbst »disrupten«, also sich stetig hinterfragen und verbessern, um so Ihre beruflichen Überlebensfähigkeiten zu kultivieren und einen unschlagbaren Wettbewerbsvorteil zu erlangen.

256 Seiten | Hardcover | 19,99 € (D) | 20,60 € (A) | ISBN 978-3-95972--454-8